Kurzlehrbücher
für das juristische Studium

Jauernig/Berger/Kern
Zwangsvollstreckungsrecht

Zwangsvollstreckungsrecht

Ein Studienbuch

von

Dr. Christoph A. Kern

o. Professor an der Universität Heidelberg

24. Auflage, 2021

des von Friedrich Lent begründeten, von der 13. bis zur 21. Auflage von Othmar Jauernig und von der 22. bis zur 23. Auflage von Christian Berger fortgeführten Werkes

C.H.BECK

Zitiervorschlag: *JBK* ZwangsVollstrR § … Rn …

www.beck.de

ISBN Print 978 3 406 77397 6
ISBN E-Book 978 3 406 77398 3

Wilhelmstraße 9, 80801 München
Druck und Bindung: Druckerei C.H. Beck Nördlingen
(Adresse wie Verlag)

Satz: Jung Crossmedia Publishing GmbH
Gewerbestraße 17, 35633 Lahnau

Umschlaggestaltung: Martina Busch, Grafikdesign, Homburg Saar

Gedruckt auf säurefreiem, alterungsbeständigem Papier
(hergestellt aus chlorfrei gebleichtem Zellstoff)

Vorwort zur 24. Auflage (2021)

Friedrich Lent und *Othmar Jauernig* war es vergönnt, das Erkenntnisverfahren und die Vollstreckung mit ihren beiden Unterarten der Einzel- und der Gesamtvollstreckung aus einer Hand zu bearbeiten und in zwei Bänden darbieten zu können, welche mit Gleichmäßigkeit erschienen. Die ständig zunehmende Ausdifferenzierung der Gebiete durch Gesetzgeber und Rechtsprechung, die immer häufigeren kleinen und großen Reformen und nicht zuletzt die Internationalisierung sprechen heute aber für eine Verteilung auf mehrere Schultern – und auf mehrere Bände: Der vorliegende Band „Zwangsvollstreckungsrecht" konzentriert sich auf die Einzelvollstreckung; das Insolvenzrecht, das in den letzten Jahrzehnten einen ungeheuren Aufschwung genommen hat und jüngst mit dem Restrukturierungsrecht einen kleinen Bruder bekam, wird in einem eigenen Band erscheinen. Trotz dieser Aufspaltung und der mit ihr einhergehenden größeren Individualität soll aber der ursprüngliche Zusammenhang der Bände erhalten bleiben – Verlag und Bearbeiter hoffen, dass dies gelungen ist.

Im Zwangsvollstreckungsrecht war seit der letzten, von *Christian Berger* glänzend besorgten Auflage vor allem die Reform der Sachaufklärung voll zu berücksichtigen. Neben weiteren Aktualisierungen und einigen eigenen Akzenten wurden neue Beispiele aufgenommen, die die abstrakte Darstellung veranschaulichen und ergänzen sollen. Das Erscheinungsbild folgt dem von *Burkhard Hess* weitergeführten ersten Band zum Zivilprozessrecht; Fundstellen wurden überprüft und ergänzt. Dank bei alldem gebührt dem von meiner Mitarbeiterin *Dorothea Lehmann* geleiteten Team; um die Verzeichnisse hat sich *David Kerzinger* verdient gemacht.

Das Buch richtet sich auch weiterhin in erster Linie an ein Publikum, das sich der Materie erstmals vertieft nähern möchte. Der Reichtum des Zwangsvollstreckungsrechts erschließt sich freilich erst, wenn jede der genannten Normen sogleich nachgeschlagen und die eine oder andere zitierte Entscheidung, die eine oder andere Literaturstelle nachgelesen wird – vor allem aber, wenn auch ein echter, interaktiver Präsenzunterricht wieder möglich ist, in dem jeder zugleich Lehrender und Lernender sein kann.

Widmungen in Kurzlehrbüchern mögen unüblich sein. Es gibt aber einen großen Prozessrechtler, der sich um die Forschung und Lehre in seinem Land in herausragender Weise verdient gemacht hat, Othmar Jauernig besonders verbunden ist und den wissenschaftlichen Kontakt zu Heidelberg, Jauernigs Wirkungsstätte, seit Jahrzehnten aufrechterhält: *Athanassios Kaissis.* Ihm sei diese Neuauflage gewidmet.

Heidelberg, im April 2021 *Christoph A. Kern*

Aus dem Vorwort zur 1. Auflage (1948)

Der zweite Band meiner Darstellung des Zivilprozessrechts ist die notwendige Ergänzung des ersten Teils. Denn die Zwangsvollstreckung gibt oft dem Verfahren erst den erstrebten Abschluss, sichert die Durchsetzung des im Prozess festgestellten Rechtes und gibt der gerichtlichen Entscheidung den erforderlichen Nachdruck. Als zweite Art der Vollstreckung schließt sich ihr das Konkursverfahren an.

Mehr noch als das Erkenntnisverfahren erscheinen Vollstreckungs- und Konkursrecht als rein technische Teile der Rechtsordnung ohne Ideengehalt. Und doch prägt sich auch in ihnen das Streben nach Gerechtigkeit aus, das jeden wichtigen Teil der Rechtsordnung mitgestalten muss. Neben wirtschaftlichen Erwägungen üben auch soziale Gedanken einen bedeutenden Einfluss aus. Wenn die Darstellung auch auf viele Einzelheiten eingehen muss – vielleicht in höherem Maße als beim Erkenntnisverfahren –, so habe ich mich doch bemüht, einige große Linien herauszuarbeiten, die dem Anfänger das Eindringen in die schwierige Materie erleichtern sollen.

Friedrich Lent

Inhaltsverzeichnis

Vorwort zur 24. Auflage (2021) V
Aus dem Vorwort zur 1. Auflage (1948) VII
Abkürzungsverzeichnis XV
Verzeichnis der abgekürzt zitierten Literatur XXI
Literaturhinweise XXIII

§ 1. Grundlagen des Zwangsvollstreckungsrechts 1
A. Begriff 1
B. Andere Arten von Vollstreckungen 2
C. Gesetzliche Grundlage 2
D. Parteien der Zwangsvollstreckung 3
E. Voraussetzungen der Zwangsvollstreckung 4
F. Vollstreckungsinhalt, Vollstreckungsumfang und Vollstreckungsobjekt 5
G. Geltungsbereich der allgemeinen Prozessvoraussetzungen 8
H. Das Vollstreckungsverfahren 10
I. Die Vollstreckbarkeit 10
J. Der Ausgleich zwischen den Interessen des Gläubigers und des Schuldners 10
K. Effizienz und Wirtschaftlichkeit der Zwangsvollstreckung 12
L. Verfahrensgrundsätze 13

Buch 1. Allgemeiner Teil

1. Abschnitt. Die Voraussetzungen der Zwangsvollstreckung 17

§ 2. Das Endurteil als Vollstreckungstitel 17
A. Vollstreckbare Endurteile 17
B. Vorläufige und endgültige Vollstreckbarkeit und Vollstreckung 18
C. Die formelle Rechtskraft als Vollstreckungsvoraussetzung 18
D. Die vorläufige Vollstreckbarkeit als Vollstreckungsvoraussetzung 19
E. Ausländische Urteile 27
F. Urteile von Gerichten der ehemaligen DDR 31
§ 3. Andere Vollstreckungstitel 32
A. Der Prozessvergleich 32
B. Die vollstreckbare Urkunde 33
C. Vollstreckungsbescheide, Arrestbefehle und einstweilige Verfügungen 34
D. Weitere Vollstreckungstitel 34
E. Europäische Zahlungsbefehle 34
F. Weitere Vollstreckungstitel außerhalb der ZPO 35
§ 4. Die Vollstreckungsklausel 35
A. Funktion 35
B. Ausnahmen vom Klauselerfordernis 36
C. Titelübertragende und -ergänzende Klausel 36
D. Die Erteilung der Klausel 39
E. Rechtsbehelfe 39

F. Erteilung mehrerer vollstreckbarer Ausfertigungen 41
G. Quittung 41
§ 5. Die Zwangsvollstreckung in besondere Vermögensmassen 41
A. Hintergrund 41
B. Rechtsgemeinschaften 42
C. Fremdes Verwaltungs- oder Nutzungsrecht 44
D. Sondervermögen 44
§ 6. Die Zwangsvollstreckung in den Nachlass und in das Eigenvermögen des Erben 44
A. Zwangsvollstreckung in den Nachlass 45
B. Zwangsvollstreckung in das Eigenvermögen 46
§ 7. Beginn, Ende und Mängel der Zwangsvollstreckung 48
A. Voraussetzungen für den Beginn der Zwangsvollstreckung 48
B. Beginn der Zwangsvollstreckung 49
C. Ende der Zwangsvollstreckung 49
D. Mängel der Zwangsvollstreckung 49

2. Abschnitt. Die Vollstreckungsorgane 50

§ 8. Der Gerichtsvollzieher 50
A. Bedeutung 51
B. Rechtsstellung des Gerichtsvollziehers 51
§ 9. Das Vollstreckungsgericht und die anderen Vollstreckungsorgane 56
A. Das Vollstreckungsgericht 56
B. Das Prozessgericht erster Instanz 58
C. Das Grundbuchamt 58
D. Zuständigkeitsmängel 58
Anhang zu § 9: Kosten der Zwangsvollstreckung 59
A. Kostenschuldner 59
B. Beitreibung 59

3. Abschnitt. Die Rechtsbehelfe in der Zwangsvollstreckung 59

§ 10. Allgemeines 59
A. Interessenlage 59
B. Differenzierung der Rechtsbehelfe 60
§ 11. Erinnerung und sofortige Beschwerde 60
A. Die Erinnerung nach § 766 60
B. Die sofortige Beschwerde 62
§ 12. Die Vollstreckungsgegenklage 63
A. Bedeutung und Ziel 63
B. Der Einwendungsausschluss gemäß § 767 II 64
C. Das Bündelungsgebot des § 767 III 67
D. Sonderfall Titelgegenklage analog § 767 68
E. Zuständigkeit 69
F. Urteil 69
G. Verhältnis zu anderen Rechtsbehelfen 70
H. Einstweilige Anordnungen 71
I. Klauselgegenklage 71

§ 13. Die Widerspruchsklage ... 71
A. Bedeutung und Ziel ... 72
B. Parteien ... 72
C. Laufende Vollstreckung ... 73
D. Rechtsnatur der Widerspruchsklage ... 74
E. Grundlage für die Klage ... 74
F. Prozessuale Einzelfragen ... 78
G. Vorläufige Anordnungen ... 78
H. Verhältnis zu anderen Rechtsbehelfen ... 79
§ 14. Einstellung und Aufhebung der Zwangsvollstreckung ... 80
A. Einstweilige Einstellung bei Rechtsbehelfen in der Zwangsvollstreckung ... 80
B. Einstweilige Einstellung bei Rechtsbehelfen gegen das Urteil ... 81
C. Einstweilige Einstellung bei Anordnung einer Sicherheitsleistung ... 81
D. Endgültige Einstellung ... 81
E. Die Einstellung als solche ... 82
F. Einstellung zum Schuldnerschutz ... 83

Buch 2. Die einzelnen Arten der Zwangsvollstreckung

§ 15. Übersicht ... 84
A. Allgemeine Einteilung nach der Art des Anspruchs ... 84
B. Unterteilung nach dem Vollstreckungsobjekt bei Geldforderungen ... 84

4. Abschnitt. Die Zwangsvollstreckung wegen Geldforderungen ... 85

1. Titel. Die Zwangsvollstreckung in das bewegliche Vermögen ... 85

§ 16. Pfändung, Verstrickung und Pfändungspfandrecht ... 85
A. Grundlagen ... 85
B. Die Verstrickung ... 86
C. Das Pfändungspfandrecht ... 87
D. Das Prioritätsprinzip ... 95

1. Kapitel. Die Zwangsvollstreckung in bewegliche Sachen ... 96

§ 17. Die Pfändung ... 96
A. Bewegliche Sachen ... 96
B. Gewahrsam des Schuldners ... 97
C. Gewahrsam des Gläubigers und Gewahrsam eines Dritten ... 98
D. Die Durchführung der Pfändung ... 99
E. Besitzlage ... 100
F. Anschlusspfändung ... 101
§ 18. Die Verwertung ... 101
A. Die Verwertung als zweiter Akt der Vollstreckung ... 101
B. Verwertung von Bargeld ... 101
C. Die öffentliche Versteigerung beweglicher Sachen ... 102
D. Die drei Hauptstadien der Verwertung durch Versteigerung ... 103
I. Der Eigentumserwerb des Erstehers ... 103
II. Der Gefahrübergang auf den Vollstreckungsgläubiger ... 105

III. Der Eigentumserwerb am Erlös ... 105
E. Andere Formen der Verwertung ... 106

2. Kapitel. Die Zwangsvollstreckung in Forderungen und andere Vermögensrechte ... 106

§ 19. Die Zwangsvollstreckung in Geldforderungen ... 106
A. Zuständigkeit ... 106
B. Beteiligte ... 106
C. Schuldner als Forderungsinhaber ... 107
D. Geldforderungen ... 107
E. Das Verfahren ... 109
F. Die Überweisung an den Gläubiger ... 112
G. Die Stellung des Drittschuldners ... 114
H. Verzicht des Gläubigers ... 117
I. Praktische Bedeutung ... 118
J. Die Vorpfändung ... 118
§ 20. Die Zwangsvollstreckung in andere Forderungen und Vermögensrechte 118
A. Hypothekarisch gesicherte Forderungen ... 118
B. Ansprüche auf Herausgabe oder Leistung von Sachen ... 119
C. Andere Rechte ... 120

3. Kapitel. Das Verteilungsverfahren ... 125

§ 21. Übersicht ... 126
A. Erlösverteilung im Mangelfall ... 126
B. Verfahren nach Hinterlegung ... 126
C. Entscheidung über den Widerspruch ... 127

2. Titel. Die Zwangsvollstreckung in das unbewegliche Vermögen 128

§ 22. Übersicht ... 128
A. Rechtsquellen ... 128
B. Unbewegliches Vermögen ... 128
C. Mittel der Immobiliarvollstreckung ... 130
D. Zuständigkeit und Verfahren ... 131
E. Bedeutung der Immobiliarvollstreckung ... 133
§ 23. Die Zwangshypothek ... 133
A. Allgemeines ... 133
B. Mindestsumme ... 133
C. Rechtsbehelfe ... 134
D. Vollstreckung aus der Zwangshypothek ... 134
§ 24. Die Zwangsversteigerung ... 134
A. Verfahrenseinleitung ... 134
B. Rechte Dritter ... 135
C. Terminsbestimmung und Funktionsweise ... 136
D. Der Versteigerungstermin ... 138
E. Der Zuschlagsbeschluss ... 139
F. Die Verteilung des Versteigerungserlöses ... 141
G. Der Zuschlag als Hoheitsakt ... 141

§ 25. Die Zwangsverwaltung ... 141
A. Grundlagen ... 141
B. Der Zwangsverwalter ... 142
C. Teilungsplan und Auszahlung ... 143
D. Verfahrensaufhebung ... 144
E. Zusammentreffen von Zwangsverwaltung und Insolvenz ... 144

5. Abschnitt. Die Zwangsvollstreckung wegen anderer Ansprüche 144

§ 26. Die Zwangsvollstreckung zur Erwirkung der Herausgabe ... 144
A. Einordnung ... 144
B. Grundlagen der Herausgabevollstreckung ... 144
C. Besitz eines nicht herausgabebereiten Dritten ... 147
D. Übereignungstitel ... 147
E. Praktische Bedeutung ... 147
F. Kein Zwangsgeld, keine Zwangshaft ... 147
§ 27. Die Zwangsvollstreckung zur Erwirkung von Handlungen und Unterlassungen ... 148
A. Überblick ... 148
B. Vertretbare Handlungen ... 148
C. Unvertretbare Handlungen ... 149
D. Unterlassung oder Duldung einer Handlung ... 152
E. Vollstreckung und materiellrechtlicher Schadensersatzanspruch ... 156
§ 28. Die Verurteilung zur Abgabe einer Willenserklärung ... 156
A. Fiktion der Abgabe ... 156
B. Reichweite der Fiktion ... 157
C. Vertragschluss mithilfe der Fiktion ... 158
D. Vorläufige Vollstreckbarkeit ... 158
E. Verurteilung zur Übereignung einer beweglichen Sache ... 158
F. Erwerb vom Nichtberechtigten ... 159

6. Abschnitt. Die Sachaufklärung in der Zwangsvollstreckung ... 159

§ 29. Grundlagen ... 159
A. Notwendigkeit ... 159
B. Lösungsansätze ... 160
C. Entwicklung ... 160
D. Inhalt und Form der Vermögensauskunft des Schuldners ... 160
E. Das Schuldnerverzeichnis ... 162
§ 30. Offenbarungsversicherung und Haft ... 163
A. Situationen und Voraussetzungen ... 163
B. Zuständigkeit ... 164
C. Verpflichteter ... 164
D. Das Verfahren ... 164
E. Die Erzwingungshaft ... 165

7. Abschnitt. Schuldnerschutz und Gläubigeranfechtung ... 166

§ 31. Die Grundlagen des Schuldnerschutzes ... 166
A. Einordnung ... 166

B. Entwicklungslinien ... 167
C. Grenzen des Schuldnerschutzes ... 168
D. Die allgemeine Härteklausel des § 765a ... 168
E. Verhältnis zu anderen Schuldnerschutzvorschriften ... 170
§ 32. Der Schuldnerschutz bei der Zwangsvollstreckung in das bewegliche Vermögen ... 171
A. Zwangsvollstreckung in bewegliche Sachen ... 171
B. Die Unpfändbarkeit des Arbeitseinkommens ... 175
C. Das Pfändungsschutzkonto ... 181
§ 33. Die Gläubigeranfechtung ... 183
A. Hintergrund ... 183
B. Begriffsklärung ... 183
C. Anfechtungsbefugnis ... 183
D. Materielle Anfechtungsberechtigung ... 184
E. Geltendmachung ... 185
F. Rechtsfolge ... 185

8. Abschnitt. Arrest und einstweilige Verfügung ... 186

§ 34. Übersicht ... 186
A. Hintergrund ... 186
B. Sicherungsmittel ... 187
C. Funktionsweise und Bedeutung ... 187
§ 35. Der Arrestprozess ... 188
A. Die Voraussetzungen des Arrestes ... 188
B. Zuständigkeit ... 190
C. Verfahren ... 190
D. Rechtsbehelfe ... 192
E. Erledigterklärung ... 193
§ 36. Die Vollziehung des Arrestes ... 194
A. Einordnung ... 194
B. Die Vollziehung des Arrests ... 194
C. Die Vollziehungsfrist ... 195
D. Die Lösungssumme ... 196
E. Der Schadensersatzanspruch des § 945 ... 196
§ 37. Die einstweilige Verfügung ... 197
A. Die Sicherungsverfügung ... 197
B. Die Regelungsverfügung ... 198
C. Die Leistungsverfügung ... 200
D. Verfahren ... 201
E. Inhalt der Verfügung ... 202
F. Die Vollziehungsfrist ... 203
G. Einstweilige Anordnungen und Arrest nach FamFG ... 203
H. Schadensersatz nach § 945 ... 203

Gesetzesverzeichnis ... 205

Sachverzeichnis ... 215

Abkürzungsverzeichnis

4. EMRK-Protokoll Protokoll Nr. 4 zur Konvention zum Schutz der Menschenrechte und Grundfreiheiten, durch das gewisse Rechte und Freiheiten gewährleistet werden, die nicht bereits in der Konvention oder im ersten Zusatzprotokoll enthalten sind

a. A. .... je nach Zusammenhang: anderer Ansicht; am Anfang
a. a. O. .... am angegebenen Ort
abl. .... ablehnend
abw. .... abweichend
AcP .... Archiv für die civilistische Praxis (Band, Seite)
a. E. .... am Ende
a. F. .... alter Fassung
AG .... je nach Zusammenhang: Die Aktiengesellschaft; Aktiengesellschaft; Amtsgericht
AGB .... Allgemeine Geschäftsbedingungen
allg. M. .... allgemeine Meinung
Alt. .... Alternative
AnfG .... Gesetz über die Anfechtung von Rechtshandlungen eines Schuldners außerhalb des Insolvenzverfahrens
Anm. .... Anmerkung
AnwBl .... Anwaltsblatt
AO .... Abgabenordnung
ArbG .... Arbeitsgericht
ArbGG .... Arbeitsgerichtsgesetz
arg. .... argumentum (siehe zum Beweis)
Aufl. .... Auflage
AVAG .... Gesetz zur Ausführung zwischenstaatlicher Verträge und zur Durchführung von Abkommen der Europäischen Union auf dem Gebiet der Anerkennung und Vollstreckung in Zivil- und Handelssachen

BAföG .... Bundesgesetz über individuelle Förderung der Ausbildung
BAG .... Bundesarbeitsgericht
BayObLG ...... Bayerisches Oberstes Landesgericht
BayVBl .... Bayerische Verwaltungsblätter
BB .... Der Betriebs-Berater
BeckOGK ...... Beck'scher Online-Großkommentar
BeckRS .... Beck Rechtsprechung
Beil. .... Beilage
Bek. .... Bekanntmachung
Beschl. .... Beschluss
betr. .... betreffend
BeurkG .... Beurkundungsgesetz
BFH .... Bundesfinanzhof
BGB .... Bürgerliches Gesetzbuch
BGBl. .... Bundesgesetzblatt
BGH .... Bundesgerichtshof
BGHSt .... Entscheidungen des Bundesgerichtshofs in Strafsachen (Band, Seite)
BGHZ .... Entscheidungen des Bundesgerichtshofs in Zivilsachen (Band, Seite)
BNotO .... Bundesnotarordnung
BRAO .... Bundesrechtsanwaltsordnung
Brüssel Ia-VO .... Verordnung (EU) Nr. 1215/2012 des Europäischen Parlaments und des Rates vom 12. Dezember 2012 über die gerichtliche Zuständigkeit und die Anerkennung und Vollstreckung von Entscheidungen in Zivil- und Handelssachen

Brüssel IIa-VO . . . Verordnung (EG) Nr. 2201/2003 des Rates vom 27. November 2003 über die Zuständigkeit und die Anerkennung und Vollstreckung von Entscheidungen in Ehesachen und in Verfahren betreffend die elterliche Verantwortung und zur Aufhebung der Verordnung (EG) Nr. 1347/2000
Brüssel II-VO . . . . Verordnung (EG) Nr. 1347/2000 des Rates vom 29. Mai 2000 über die Zuständigkeit und die Anerkennung und Vollstreckung von Entscheidungen in Ehesachen und in Verfahren betreffend die elterliche Verantwortung für die gemeinsamen Kinder der Ehegatte
Brüssel I-VO . . . . Verordnung (EG) Nr. 44/2001 des Rates vom 22.12.2000 über die gerichtliche Zuständigkeit und die Anerkennung und Vollstreckung von Entscheidungen in Zivil- und Handelssachen
BSG . . . . Bundessozialgericht
BT-Drs. . . . . Bundestagsdrucksache
Buchst. . . . . Buchstabe
BVerfGE . . . . Entscheidungen des Bundesverfassungsgerichts (Band, Seite)
BVerfGG . . . . Gesetz über das Bundesverfassungsgericht
BVerfGK . . . . Kammerentscheidungen des Bundesverfassungsgerichts
BVerwGE . . . . . . Entscheidungen des Bundesverwaltungsgerichts (Band, Seite)
bzw. . . . . beziehungsweise

DB . . . . Der Betrieb
DDR . . . . Deutsche Demokratische Republik
DepotG . . . . Gesetz über die Verwahrung und Anschaffung von Wertpapieren
DGVZ . . . . Deutsche Gerichtsvollzieher-Zeitung
DNotZ . . . . Deutsche Notar-Zeitschrift
DÖV . . . . Die Öffentliche Verwaltung
DR . . . . Deutsches Recht
DS-GVO . . . . . . Verordnung (EU) 2016/679 des Europäischen Parlaments und des Rates vom 27. April 2016 zum Schutz natürlicher Personen bei der Verarbeitung personenbezogener Daten, zum freien Datenverkehr und zur Aufhebung der Richtlinie 95/46/EG (Datenschutz-Grundverordnung)

E 1931 . . . . Entwurf einer ZPO, veröffentlicht durch das Reichsjustizministerium, 1931
EG . . . . Europäische Gemeinschaft
EGBGB . . . . Einführungsgesetz zum Bürgerlichen Gesetzbuche
EGInsO . . . . Einführungsgesetz zur Insolvenzordnung
EGStGB . . . . Einführungsgesetz zum Strafgesetzbuch
ErbbauRG . . . . . Gesetz über das Erbbaurecht
EU . . . . Europäische Union
EuGH . . . . Gerichtshof der Europäischen Gemeinschaften
EuGVÜ 1972 . . . . Übereinkommen über die gerichtliche Zuständigkeit und die Vollstreckung gerichtlicher Entscheidungen in Zivil- und Handelssachen
EuZW . . . . Europäische Zeitschrift für Wirtschaftsrecht
EVertr . . . . Vertrag zwischen der Bundesrepublik Deutschland und der Deutschen Demokratischen Republik über die Herstellung der Einheit Deutschlands – Einigungsvertrag –
EWG . . . . Europäische Wirtschaftsgemeinschaft
EWIV . . . . Europäische Wirtschaftliche Interessenvereinigung

FamFG . . . . Gesetz über das Verfahren in Familiensachen und in den Angelegenheiten der freiwilligen Gerichtsbarkeit
FamG . . . . Familiengericht
FamRZ . . . . Zeitschrift für das gesamte Familienrecht
FGG . . . . Gesetz über die Angelegenheiten der freiwilligen Gerichtsbarkeit
FGO . . . . Finanzgerichtsordnung
FS . . . . Festschrift

GBO . . . . Grundbuchordnung

GewSchG ...... Gesetz zum zivilrechtlichen Schutz vor Gewalttaten und Nachstellungen
GG .... Grundgesetz für die Bundesrepublik Deutschland
ggf. .... gegebenenfalls
GmbH .... Gesellschaft mit beschränkter Haftung
GmbHG .... Gesetz betreffend die Gesellschaften mit beschränkter Haftung
GPR .... Zeitschrift für das Privatrecht der Europäischen Union
GRUR .... Gewerblicher Rechtsschutz und Urheberrecht
GRUR-RS ...... GRUR Rechtsprechung
GS .... je nach Zusammenhang: Gedächtnisschrift; Großer Senat
GVFV .... Verordnung über das Formular für den Vollstreckungsauftrag an den Gerichtsvollzieher
GVG .... Gerichtsverfassungsgesetz
GVGA .... Geschäftsanweisung für Gerichtsvollzieher
GvKostG .... Gesetz über Kosten der Gerichtsvollzieher

HGB .... Handelsgesetzbuch
h. M. .... herrschende Meinung
Hs. .... Halbsatz

IBRRS .... Immobilien- und Baurecht Rechtsprechung
i. d. F. .... in der Fassung
InsO .... Insolvenzordnung
IntFamRVG ..... Gesetz zur Aus- und Durchführung bestimmter Rechtsinstrumente auf dem Gebiet des internationalen Familienrechts
IPBPR .... Internationaler Pakt über bürgerliche und politische Rechte
IPRax .... Praxis des internationalen Privat- und Verfahrensrechts
i. S. d. .... im Sinne des/der

JA .... Juristische Arbeitsblätter
JMBlNW ...... Justizministerialbatt des Landes Nordrhein-Westfalen
JR .... Juristische Rundschau
Jura .... Juristische Ausbildung
JurBüro .... Das Juristische Büro
JuS .... Juristische Schulung
Justiz .... Die Justiz
JW .... Juristische Wochenschrift
JZ .... Juristenzeitung

KG .... je nach Zusammenhang: Kommanditgesellschaft; Kammergericht
KO .... Konkursordnung
krit. .... kritisch
KSchG .... Kündigungsschutzgesetz
KTS .... Zeitschrift für Insolvenzrecht
KV .... Kostenverzeichnis

LAG .... Landesarbeitsgericht
LG .... Landgericht
LM .... Nachschlagewerk des Bundesgerichtshofs, begründet von Lindenmaier und Möhring
LPartG .... Gesetz über die Eingetragene Lebenspartnerschaft
LugÜ 1988 ..... Übereinkommen über die gerichtliche Zuständigkeit und die Vollstreckung gerichtlicher Entscheidungen in Zivil- und Handelssachen geschlossen in Lugano am 16. September 1988

Mahnverfahrens-VO .... Verordnung (EG) Nr. 1896/2006 des Europäischen Parlaments und des Rates vom 12. Dezember 2006 zur Einführung eines Europäischen Mahnverfahrens

MDR . . . . Monatsschrift für Deutsches Recht
m. N. . . . . mit Nachweisen
m. w. N. . . . . mit weiteren Nachweisen

Nachw. . . . . Nachweise
NJW . . . . Neue Juristische Wochenschrift
NJW-RR . . . . NJW-Rechtsprechungsreport Zivilrecht
NZA . . . . Neue Zeitschrift für Arbeits- und Sozialrecht
NZI . . . . Neue Zeitschrift für Insolvenz und Sanierung

o. . . . . oben
OHG . . . . offene Handelsgesellschaft
OLG . . . . Oberlandesgericht
OLGZ . . . . Entscheidungen der Oberlandesgerichte in Zivilsachen, seit 1995 FGPrax

PartGG . . . . Gesetz über Partnerschaftsgesellschaften Angehöriger Freier Berufe
PfandBG . . . . Pfandbriefgesetz

RDG . . . . Gesetz über außergerichtliche Rechtsdienstleistungen
RegE . . . . Regierungsentwurf
RG . . . . Reichsgericht
RGZ . . . . Entscheidungen des Reichsgerichts in Zivilsachen (Band, Seite)
Rn. . . . . Randnummer
Rpfleger . . . . Der Deutsche Rechtspfleger
RPflG . . . . Rechtspflegergesetz

S. . . . . Satz, Seite
SGB I . . . . Sozialgesetzbuch (SGB), Erstes Buch (I), Allgemeiner Teil
SGB VIII . . . . . . Sozialgesetzbuch, (SGB), Achtes Buch (VIII), Kinder- und Jugendhilfe
Small Claims-VO . . Verordnung (EG) Nr. 861/2007 des Europäischen Parlaments und des Rates vom 11. Juli 2007 zur Einführung eines europäischen Verfahrens für geringfügige Forderungen
StGB . . . . Strafgesetzbuch
str. . . . . streitig
st. Rspr. . . . . ständige Rechtsprechung
StVollzG . . . . Gesetz über den Vollzug der Freiheitsstrafe und der freiheitsentziehenden Maßregeln der Besserung und Sicherung

u. . . . . unten
unzutr. . . . . unzutreffend
UrhG . . . . Gesetz über Urheberrecht und verwandte Schutzrechte
u. U. . . . . unter Umständen

v. . . . . vom
Var. . . . . Variante
VE . . . . Vollstreckung effektiv
Vereinfachungsnovelle . . . . Gesetz zur Vereinfachung und Beschleunigung gerichtlicher Verfahren
VersR . . . . Versicherungsrecht
VG . . . . Verwaltungsgericht
VGH . . . . Verwaltungsgerichtshof
vgl. . . . . vergleiche
Vollstreckungstitel-VO . . . . Verordnung (EG) Nr. 805/2004 des Europäischen Parlaments und des Rates vom 21. April 2004 zur Einführung eines europäischen Vollstreckungstitels für unbestrittene Forderungen
VwGO . . . . Verwaltungsgerichtsordnung

VwVG . . . . Verwaltungs-Vollstreckungsgesetz

WEG . . . . Gesetz über das Wohnungseigentum und das Dauerwohnrecht
WM . . . . Zeitschrift für Wirtschafts- und Bankrecht, Wertpapier-Mitteilungen Teil IV
WRP . . . . Wettbewerb in Recht und Praxis

z. Z. . . . . zur Zeit
ZEV . . . . Zeitschrift für Erbrecht und Vermögensnachfolge
ZGB . . . . Zivilgesetzbuch der Deutschen Demokratischen Republik
ZGR . . . . Zeitschrift für Unternehmens- und Gesellschaftsrecht
ZHR . . . . Zeitschrift für das gesamte Handelsrecht und Wirtschaftsrecht
ZIP . . . . Zeitschrift für Wirtschaftsrecht
ZPO . . . . Zivilprozessordnung idF der Bekanntmachung v. 5.12.2005
ZRP . . . . Zeitschrift für Rechtspolitik
zustimm. . . . . zustimmend
zutr. . . . . zutreffend
ZVFV . . . . Verordnung über Formulare für die Zwangsvollstreckung
ZVG . . . . Gesetz über die Zwangsversteigerung und die Zwangsverwaltung
ZwVwV . . . . Zwangsverwalterverordnung
ZZP . . . . Zeitschrift für Zivilprozess (Band, Seite)
ZZPInt . . . . Zeitschrift für Zivilprozess International (Band, Seite)

Alle Hinweise auf Paragrafen, die mit den Worten „vgl. o.“ oder „vgl. u.“ verbunden und kursiv gesetzt sind, beziehen sich auf solche dieses Werkes.

Verzeichnis der abgekürzt zitierten Literatur

Baumann/Brehm . .	Zwangsvollstreckung, 2. Aufl. 1982
Baumbach/*Bearbeiter*	Baumbach/Lauterbach/Hartmann/Anders/Gehle, ZPO, 79. Aufl. 2021
Baur/Stürner II . . .	Zwangsvollstreckungs-, Konkurs- und Vergleichsrecht, Bd. II: Insolvenzrecht, 12. Aufl. 1990
Baur/Stürner, Fälle	Fälle und Lösungen nach höchstrichterlichen Entscheidungen. Zwangsvollstreckungs-, Konkurs- und Vergleichsrecht, 6. Aufl. 1989
Baur/Stürner/Bruns	Zwangsvollstreckungsrecht, 13. Aufl. 2006
Blomeyer I	*A. Blomeyer,* Zivilprozeßrecht, Erkenntnisverfahren, 2. Aufl. 1985
Blomeyer II	*A. Blomeyer,* Zivilprozeßrecht, Vollstreckungsverfahren, 1975, mit Nachtrag 1979
Bork/*Bearbeiter* . . .	*Bork,* Handbuch des Insolvenzanfechtungsrechts, 2006
Böttcher	Gesetz über die Zwangsversteigerung, 6. Aufl. 2016
Brox/Walker	Zwangsvollstreckungsrecht, 11. Aufl. 2018
Bruns/Peters	*R. Bruns* und *E. Peters,* Zwangsvollstreckungsrecht, 3. Aufl. 1987
Gaul/Schilken/Becker-Eberhard . .	Gaul/Schilken/Becker-Eberhard, Zwangsvollstreckungsrecht, 12. Aufl. 2010
Gerhardt	Vollstreckungsrecht, 2. Aufl. 1982
Grunsky	Grundzüge des Zwangsvollstreckungs- und Insolvenzrechts, 5. Aufl. 1996
Jauernig/*Bearbeiter*	*Jauernig,* BGB, 18. Aufl. 2021
Kissel/Mayer	Gerichtsverfassungsgesetz, 10. Aufl. 2021
Lippross/Bittmann ZwangsVollstrR . .	*Lippross/Bittmann,* Zwangsvollstreckungsrecht, 12. Aufl. 2016
MünchKomm-BGB/*Bearbeiter* . . .	Münchener Kommentar zum BGB, 8. Aufl. ab 2018
MünchKomm-InsO/*Bearbeiter* . . .	Münchener Kommentar zur InsO, ab 3. Aufl. 2016
MünchKomm-StGB/*Bearbeiter* . .	Münchener Kommentar zum StGB, 3. Aufl. 2017
MünchKomm-ZPO/*Bearbeiter* . . .	Münchener Kommentar zur ZPO, ab 5. Aufl. ab 2017
Musielak/Voit/*Bearbeiter*	Kommentar zur ZPO, 17. Aufl. 2020
Rosenberg/Schwab/Gottwald	Rosenberg/Schwab/Gottwald, Zivilprozessrecht, 18. Aufl. 2018
Saenger/*Bearbeiter*	Saenger, Zivilprozessordnung, 8. Aufl. 2019
Schlosser	Zivilprozessrecht II (Zwangsvollstreckungs- und Insolvenzverfahren), 1984
Schuschke/Walker/Kessen/Thole/*Bearbeiter*	Vollstreckung und Vorläufiger Rechtsschutz, 7. Aufl. 2020
Serick	Eigentumsvorbehalt und Sicherungsübertragung (Bd. 1, 1963; Bd. 2, 1965; Bd. 3, 1970; Bd. 4, 1976; Bd. 5, 1982; Bd. 6, 1986)
Sieberg	*Sieberg, Christoph,* Verwaltungsvollstreckung, Ein Vergleich zwischen den USA und Deutschland, Frankfurt am Main, 2001
Soergel/*Bearbeiter*	*Soergel,* BGB, ab 13. Aufl. ab 1999
Stamm	Die Prinzipien und Grundstrukturen des Zwangsvollstreckungsrechts, 2007
Staudinger/*Bearbeiter*	*Staudinger,* Kommentar zum BGB, ab 13. Bearbeitung, ab 2003
Stein/Jonas	*Stein/Jonas,* Kommentar zur ZPO, ab 22. Aufl. ab 2002
Stöber/*Bearbeiter* . .	*Stöber,* Zwangsversteigerungsgesetz, 22. Aufl. 2019
Storz/Kiderlen	Praxis des Zwangsversteigerungsverfahrens, 13. Aufl. 2021
Teplitzky	*Teplitzky/Bacher/Büch,* Wettbewerbsrechtliche Ansprüche und Verfahren, 12. Aufl. 2019

Thomas/Putzo/
Bearbeiter . . . . . . ZPO, 41. Aufl. 2020
W. Lüke . . . . Zivilprozessrecht II, Zwangsvollstreckung, 11. Aufl. 2021
Zivilprozessrecht . . . *Jauernig/Hess,* Zivilprozessrecht, 30. Aufl. 2011
Zöller/*Bearbeiter* . . ZPO, 33. Aufl. 2020

Literaturhinweise

I. Lehrbücher und Kommentare

In Betracht kommen insbesondere die Lehrbücher zum Zwangsvollstreckungsrecht von *Baur/Stürner/Bruns*, 13. Aufl. 2006; *Brox/Walker*, 11. Aufl. 2018; *Bruns/Peters*, 3. Aufl. 1987; *Gaul/Schilken/Becker-Eberhard*, 12. Aufl. 2010 (begründet von *Rosenberg*); für den Rechtszustand vor 1933 J. *Goldschmidt*, 2. Aufl. 1932, mit Nachtrag 1934. Knappere Darstellungen bieten *Baumann/Brehm*, Zwangsvollstreckung, 2. Aufl. 1982; *W. Gerhardt*, Vollstreckungsrecht, 2. Aufl. 1982; *ders.*, Grundbegriffe des Vollstreckungs- und Insolvenzrechts, 1985; *Schlosser*, Zivilprozessrecht II (Zwangsvollstreckungs- und Insolvenzrecht), 1984; *Grunsky*, Grundzüge des Zwangsvollstreckungs- und Insolvenzrechts, 5. Aufl. 1996; *Paulus*, Zivilprozessrecht (Erkenntnisverfahren und Zwangsvollstreckung), 6. Aufl. 2017; *Lackmann*, Zwangsvollstreckungsrecht mit Grundzügen des Insolvenzrechts, 11. Aufl. 2018; *Musielak/Voit*, Grundkurs ZPO, 15. Aufl. 2020; *Muthorst*, Grundzüge des Zwangsvollstreckungsrechts, 3. Aufl. 2020; *W. Lüke*, Zivilprozessrecht II, 11. Aufl. 2021; *Pohlmann/Schäfers*, Zwangsvollstreckungsrecht, 2021.
An Kommentaren zur ZPO sind ohne Anspruch auf Vollständigkeit zu nennen: *Stein/Jonas*, ab 22. Aufl. ab 2002; *Wieczorek/Schütze*, ab 4. Aufl. ab 2013; Münchener Kommentar zur ZPO, ab 5. Aufl. 2017; *Zöller*, 33. Aufl. 2020; *Thomas/Putzo*, 41. Aufl. 2020; *Baumbach/Lauterbach/Hartmann/Anders/Gehle*, 79. Aufl. 2021; *Kindl/Meller-Hannich*, Gesamtes Recht der Zwangsvollstreckung, 4. Aufl. 2021.
Schrifttum zum **ZVG** vgl. u. § 22.

II. Zeitschriften

Hervorzuheben sind neben der Zeitschrift für Zivilprozess (ZZP) die Deutsche Gerichtsvollzieherzeitung (DGVZ), herausgegeben vom Deutschen Gerichtsvollzieherbund (DGVB), weiter das Juristische Büro (JurBüro), das sich als Zeitschrift für Kostenrecht und Zwangsvollstreckung versteht, sowie die Zeitschrift Forderung und Vollstreckung (FoVo).

III. Weitere Hilfsmittel

Baur/Stürner, Fälle und Lösungen zum Zwangsvollstreckungs-, Konkurs- und Vergleichsrecht, 6. Aufl. (bearbeitet von R. *Stürner*), 1989; *Lüke*, Fälle zum Zivilprozessrecht (Erkenntnis- und Vollstreckungsverfahren der ZPO), 2. Aufl. 1993; *Schrader/Theede/Knop*, Zwangsvollstreckung in das bewegliche Vermögen, 9. Aufl. 2013; *Lüke/Hau*, Zwangsvollstreckungsrecht (Prüfe dein Wissen), 3. Aufl. 2008; *Zimmermann*, ZPO-Fallrepetitorium, 11. Aufl. 2019; *Lackmann/Wittschier*, Die Klausur im Zwangsvollstreckungsrecht, 6. Aufl. 2021; *Lippross/Bittmann*, Zwangsvollstreckungsrecht, 13. Aufl. 2021.

§ 1. Grundlagen des Zwangsvollstreckungsrechts

Literatur: *Goldschmidt,* Ungerechtfertigter Vollstreckungsbetrieb, 1910; *Stein,* Grundfragen der Zwangsvollstreckung, 1913; *Henckel,* Prozessrecht und materielles Recht, 1970, S. 236ff., 349ff.; *Gaul,* Zur Struktur der Zwangsvollstreckung, Rpfleger 1971, 1, 41, 81; *Stürner,* Prinzipien der Einzelzwangsvollstreckung, ZZP 99 (1986), 291; *Wieser,* Der Grundsatz der Verhältnismäßigkeit in der Zwangsvollstreckung, 1989 (dazu *E. Peters* ZZP 103 [1990], 518); *Gaul,* „Prozessuale Betrachtungsweise" und Prozesshandlungen in der Zwangsvollstreckung, GS Arens, 1993, S. 89; *Stamm,* Die Prinzipien und Grundstrukturen des Zwangsvollstreckungsrechts – Ein Beitrag zur Rechtsvereinheitlichung auf europäischer Ebene, 2007 (dazu *Völzmann-Stickelbrock* JZ 2008, 355; *Mroß* DGVZ 2008, 16; *Hau* GPR 2008, 142; *Schilken* AcP 208, 850).

A. Begriff

Ist der Schuldner zu einer Leistung verurteilt worden, erfüllt er seine Leistungspflicht 1
aber nicht freiwillig, so kann das Recht des Gläubigers zwangsweise gegen den Schuldner durchgesetzt werden. Das geschieht im Wege der **Zwangsvollstreckung.** Darunter versteht man ein staatliches Verfahren, das dazu dient, einen – in der Regel privatrechtlichen – Anspruch mithilfe staatlicher Zwangsgewalt zu verwirklichen.

Das Vollstreckungsverfahren ist ein Teil des Zivilprozesses. Es schließt sich an das Er- 2
kenntnisverfahren an, ja ist dessen notwendige Ergänzung. Denn das Recht muss nicht nur festgestellt, sondern auch durchgesetzt werden können; erst dann ist der Rechtsschutz vollkommen. Ohne die Drohung der Zwangsvollstreckung würde sich wohl mancher Schuldner nicht „freiwillig" zur Leistung bequemen. Ein notwendiger Anhang zum Erkenntnisverfahren ist die Zwangsvollstreckung aber nicht: Zum einen ist nicht jedes Urteil vollstreckbar: bei einer bloßen Feststellung oder einer Umgestaltung der Rechtslage durch das Urteil gibt es (vorbehaltlich der Kostenentscheidung) nichts zu vollstrecken (vgl. u. *§ 2 Rn. 2*). Zum anderen muss ein vollstreckbares Urteil nicht vollstreckt werden, wenn der Beklagte nach Urteilserlass von sich aus leistet, was oftmals der Fall ist.

Die Zwangsvollstreckung ist ein *selbständiger* Teil des Zivilprozesses und vielfach ande- 3
ren Grundsätzen als das Erkenntnisverfahren unterworfen.[1] Sie hat eigene Organe, insbesondere den Gerichtsvollzieher und das Vollstreckungsgericht (dieses ist nicht mit dem Prozessgericht identisch, vgl. u. *§ 9 Rn. 5*). Eine mündliche Verhandlung ist in der Regel nicht notwendig, oft nicht möglich, zuweilen verboten. Vor allem setzt die Vollstreckung nicht stets ein vorhergehendes Erkenntnisverfahren voraus, denn z. B. kann aus vollstreckbaren Urkunden ohne Prozess vollstreckt werden (vgl. u. *§ 3 Rn. 7*). Auch können ein Erkenntnis- und ein Vollstreckungsverfahren nebeneinander herlaufen (*Beispiel:* Aus einem noch nicht rechtskräftigen Urteil wird vollstreckt – das ist möglich, vgl. u. *§ 2 Rn. 6* – und gleichzeitig wird Berufung eingelegt). Die Zwangsvollstreckung ist Betätigung der streitigen Zivilgerichtsbarkeit; sie ist kein Verfahren der freiwilligen Gerichtsbarkeit oder der Verwaltung;[2] die einzelne Vollstreckungsmaßnahme ist freilich ein Hoheitsakt.[3]

---

[1] Vgl. *Stürner* ZZP 99 (1986), 294f., 297.

[2] Vgl. *Gaul* Rpfleger 1971, 41ff.; zustimm. *Blomeyer* II § 1 II; a. A. BGHZ 66, 80: Pfändungs- und Überweisungsbeschluss als Verwaltungsakt; *Stamm* § 4 VI. 6: Zwangsvollstreckung als öffentlichrechtliches Verwaltungsverfahren.

[3] *BGH* NJW 1988, 2543, 2544.

4 Die zwangsweise Durchsetzung des Gläubigerrechts kann den Schuldner hart treffen. Seine wirtschaftliche Existenz darf jedoch nicht vernichtet werden. Das Schutzbedürfnis des Schuldners stößt sich mit dem Interesse des Gläubigers, das eigene Recht durchzusetzen. Hier muss der Gesetzgeber nach einem Ausgleich der widerstreitenden Interessen suchen. Ihn zu finden, ist eine ebenso schwierige wie wichtige Aufgabe (vgl. u. *Rn. 7, 41ff.*).

B. Andere Arten von Vollstreckungen

5 Neben der in der ZPO geordneten „gerichtlichen Zwangsvollstreckung" (vgl. § 322 I AO) gibt es noch andere Arten von Vollstreckungen. Vor allem ist auf die *Verwaltungsvollstreckung* hinzuweisen.[4] Sie dient der Durchsetzung von Anordnungen (Verwaltungsakten) der Verwaltungsbehörden, z. B. Beitreibung von Steuern, Abreißen eines baufälligen Hauses. Sie ist auf Teilgebieten bundesrechtlich geregelt, so für die Bundesbehörden allgemein im Verwaltungs-Vollstreckungsgesetz v. 27.4.1953, im Besonderen für die Finanzbehörden in der AO (vgl. auch § 150 FGO) und für die Justizbehörden des Bundes, z. T. auch der Länder, im Justizbeitreibungsgesetz (JBeitrG) in der Fassung der Bekanntmachung vom 27.6.2017, das aus der Justizbeitreibungsordnung v. 11.3.1937 hervorgegangen ist. In diesen Fällen ist die Verwaltungsbehörde vielfach Gläubiger und Vollstreckungsorgan in einem;[5] das ist mit dem Grundsatz der Gewaltenteilung unvereinbar und rechtspolitisch zweifelhaft.[6] Aus diesem Grund erweckt auch § 150 FGO Bedenken: Finanzgerichtliche Urteile werden gegen den Bürger durch das Finanzamt vollstreckt; es ist somit Gläubiger, Prozesssieger und Vollstreckungsorgan in einem!

C. Gesetzliche Grundlage

6 Die gesetzliche Grundlage der Zwangsvollstreckung bildet in erster Linie die **ZPO,** neben ihr für die Vollstreckung wegen Geldforderungen in das unbewegliche Vermögen das *Gesetz über die Zwangsversteigerung und die Zwangsverwaltung* vom 24.3.1897 i. d. F. der Bekanntmachung vom 20.5.1898 **(ZVG).** Von großer Bedeutung ist ferner das *Rechtspflegergesetz* vom 5.11.1969 i. d. F. der Bekanntmachung vom 14.4.2013 **(RPflG).**

7 Die **Entwicklung des Zwangsvollstreckungsrechts**[7] hat das Vollstreckungsgericht aus seiner früheren Passivität im Verfahren herausgeführt. Heute kann das Gericht gestaltend in das Verfahren eingreifen. Das zeigt sich vor allem beim *praktischen Hauptproblem des Vollstreckungsrechts* und seiner Reform: dem *Gläubiger- und Schuldnerschutz* (vgl. u. *Rn. 41ff.* und *§§ 31f.*). Die Krisenzeit um 1930 und die spätere Kriegs- und Nachkriegszeit führten zu einem ausgedehnten gesetzlichen Schuldnerschutz. Das Vollstreckungsrecht war in zahlreichen Vorschriften geregelt, nicht nur in der ZPO. Das Gesetz über Maßnahmen auf dem Gebiete der Zwangsvollstreckung vom 20.8.1953 bereinigte die unübersichtlich gewordene Rechtslage, indem es zeitbedingte Änderungen und Ergänzungen des Vollstreckungsrechts aufhob und andere Änderungs- und Ergänzungsvorschriften in die ZPO und das ZVG einfügte. Wichtige Änderungen brachten zunächst das Gleichberechtigungsgesetz vom 18.6.1957, die Vereinfachungsnovelle vom 3.12.1976 und das Gesetz zur Änderung zwangsvollstreckungsrechtlicher Vorschriften vom 1.2.1979, weiter das Sechste Gesetz zur Änderung der Pfändungsfreigrenzen vom 1.4.1992 und das Zweite Gesetz zur Änderung zwangsvollstreckungsrechtlicher Vorschriften (2. Zwangsvollstreckungsnovelle) vom 17.12.1997. Aus jüngerer Zeit sind zu nennen das FGG-Reformgesetz vom 17.12.2008, das Gesetz zur Reform des Kontopfändungsschutzes vom 7.7.2009 und vor allem das Gesetz zur Reform der Sachaufklärung in der

[4] Schrifttum: *App* JuS 2004, 786; *Voßkuhle/Wischmeyer* JuS 2016, 698.

[5] Instruktives Beispiel in *BGH* NJW 1980, 1754f.; allg. *App* JuS 1987, 203ff.

[6] *Gaul* JZ 1973, 477f.; 1979, 510f.; *Zeiss* JZ 1974, 567f.; rechtsvergleichend ist bemerkenswert, dass etwa in den U.S.A. Behörden zur Vollstreckung einer Maßnahme grundsätzlich eine gerichtliche Anordnung benötigen, siehe dazu *Sieberg,* S. 95ff.

[7] Zu den „Entwicklungen im Zwangsvollstreckungsrecht seit 1949" und bis zur Wiedervereinigung krit. *Münzberg,* in: 40 Jahre Bundesrepublik Deutschland. 40 Jahre Rechtsentwicklung, 1990, S. 99ff.; für einen großen Überblick *Gaul* ZZP 130 (2017), 3ff.

Zwangsvollstreckung vom 29.7.2009.[8] Im letzten Jahrzehnt hat die rechtspolitische Diskussion[9] etwas nachgelassen; die Grundfragen bleiben freilich weiterhin aktuell.

D. Parteien der Zwangsvollstreckung

Die Parteien der Zwangsvollstreckung heißen **Gläubiger** und **Schuldner.** Wer Gläubiger und wer Schuldner ist, richtet sich nach dem Vollstreckungstitel oder der Vollstreckungsklausel (vgl. u. *§ 4 Rn. 7*): *Schuldner* ist, wer danach etwas zu „leisten", *Gläubiger* ist, wer etwas zu „fordern" hat (vgl. u. *§ 7 Rn. 2*). Gläubiger ist meist der Kläger, Schuldner meist der Beklagte des (in der Regel vorausgegangenen) Erkenntnisverfahrens. Notwendig ist das aber nicht: Der Kläger ist Vollstreckungsschuldner, wenn ihm die Kosten des Rechtsstreits auferlegt sind und der Beklagte (als Gläubiger) deshalb vollstreckt; die Vollstreckung wird durch oder gegen den Rechtsnachfolger des Klägers oder des Beklagten betrieben (vgl. § 727). Gläubiger und Schuldner müssen im Titel so genau bezeichnet sein, dass ihre *Identität eindeutig festgestellt* werden kann. Das ist vor allem beim Schuldner von praktischer Bedeutung: Ist die zweifelsfreie Bestimmung nicht möglich, so ist der Titel nicht vollstreckungsfähig.[10] 8

Die Vollstreckung kommt nicht von Amts wegen in Gang. Vielmehr ist ein **Antrag** erforderlich (das ist kein „Auftrag", wie es z. B. in § 753 heißt; vgl. u. *§ 8 Rn. 6*). Das Gesetz folgt also der Dispositionsmaxime (vgl. u. *Rn. 48ff.*). Stellt die Rechtsordnung es grundsätzlich dem Einzelnen anheim, ob er sein Recht einklagen will – „Disposition über den Anfang des Verfahrens" –,[11] dann ist es folgerichtig, ihm auch freizustellen, ob er die Zwangsvollstreckung betreiben will.[12] Den Antrag kann zulässigerweise nur der Gläubiger stellen. 9

Zahlreiche wichtige Vollstreckungsmaßnahmen können heute nur noch beantragt werden, wenn der Gläubiger ein amtliches Formular verwendet.[13] Ein solcher **Formularzwang** gilt etwa für Anträge an den Gerichtsvollzieher zur Vollstreckung wegen einer Geldforderung;[14] ab dem 1.1.2022 ist hier zudem die Übermittlung des Antrags als elektronisches Dokument zwingend für Anträge, die durch einen Rechtsanwalt, durch eine Behörde oder durch eine juristische Person des öffentlichen Rechts einschließlich der von ihr zur Erfüllung ihrer öffentlichen Aufgaben gebildeten Zusammenschlüsse eingereicht werden, § 753 V i. V. m. § 130d. Formularzwang gilt auch für den Antrag an das Vollstreckungsgericht auf Erlass eines Pfändungs- und Überweisungsbeschlusses, wenn Vollstreckungsobjekt eine Geldforderung ist;[15] bei der Vollstreckung in andere Vermögensrechte (§ 857) besteht ebenso wie bei sonstigen Anträgen (vgl. § 4 GVGA) Formfreiheit. 10

Beispiel: Der Gläubiger beauftragt den Gerichtsvollzieher mit einem Pfändungsversuch und ggf. der Abnahme der Vermögensauskunft (§ 807), ohne das Formular zu verwenden. 11

---

[8] Dazu *Ahrens* NJW 2010, 2001; *Fischer* DGVZ 2010, 113; *Giers* FamRB 2010, 188; 2012, 25; *Harnacke* DGVZ 2012, 197; *Mroß* DGVZ 2010, 181; *Vollkommer* NJW 2012, 3681.

[9] *Hess* DGVZ 2010, 7; *Stamm* JZ 2012, 67.

[10] Dazu *BGH* NJW 2018, 399 – Hausbesetzer; NJW 2010, 2137 – Europäischer Vollstreckungstitel; *AG Riedlingen* DGVZ 2018, 168 – Namensbestandteil; *Schüler* DGVZ 1982, 65ff.; vgl. auch u. *§ 7 Rn. 2f.*

[11] Stein/Jonas/*Kern* vor § 128 Rn. 161f.

[12] Vgl. *Zivilprozessrecht* § 24 I, II.

[13] Grundlegend zum Formularzwang *Korves* GVRZ 2018, 7; zu seinen Grenzen BGHZ 200, 145.

[14] § 1 GVFV.

[15] § 2 ZVFV.

a) Der Gerichtsvollzieher weigert sich, den Auftrag auszuführen. Hat die Erinnerung des Gläubigers gemäß § 766 II Var. 1 Erfolg?

b) Der Gerichtsvollzieher führt den Auftrag aus. Hat die Erinnerung des Schuldners gemäß § 766 I Erfolg?

Zu a): Die Erinnerung ist zwar statthaft, da sich der Gerichtsvollzieher weigert, einen Vollstreckungsauftrag zu übernehmen. Sie ist aber unbegründet. Denn der Gläubiger hat den Formularzwang missachtet. Aufträge, die dem Formularzwang ganz oder teilweise nicht entsprechen, muss der Gerichtsvollzieher nicht ausführen.

Zu b): Die Erinnerung ist zwar statthaft, da sich der Schuldner auf einen Verfahrensfehler beruft. Sie ist aber unbegründet. Denn der Formularzwang dient nicht dem Schutz des Schuldners, sondern soll dem Gerichtsvollzieher die Bearbeitung erleichtern.

12 Nimmt man an, dass der Partei im Erkenntnisverfahren ein besonderer Rechtsschutzanspruch zur Seite steht,[16] so muss man auch einen **Vollstreckungsanspruch** zugunsten des betreibenden Gläubigers bejahen, ein subjektives öffentliches Recht, das einer Partei unter besonderen Voraussetzungen gewährt wird. Praktische Bedeutung für die Erklärung und Begründung einzelner Vorschriften des Vollstreckungsrechts hat diese Konstruktion nicht. Festzuhalten ist nur, dass die Vornahme der Vollstreckung grundsätzlich nicht Ermessenssache, sondern Rechtspflicht des Staates ist.[17] Nur so versteht BVerfGE 61, 126, 133 den Vollstreckungsanspruch.[18]

13 Die **Durchführung** der Vollstreckung ist ausschließlich Sache des Staates (eine Folge des Verbots privater Selbsthilfe) und liegt in den Händen besonderer **Vollstreckungsorgane** (die wichtigsten sind das Vollstreckungsgericht und der Gerichtsvollzieher). Diese handeln nicht als privatrechtliche Vertragspartner des Gläubigers, sondern auf Antrag (wie gesagt, nicht „im Auftrag") des Gläubigers und kraft staatlicher Hoheitsgewalt (vgl. u. *§ 8 Rn. 6*).

14 Die ZPO verlangt aber nicht nur, dass der Gläubiger den *Anstoß* für die Vollstreckung gibt. Er muss, wenn er wegen einer Geldforderung vollstrecken will, auch das **Vollstreckungsobjekt** (bewegliche Sache, Forderung oder sonstiges Recht, Grundstück) bestimmen. Ist der Zugriff auf das benannte Objekt fehlgeschlagen (das Grundstück war überbelastet, die Forderung bestand nicht, pfändbare Sachen waren nicht auffindbar), so muss der Gläubiger einen anderen Gegenstand benennen, d. h. einen *neuen Antrag* stellen. Die Vollstreckung wird also nicht auf den einmal gestellten Antrag des Gläubigers bis zu dessen Befriedigung durchgeführt.[19]

E. Voraussetzungen der Zwangsvollstreckung

15 Der Staat stellt dem Gläubiger seine Machtmittel nur unter bestimmten *Voraussetzungen* zur Verfügung. In der Regel muss der Anspruch in einem Prozess geprüft und durch Urteil festgestellt worden sein. Auf die bloße Behauptung eines Anspruchs hin kann eine Vollstreckung nicht erfolgen.

16 Die wichtigsten **Voraussetzungen der Vollstreckung** sind *Vollstreckungstitel und Vollstreckungsklausel.* Der Vollstreckungstitel ist eine öffentliche Urkunde (wichtigster Titel ist das vollstreckbare Urteil). Der Titel muss erkennen lassen, dass er vollstreckbar ist. Dazu dient die Vollstreckungsklausel: eine dem Titel beigefügte amtliche Bescheinigung seiner Vollstreckbarkeit.

[16] Vgl. *Zivilprozessrecht* § 36.
[17] Vgl. *Blomeyer* II § 1 III.
[18] Dazu krit. *Baur/Stürner/Bruns* Rn. 7.1.
[19] Im Ausland ist dies teilweise anders, s. etwa zur Schweiz *App* DGVZ 1999, 49, 51.

Dagegen ist *nicht Voraussetzung* der Vollstreckung, dass dem Gläubiger wirklich der zu vollstreckende *materielle Anspruch gegen den Schuldner* zusteht. Der vollstreckbare Titel deckt das Vorgehen der Vollstreckungsorgane und sichert die Vollstreckung ohne Rücksicht auf das Bestehen des Anspruchs; er begründet die Amtspflicht zur Vollstreckung. Die Zwangsvollstreckung ist insoweit **formalisiert;** die Vollstreckungsorgane haben sich nur nach dem Vollstreckungstitel und der Vollstreckungsklausel zu richten; materielle Rechtsfragen prüft grundsätzlich allein der Richter. Das bedeutet nicht, dass die Vollstreckung vom materiellen Recht völlig losgelöst wäre. Aber die Existenz des Anspruchs ist im Vollstreckungsverfahren nicht (erneut) zu prüfen, die Vollstreckungsorgane können und müssen sich vielmehr auf Titel und Klausel verlassen. Das ist auch aus praktischen Gründen geboten, weil eine (nochmalige) Prüfung der materiellen Rechtslage, diesmal im Vollstreckungsverfahren, die Vollstreckung verzögern, ja vereiteln könnte und die Vollstreckungsorgane zu einer solchen Prüfung auch gar nicht in der Lage wären. Auf einem anderen Blatt steht, dass der Schuldner gegen den materiellen Anspruch durchaus Einwendungen vorbringen kann. Diese Möglichkeit steht ihm aber nur *außerhalb* des Vollstreckungsverfahrens offen; er muss zu diesem Zweck eine besondere *Klage* erheben, die sog. Vollstreckungsgegenklage oder, wie es in der amtlichen Überschrift nun heißt, Vollstreckungsabwehrklage (§ 767, vgl. u. *§ 12*). Es ist also Sache des Schuldners, gegen die Vollstreckung anzugehen. Diese bleibt rechtmäßig, bis sie für unzulässig erklärt (vgl. u. *§§ 10ff.*) oder der Titel selbst (z. B. ein Urteil in der Rechtsmittelinstanz) aufgehoben worden ist. Dem Schuldner verbleiben Ansprüche nach § 717 (vgl. u. *§ 2 Rn. 52ff.*) sowie aus Bereicherung oder unerlaubter Handlung, die er im ordentlichen Verfahren verfolgen muss. 17

Beispiel: G hat ein Urteil erstritten, das S zur Zahlung von 1000 Euro verurteilt. G beauftragt den Gerichtsvollzieher mit der Pfändung des Pkw, der bei S in der Garage steht. Als der Gerichtsvollzieher bei S erscheint, erklärt S, gestern habe er G die 1000 Euro in bar bezahlt; seine Ehefrau könne dies bestätigen. – Materiellrechtlich ist der Anspruch des G durch die Zahlung erloschen (§ 362 I BGB). Gleichwohl wird der Gerichtsvollzieher den Pkw pfänden. Er hat sich nur (formal) nach dem Vollstreckungstitel zu richten (Ausnahme beispielsweise § 775 Nr. 4, wenn der Schuldner eine Quittung des Gläubigers vorlegt). S obliegt es, vor dem Prozessgericht nach § 767 gegen die Zwangsvollstreckung zu klagen. Damit wird erreicht, dass ein Richter nach einem Erkenntnisverfahren über die materiellrechtlichen Einwendungen des S entscheidet. Erst wenn S vor Gericht obsiegt hat, stellt der Gerichtsvollzieher die Zwangsvollstreckung nach § 775 Nr. 1 ein. 18

Weitere Voraussetzungen sind für den *Beginn* der Vollstreckung gefordert, vor allem muss der Vollstreckungstitel dem Schuldner zugestellt werden (§ 750), vgl. u. *§ 7 Rn. 4*. 19

F. Vollstreckungsinhalt, Vollstreckungsumfang und Vollstreckungsobjekt

1. **Inhalt und Umfang** der Vollstreckung werden **durch den Titel bestimmt.**[20] Aus dem Titel selbst muss sich eindeutig ergeben, zu welcher Handlung, Duldung, Unterlassung oder Willenserklärung der Schuldner verpflichtet ist oder welche Sache er herauszugeben hat. Können Unklarheiten nicht durch Auslegung des Titels beseitigt werden,[21] so ist er nicht vollstreckungsfähig. 20

[20] BGHZ 190, 172 Rn. 23; BGHZ 122, 16, 17f.

[21] Dazu BGHZ 122, 16, 17; *BGH* NJW 2021, 160 – „Zugang" zum Facebook-Konto.

21 **Beispiele**[22] **nicht vollstreckungsfähiger Titel:** Verurteilung zu Schadensersatz in der von einem Sachverständigen zu bestimmenden Höhe,[23] zur Mitwirkung an der Neufestsetzung des Pachtzinses,[24] zur Mitwirkung an der Auseinandersetzung einer BGB-Gesellschaft,[25] zur Abstützung eines Grundstücks bei zukünftiger Bebauung im Sinne eines vorliegenden Gutachtens,[26] zur Freistellung von unbestimmt bezeichneter Forderung,[27] zur Herausgabe einer Zahnarztpraxis.[28]

22 Lautet der Titel auf *Zahlung*, dann muss die genaue Geldsumme entweder im Titel genannt oder mithilfe offenkundiger, insbesondere aus dem Bundesgesetzblatt oder dem Grundbuch ersichtlicher Umstände berechenbar sein.[29]

23 **Beispiele zur Vollstreckungsfähigkeit von Zahlungstiteln:** Verurteilung zur Zahlung von Verzugszinsen in Höhe von fünf Prozentpunkten über dem Basiszinssatz, §§ 247, 288 I BGB; Verurteilung zur Rentenzahlung in Höhe der Grundvergütung eines Bundesbeamten einer bestimmten Besoldungsgruppe und Dienstaltersstufe;[30] Bezugnahme auf vom Statistischen Bundesamt ermittelten Preisindex für die Lebenshaltungskosten[31]. Die *Vollstreckungsfähigkeit fehlt* bei Bezugnahme auf einen Tarifvertrag; bei Verurteilung zur Zahlung eines Bruchteils des Gehalts;[32] bei einer unbezifferten Anrechnungsklausel.[33] Die Frage der Bestimmbarkeit hat praktische Bedeutung etwa für die Wertsicherung von Vollstreckungstiteln gegen den Währungsverfall.

24 In seltenen Fällen kann die Vollstreckungsfähigkeit durch ein klarstellendes Feststellungsurteil herbeigeführt werden (*BGH* NJW 1972, 2268f.).

25 2. *Grundsätzlich* erfasst die Vollstreckung *nur* das **Vermögen des Schuldners.** Sie ergreift jeweils nur **einzelne Gegenstände,** nicht das Schuldnervermögen als Einheit oder einen Betrieb als Ganzes. Das Vermögen besteht aus Ausschließlichkeitsrechten (Sacheigentum, Immaterialgüterrechte, beschränkte dingliche Rechte) und relativen Rechten (insbesondere Forderungen). Zum Vermögen in diesem Sinne gehören auch bloße Anwartschaften, z. B. aus bedingter Übereignung (vgl. u. *§ 20 Rn. 24*). Zum Vermögen gehören nicht Familien- und Persönlichkeitsrechte sowie die Arbeitskraft des Schuldners.

26 *In der Regel* erfasst die Vollstreckung das *gesamte Vermögen* des Schuldners, zuweilen aber nur bestimmte Teile, seien es abgesonderte Vermögensmassen („Sondervermögen") oder einzelne Gegenstände, auf die sich die Haftung beschränkt (z. B. bei der Vollstreckung aufgrund einer Hypothek oder in den Nachlass im Falle einer beschränkten Haftung des Erben oder bei einem Titel auf Duldung der Vollstreckung in einen bestimmten Gegenstand). Auch hierfür ist der Titel maßgebend.

---

22 Weitere Beispiele bei *Schüler* DGVZ 1982, 69ff.

23 *OLG Koblenz* MDR 1979, 587f.; vgl. auch *BGH* NJW 1994, 586, 587; *OLG Hamm* MDR 2010, 1086.

24 *BGH* ZZP 86 (1973), 322, 323.

25 *OLG Hamm* MDR 1983, 849.

26 *BGH* WM 1982, 68.

27 *BGH* NJW 1991, 634, 635.

28 *KG* NJW-RR 1998, 424ff.

29 *BGH* NJW 1995, 1162.

30 So wohl auch *BGH* NJW 1995, 1162; a. A. *BGH* WM 1986, 1399; *OLG Köln* FamRZ 1986, 1018, 1019 m. w. N.

31 *BGH* NJW-RR 2005, 366 m. w. N.; dazu *Reul* MittBayNot 2005, 265.

32 *OLG Köln* Beschl. v. 27.6.2011 – 16 W 3/11, BeckRS 2011, 18418.

33 *OLG Schleswig* NJW 2017, 1970 („... abzüglich geleisteter Zahlungen ...").

3. **Vollstreckungserweiternde Parteivereinbarungen,** die den gesetzlichen Rahmen der Vollstreckung ausdehnen, insbesondere durch Verzicht auf den Schuldnerschutz vor Vollstreckungsbeginn (vgl. u. *§ 32 Rn. 8, 46*), sind *nichtig*. Zulässig sind aber **vollstreckungsbeschränkende Vereinbarungen,** z. B. dass die Vollstreckung nicht vor Ablauf einer bestimmten Frist erfolgen darf oder bestimmte Gegenstände nicht ergreifen soll. 27

a) Fraglich ist zunächst, wann eine Vereinbarung nur die *Vollstreckung* und nicht das materielle Recht beschränkt. Eine materiellrechtliche, *keine Vollstreckungsvereinbarung* liegt vor, wenn der *Umfang des materiellen Rechts oder* dessen *Durchsetzung außerhalb der Vollstreckung* betroffen ist (z. B. Erlass, Stundung). Solche materiellrechtlichen Abreden sind schon *im Prozess* zu beachten (z. B. durch Klageabweisung); werden sie *später* getroffen, so ist nach § 767 vorzugehen (Abs. 2 setzt Grenzen, vgl. u. *§ 12 Rn. 7ff.*). Eine *Vollstreckungsvereinbarung,* keine materiellrechtliche Vereinbarung, liegt vor bei gegenständlicher Beschränkung der Vollstreckung, gleich, ob nur einzelne Gegenstände (allg. M.) oder bestimmte Vermögensmassen herausgenommen werden.[34] 28

b) Die *Berücksichtigung* „echter" (vgl. o. *Rn. 28*) Vollstreckungsvereinbarungen muss im Interesse der Parteien vor allem praktikabel sein. Ergibt sich der Ausschluss der Vollstreckung bereits aus dem Titel selbst, so darf eine Vollstreckungsklausel nicht erteilt werden.[35] Im Übrigen ist nach einer Reihe von Entscheidungen des Bundesgerichtshofs, deren jüngstes Glied ein methodisch recht mutiger Beschluss zu gegenständlich beschränkten Vollstreckungsvereinbarungen war, nicht die Erinnerung gemäß § 766, sondern die *Vollstreckungsabwehrklage „entsprechend § 767"* der richtige Rechtsbehelf, wenn der Schuldner die Vollstreckung insgesamt abwehren will.[36] 29

Beispiel (nach *BGH* NJW 2017, 2202): Die Parteien hatten im notariell beurkundeten Ehevertrag eine Vollstreckungsvereinbarung getroffen, wonach eine Vollstreckung der jetzigen Gläubigerin wegen eines Zugewinnausgleichsanspruchs in bestimmte Beteiligungen des Schuldners oder deren Surrogate unzulässig sein sollte. Dennoch vollstreckte die Gläubigerin in Abfindungsforderungen des Schuldners aufgrund seines Ausscheidens aus bestimmten Gesellschaften. Welcher Rechtsbehelf steht dem Schuldner zu? 30

Die Erinnerung wäre statthaft, wenn die Vollstreckung gegen § 775 Nr. 4 verstieße, was freilich voraussetzen würde, dass ein mindestens privatschriftlicher Vollstreckungsvertrag einer der dort genannten Urkunden gleichzustellen wäre. Allerdings kann der Schuldner über § 775 Nr. 4 nur eine einstweilige Einstellung erreichen; hier begehrt der Schuldner aber eine Aufhebung.

Welcher Rechtsbehelf allgemein bei Verstoß gegen eine vollstreckungsbeschränkende Vereinbarung statthaft ist, war bislang umstritten. Eine Ansicht will stets die Erinnerung zur Anwendung bringen.[37] Eine andere Ansicht hält sowohl die Erinnerung als auch die Vollstreckungsabwehrklage für statthaft, wobei teilweise weitere Differenzierungen vorgenommen werden.[38] Der Bundesgerichtshof hat nunmehr entschieden, dass allein die Vollstreckungsabwehrklage in entsprechender Anwendung des § 767 I statthaft ist, wobei die Beschränkung des § 767 II nicht gilt. Zur Begründung hat er ausgeführt, eine Vollstreckungserinnerung sei unstatthaft, da eine vollstreckungsbeschränkende Vereinbarung gegenständlicher Art keine Vollstreckungsvoraussetzung i. S. d. §§ 704ff. darstelle und die Vollstreckungsorgane nicht mit der Prüfung von Vollstreckungsvereinbarungen belastet sein sollten. Zwar passe auch § 767 I nicht unmittelbar, da ein Vollstreckungsvertrag keine materiellrechtliche Einwendung gegen den titulierten Anspruch be-

[34] A. A. *Schiedermair,* Vereinbarungen im Zivilprozess, 1935, S. 182f. mit S. 129ff.; Stein/Jonas/*Münzberg* § 766 Rn. 26; h. M.
[35] *OLG Düsseldorf* JMBlNW 1987, 95.
[36] *BGH* NJW 2017, 2202 (dazu sogleich *Rn. 32*) mit Anm. *K. Schmidt* JuS 2017, 1123.
[37] Z. B. Voraufl. *§ 1 Rn. 32f.* (mit weiterer Differenzierung); *Wagner,* Prozeßverträge, 1998, S. 773.
[38] Z. B. *Bürck* ZZP 85 (1972), 391, 405ff.; weitere Nachweise bei BGH a. a. O. Rn. 34.

gründe und § 767 eigentlich darauf gerichtet sei, dem Titel insgesamt die Vollstreckbarkeit zu nehmen, nicht die Vollstreckung nur in einzelne Gegenstände für unzulässig zu erklären. § 767 sei jedoch nur entsprechend anzuwenden.

Hat die Klage „entsprechend § 767" Erfolg, wird also die Vollstreckung nur in bestimmte Gegenstände für unzulässig erklärt. Aufgrund eines solchen Urteils ist dann gemäß § 775 Nr. 1 die Vollstreckung einzustellen; bereits getroffene Vollstreckungsmaßregeln sind gemäß § 776 aufzuheben.

31 4. In **schuldnerfremdes Vermögen** kann aufgrund einer Gläubigeranfechtung vollstreckt werden (vgl. u. *§ 33*).

32 5. Die **Person** des Schuldners wird heute nur noch **ausnahmsweise** von der Vollstreckung erfasst. Haft ist lediglich zur Erzwingung der Vermögensauskunft (§ 802g) und bestimmter Handlungen des Schuldners vorgesehen (vgl. u. *§§ 27 Rn. 18ff., 29*), ferner wegen Zuwiderhandlung gegen ein Unterlassungsgebot (vgl. u. *§ 27 Rn. 34*) und als persönlicher Sicherheitsarrest (vgl. u. *§§ 35 Rn. 10, 36 Rn. 13*).

33 Das frühere Recht hielt sich vornehmlich an die Person, zunächst in Gestalt der Schuldknechtschaft, abgelöst durch die Schuldhaft. Im Norddeutschen Bund wurde die Schuldhaft 1868 aufgehoben; Baden, Südhessen und Württemberg folgten dem 1870 mit der Verfassung des deutschen Bundes, Bayern durch das Gesetz betreffend die Einführung Norddeutscher Bundesgesetze in Bayern. Schuldhaft zur Erzwingung vertraglicher Verpflichtungen ist in Art. 1 4. EMRK-Protokoll und in Art. 11 IPBPR verboten.

G. Geltungsbereich der allgemeinen Prozessvoraussetzungen

34 Die allgemeinen Prozessvoraussetzungen gelten für die Vollstreckung nicht ohne Weiteres, da sie Voraussetzungen für den Erlass einer Sachentscheidung sind,[39] die es in der eigentlichen Zwangsvollstreckung nicht gibt. Aber einige müssen auch hier gegeben sein, so vor allem die **Zulässigkeit des Rechtswegs.** Doch ist dessen Feststellung einfach, denn alle Urteile, die im Zivilprozess erlassen sind, und alle in der ZPO aufgeführten Schuldtitel sind im Wege der Zwangsvollstreckung zu vollstrecken (ebenso alle Titel, die durch gesetzliche Vorschriften der Vollstreckung nach der ZPO unterworfen sind, z. B. die Urteile der Arbeitsgerichte, § 62 II ArbGG). Unzulässig ist die Vollstreckung gegen Personen und in Gegenstände, die nicht der **deutschen Gerichtsbarkeit** unterliegen (§§ 18–20 GVG).[40]

35 **Beispiel (nach *BGH* WM 2016, 2357):** Aufgrund eines niederländischen Titels ließ die Gläubigerin 2011 Sicherungshypotheken am ehemaligen Botschaftsgrundstück des schuldnerischen Staates I in Bonn eintragen. 2013 erbat I die Zustimmung zur Eröffnung einer Botschaftsaußenstelle auf dem Grundstück. Dies lehnte das Auswärtige Amt 2014 mit Verbalnote wegen planungs- und bauordnungsrechtlicher Bedenken ab. Mit Beschluss vom 10.10.2014 ordnete das Amtsgericht wegen der dinglichen und der persönlichen Ansprüche der Gläubigerin antragsgemäß die Zwangsversteigerung des Grundstücks an. Mit Verbalnote vom 17.10.2014 erklärte I gegenüber dem Auswärtigen Amt, ein Attaché der Botschaft werde in dem Gebäude seine Wohnung nehmen. Mit Verbalnote vom 19.11.2014 teilte das Auswärtige Amt mit, dass keine Bedenken gegen die beabsichtigte Nutzung als Wohnung sowie die vorübergehende Einrichtung einer Außenstelle der Botschaft mit untergeordneter Nutzung und geringem Besucherverkehr bestünden. Seit dem 1.6.2015 wird das Gebäude als vorläufige Außenstelle der Botschaft genutzt und von dem Attaché bewohnt. Hat die zulässige Erinnerung (§ 766 I) von I Erfolg?

Die Erinnerung ist begründet, wenn die Anordnung der Zwangsversteigerung verfahrensfehlerhaft ist. Hier könnte es an der deutschen Gerichtsbarkeit fehlen. Die §§ 18–20 I GVG nehmen ausländische Staa-

[39] Vgl. *Zivilprozessrecht* § 33 III.

[40] BVerfGE 46, 342, 345; dazu *Bleckmann* NJW 1978, 1092ff.; BVerfGE 64, 1, 23; 117, 141; *BVerfG* NJW 2012, 293; 2014, 1723.

ten nicht explizit von der deutschen Gerichtsbarkeit aus. Eine Ausnahme könnte sich aber aus § 20 II GVG i. V. m. Art. 25 GG ergeben. In der Tat existiert eine allgemeine Regel des Völkerrechts, wonach die Staatenimmunität auch Vollstreckungsimmunität begründet, sodass eine Vollstreckungsmaßnahme völkerrechtlich unzulässig ist. Voraussetzung für eine gegenständlich begründete Immunität ist, dass der Gegenstand hoheitlichen Zwecken dient. Insofern reicht eine abstrakte Gefährdung einer diplomatischen Mission aus („ne impediatur legatio"). Im vorliegenden Fall mögen die Zwangshypotheken noch wirksam begründet worden sein. Die Anordnung der Zwangsversteigerung ist jedoch gegenüber der Eintragung der Zwangshypotheken eine neue, eigenständige Vollstreckungsmaßnahme. Sie verletzt wegen der hoheitlichen Nutzung des Grundstücks die Immunität des Staates I. Dass die hoheitliche Zweckbestimmung (wohl) erst nach der Anordnung der Zwangsversteigerung erfolgte, ist hierfür unerheblich. Die Erinnerung ist also begründet.

Gläubiger und Schuldner müssen *parteifähig* sein, ebenso *prozess- bzw. verfahrensfähig.*[41] Hat das Urteil die **Partei- und Prozessfähigkeit** (zumeist inzident) bejaht, so ist das für die Vollstreckungsorgane bindend, außer bei nachträglicher Änderung (z. B. durch Anordnung des Einwilligungsvorbehalts für einen Betreuten, § 1903 I 2 BGB).[42] Die *Prozessvollmacht* erstreckt sich auf das Vollstreckungsverfahren (§ 81). Funktionelle und örtliche **Zuständigkeit** sind besonders geregelt (vgl. u. *§ 9*). Das **Rechtsschutzbedürfnis** ist regelmäßig zu bejahen, wenn ein vollstreckbarer Titel vorliegt. 36

Beispiel (nach *BGH* NJW 2019, 231): Gläubigerin G machte einen Pflichtteilsanspruch gegen Schuldnerin S geltend. S wurde verurteilt, Auskunft über den Bestand des Nachlasses zu erteilen durch Vorlage eines notariellen Bestandsverzeichnisses. S erschien jedoch nicht beim Notar. G ließ daher ein Zwangsgeld festsetzen und beantragte am 24.4.2017 die Erteilung einer vollstreckbaren Ausfertigung des Zwangsgeldbeschlusses des Landgerichts vom 13.4.2017. Das Landgericht versandte die vollstreckbare Ausfertigung am 18.5.2017 an die Gläubigerin. Das Zwangsgeld wurde am 8.8.2017 bezahlt. Bereits vor Erhalt der vollstreckbaren Ausfertigung des ersten Zwangsgeldbeschlusses und vor Zahlung des damit festgesetzten Zwangsgelds stellte G am 15.5.2017 einen erneuten Zwangsgeldantrag. Am 25.7.2017 setzte das Landgericht ein zweites Zwangsgeld fest. Hiergegen legte S sofortige Beschwerde mit der Begründung ein, der Notar habe vor Erlass des Zwangsgeldbeschlusses am 1.6.2017 ein Nachlassverzeichnis aufgenommen und der Gläubigerin zugeleitet. Wie wird das Beschwerdegericht am 2.11.2017 entscheiden? 37

I. Im vorliegenden Fall könnte der zweite Zwangsgeldantrag vom 15.5.2017 wegen fehlenden Rechtsschutzbedürfnisses bereits unzulässig sein. Grundsätzlich ist ein schutzwürdiges Interesse an einer wiederholten Zwangsgeldfestsetzung nur dann gegeben, wenn das zuvor angeordnete Zwangsgeld entweder gezahlt oder vollstreckt ist. Dies liegt daran, dass das Zwangsgeld ein Beugemittel darstellt; bis zur Zahlung oder Vollstreckung kann ein angeordnetes Zwangsgeld aber noch seine Beugewirkung ausüben.[43]

Hier hatte S das Zwangsgeld erst am 8.8.2017 gezahlt. Damit lag ein Rechtsschutzbedürfnis zum Zeitpunkt der Antragstellung am 15.5.2017 ebenso wenig vor wie zum Zeitpunkt der Festsetzung eines zweiten Zwangsgelds durch das Landgericht am 25.7.2017. Zum Zeitpunkt der Entscheidung durch das Beschwerdegericht war aber das erste Zwangsgeld bezahlt worden; der Zwangsgeldantrag war also nicht schon wegen fehlenden Rechtsschutzbedürfnisses unzulässig.

II. Allerdings war der Zwangsgeldantrag wegen der zwischenzeitlichen Erfüllung unbegründet. Denn der Erfüllungseinwand ist im Rahmen der Zwangsvollstreckung zur Erzwingung vertretbarer und unvertretbarer Handlungen zu beachten.[44]

---

[41] *Arens,* FS Schiedermair, 1976, S. 5ff.; *Brammsen* JurBüro 1981, 13ff., je m. N.; für die Prozessfähigkeit des Schuldners differenzierend *Gaul/Schilken/Becker-Eberhard* § 23 II 5; *H. Roth* JZ 1987, 895ff.; *BGH* DGVZ 2011, 209 Rn. 8: „jedenfalls dann ..., wenn der Schuldner ... mitwirken muss".

[42] Vgl. *Zivilprozessrecht* § 20 II 3.

[43] Vgl. u. *§ 27 Rn. 18.*

[44] Vgl. nochmals u. *§ 27 Rn. 18.*

H. Das Vollstreckungsverfahren

38 Das Verfahren unterscheidet sich wesentlich von dem Erkenntnisverfahren, insbesondere kennt es *keine obligatorische mündliche Verhandlung,* da es jetzt nicht mehr auf Rechtsfeststellung, sondern auf Zugriff ankommt. Nur bei Einwendungen des Schuldners und in Einzelfällen ist die mündliche Verhandlung fakultativ vorgesehen (vgl. §§ 707, 719, 732, 769, 891). Selbst das vorhergehende *rechtliche Gehör* des Schuldners ist nicht immer erforderlich (in § 834 sogar verboten, vgl. u. *§ 19 Rn. 13*). Wo dagegen als Rechtsbehelf eine Klage vorgesehen ist, wie in §§ 767, 771, 805, findet das normale Erkenntnisverfahren mit notwendiger mündlicher Verhandlung statt.[45]

I. Die Vollstreckbarkeit

39 Die Vollstreckbarkeit ist *von der Rechtskraft* scharf *zu unterscheiden.* Sie stellt keine Bindung des Richters an den Inhalt einer Entscheidung dar, deckt sich auch nicht mit der Unanfechtbarkeit, denn auch anfechtbare Urteile können vollstreckbar sein (vgl. u. *§ 2 Rn. 12ff.*), manche unanfechtbare sind es nicht. Man unterscheidet Vollstreckbarkeit **im weiteren und im engeren Sinne.**

40 Vollstreckbarkeit im engeren Sinne kommt nur Titeln zu, die *ihrem Inhalt nach* vollstreckbar sind; das sind allein die Leistungstitel (vgl. u. *§ 2 Rn. 2*). Manche Urteile sind von Gesetzes wegen für „vorläufig vollstreckbar" zu erklären, obwohl sie ihrem Inhalt nach gar nicht vollstreckt werden, also nicht selbst Vollstreckungstitel sein können (vgl. u. *§ 2 Rn. 4, 15f.*). Sie sind *vollstreckbar im weiteren Sinne;* denn sie bilden die Grundlage für staatliche Akte, die keine Zwangsanwendung gegen den Schuldner darstellen oder erfordern, z. B. für die Eintragung in öffentliche Bücher, die Berichtigung der Insolvenztabelle, die Einstellung und Aufhebung der Zwangsvollstreckung nach §§ 775f., die Kostenfestsetzung nach §§ 103ff.

J. Der Ausgleich zwischen den Interessen des Gläubigers und des Schuldners

41 Das **praktische Hauptproblem** des Vollstreckungsrechts ist der Ausgleich zwischen den Interessen des Gläubigers und des Schuldners. In frühen Rechtsordnungen war die Vollstreckung hart und konnte die wirtschaftliche und soziale Existenz des Schuldners vernichten. Das moderne Recht hat allmählich ein regelrechtes System des Schuldnerschutzes entwickelt. Ausbau des Schuldnerschutzes bedeutet Einschränkung der Vollstreckung und damit zugleich Abbau des Gläubigerrechts. Geht eine Rechtsordnung in der Gewährung von Schuldnerschutz zu weit, so beraubt sie den Gläubiger in den meisten Fällen praktisch jeder Zugriffsmöglichkeit, macht dadurch die Vollstreckung illusorisch, untergräbt die Schuldnermoral und entwertet damit schließlich das materielle Recht (und das Erkenntnisverfahren), da ein Recht, das nicht durchgesetzt werden kann, nur auf dem Papier steht und daher in aller Regel sinnlos ist. So muss die Rechtsordnung immer wieder versuchen, einen Mittelweg zu finden, der die gegensätzlichen Interessen von Gläubiger und Schuldner ausgleicht (vgl. u. *§§ 31–33*). Das ist umso notwendiger, als der Gläubiger zumeist auch Schuldner (eines Dritten) ist, vgl. u. *§ 31 Rn. 4.*

42 Manche Gerichte gewähren darüber hinaus einen Schuldnerschutz besonderer Art: Sie halten die **Zwangsvollstreckung von Minimalforderungen** für rechtsmissbräuchlich und daher unzulässig.[46] Das soll der Fall sein, wenn die Vollstreckungskosten des

[45] Stein/Jonas/*Kern* vor § 128 Rn. 37, 99, § 128 Rn. 21.

[46] So *LG Köln* DGVZ 1991, 75.

Schuldners ein Vielfaches der Gläubigerforderung betragen.[47] Diese Rechtsprechung ist abzulehnen.[48] Wann eine Forderung „minimal" ist, lässt sich nicht allgemein sagen. Was für den einen Gläubiger oder Schuldner „wenig" ist, erscheint dem anderen als „viel", jedenfalls als „nicht wenig". Weiter: Wer die Vollstreckung einer geringfügigen Forderung ablehnt, diskriminiert den „kleinen" Gläubiger und ermuntert den Schuldner, Minimalbeträge nicht zu bezahlen.[49] Vor allem aber ist zu bedenken, dass auch bei Minimalforderungen dem Gläubiger eine eventuell kostensparende Selbsthilfe grundsätzlich verboten ist. Der ihm allein offenstehende Weg, durch Zwangsvollstreckung zu seinem Recht zu kommen, kann nicht deshalb versperrt werden, weil dieser Weg (zu) teuer ist. Eine solche Rechtsschutzsperre kann auch nicht durch den Verfassungsgrundsatz der Verhältnismäßigkeit staatlichen Handelns errichtet werden.[50] Das ist schon deshalb ausgeschlossen, weil der Schuldner ohne Weiteres den Nachteil relativ hoher Vollstreckungskosten abwehren kann: Er muss nur das wenige (noch) zahlen, wozu er verpflichtet ist.[51] Sollte die Nichterfüllung einer minimalen Restforderung für den Gläubiger erkennbar auf einem Versehen des Schuldners beruhen, so können die Kosten der Zwangsvollstreckung erst „notwendig" (§§ 788 I, 91) sein, wenn eine vorausgegangene schriftliche Zahlungsaufforderung erfolglos geblieben ist.[52] Deshalb ist die Vollstreckung wegen der Minimalforderung aber nicht etwa rechtsmissbräuchlich, auch dann nicht, wenn keine Zahlungsaufforderung vorausgegangen ist.[53]

Generell ist zum verfassungsrechtlichen Grundsatz der Verhältnismäßigkeit zu bemerken, dass er richtigerweise nur für das Verhältnis von Bürger und Staat gilt. Er passt nicht – jedenfalls nicht ohne Weiteres – für das **Verhältnis von Gläubiger und Schuldner,** in das der Staat sich allein deshalb hineinschiebt, weil er dem Gläubiger die Selbsthilfe verbietet und durch kostenträchtige Staatshilfe ersetzt (an deren Erfolg – auch – ein öffentliches Interesse besteht[54]).[55] Zwischen Gläubiger und Schuldner gilt zwar das privatrechtliche Gebot der Rücksichtnahme, das nach der Rechtsprechung schon zu einer materiellen Begrenzung von Gläubigerrechten führen kann.[56] Liegt aber ein Vollstreckungstitel vor, so zwingt das Rücksichtsgebot den Gläubiger nicht, im bloßen Schuldnerinteresse auf die Durchsetzung seines titulierten Rechts zu verzichten;[57] erst die guten Sitten setzen eine Grenze (vgl. § 765a I und u. *§ 31 Rn. 6*). 43

[47] *Beispiel* nach *AG Staufen* DGVZ 1978, 189f.: Forderung 0,71 DM, Vollstreckungskosten 34,28 DM.

[48] Insoweit zutr. *LG Hannover* DGVZ 1991, 190; *AG Dresden* Beschl. v. 15.4.2008 – 501 M 5815/08, BeckRS 2008, 29128.

[49] Vgl. *LG Mosbach* NJW-RR 2001, 1439.

[50] Zur Problematik *Brox/Walker* Rn. 28; *Gerhardt* ZZP 95 (1982), 467, 482ff. m. N.; *Buß* NJW 1998, 337ff.; *Baur/Stürner/Bruns* Rn. 7.45; *Münzberg* [vgl. o. Fn. 7] S. 105ff.; *Schneider* MDR 1990, 893; *Braun* DGVZ 1979, 109, 129; mit anderem Ergebnis *Schneider* DGVZ 1978, 166; *Schmieder* ZZP 120 (2007), 199, 203ff.; *Stamm* S. 83ff.

[51] BVerfGE 61, 126, 136 und *BVerfG [2. Senat 3. Kammer]* NJW 2018, 531 Rn. 17ff. bejahen Verhältnismäßigkeit, wenn der Schuldner die harte Sanktion für Pflichtverletzung leicht abwenden kann, nämlich durch einfach zu bewerkstelligende Pflichterfüllung.

[52] Undifferenziert *Gaul/Schilken/Becker-Eberhard* § 26 II 1c, anders § 50 II 3.

[53] A. A. *LG Hannover* DGVZ 1991, 190.

[54] BVerfGE 61, 126, 136; *BVerfG [2. Senat 3. Kammer]* NJW 2018, 531 Rn. 18.

[55] Vgl. nur *Gerhardt* ZZP 95 (1982), 467,487ff.

[56] *BGH* NJW 1985, 267 m. N.: Übermaßverbot, § 242 BGB.

[57] Vgl. *Rimmelspacher* ZZP 97 (1984), 357, 358; *Götte* ZZP 100 (1987), 412, 414ff.

44 Für die Geltung des Verhältnismäßigkeitsgrundsatzes auch im Verhältnis Gläubiger-Schuldner tritt insbesondere *Wieser* a. a. O. ein. Seine Argumente überzeugen nicht. § 803 I 2 und § 818 – Verbot der Überpfändung und der Überverwertung – sind entgegen *Wieser* (a. a. O. S. 8, 43 f., 55) kein Ausdruck des verfassungsrechtlichen Verhältnismäßigkeitsgrundsatzes, sondern folgen aus dem Zweck der Zwangsvollstreckung, den Gläubiger (zwangsweise, daher § 803 I 2) zu befriedigen (daher § 818). § 818 entspricht obendrein dem § 1230 S. 2 BGB, denn Zweck des privaten Pfandrechts ist es ebenfalls, den (Pfand-)Gläubiger „nur" zu befriedigen; der Verhältnismäßigkeitsgrundsatz erlangt auch hier keine Bedeutung, will man nicht jede einfachgesetzliche, sachlogisch vorgegebene Begrenzung zu einer Ausprägung des verfassungsrechtlichen Verhältnismäßigkeitsgrundsatzes überhöhen. Wer doch eine Verhältnismäßigkeitsprüfung durchführt, muss bei einer Zwangsvollstreckung im Einklang mit den gesetzlichen Regeln stets die Legitimität von Zweck und Mittel, die Geeignetheit und auch die Erforderlichkeit einer zur Verfügung stehenden Vollstreckungsmaßnahme bejahen und die Gläubigerinteressen im Rahmen der Angemessenheit vorrangig berücksichtigen.[58]

45 Gelegentlich wird behauptet, dem Gläubiger sei keine **freie Wahl unter den Vollstreckungsobjekten** gelassen. Vor allem **bei Minimalforderungen** habe er die den Schuldner am wenigsten belastende Vollstreckungsart zu wählen; am Ende der Rangordnung habe die Zwangsversteigerung des vom Schuldner bewohnten Grundstücks zu stehen.[59] Diese Auffassung ist abzulehnen.[60] Die ZPO legt nur in § 777 eine Art von Rangordnung fest.[61] Eine Ordnung jenseits des Gesetzes könnte – wenn überhaupt – nur von Fall zu Fall aufgestellt werden. Ein von vornherein so gestaltetes Vollstreckungsverfahren wäre für den Gläubiger nicht zu überschauen und daher unzumutbar. Die denkbare und im Ausland teils anzutreffende Alternativlösung, dem Gläubiger das Wahlrecht gänzlich zu nehmen und – nach vorheriger Sachaufklärung – das jeweilige Vollstreckungsobjekt von einem zentralen Vollstreckungsgericht bestimmen zu lassen, hat ihrerseits Schwächen; sie ist daher nicht zu empfehlen (vgl. u. *§ 9 Rn. 6*).

K. Effizienz und Wirtschaftlichkeit der Zwangsvollstreckung

46 Im Zusammenhang mit dem Problem des Schuldnerschutzes steht die Aufgabe des Vollstreckungsrechts, die Vollstreckung möglichst effizient und wirtschaftlich zu gestalten, um die Verschleuderung wirtschaftlicher Werte zu vermeiden, unnötig schwere Einbußen des Schuldners zu verhindern und dem Gläubiger den höchstmöglichen Erlös zuzuführen. Zugleich muss die Vollstreckung aber schnell erfolgen, soll sie überhaupt Erfolg haben. Sie kann daher nicht immer den wirtschaftlich günstigsten Moment für Eingriff und Verwertung treffen. Aus diesem Grund will das Gesetz einerseits durch **Formalisierung** eine ressourcenschonende *Arbeitsteilung* zwischen den verschiedenen Vollstreckungsorganen und dem Prozessgericht ermöglichen, andererseits durch eine **elastische Gestaltung des Verfahrens** den *Besonderheiten des Einzelfalls* Rechnung tragen. An dem Ziel, dem Gläubiger möglichst zu seinem Recht zu verhelfen, besteht auch ein öffentliches Interesse, da die Durchsetzung des Gläubigerrechts dazu dient, den Rechtsfrieden und die Rechtsordnung als Grundbestandteil der rechtsstaatlichen Ordnung durchzusetzen.[62]

[58] Vgl. Musielak/Voit/*Lackmann* Vor § 704 Rn. 15; Stein/Jonas/*Münzberg* vor § 704 Rn. 43 f.; Schuschke/Walker/Kessen/Thole/*Schuschke* Einführung Buch 8 Rn. 5; *W. Lüke* § 1 Rn. 9; *Gaul/Schilken/Becker-Eberhard* § 3 III 5; *Stamm* S. 87 f.

[59] Vgl. Sondervotum *Böhmer* in BVerfGE 49, 220, 228.

[60] Vgl. *Stürner* ZZP 99 (1986), 291, 305 m. N.; *LG Oldenburg* ZIP 1982, 626, 627.

[61] *Rimmelspacher* ZZP 97 (1984), 355, 359.

[62] Vgl. o. *Rn. 41;* BVerfGE 61, 126, 136.

L. Verfahrensgrundsätze

Wie für das Erkenntnisverfahren lassen sich auch für die Zwangsvollstreckung grundlegende Prinzipien ausmachen, die freilich nicht in Reinform durchgeführt sind, ja sich teilweise widersprechen können, aber doch das Rechtsgebiet charakterisieren und zugleich als Leitlinien bei der Klärung offener Fragen dienen können. Besondere Bedeutung haben die Dispositionsmaxime, der Grundsatz der Formalisierung, das rechtliche Gehör und das Prioritätsprinzip. 47

1. Die **Dispositionsmaxime** bezeichnet im Erkenntnisverfahren die Herrschaft der Parteien über Anfang, Ende und Gegenstand des Verfahrens. Die Herrschaft *beider* Parteien kennzeichnet die Ergebnisoffenheit des Erkenntniserfahrens, das zur gerichtlichen Entscheidung führt. In der Zwangsvollstreckung steht hingegen fest, wer Gläubiger und wer Schuldner ist; sie ist nicht ergebnisoffen. Dementsprechend ist es hier in erster Linie der *Gläubiger,* der Dispositionsmöglichkeiten hat[63]: Er entscheidet mit seinem Antrag über das Ob und das Wann der Vollstreckung, hat also die Herrschaft über deren Beginn (vgl. o. *Rn. 9ff.*); er kann die Vollstreckung durch Rücknahme des Antrags jederzeit beenden, hat also die Herrschaft über deren Ende; und in der – inhaltlich am wenigsten festgelegten – Vollstreckung wegen Geldforderungen kann er auch über die Vollstreckungsart (in bewegliche Sachen, in Immobilien, in Forderungen oder sonstige Rechte) und grundsätzlich auch das einzelne Vollstreckungsobjekt (z. B. welches Grundstück, welche Forderung) entscheiden – in gewisser Weise die Herrschaft über den Gegenstand des Verfahrens (vgl. o. *Rn. 14*). Die Einflussmöglichkeiten des Gläubigers auf den Verfahrensablauf selbst sind hingegen gering, was dem geringen Parteieinfluss im Erkenntnisverfahren und ganz allgemein der Sachlogik eines geordneten Verfahrens entspricht. Die Reichweite der Dispositionsmaxime auf diesem Gebiet ist nicht einfach zu bestimmen, wie die nachfolgenden Beispiele zeigen. 48

Beispiel (nach *OLG Dresden* DGVZ 2019, 20): Der Gläubiger hatte im Antragsformular angekreuzt: „Mit einer Zahlungsvereinbarung bin ich nicht einverstanden (§ 802b II 1 ZPO).“ In der Ladung zur Abgabe der Vermögensauskunft schrieb der Gerichtsvollzieher an den Schuldner: „Sie haben die Möglichkeit, im Rahmen einer gütlichen Einigung diesen Betrag bis zum … (2 Wochen) an mich zu zahlen bzw. eine Ratenzahlung mit mir zu vereinbaren.“ Der Gerichtsvollzieher berechnete dem Gläubiger eine Gebühr gemäß KV 207, 208 GvKostG für den „Versuch einer gütlichen Erledigung der Sache (§ 802b ZPO).“ Zu Recht? 49

Zu entscheiden ist, ob die Gebühr trotz Ablehnung einer Zahlungsvereinbarung seitens des Gläubigers erhoben werden durfte. Teilweise wird dies bejaht, da schon die Aufforderung zur gütlichen Erledigung Mehraufwand verursache; zu dieser Aufforderung sei der Gerichtsvollzieher aber nach § 802b I verpflichtet.[64] Die wohl h. M. lehnt in einer solchen Konstellation hingegen den Ansatz einer Gebühr für den Versuch einer gütlichen Erledigung ab. Denn der Versuch einer gütlichen Erledigung erschöpfe sich in den beiden Maßnahmen, die § 802b II 1 vorsieht – d. h. der Einräumung einer Zahlungsfrist und der Vereinbarung einer Tilgung in Teilleistungen –; die bloße Aufforderung zur freiwilligen Leistung reiche nicht, anderenfalls handelte es sich de facto um eine stets anfallende, mithin zusätzliche Gebühr. Nicht zuletzt wird die Dispositionsbefugnis des Gläubigers angeführt.[65] Diese Meinung überzeugt. Denn wenn der Gesetzgeber dem Gläubiger die Disposition darüber einräumt, ob der Gerichtsvollzieher eine Zahlungsvereinbarung abschließen darf, dann muss auch das Gebührenrecht diese Dispositionsbefugnis widerspiegeln.

[63] Schöner Überblick bei *BGH* NJW-RR 2016, 319 Rn. 7.

[64] Z. B. *OLG Schleswig* DGVZ 2017, 211.

[65] Z. B. *OLG Düsseldorf* JurBüro 2017, 606; *AG Stuttgart-Bad Cannstatt* JurBüro 2018, 657; *OLG Dresden* a. a. O.

50 **Beispiel (nach *LG Arnsberg* JurBüro 2018, 489):** Der Gläubiger beschränkte den Antrag auf Abnahme einer Vermögensauskunft auf den Fall, dass der Schuldner innerhalb der zweijährigen Sperrfrist gemäß § 802d noch keine Vermögensauskunft abgegeben hat. Der Gerichtsvollzieher hielt diese Einschränkung für unwirksam und lehnte eine Durchführung des Vollstreckungsauftrags ab. Zu Recht?

Aus der Dispositionsmaxime folgt, dass der Gläubiger in seinem Antrag konkret angeben kann, welche Maßnahme der Gerichtsvollzieher ergreifen soll. Hier hat der Gläubiger die beantragte Maßnahme allerdings unter eine Bedingung gestellt. Zu entscheiden ist, ob ein solcher Antrag gestellt werden darf. Ausgangspunkt der Überlegung ist, dass – wie im Erkenntnisverfahren – für den Antrag als Verfahrenshandlung nur „innerprozessuale Bedingungen" zulässig sind, d. h. Bedingungen, die an ein Ereignis im Verfahrensablauf der Zwangsvollstreckung anknüpfen. Hinzukommen muss wegen des Formalisierungsgrundsatzes, dass der Gerichtsvollzieher den Eintritt oder Nichteintritt der Bedingung problemlos feststellen können muss. Schließlich darf durch die Bedingung kein Gebührentatbestand umgangen werden, also trotz erbrachter Leistung die Gebühr vermieden werden. Legt man diese Maßstäbe an, liegt im vorliegenden Fall keine zulässige innerprozessuale Bedingung vor. Eine eventuelle frühere Abgabe der Vermögensauskunft ist kein Ereignis im konkreten Vollstreckungsverfahren; der Gerichtsvollzieher müsste Feststellungen treffen, erhält aber für eine isolierte Einsichtnahme in das Vermögensverzeichnis keine Gebühr, weil hierfür kein Gebührentatbestand vorgesehen ist. Die Bedingung macht den Vollstreckungsauftrag also unwirksam; die Vermögensauskunft ohne Rücksicht auf die Bedingung abzunehmen, verstieße wiederum gegen die Dispositionsmaxime. Die Ablehnung erfolgte also zu Recht.

51 **Beispiel (nach *OLG Stuttgart* DGVZ 2017, 42):** Der Gläubiger stellte den Antrag auf Sachpfändung unter die Bedingung, dass sich aus dem Vermögensverzeichnis pfändbare Habe ergibt. Letzteres war nicht der Fall. Der Gerichtsvollzieher erhob daher eine Gebühr für eine nicht erledigte Amtshandlung gemäß KV 604, 205 GvKostG. Zu Recht?

Die Gebühr für eine nicht erledigte Amtshandlung – hier die Sachpfändung – darf an sich nur erhoben werden, wenn der Gläubiger diese Amtshandlung beantragt hatte. Dem könnte hier die Bedingung entgegenstehen. Wiederum stellt sich die Frage, ob es sich um eine zulässige Bedingung handelt. Ob das Vermögensverzeichnis pfändbare Habe aufführt, ergibt sich im konkreten Vollstreckungsverfahren; es handelt sich also um eine innerprozessuale Bedingung. Der Gerichtsvollzieher kann die Frage der Pfändbarkeit auch selbst ohne Weiteres prüfen. Es kommt mithin nur darauf an, ob die Bedingung den Gerichtsvollzieher zu einer „gebührenfreien" Tätigkeit veranlasst. Eine Ansicht bejaht dies, da für die bloße Feststellung, ob pfändbares Vermögen vorhanden ist, kein eigener Gebührentatbestand existiere; habe der Gerichtsvollzieher den Vollstreckungsauftrag nicht von vornherein abgelehnt, sei ihm die Gebühr für eine nicht erledigte Amtshandlung zuzugestehen.[66] Die Gegenansicht verweist zunächst auf die Dispositionsmaxime: Ohne Bedingungseintritt fehle es an einem Antrag für die Sachpfändung, weshalb auch eine Gebühr für deren Nichterledigung nicht anfallen könne. Im Übrigen werde auch kein Gebührentatbestand umgangen, da der Gerichtsvollzieher gemäß § 882c I Nr. 2 ohnehin – gebührenfrei – prüfen müsse, ob beim Schuldner etwas mit Aussicht auf Erfolg gepfändet werden kann. Dieser Ansicht ist zuzustimmen, da nur sie der Dispositionsmaxime Rechnung trägt; meint der Gerichtsvollzieher, ein Auftrag stehe unter einer unzulässigen Bedingung, muss er ihn ablehnen; führt er ihn ungeachtet der Bedingung aus, fehlt es am Auftrag, sodass keine Gebühr erhoben werden darf.

52 Auch der *Schuldner* hat gewisse Dispositionsmöglichkeiten; diese sind aber ungleich enger. Er kann insbesondere die Vollstreckung stets durch Erfüllung beenden, durch Sicherheitsleistung eine vorläufige Vollstreckung abwenden oder den Gläubiger seinerseits zur Sicherheitsleistung zwingen.

53 2. Der **Formalisierungsgrundsatz** besagt, dass die Vollstreckungsorgane im eigentlichen Vollstreckungsverfahren möglichst wenige eigene Entscheidungen treffen sollen. Dies bedeutet vor allem, dass im Rahmen der Vollstreckung *materiellrechtliche Fragen nicht zu prüfen* sind; insbesondere spielt es keine Rolle, ob der zu vollstreckende materiellrechtliche Anspruch begründet ist. Grundlage der Vollstreckung sind vielmehr allein der Vollstreckungstitel und die Vollstreckungsklausel. Eine materiell ungerechtfertigte, aber prozessual zulässige Vollstreckung kann nur durch einen Rechts-

[66] Z. B. *OLG Schleswig* DGVZ 2015, 228.

behelf verhindert werden. Diese Formalisierung erlaubt eine effiziente Arbeitsteilung (vgl. o. *Rn. 46*) zwischen dem Gericht als Erkenntnisorgan, dem immer Volljuristen angehören, und den Vollstreckungsorganen, die nicht über dieselbe Qualifikation verfügen müssen. Zudem schützt diese Formalisierung die Finalität der Entscheidung im Erkenntnisverfahren, und zwar selbst dann, wenn ein Rechtsbehelf eingelegt wird (§ 767 II).

Beispiel (nach *BGH* NJW 2016, 2810): Der Gläubiger vollstreckte wegen mehrerer titulierter Ansprüche auf Zahlung verschiedener Beträge samt Zinsen. Im Jahre 2001 zahlte der Schuldner 22,91 Euro, die der Gläubiger auf bestimmte Zinsforderungen anrechnete. Das Vollstreckungsgericht hielt diese Verrechnung mit Blick auf §§ 366, 367 BGB für fehlerhaft und wies den Antrag auf Erlass eines Pfändungs- und Überweisungsbeschlusses deshalb zurück. Zu Recht? 54

Das Vollstreckungsgericht meint, der Gläubiger habe die frühere Zahlung fehlerhaft, nämlich unter Verstoß gegen §§ 366, 367 BGB, verrechnet. Damit nimmt es eine materiellrechtliche Prüfung vor. Hierzu ist es aber nicht befugt; zuständig für diese Prüfung wäre das Prozessgericht des ersten Rechtszugs auf Vollstreckungsgegenklage des Schuldners hin. Das Vollstreckungsgericht durfte den Antrag folglich nicht mit dieser Begründung ablehnen.

Als Ausprägung des Formalisierungsgrundsatzes kann man auch das Erfordernis der *Bestimmtheit des Titels* ansehen. Das Bestimmtheitserfordernis enthebt das Vollstreckungsorgan der Aufgabe, eine eigene Entscheidung über die genaue Art und Reichweite der Vollstreckung zu treffen. Hier dient die Formalisierung nicht nur der Effizienz, sondern auch dem Schutz des Schuldners.[67] Er muss Zwang nur nach Maßgabe des Titels dulden; das Vollstreckungsorgan soll keinen Spielraum haben. Freilich muss der Titel ausgelegt werden. Die Auslegung stützt sich auf den Tenor, aber ergänzend auch auf die Entscheidungsgründe, u. U. die Antrags- oder Klagebegründung und den Parteivortrag. Umstände, die außerhalb des Titels liegen, sind jedoch grundsätzlich nicht zu berücksichtigen. 55

Beispiel (nach *BGH* WM 2020, 1829): Die Schuldnerin war vom LG verurteilt worden, der klagenden Erbengemeinschaft „Zugang" zu dem bei der Schuldnerin unterhaltenen Benutzerkonto ihrer verstorbenen minderjährigen Tochter und den darin vorgehaltenen Kommunikationsinhalten zu gewähren. Das KG hatte das Urteil aufgehoben und die Klage abgewiesen, der BGH das Urteil des KG aufgehoben und die Berufung der Klägerin zurückgewiesen. Daraufhin übermittelte die Schuldnerin der Gläubigerin einen USB-Stick, der eine pdf-Datei mit mehr als 14.000 Seiten enthielt. Die Gläubigerin hat beim LG wegen Nichterfüllung des Urteils die Festsetzung eines Zwangsgelds beantragt. Zu Recht? 56

Die Voraussetzungen für die Festsetzung eines Zwangsgelds gemäß § 888 I 1 sind gegeben, wenn die Schuldnerin die Verpflichtung aus dem Urteil des LG nicht erfüllt hat. Dies hängt davon ab, was unter „Zugang" zu dem Benutzerkonto zu verstehen ist. Hierzu ist der Titel (also das Urteil des LG) vom Vollstreckungsorgan auszulegen. Vollstreckungsorgan bei § 888 ist das Prozessgericht selbst. Umstände, die außerhalb des Titels liegen, dürfen bei dessen Auslegung zwar grundsätzlich nicht berücksichtigt werden. Das Prozessgericht als Vollstreckungsorgan darf sein Wissen aus dem Erkenntnisverfahren jedoch heranziehen. Schon der Wortlaut, jedenfalls aber die Erörterungen im Erkenntnisverfahren machen deutlich, was mit Zugang gemeint war, dass nämlich die Gläubigerin sich im Benutzerkonto mit Ausnahme der aktiven Nutzung so „bewegen" können muss, wie dies die Erblasserin konnte. Dank dieser Auslegung ist die Bestimmtheit des Titels gegeben.

[67] Vgl. nur *von Jhering,* Geist des römischen Rechts auf den verschiedenen Stufen seiner Entwicklung, Zweiter Theil. Zweite Abtheilung, Leipzig 1858, S. 497: „Die Form ist die geschworene Feindin der Willkühr, die Zwillingsschwester der Freiheit."

57 3. Auch in der Zwangsvollstreckung gilt die Garantie des rechtlichen Gehörs – bei Maßnahmen des Gerichts als Vollstreckungsorgan greift Art. 103 I GG unmittelbar, gegen Maßnahmen des Gerichtsvollziehers oder deren Verweigerung können Schuldner und Gläubiger das Gericht anrufen. Auffällig ist dabei, dass vor allem dem Schuldner vielfach nur ein **„aufgeschobenes" rechtliches Gehör** gewährt wird, also die Möglichkeit, sich nachträglich gegen Vollstreckungsmaßnahmen zu wehren. Dies rechtfertigt sich aus dem Interesse des Gläubigers an einer zügigen Vollstreckung, die dem Zugriff anderer Gläubiger, aber auch der Vermögensverschiebung durch den Schuldner zuvorkommt – ein Interesse, das seinerseits Verfassungsrang genießt, da es von der Eigentumsgarantie des Art. 14 I GG und dem Rechtsstaatsprinzip, konkret dem Justizgewährungsanspruch, geschützt ist.

58 **Beispiel (nach *LG Heidelberg* IBRRS 2019, 0425):** Die Gläubigerin beantragte aufgrund einer vollstreckbaren Grundschuldurkunde die Zwangsversteigerung. Das Amtsgericht ordnete die Zwangsvollstreckung ohne vorherige Anhörung des Schuldners an. Hiergegen wehrt sich der Schuldner mit der Vollstreckungserinnerung. Zu Recht?

§ 15 ZVG sieht vor der Anordnung der Zwangsversteigerung keine Anhörung des Schuldners vor. Art. 103 I GG verlangt zwar grundsätzlich die Gewährung rechtlichen Gehörs vor einer Entscheidung. Der Grundsatz vorherigen rechtlichen Gehörs kann jedoch durch kollidierende verfassungsrechtlich geschützte Interessen anderer Beteiligter eingeschränkt sein, etwa dann, wenn die vorherige Anhörung den Zweck der Maßnahme vereitelt oder wenn die Entscheidung nach vorheriger Anhörung zu spät käme.[68] Dies kann insbesondere vor einer Beschlagnahme der Fall sein,[69] da eine vorherige „Warnung" dem Schuldner die Gelegenheit zur Wegschaffung von Gegenständen, hier etwa beweglichen Sachen im Haftungsverband, geben würde.

59 4. Schließlich ist das **Prioritätsprinzip** zu nennen (vgl. u. *§ 16 Rn. 44*). Ihm zufolge genießt bei Zugriff auf ein und dasselbe Vollstreckungsobjekt der Gläubiger Vorrang, für den die Vollstreckungsmaßnahme früher wirksam wurde. Im zwangsvollstreckungsrechtlichen Prioritätsprinzip setzt sich das materiellrechtliche Prioritätsprinzip fort. Es ist auch ökonomisch sinnvoll, schafft es doch für Gläubiger einen Anreiz, die Solvenz ihres Schuldners zu beobachten. Nicht zuletzt dient es der Rechtssicherheit und Vorhersehbarkeit für Gläubiger und Schuldner.

60 **Beispiel (nach *BGH* NJW-RR 2014, 562):** Die Schuldnerin war seit 2003 überschuldet. 2006 erwirkte die Beklagte einen Pfändungs- und Überweisungsbeschluss, mit dem sie zwei Konten der Schuldnerin pfändete. Drittschuldner der Schuldnerin überwiesen weiter auf diese Konten. An die Beklagte wurden daher von 2006 bis 2007 21.191,90 Euro ausgekehrt. Der klagende Insolvenzverwalter verlangt diesen Betrag von der Beklagten mit Verweis darauf, dass im Unterlassen der Eröffnung eines neuen Kontos und der fehlenden Anweisung an die Drittschuldner, auf dieses neue Konto zu überweisen oder Barzahlungen vorzunehmen, eine nach den §§ 129ff. InsO anfechtbare Rechtshandlung liege.

Der Argumentation des Insolvenzverwalters ist nicht zu folgen. Denn die Beklagte hat die Konten des Schuldners noch außerhalb der „kritischen" Zeit gepfändet. Sie ist daher durch das die Einzelvollstreckung beherrschende Prioritätsprinzip geschützt, also nicht dem insolvenzrechtlichen Gleichbehandlungsprinzip unterworfen, welches die Anfechtungsregeln durchsetzen wollen. Die Schuldnerin selbst war nicht verpflichtet, schon vor der Krise Maßnahmen zum Schutz einer gleichen Befriedigungsmöglichkeit aller Gläubiger einzuleiten, hier also ein neues Konto zu eröffnen oder Barzahlungen zu verlangen.

---

[68] BVerfGE 83, 24, 35f.

[69] Vgl. BVerfGE 18, 399, 404.

Buch 1. Allgemeiner Teil

1. Abschnitt. Die Voraussetzungen der Zwangsvollstreckung

§ 2. Das Endurteil als Vollstreckungstitel

A. Vollstreckbare Endurteile

Der *bedeutsamste Vollstreckungstitel* ist das Endurteil, § 704 (auch die ihm gleichgestellten Vorbehaltsurteile, §§ 302 III, 599 III). Von ihm geht das Gesetz bei der Regelung der Vollstreckung aus; auf andere Vollstreckungstitel wendet es die hierfür gegebenen Vorschriften entsprechend an (§ 795 S. 1). 1

Nicht alle Endurteile sind **ihrem Inhalt nach** vollstreckbar. Dem Inhalt nach vollstreckbar **(vollstreckbar im engeren Sinne)** sind *nur* die **Leistungsurteile.** Ihnen stehen die Duldungsurteile gleich (z. B. nach § 748 II oder das Urteil gegen einen Grundstückseigentümer, die Zwangsvollstreckung wegen eines Grundpfandrechts in sein Grundstück zu dulden, vgl. §§ 1147, 1192 I BGB). Nicht vollstreckbar sind die Urteile auf Herstellung des ehelichen Lebens und auf Leistung von unvertretbaren Diensten, § 120 III FamFG, § 888 III; vgl. u. *§ 27 Rn. 4, 17.* Feststellungs- und Gestaltungsurteile sind ihrem Inhalt nach nicht vollstreckbar – jene, weil der staatliche Leistungsbefehl fehlt, diese, weil das Urteil unmittelbar gestaltend wirkt. Sie scheiden als Vollstreckungstitel aus. Vgl. aber auch u. *Rn. 16.* 2

Zur abstrakten Vollstreckbarkeit nach dem Inhalt des Urteils muss die **Bestimmtheit** des Leistungsgebots hinzukommen (vgl. o. *§ 1 Rn. 55*). 3

Beispiel (nach *BGH* Beschl. v. 19.3.2004 – IXa ZB 199/03, BeckRS 2004, 5940): Die Schuldnerin hält GmbH- und Kommanditanteile. Sie hat diese Geschäftsanteile der Gläubigerin zur Sicherung von Forderungen verpfändet. Die Gläubigerin erwirkte ein Urteil gegen die Schuldnerin, wonach diese „die Verwertung folgender Geschäftsanteile nach den Vorschriften der ZPO zur Befriedigung der fälligen Forderungen der Kl. gegenüber a) der T. GmbH & Co., b) der R. GmbH & Co., c) der S. GmbH & Co. KG zu dulden" hat; sodann sind im Tenor die Geschäftsanteile aufgelistet. Das Vollstreckungsgericht hält den Titel für nicht ausreichend bestimmt, da die ursprüngliche Forderung der Gläubigerin nicht nach Art und Betrag im Tenor aufgeführt ist. Zu Recht? 4

Das Bestimmtheitsgebot verlangt, dass ein Vollstreckungstitel den zu vollstreckenden Anspruch inhaltlich derart konkret bezeichnet, dass das Vollstreckungsorgan in die Lage versetzt wird, allein mit dem Titel die Vollstreckung durchzuführen.

Im vorliegenden Fall ist die gesicherte Forderung zwar nicht bestimmt aufgeführt. Jedoch geht es nicht um die Vollstreckung der durch die Verpfändung der Geschäftsanteile gesicherten Forderung, sondern um die Vollstreckung des gegen die Schuldnerin erwirkten Duldungstitels. Hierfür ist ausreichend, dass sich aus dem Titel die Geschäftsanteile ergeben, deren Verwertung die Schuldnerin zu dulden hat. Damit genügt der Titel den Bestimmtheitsanforderungen.

Beispiel (nach *LAG Hessen* NZA-RR 2019, 157): Der Gläubiger begehrt die Festsetzung von Zwangsmitteln, weil der Schuldner der Verpflichtung aus einem Urteil nicht nachgekommen sei, die lautet: „Der Beklagte wird verurteilt, dem Kläger ein qualifiziertes Endzeugnis mit jeweils ‚guter' Leistungs- und Führungsbeurteilung sowie einer dementsprechenden Dankes-, Bedauerns- und Gute-Wünsche-Formel zu erteilen und zu übersenden." Inwieweit ist ein Zwangsgeld zu verhängen? 5

I. Die Verpflichtung zur Erteilung eines qualifizierten Arbeitszeugnisses ist hinreichend bestimmt; der genaue Inhalt muss und kann nicht vorgegeben werden.

II. Die Verpflichtung zu „guter" Leistungs- und Führungsbeurteilung sowie einer dementsprechenden Dankes-, Bedauerns- und Gute-Wünsche-Formel ist hingegen nicht hinreichend bestimmt: „Es sind verschiedene Wortverbindungen denkbar, mit denen sich ‚Dank', ‚Bedauern' sowie ‚gute Wünsche' zum Ausdruck bringen lassen. Ebenso verhält es sich mit der Formulierung ‚gut'." (LAG a. a. O.).

B. Vorläufige und endgültige Vollstreckbarkeit und Vollstreckung

6 Die Endurteile sind *vollstreckbar,* wenn sie *rechtskräftig* (vgl. u. *Rn. 7,* aber auch *Rn. 10) oder* wenn sie für *vorläufig vollstreckbar* erklärt sind, § 704. Danach sind **zwei Arten der Vollstreckung** zu unterscheiden: die **endgültige** und die **nur vorläufige.** In der Durchführung ergeben sich grundsätzlich keine Unterschiede, vor allem *beschränkt sich die vorläufige Vollstreckung in der Regel nicht auf bloße Sicherungsmaßnahmen* (vgl. u. *Rn. 40*). Aber die Vollstreckbarkeit kann wieder wegfallen, und der Gläubiger ist dann dem Schuldner zum Schadensersatz verpflichtet (§ 717 II; vgl. u. *Rn. 52ff.*); die vorläufige Vollstreckung geschieht also auf Risiko des Gläubigers.

C. Die formelle Rechtskraft als Vollstreckungsvoraussetzung

7 Unter **Rechtskraft** ist hier die *formelle* zu verstehen: die Unanfechtbarkeit mit Rechtsmitteln, beim Versäumnisurteil mit dem Einspruch.

1. Die Rechtskraft eines Urteils **tritt ein**

- *bei Unstatthaftigkeit* eines Rechtsbehelfs: mit Erlass des Urteils;

- *bei Statthaftigkeit,* aber Unterbleiben eines Rechtsbehelfs: mit Ablauf der Rechtsmittel- oder Einspruchsfrist (vgl. § 705) oder durch Rechtsbehelfsverzicht beider Parteien (§§ 346, 515, 565);

- *bei Verwerfung* eines rechtzeitig eingelegten statthaften Rechtsbehelfs mit Rechtskraft der Verwerfungsentscheidung.[1]

8 Unanfechtbar wegen *Unstatthaftigkeit* eines Rechtsbehelfs sind insbesondere (außer Versäumnisurteilen) alle Urteile des BGH. Ein Rechtsmittel ist *statthaft* (Anfechtbarkeit also gegeben), wenn es der Zulassung bedarf (§§ 511 II Nr. 2, 543) oder wenn seine Zulässigkeit vom Wert der Beschwer (§ 511 II Nr. 1) abhängt, da über die Höhe der Beschwer erst das Rechtsmittelgericht endgültig entscheidet. Wurde die Revision gegen ein Berufungsurteil nicht zugelassen, hemmt die Einlegung der Nichtzulassungsbeschwerde den Eintritt der Rechtskraft, § 544 VII 1.

9 Das in § 706 geregelte **Rechtskraftzeugnis** dient dem Nachweis der formellen Rechtskraft. Es ist erforderlich in dem häufigen Fall, dass ein Urteil gegen Sicherheitsleistung für vorläufig vollstreckbar erklärt wurde, der Gläubiger aber den Eintritt der Rechtskraft abwartet. Ohne den Nachweis der Rechtskraft aufgrund des Rechtskraftzeugnisses würde das Vollstreckungsorgan die Zwangsvollstreckung wegen § 751 II nicht betreiben. Daneben dient das Rechtskraftzeugnis dem Nachweis der Rechtskraft in anderen vollstreckungsrechtlichen Fällen (z. B. Rückgabe einer Sicherheit etc. gemäß § 715; Berichtigung der Insolvenztabelle, vgl. § 183 I InsO), ferner, wenn die formelle Rechtskraft in einem anderen Prozess geltend gemacht wird, wenn aufgrund des Urteils eine Registereintragung (z. B. Berichtigung des Grundbuchs) erfolgen soll und wenn das BGB (z. B. §§ 864 II, 1561 II Nr. 1, 2342 II) an die formelle Rechtskraft

[1] BGHZ 88, 353, 357ff.

Wirkungen knüpft. Das Rechtskraftzeugnis wird erteilt auf Antrag von der Geschäftsstelle des Gerichts erster Instanz (solange der Prozess in einer höheren Instanz anhängig ist, dieser Instanz). Als Beweismittel dafür, dass die Rechtskraft durch Ablauf der Rechtsmittel- oder Einspruchsfrist eingetreten ist, dient das *Notfristzeugnis,* § 706 II, welches bescheinigt, dass ein Rechtsmittel (oder Einspruch) nicht eingelegt ist. Es ist nur dann erforderlich, wenn es von einer anderen Geschäftsstelle zu erteilen ist.

2. **Rechtskraft und Vollstreckbarkeit sind zu unterscheiden.** Trotz § 704 ist nicht 10
jedes formell rechtskräftige Urteil zugleich vollstreckbar, z. B. ein Urteil auf künftige Leistung, §§ 257–259.[2] Im Einzelfall kann das Gericht zudem gemäß § 707 I auf Antrag des Schuldners anordnen, dass die Zwangsvollstreckung gegen oder ohne Sicherheitsleistung einstweilen eingestellt werde oder nur gegen Sicherheitsleistung stattfinde und dass die Vollstreckungsmaßregeln gegen Sicherheitsleistung aufzuheben seien, wenn der Schuldner einen Rechtsbehelf einlegt, der zunächst ohne Einfluss auf die Rechtskraft ist, oder nach einem Vorbehaltsurteil das Nachverfahren stattfindet.

Beispiel: Schuldner S wurde vom Landgericht verurteilt, an G 20.000,– Euro zu zahlen. Wegen eines Un- 11
falls versäumt er die Berufungsfrist (§ 517). Welche Anträge sind S anzuraten?

1. Antrag auf Wiedereinsetzung in den vorigen Stand (§ 233) unter Mitteilung des Unfalls und bestenfalls gleichzeitiger Berufungseinlegung (§ 236) sowie

2. Antrag auf einstweilige Einstellung der Zwangsvollstreckung gemäß § 707 I.

Das Gericht entscheidet sodann – regelmäßig noch vor der Entscheidung über die Wiedereinsetzung – nach (pflichtgemäßem) Ermessen über eine Einstellung der Zwangsvollstreckung (ggf. mit Sicherheitsleistung des einen oder anderen Teils). Hierbei wägt es die Interessen von Gläubiger und Schuldner gegeneinander ab und berücksichtigt dabei die Erfolgsaussichten des Wiedereinsetzungsantrags.

D. Die vorläufige Vollstreckbarkeit als Vollstreckungsvoraussetzung

Die vorläufige Vollstreckbarkeit ist eine zunächst befremdende Einrichtung. Mit wel- 12
cher Begründung kann ein Urteil vollstreckt werden, ehe es rechtskräftig ist, solange es also noch aufgehoben werden kann? Praktische Erwägungen haben dazu geführt. Könnten nur rechtskräftige Urteile vollstreckt werden, so würde die unterlegene Partei leicht geneigt sein, durch Einlegung eines (unbegründeten) Rechtsmittels den Eintritt der Rechtskraft und damit Prozessende und Vollstreckungsbeginn hinauszuziehen. Dem schiebt die mögliche Vollstreckung noch nicht rechtskräftiger Urteile einen Riegel vor.

Die vorläufige Vollstreckbarkeit schützt den Gläubiger auf Kosten des Schuldners. In 13
bestimmten Fällen verdient aber der Schuldner mehr oder gleichen Schutz. Das Gesetz gewährt ihn in einer differenzierten Abwägung von Gläubiger- und Schuldnerinteressen, wobei die Gläubigerinteressen zutreffend bevorzugt werden, weil zugunsten des Gläubigers immerhin schon ein Gericht entschieden hat.[3]

A. Grundsätzlich sind nur **Urteile** für vorläufig vollstreckbar zu erklären. Das ge- 14
schieht durch **besonderen Ausspruch im Tenor** („Das Urteil ist vorläufig vollstreckbar").

[2] Vgl. *Gaul/Schilken/Becker-Eberhard* § 11 II 4.
[3] S. nur *Stamm,* S. 214ff.: Vermutungstatbestand für den Bestand der Forderung.

15 **Ohne solchen Ausspruch** vollstreckbar sind Urteile, die *kraft Gesetzes* vollstreckbar sind, z. B. solche, die ein vorläufig vollstreckbares Urteil aufheben (§ 717 I), ferner Arrestbefehle, einstweilige Verfügungen, Arbeitsgerichtsurteile (§§ 62 I, 64 VII ArbGG).

16 Auch **Gestaltungs- und Feststellungsurteile** (einschließlich der klageabweisenden Urteile) sind zumindest im **Kostenpunkt** für vorläufig vollstreckbar zu erklären (h. M.), obwohl sie insoweit ebenfalls nicht vollstreckbar im engeren Sinne sind; denn das Urteil entscheidet über die Kosten nur „dem Grunde nach".[4]

17 In der Hauptsache für vorläufig vollstreckbar zu erklären sind **prozessuale Gestaltungsurteile,** die die Vollstreckung z. B. gemäß §§ 767, 771 für unzulässig erklären (dazu vgl. § 775 Nr. 1 [„vollstreckbare Entscheidung"] und u. *§§ 12 Rn. 2, 23, 13 Rn. 28, 14 Rn. 15*), ferner die ein Leistungsurteil aufhebenden Rechtsmittelurteile (vgl. § 775 Nr. 1).

18 Schweigt das Urteil *zu Unrecht* über die vorläufige Vollstreckbarkeit, so kann es auf Antrag ergänzt werden (§§ 716, 321).

19 **Sonstige Vollstreckungstitel** (vgl. u. *§ 3*) bedürfen des Ausspruchs über die Vollstreckbarkeit nicht, da sie nach § 794 ohne weiteres vollstreckbar sind (s. § 795; *Ausnahmen:* § 794 I Nr. 4a mit § 1064 II, § 794 I Nr. 4b mit §§ 796a–c und § 794 Nr. 6 mit Art. 18 Mahnverfahrens-VO).

20 B. Die vorläufige Vollstreckbarkeit wird in der Regel **von Amts wegen angeordnet** (zu den Ausnahmen vgl. u. *Rn. 29*). Das geschieht entweder **gegen oder ohne Sicherheitsleistung des Gläubigers.**

21 Die Sicherheitsleistung bezweckt den Schutz des Schuldners: Das Urteil ist nicht rechtskräftig, kann also noch beseitigt werden und damit eine Schadensersatzpflicht des Gläubigers auslösen (§ 717 II; vgl. u. *Rn. 52*); zu deren Erfüllung dient die geleistete Sicherheit. Doch gibt es Fälle, in denen das Interesse des Gläubigers am ungehinderten Zugriff überwiegt, so dass eine Sicherheitsleistung nicht angebracht erscheint. Das Gesetz bemüht sich, den von Fall zu Fall höchst unterschiedlichen Interessengegensatz zwischen Gläubiger und Schuldner durch eine variantenreiche Regelung sachgerecht zu lösen.

22 1. **Ohne Sicherheitsleistung** werden **von Amts wegen** für vorläufig vollstreckbar erklärt:

a) *Anerkenntnis- und Verzichtsurteile* (§ 708 Nr. 1);

b) *Versäumnisurteile* und *Urteile nach Lage der Akten gegen* – nicht: für! – *die säumige Partei* gemäß § 331 a (§ 708 Nr. 2);

c) Urteile, die den *Einspruch* gemäß § 341 *verwerfen* (§ 708 Nr. 3); betrifft nur die Vollstreckbarkeit (im weiteren Sinn, vgl. o. *§ 1 Rn. 40*) der Kostenentscheidung;

d) Urteile im *Urkunden-, Wechsel- und Scheckprozess* (§ 708 Nr. 4);

e) Urteile, die ein im Urkunden-, Wechsel- oder Scheckprozess ergangenes *Vorbehaltsurteil* für *vorbehaltlos erklären* (§ 708 Nr. 5, dazu §§ 599f.);

[4] Vgl. *BGH* NJW 1962, 36, 37.

f) Urteile, durch die *Arreste oder einstweilige Verfügungen* abgelehnt oder aufgehoben werden (§ 708 Nr. 6);

g) Urteile in bestimmten Streitigkeiten zwischen *Vermieter und Mieter,* insbesondere auf Räumung (§ 708 Nr. 7); Vollstreckung u. U. erst nach Ablauf einer gerichtlichen Räumungsfrist (§ 721);

h) Urteile auf Zahlung von *Unterhalt oder* von *Renten* wegen Unterhaltsentziehung, Körper- oder Gesundheitsverletzung (z. B. gemäß §§ 843f. BGB) in zeitlich engem Rahmen (§ 708 Nr. 8);

i) Urteile wegen *verbotener Eigenmacht* nach §§ 861f. BGB (§ 708 Nr. 9);

j) *Berufungsurteile* in vermögensrechtlichen Streitigkeiten und erstinstanzliche Urteile nach Zurückweisung der Berufung (§ 708 Nr. 10); das Klagebegehren solcher Streitigkeiten beruht auf einem vermögensrechtlichen Rechtsverhältnis (z. B. Kauf) oder auf einem nichtvermögensrechtlichen, sofern das Begehren auf Geld oder geldwerte Leistung gerichtet ist (z. B. Unterhalt);

k) Urteile in vermögensrechtlichen Streitigkeiten, wenn der *Gegenstand der Verurteilung in der Hauptsache* den Wert von 1250 Euro nicht übersteigt *oder* wenn nur die Entscheidung über die *Kosten* vorläufig vollstreckbar ist und eine Vollstreckung im Wert von *höchstens* 1500 Euro ermöglicht (§ 708 Nr. 11). Der zweite Fall ist vor allem der des klageabweisenden Urteils.

Die Gründe dafür, dass ohne Sicherheitsleistung vollstreckt werden kann, sind sehr unterschiedlich. 23

Bei a–c ist die Erwägung maßgebend, dass das Urteil auf dem Verhalten der verurteilten Partei selbst beruht. Bei d, e, g–i wird das Interesse des Gläubigers, bei f das des Schuldners gewahrt. Bei k handelt es sich um verhältnismäßig kleine Beträge, deren Vollstreckung für den Schuldner nicht allzu gefährlich und deren Rückzahlung bei Aufhebung des Urteils (§ 717) zu erwarten ist. J unterstellt eine höhere Richtigkeitsgewähr der berufungsgerichtlichen Entscheidung und soll den BGH vor Revisionen bewahren, die der Prozessverschleppung dienen.

2. *Alle anderen Urteile* sind **gegen Sicherheitsleistung** für vorläufig vollstreckbar zu erklären, § 709. 24

Art und Höhe der Sicherheit bestimmt das Gericht; ohne Weiteres kann sie durch Bankbürgschaft geleistet werden, § 108. Die Höhe ist so zu bemessen, dass ein etwaiger Schadensersatzanspruch des Schuldners aus § 717 II ausreichend gesichert ist, und sollte deshalb neben dem Wert des vollstreckbaren Hauptanspruchs auch Zinsen und Kosten abdecken. Bei der Vollstreckung wegen einer Geldforderung genügt es, wenn die Höhe der zu leistenden Sicherheit in einem Verhältnis zum jeweils beizutreibenden Betrag angegeben wird, § 709 S. 2 (Beispiel: „... gegen Sicherheitsleistung in Höhe von 110% des jeweils zu vollstreckenden Betrages ..."). Aus dieser Fassung kann nicht nur der Gesamt-, sondern auch jeder Teilbetrag vollstreckt werden. Fehlt der Ausspruch nach § 709 S. 2, bedarf es bei der Vollstreckung wegen eines Teilbetrages der Anordnung einer *Teilsicherheitsleistung* nach § 752 S. 1. 25

Die Anordnung der Sicherheitsleistung hat zur Folge, dass die Vollstreckung erst beginnen darf, wenn der Gläubiger die Sicherheit geleistet hat (vgl. § 751 II und u. *§ 7 Rn. 7*). Das dient dem Schutz des Schuldners, kann aber dem Gläubiger nachteilig sein. Sind die Nachteile zu gravierend, so ist auf seinen Antrag das Urteil *ohne Sicherheitsleistung* für vorläufig vollstreckbar zu erklären, **§ 710** *(Gläubigerschutz).* 26

27 Eine gegenüber § 710 teils eingeengte, teils weitergehende *Ausnahme vom Grundsatz des § 751 II* enthält **§ 720a:** Sie fordert, anders als § 710, keine Not des Gläubigers, gilt aber bloß bei Zahlungsurteilen. Aus solchen Urteilen darf der Gläubiger ohne vorherige Sicherheitsleistung die Vollstreckung (nur) zum Zwecke seiner Sicherung (nicht seiner Befriedigung) betreiben (sog. **Sicherungsvollstreckung**): Bewegliches Vermögen kann (nur) gepfändet, ein Grundstück (nur) mit einer Sicherungshypothek belastet werden.

28 Für die Pfändung gilt § 930 II, III entsprechend (§ 720a II); die Abnahme einer Vermögensauskunft (§ 802c) ist zulässig.[5] Für die Sicherungshypothek gelten die §§ 864–868, 870, 870a. Der Schuldner soll sich auf die Sicherungsvollstreckung einstellen (vgl. § 750 III und u. *§ 7 Rn. 4*) und sie abwehren können (vgl. § 720a III).

29 3. Schließlich sind noch gewisse Urteile **auf Antrag und ohne Sicherheitsleistung** für vorläufig vollstreckbar zu erklären, vor allem durch das Rechtsmittelgericht jedes Urteil der Vorinstanz, soweit es nicht angefochten ist (und noch nicht oder nur gegen Sicherheitsleistung für vorläufig vollstreckbar erklärt war), §§ 537, 558. Das Urteil ist deshalb „nur" vorläufig vollstreckbar, weil die Teilanfechtung den Rechtskrafteintritt auch für den nicht angefochtenen Teil hemmt, solange dieser noch angefochten werden kann.[6]

30 C. Die vorläufige Vollstreckbarkeit dient dem Gläubigerinteresse und gefährdet den Schuldner. Das Gesetz versucht, die **schutzwürdigen Interessen des Schuldners** angemessen zu **berücksichtigen:** im äußersten Fall durch den Ausschluss der vorläufigen Vollstreckbarkeit oder die Zulassung einer bloßen Sicherungsvollstreckung, sonst durch die Ermächtigung des Schuldners, mithilfe eigener Sicherheitsleistung die Vollstreckung abzuwenden, oder durch Anordnung einer Sicherheitsleistung des Gläubigers. In bestimmten Fällen kann dem Schuldner ein Ersatzanspruch gegen den Gläubiger zustehen (vgl. u. *52ff.*).

31 1. In den Urteilen des § 708 Nr. 4–11, die ohne Sicherheitsleistung für vorläufig vollstreckbar zu erklären sind (vgl. o. *Rn. 22*), hat das Gericht von Amts wegen (d. h. ohne Antrag) auszusprechen, dass der **Schuldner** die **Vollstreckung durch Sicherheitsleistung** oder Hinterlegung **abwenden** darf, wenn nicht der Gläubiger seinerseits Sicherheit leistet, **§ 711 S. 1.**

32 Das bedeutet: In das Urteil wird neben dem Vorbehalt für den Schuldner der Gegenvorbehalt für den Gläubiger aufgenommen („Das Urteil ist vorläufig vollstreckbar. Der Beklagte kann die Vollstreckung durch Sicherheitsleistung in Höhe von … Euro abwenden, falls nicht der Kläger vor der Vollstreckung in dieser Höhe Sicherheit leistet"). Ebenso wie die Gläubiger-Sicherheit (§ 709 S. 2) kann auch die vom Schuldner zu leistende Sicherheit im Verhältnis zum vollstreckbaren Betrag angegeben werden, § 711 S. 2. Solange kein Teil die Sicherheit leistet, bewirkt schon der bloße Vorbehalt der Sicherheitsleistung zugunsten des Schuldners, dass die Vollstreckung nicht über die Sicherung des Gläubigers hinausgehen darf. Daher ist der Erlös gepfändeter Sachen nicht dem Gläubiger auszuhändigen, sondern zu hinterlegen, § 720; vgl. ferner § 839. Leistet der Gläubiger Sicherheit, so bleibt das Urteil vorläufig vollstreckbar trotz einer Sicherheitsleistung des Schuldners (zur Rückgabe vgl. u. *Rn. 37*). In diesem Fall kann der Schuldner nur unter den Voraussetzungen des § 712 einer Vollstreckung entgehen.

Der Gläubiger kann auf Antrag von der Sicherheitsleistung befreit werden, wenn er sie nur unter erheblichen Schwierigkeiten erbringen könnte und der Vollstreckungsaufschub für ihn unbillig wäre, § 711 S. 3 mit § 710. Wird Befreiung gewährt, so ist das Urteil ohne eine Abwendungsbefugnis des Schuldners (§ 711 S. 1) für vorläufig vollstreckbar zu erklären.

---

[5] *BGH* NJW-RR 2007, 416.
[6] *BGH* NJW 1994, 657, 659.

2. In **§ 712** fasst das Gesetz die **Möglichkeiten** zusammen, die einem **besonders schutzbedürftigen Schuldner gegen** die **vorläufige Vollstreckbarkeit** offenstehen. 33

Besonders schutzbedürftig ist der Schuldner, wenn ihm die Vollstreckung – was selten ist – einen **nicht zu ersetzenden Nachteil** bringen würde (*Beispiel:* Zerstörung der wirtschaftlichen Existenz). Dann kann ihm *auf Antrag* nachgelassen werden, die **Vollstreckung durch eigene Sicherheitsleistung abzuwenden,** mag auch der Gläubiger seinerseits Sicherheit geleistet haben (Unterschied zu § 711 S. 1, vgl. o. *Rn. 31*), § 712 I 1 (bei Vollstreckung eines Teilbetrags genügt eine Teilsicherheit, § 752 S. 2). Die Sicherheit kann prozentual festgelegt werden, §§ 712 I 1, 709 S. 2. Ist der Schuldner zur Sicherheitsleistung außerstande, so ist entweder bloß eine **Sicherungsvollstreckung** gemäß § 720a I, II zuzulassen (kommt nur bei Zahlungsurteilen in Betracht) **oder** das Urteil ist **nicht** für **vorläufig vollstreckbar** zu erklären, § 712 I 2. Eine andere Wahlmöglichkeit hat das Gericht nicht. Der Antrag des Schuldners nach § 712 I ist abzulehnen, wenn die schutzwürdigen Interessen des Gläubigers überwiegen; in diesem Fall kann aber bei den Urteilen des § 708 die Vollstreckung von einer Sicherheitsleistung des Gläubigers abhängig gemacht werden (§ 712 II). 34

3. Die Anträge des Gläubigers nach §§ 710, 711 S. 3 und des Schuldners nach § 712 müssen vor Schluss der letzten mündlichen Verhandlung (im schriftlichen Verfahren: § 128 II 2) gestellt werden, § 714 I (vgl. u. *Rn. 38*). Die tatsächlichen Voraussetzungen, auf die der Gläubiger bzw. der Schuldner seinen Antrag stützt, sind nach § 714 II lediglich glaubhaft zu machen (§ 294). 35

4. Die o. *Rn. 31–33* genannten Anordnungen zugunsten des Schuldners sollen nicht ergehen, wenn ein Rechtsmittel gegen das Urteil ohne Zweifel unzulässig ist, § 713, also etwa die Berufung nicht zugelassen und die Berufungssumme nicht erreicht ist (vgl. § 511 II). 36

5. Die vom Gläubiger geleistete *Sicherheit ist zurückzugeben,* wenn das Urteil rechtskräftig oder nachträglich ohne Sicherheitsleistung für vorläufig vollstreckbar erklärt wird (z. B. gemäß § 537), die des Schuldners, wenn der Gläubiger gemäß § 711 S. 1 Sicherheit geleistet hat, wenn die Vollstreckbarkeit aufgehoben oder das Urteil in der Hauptsache zugunsten des Schuldners abgeändert wird. Das Verfahren richtet sich im Falle der Rechtskraft nach § 715, sonst nach § 109. 37

D. Die **Verhandlung und Entscheidung über die vorläufige Vollstreckbarkeit** erfolgt nicht im Rahmen des Vollstreckungsverfahrens, sondern des *Erkenntnisverfahrens.* Daher hat das Prozessgericht die Entscheidung aufgrund mündlicher Verhandlung zu treffen; zur Antragstellung vgl. o. *Rn. 35.* Entschieden wird in dem Urteil, das in der Hauptsache ergeht (sonst Ergänzung nach §§ 716, 321).[7] 38

Gegen die Entscheidung ist die Berufung zulässig, zusammen mit einer Anfechtung der Entscheidung in der Hauptsache oder auch allein. Ist das Urteil nach beiden Richtungen hin angefochten, so kann jede Partei abgesonderte Verhandlung und Entscheidung vorab über die Frage der vorläufigen Vollstreckbarkeit beantragen (§ 718 I), weil diese Frage nicht bis zur Entscheidung in der Hauptsache aufgeschoben werden darf. Die Entscheidung ist dann Teilurteil, setzt daher mündliche Verhandlung voraus. Die Entscheidung des Berufungsgerichts über die vorläufige Vollstreckbarkeit ist unanfechtbar, § 718 II. 39

E. Die **Vollstreckung** aus dem vorläufig vollstreckbaren Urteil *zielt auf Befriedigung* des Gläubigers (auch in den Fällen der §§ 887ff.), nicht nur auf seine Sicherung, z. B. durch Pfändung ohne Verwertung. Doch führt die Vollstreckung bloß zu einer **vorläufigen Befriedigung,** die erst mit der Rechtskraft des Urteils endgültig wird. Glei- 40

[7] *Beispiele: BGH* WM 1981, 1236; IBRRS 2018, 0965 Rn. 7f.

ches gilt, wenn der Schuldner nur zur Abwendung der Vollstreckung aus dem vorläufig vollstreckbaren Titel leistet.[8] Das entspricht der h. M.[9]

41 **Ausnahmsweise** erlaubt das vorläufig vollstreckbare Urteil **nur sichernde Maßnahmen,** so bei der Verurteilung zur Abgabe bestimmter grundstücksrechtlicher Willenserklärungen (§ 895), in den Fällen der §§ 720, 839 (vgl. o. *Rn. 32*) und bei der Sicherungsvollstreckung gemäß § 720 a (vgl. o. *Rn. 27*).

42 Ein weiterer, tiefgreifender Unterschied zur endgültigen Vollstreckung liegt im Risiko des Gläubigers, bei Aufhebung des vorläufig vollstreckbaren Urteils dem Schuldner Schadensersatz leisten zu müssen (vgl. u. *Rn. 52ff.*).

43 F. *Die vorläufige Vollstreckbarkeit wird nicht durch Einlegung eines Rechtsmittels oder des Einspruchs beseitigt.* Nur so kann sie ihrer Hauptaufgabe gerecht werden, nämlich Rechtsmittel abzuschneiden, die bloß die Vollstreckung aufschieben sollen. Das Gericht kann aber auf Antrag des Schuldners **vorläufige Anordnungen** durch Beschluss treffen, § 719 (vgl. u. *§ 14 Rn. 8*).

Sie sind in der Regel dieselben, die nach § 707 in den viel selteneren Fällen der Wiederaufnahme des Verfahrens oder der Wiedereinsetzung in den vorigen Stand zulässig sind.

44 Die wichtigste Anordnung ist die *einstweilige Einstellung der Zwangsvollstreckung* mit oder ohne Sicherheitsleistung.

45 *Ohne Sicherheitsleistung* darf nur eingestellt werden, wenn der Schuldner glaubhaft macht, dass er zur Sicherheitsleistung außerstande ist und die Vollstreckung ihm einen nicht ersetzbaren Nachteil bringen würde, § 707 I 2. Noch weiter verschärfte Anforderungen greifen beim Versäumnisurteil, § 719 I 2; für das Revisionsgericht vgl. § 719 II.[10] Zu beachten ist, dass der BGH nur einstellt, wenn der Schuldner bereits in der Berufungsinstanz gemäß §§ 712, 714 Vollstreckungsschutz beantragt hatte,[11] es sei denn, es liegen neue Gründe vor[12] oder ihm war sonst nicht möglich oder zumutbar, den Antrag zu stellen.[13]

46 Das Gericht (nicht das Revisionsgericht, § 719 II) kann ferner anordnen, dass die Vollstreckung nur gegen Sicherheitsleistung des Gläubigers stattfindet; darüber hinaus kann es auch die Aufhebung der bereits erfolgten Vollstreckungsmaßnahmen gegen Sicherheitsleistung des Schuldners anordnen (§§ 719 I 1, 707 I 1).

47 Die Anordnungen sind stets nur vorläufige und treten automatisch außer Kraft, wenn das vorläufig vollstreckbare Urteil bestätigt oder rechtskräftig oder (§ 717 I) umgekehrt das Urteil oder seine vorläufige Vollstreckbarkeit beseitigt wird. Soweit es sich um Anordnungen im Rahmen des Ermessens des Gerichts handelt, sind die Beschlüsse unanfechtbar (§§ 707 II 2, 719); das Gericht kann sie aber auf Antrag abändern. Die Unanfechtbarkeit gilt auch dann, wenn das Gericht die gesetzlichen Voraussetzungen der §§ 719 I, 707 missachtet;[14] freilich kann in einer danach unzulässigen (sofortigen bzw. außerordentlichen) Beschwerde eine Rüge nach § 321 a, ein erneuter Antrag oder eine als Anregung zu verstehende Gegenvorstellung liegen.[15]

48 Die Anordnungen begrenzen Wert und Wirksamkeit der im Gesetz vorgesehenen vorläufigen Vollstreckbarkeit erheblich. Daher dürfen sie nur dann getroffen werden, wenn der Rechtsbehelf Erfolg verspricht

[8] *BGH* NJW 1990, 2756 m. N., auch 1994, 942, 943; vgl. ferner *Zivilprozessrecht* § 42 V 3 a.
[9] Gegen sie *Czub* ZZP 102 (1989), 273 ff. m. N. zum Streitstand.
[10] Dazu *BGH* NJW 1996, 197, 198.
[11] *BGH* IBRRS 2018, 0965 Rn. 5 m. N.; NJW-RR 2002, 1650.
[12] *BGH* NJW 2001, 375.
[13] *BGH* IBRRS 2018, 0965 Rn. 5.
[14] Musielak/Voit/*Lackmann* § 707 Rn. 13; a. A. Voraufl.
[15] MünchKomm-ZPO/*Götz* § 707 Rn. 24.

und dem Schuldner durch eine Vollstreckung Schäden drohen, gegen die er nicht (schon) durch Sicherheitsleistung des Gläubigers geschützt ist.[16]

G. Die vorläufige Vollstreckbarkeit **endet,** wenn und soweit ein Urteil ergeht, welches die Entscheidung in der Hauptsache oder die Vollstreckbarkeitserklärung aufhebt oder abändert (§ 717 I). Diese Wirkung tritt bereits mit dem Erlass, nicht erst mit der Rechtskraft des aufhebenden oder abändernden Urteils ein. 49

Wird das aufhebende Urteil des OLG vom BGH aufgehoben, „so fällt es dahin, und die Prozesslage ist dieselbe wie vor (seinem) Erlass".[17] Damit leben sowohl das erstinstanzliche Urteil wie seine Vollstreckbarkeit wieder auf.[18] 50

Wird umgekehrt das vorläufig vollstreckbare Urteil rechtskräftig, dann fallen die Beschränkungen fort, die für die vorläufige Vollstreckbarkeit festgelegt waren; daher kann der Gläubiger z. B. die Rückgabe der Sicherheit fordern (in einem vereinfachten Verfahren, § 715), vgl. o. *Rn. 37.* 51

H. Vollstreckt der Kläger das vorläufig vollstreckbare Urteil oder wendet der Beklagte die Vollstreckung durch eine Leistung ab und wird dann das Urteil in der Hauptsache (genügend: aus verfahrensrechtlichen Gründen[19]) oder im Kostenpunkt (nicht nur in der vorläufigen Vollstreckbarkeit) durch ein anderes Urteil aufgehoben, so hat das fühlbare Konsequenzen für den Kläger: Er ist zum **Ersatz des Schadens** verpflichtet, der dem Beklagten – nicht einem Dritten[20] – durch die Vollstreckung des Urteils (z. B. durch Pfändung und Versteigerung beweglicher Sachen) oder durch eine zur Abwendung der angedrohten (§ 750 I, III)[21] Vollstreckung gemachte Leistung entstanden ist (z. B. durch Aufnahme eines verzinslichen Darlehens, um die Urteilssumme zu bezahlen), **§ 717 II.** 52

Der Schadensersatzanspruch verlangt *kein Verschulden des Klägers.* Das Gesetz gestattet ja die Vollstreckung, belastet den Kläger aber zum Ausgleich mit einer **Risikohaftung.**[22] Daher ist Zurückhaltung des Klägers angezeigt, wenn der endgültige Ausgang des Rechtsstreits zweifelhaft ist. 53

Die Entscheidung des Gesetzgebers für eine Risikohaftung ist gerechtfertigt, wenn und solange sich die Verfahrensdauer in einem vertretbaren Rahmen hält und die Qualität der instanzgerichtlichen Entscheidungen hoch ist. Denn dann ist das Zuwarten als Alternative zu einer vorläufigen, aber mit einer verschuldensunabhängigen Haftung bewehrten Vollstreckung zumutbar.[23] 54

---

16 Vgl. *OLG Köln* NJW-RR 1987, 189.

17 RGZ 158, 196; *Jauernig,* Das fehlerhafte Zivilurteil, 1958, S. 100ff.

18 Str., wie hier *OLG Frankfurt a. M.* NJW 1990, 721; vgl. auch *BGH* NJW 1982, 1397; a. A. *KG* NJW 1989, 3025; *LG Bamberg* IBRRS 2019, 1963; *Boemke-Albrecht* NJW 1991, 1333ff.; Saenger/*Kindl* § 717 Rn. 2.

19 BGHZ 136, 199, 201.

20 *BGH* NJW1985, 128f.

21 Vgl. *BGH* NJW 1976, 2163.

22 Vgl. Stein/Jonas/*Münzberg* § 717 Rn. 9–11; auch BGHZ 136, 199, 205 m. N.

23 Zur Problematik des Schadensersatzanspruchs vgl. BGHZ 131, 233, 234ff. (Leistung zur Abwehr der Vollstreckung eines Unterlassungsurteils); ZfBR 2015, 676 Rn. 89ff. (anteiliger Anspruch bei teilweiser Abänderung); BAGE 150, 1 (arbeitsgerichtliches Beschlussverfahren); *Pecher,* Die Schadensersatzansprüche aus ungerechtfertigter Vollstreckung, 1967; *Häsemeyer,* Schadenshaftung im Zivilrechtsstreit, 1979, S. 81ff., 103ff.; *Saenger* JZ 1997, 222f.; *Hessel/Schellhorn* GRUR 2017, 672 (zum Patentrecht); rechtsvergleichend *Raffelsieper,* Die Rückabwicklung der vorläufigen Vollstreckung im nationalen und europäischen Zivilprozessrecht, 2018.

55 Der Ersatzanspruch steht – entgegen dem Wortlaut von § 717 II – **auch dem Kläger** gegen den Beklagten zu, wenn dieser gegen den Kläger vollstreckt hat (z. B. wegen der Kosten) und das vorläufig vollstreckbare Urteil aufgehoben wird.[24]

56 Nach **materiellem Recht** (insbes. §§ 249ff. BGB) bestimmt sich der *Umfang* des Schadensersatzanspruchs. Er erfasst nur die unmittelbaren und mittelbaren Auswirkungen des Vollstreckungszugriffs (nicht z. B. Kreditschäden durch Bekanntwerden der Vollstreckung[25]). Der Anspruch umgreift, was der Schuldner geleistet, nicht nur, was der Gläubiger bekommen hat, daher auch die oft erheblichen Kosten der Vollstreckung, die ja vom Erlös der Vollstreckung abgezogen werden. Durch die Gewährung des Schadensersatzanspruchs werden auch sie dem Gläubiger aufgebürdet. Nach materiellem Recht bestimmen sich ferner die *Einwendungen* (z. B. mitwirkende Verursachung, Aufrechnung [sie ist aber unzulässig mit der vollstreckten, noch rechtshängigen Klageforderung[26]]). Für die *Verjährung* gelten §§ 195, 199 I und III BGB; die Verjährung beginnt, sobald die Partei Kenntnis von dem aufhebenden Urteil erlangt.[27] Der Anspruch entsteht nicht vor der Aufhebung.[28]

57 **Prozessual** kann der Anspruch gleich *im anhängigen Verfahren* mit erledigt werden, wenn der Beklagte einen **Zwischenantrag** stellt (also neben der Klageabweisung die Verurteilung des Klägers zum Schadensersatz verlangt), § 717 II 2 Hs. 1. Der Antrag wird gemäß § 261 II rechtshängig, jedoch treten die materiellrechtlichen Wirkungen der Rechtshängigkeit im Interesse des Beklagten rückwirkend ab der Zahlung oder Leistung ein, § 717 II 2 Hs. 2. *Statt* durch *Zwischenantrag* kann der Anspruch auch durch *selbständige Klage* geltend gemacht werden.

58 Der Haftung nach § 717 II entspricht der verschuldensunabhängige **Schadensersatzanspruch aus § 799a,** der auf Beschlussempfehlung des Finanzausschusses[29] mit dem Risikobegrenzungsgesetz[30] eingeführt wurde. Er greift ein, wenn die Vollstreckung aus einer *vollstreckbaren Urkunde* (§ 795 I Nr. 5), die zur Sicherung einer Forderung aus einem Immobiliengeschäft errichtet wurde, für unzulässig erklärt wird.

Ein **Schadensersatzanspruch entsprechend § 717 II** ist dann zuzubilligen, wenn eine Vollstreckung aus den in § 794 I Nr. 2, 3 genannten Titeln erfolgt ist und diese aufgehoben werden; denn auch in diesen Fällen ist mit der Möglichkeit einer Aufhebung der Titel zu rechnen, daher die Vollstreckung vor Rechtskraft mit entsprechendem Risiko verbunden. Ebenso ist in den Fällen der §§ 280, 304 zu verfahren, wenn nach Vollstreckung aus dem Endurteil das Zwischenurteil aufgehoben wird und damit das Endurteil entfällt.[31] Analogie ist ferner geboten, wenn zulässigerweise auf Feststellung statt, wie möglich, auf Leistung geklagt und wegen des (noch) nicht rechtskräftigen Feststellungsurteils geleistet wird.[32] Ausdrücklich ist der Schadensersatzanspruch gewährt in § 1065 II 2 (bei Aufhebung des gerichtlichen Beschlusses, der den Schiedsspruch für vollstreckbar erklärt), §§ 302 IV, 600 II (bei Aufhebung der Vorbehaltsurteile) und ein

---

24 *BGH* NJW 1962, 806, 807.

25 BGHZ 85, 110, 114f.

26 BGHZ 136, 199, 204ff.

27 BGHZ 169, 308 Rn. 13.

28 Vgl. *BGH* NJW 1957, 1926.

29 BT-Drs. 19/9778 S. 16f.

30 BGBl. 2008 I 1666.

31 Vgl. *Zivilprozessrecht* §§ 45 IV 2, 89 III.

32 A. A. BAGE 61, 243, 247ff. mit zustimm. Anm. *Münzberg,* da ohne Rechtskraft kein „Erfüllungsdruck“ bestehe; entscheidend ist jedoch das Urteil, nicht seine Rechtskraft, vgl. RGZ 92, 1, 8; 146, 290, 295; auch BGHZ 28, 123, 126.

ähnlicher in § 945 (bei Aufhebung eines Arrestes oder einer einstweiligen Verfügung als von Anfang an ungerechtfertigt; vgl. u. *§§ 36 Rn. 18ff., 37 Rn. 37f.*).

Dagegen kann *kein Schadensersatz* gefordert werden, wenn aus *Prozessvergleichen,* nicht unter § 799 a fallenden *vollstreckbaren Urkunden* (vgl. o. *Rn. 58*) oder *Europäischen Zahlungsbefehlen* vollstreckt ist (§ 794 I Nr. 1, 5, 6); denn hier fehlt es an dem Instanzenzug, der bei Urteilen die sofortige Vollstreckung mit einem erkennbaren Risiko belastet. Ferner besteht ein Schadensersatzanspruch nicht, wenn der materielle Anspruch nachträglich wegfällt und die Vollstreckungsgegenklage (§ 767) durchdringt oder wenn die Widerspruchsklage (§ 771) Erfolg hat[33] oder bei Aufhebung des Urteils infolge Wiederaufnahme oder bei Beseitigung des Urteils analog § 269 III 1 durch übereinstimmende Erledigungserklärung.[34] In diesen Fällen bleiben dem Schuldner aber die nach bürgerlichem Recht begründeten Delikts- und Bereicherungsansprüche (nur setzen erstere Verschulden voraus im Gegensatz zu § 717). 59

Ein bloßer **Bereicherungsanspruch** ist gegeben, falls in einer vermögensrechtlichen Streitigkeit das vorläufig vollstreckbare Urteil (außer Versäumnisurteil) eines OLG vom Revisionsgericht aufgehoben wird, §§ 717 III 1–3, 708 Nr. 10. Auch dieser Anspruch kann wie der des § 717 II durch Zwischenantrag (§ 261 II) oder selbständige Klage geltend gemacht werden. Die privatrechtlichen Wirkungen der Rechtshängigkeit treten in jedem Fall schon mit der Zahlung oder Leistung ein, § 717 III 4. § 818 III BGB gilt hier nicht.[35] 60

Ansprüche aus § 717 II und III können nebeneinander bestehen.[36] Wegen der drohenden Haftung aus § 717 II, III ist der Gläubiger nicht verpflichtet, aus einem vorläufig vollstreckbaren Urteil sofort zu vollstrecken.[37] 61

E. Ausländische Urteile

Historisch wie systematisch geht die ZPO davon aus, dass aus einem inländischen Vollstreckungstitel vollstreckt wird. Eine Zwangsvollstreckung aus einem ausländischen Urteil ist aber schon nach der ZPO nicht kategorisch ausgeschlossen; unter den Verordnungen der EU, die durch Buch 11 der ZPO ergänzt werden, ist sie heute erheblich einfacher als unter dem traditionellen Regime. 62

1. **Traditioneller Ausgangspunkt.** Die einem ausländischen Urteil nach dem Recht des Urteilsstaats zukommende Vollstreckbarkeit beschränkt sich nach den traditionellen Souveränitätslehren auf das Territorium des Urteilsstaats.[38] Will ein Gläubiger aufgrund eines ausländischen Urteils im Inland vollstrecken, muss das inländische Recht die Vollstreckung erlauben. Soweit kein EU-Recht oder völkerrechtlicher Vertrag anderes vorsieht, knüpft die ZPO die Vollstreckung an ein *Vollstreckungsurteil* durch ein inländisches Gericht, das das ausländische Urteil für im Inland vollstreckbar erklärt und vom Gläubiger im Wege der Klage zu erstreiten ist, § 722 I. Erst aus einem stattgebenden Urteil ist die Vollstreckung zulässig.[39] Für vollstreckbare familienrechtliche Entscheidungen verlangt § 110 II FamFG in Parallele hierzu einen Beschluss, der die Vollstreckbarkeit ausspricht. 63

[33] BGHZ 95, 10, 16; a. A. *Häsemeyer* NJW 1986, 1028f.
[34] *BGH* NJW 1988, 1268, 1269.
[35] BAGE 11, 202, 204f.
[36] Zur Abgrenzung BGHZ 69, 373, 375ff.; abl. *Fricke* WRP 1979, 100ff.
[37] *BGH* IBRRS 1963, 0047.
[38] *Bertele,* Souveränität und Verfahrensrecht, S. 67ff., 548.
[39] BGHZ 118, 312, 315f.; 122, 16, 18.

64 Die §§ 722f. setzen ein ausländisches *Urteil* voraus. Ein ausländischer Prozessvergleich, eine ausländische vollstreckbare Urkunde genügen also nicht als Grundlage eines Vollstreckungsurteils.

65 Die *sachliche Zuständigkeit* für den Erlass des Vollstreckungsurteils richtet sich nach dem Streitwert dieses Urteils;[40] *örtlich zuständig* ist das Gericht des allgemeinen Gerichtsstands des Schuldners (in Ermangelung eines solchen das Gericht, in dessen Bezirk sich Vermögen von ihm befindet, § 23), § 722 II (vgl. § 110 III 1 FamFG). Die Zuständigkeit ist eine ausschließliche, § 802. Das Vollstreckungsurteil darf nur ergehen, wenn das ausländische Urteil nach ausländischem Recht formell rechtskräftig geworden ist (eine vorläufige Vollstreckbarkeit des ausländischen Urteils genügt also nicht), § 723 II 1 (vgl. § 110 III 2 FamFG). Die Gesetzmäßigkeit, insbesondere die Richtigkeit des ausländischen Urteils, wird nicht nachgeprüft, auch nicht, ob das Verfahren mangelfrei war; der im Ausland entschiedene Prozess wird also keineswegs nochmals aufgerollt (keine *révision au fond*). Geprüft wird nur, ob einer der Anerkennungsversagungsgründe des § 328 greift, § 723 II 2 (vgl. § 110 I i.V. m. §§ 107–109 FamFG).[41] Einwendungen gegen den festgestellten Anspruch können im selben Umfang wie gegen einen inländischen Titel erhoben werden, also nur in den Grenzen des § 767 II (vgl. u. *§ 12*), aber bereits im Prozess über das Vollstreckungsurteil.[42]

66 Das Urteil stellt nicht den materiellen Anspruch erneut fest, da die Rechtskraft des ausländischen Urteils anerkannt ist (§§ 723 II 2, 328),[43] sondern begründet seine Vollstreckbarkeit, also eine neue Rechtslage, und ist daher als *prozessuales Gestaltungsurteil* aufzufassen. Das Vollstreckungsurteil nimmt den Inhalt des ausländischen Urteils, soweit für die Vollstreckung relevant, in deutscher Sprache in seine Formel auf,[44] es ist nach den allgemeinen Vorschriften anfechtbar und vorläufig vollstreckbar. Daneben wird eine Klage aus dem festgestellten ursprünglichen Rechtsverhältnis als zulässig betrachtet. Sie ist möglich, wenn das ausländische Urteil auf Zahlung in ausländischer Währung lautet und der Gläubiger einen Titel auf Zahlung in Euro erhalten will.[45]

67 2. Für Urteile und sonstige Entscheidungen, vollstreckbare öffentliche Urkunden und gerichtliche Vergleiche aus Mitgliedstaaten der Europäischen Union sieht in Zivil- und Handelssachen die **EuGVVO 2012 („Brüssel Ia-Verordnung“)**[46] die unmittelbare Vollstreckbarkeit ohne vorherige Vollstreckbarerklärung vor (Art. 39, 58f. Brüssel Ia-VO; § 794 I Nr. 9); es bedarf lediglich einer die Vollstreckbarkeit bestätigenden Bescheinigung des Ursprungsgerichts (Art. 53, 60 Brüssel Ia-VO). Allerdings wird die Vollstreckung auf Antrag des Schuldners versagt, wenn ein Anerkennungsversagungsgrund festgestellt wird (Art. 46 Brüssel Ia-VO). Anerkennungsversagungsgründe sind insbesondere der Verstoß gegen den *ordre public* und die Nichtzustellung des verfahrenseinleitenden Schriftstücks sowie die Missachtung bestimmter Zuständigkeitsregeln (Art. 45 I Buchst. a, b, e); eine *révision au fond* findet nicht statt (Art. 52 Brüssel Ia-VO). Im innerstaatlichen Recht ergänzt Abschnitt 7 von Buch 11 der ZPO die Regeln der Brüssel Ia-VO; bemerkenswert ist insbesondere, dass es gemäß § 1112 keiner Vollstreckungsklausel bedarf.

---

40 § 23 Nr. 1 GVG; *Schütze* NJW 1983, 154f.; str.

41 Zu einem Fall des materiellen *ordre public* gemäß § 723 II 2, § 328 I Nr. 4: BGHZ 118, 312, 338ff.; dazu Anm. *Schack* ZZP 106 (1993), 104ff.

42 *BGH* NJW 1994, 1416.

43 Vgl. *Zivilprozessrecht* § 6 III.

44 Stein/Jonas/*Münzberg* § 722 Rn. 26.

45 MünchKomm-ZPO/*Gottwald* § 722 Rn. 55, *Baumann* IPRax 1990, 28, 29 Fn. 6, 30; a. A. (nur wenn Anerkennung zweifelhaft): Thomas/Putzo/*Seiler* § 723 Rn. 6.

46 Verordnung (EU) Nr. 1215/2012 des Europäischen Parlaments und des Rates vom 12. Dezember 2012 über die gerichtliche Zuständigkeit und die Anerkennung und Vollstreckung von Entscheidungen in Zivil- und Handelssachen (ABl. L 351 S. 1, ber. 2016 L 264 S. 43).

Die Brüssel Ia-VO geht damit konzeptionell deutlich weiter als ihr unmittelbarer Vorläufer, die **EuGVVO 2001 („Brüssel I-Verordnung“),**[47] die noch eine Vollstreckbarerklärung verlangte. Diese Vollstreckbarerklärung war allerdings auf Antrag des Gläubigers ohne Anhörung des Schuldners unverzüglich zu erteilen (Art. 41 Brüssel I-VO); der Schuldner konnte anschließend durch ein Rechtsmittel die Prüfung der Anerkennungsversagungsgründe erreichen (Art. 45 Brüssel I-VO i. V. m. Art. 34, 35 Brüssel I-VO). Bestrebungen, in der Neufassung der EuGVVO auf die Prüfung der Anerkennungsversagungsgründe ganz zu verzichten, waren nicht erfolgreich – was beim derzeitigen Stand der EU sehr zu begrüßen ist, sind doch die rechtsstaatlichen Standards gerade mit Blick auf die Justiz sehr verschieden. Vorläufer der Brüssel I-VO war das **EuGVÜ 1972,**[48] unter dem die Vollstreckbarerklärung ebenfalls ohne Anhörung des Schuldners erging, allerdings das Gericht von sich aus zu prüfen hatte, ob Anerkennungsversagungsgründe vorlagen (Art. 34 EuGVÜ 1972 i. V. m. Art. 27, 28 EuGVÜ 1972). 68

Als Parallelübereinkommen zum EuGVÜ 1972 wurde mit Island, Norwegen und der Schweiz das **LugÜ 1988** (Luganer Übereinkommen über die gerichtliche Zuständigkeit und die Vollstreckung gerichtlicher Entscheidungen in Zivil- und Handelssachen v. 16.9.1988) geschlossen. Es wurde mittlerweile vom **LugÜ 2007** (Luganer Übereinkommen über die gerichtliche Zuständigkeit und die Anerkennung und Vollstreckung von Entscheidungen in Zivil- und Handelssachen vom 30.10.2007) abgelöst, welches in weiten Teilen mit der Brüssel I-VO parallelläuft. 69

3. Auf dem Gebiet des Familienrechts sind unter anderem zu beachten die **EuEheVO 2003** (Verordnung [EG] Nr. 2201/2003 des Rates vom 27.11.2003 über die Zuständigkeit und die Anerkennung und Vollstreckung von Entscheidungen in Ehesachen und in Verfahren betreffend die elterliche Verantwortung …, **„Brüssel IIa-Verordnung“**), die die EuEheVO 2000 („Brüssel II-Verordnung) abgelöst hat und ihrerseits zum 1. August 2022 durch die „Brüssel IIb-Verordnung“[49] abgelöst wird, sowie die **EuUntVO** (Verordnung [EG] Nr. 4/2009 des Rates vom 18.12.2008 über die Zuständigkeit, das anwendbare Recht, die Anerkennung und Vollstreckung von Entscheidungen und die Zusammenarbeit in Unterhaltssachen) und das **Haager Unterhaltsverfahrensübereinkommen von 2007.**[50] Diese Instrumente enthalten zur Vollstreckbarkeit Lösungen, die denen von EuGVÜ 1972, Brüssel I-VO und Brüssel Ia-VO weitgehend entsprechen, es bedarf also teilweise der Vollstreckbarerklärung, teilweise ist diese nicht erforderlich. Im innerstaatlichen Recht werden diese Instrumente flankiert vom IntFamRVG und dem AUG. Regeln über die Vollstreckung finden sich weiter in den europäischen **Güterrechtsverordnungen,**[51] die eine Vollstreckbarerklärung vorsehen. 70

[47] Verordnung (EG) Nr. 44/2001 des Rates vom 22. Dezember 2000 über die gerichtliche Zuständigkeit und die Anerkennung und Vollstreckung von Entscheidungen in Zivil- und Handelssachen (ABl. 2001 L 12 S. 1, ber. L 307 S. 28 und 2010 L 328 S. 36).

[48] Übereinkommen über die gerichtliche Zuständigkeit und die Vollstreckung gerichtlicher Entscheidungen in Zivil- und Handelssachen vom 27.9.1968.

[49] Verordnung (EU) 2019/1111 des Rates vom 25. Juni 2019 über die Zuständigkeit, die Anerkennung und Vollstreckung von Entscheidungen in Ehesachen und in Verfahren betreffend die elterliche Verantwortung und über internationale Kindesentführungen (ABl. L 178 S. 1).

[50] Übereinkommen über die internationale Geltendmachung der Unterhaltsansprüche von Kindern und anderen Familienangehörigen vom 23.11.2007.

[51] Verordnung (EU) 2016/1103 des Rates vom 24. Juni 2016 zur Durchführung einer Verstärkten Zusammenarbeit im Bereich der Zuständigkeit, des anzuwendenden Rechts und der Anerkennung und Vollstreckung von Entscheidungen in Fragen des ehelichen Güterstands (ABl. L 183 S. 1, ber. 2017 L 113 S. 62 und 2018 L 167 S. 36), sowie Verordnung (EU) 2016/1104 des Rates vom 24. Juni 2016 zur Durchführung der Verstärkten Zusammenarbeit im Bereich der Zuständigkeit, des anzuwendenden Rechts und der Anerkennung und Vollstreckung von Entscheidungen in Fragen güterrechtlicher Wirkungen eingetragener Partnerschaften (ABl. L 183 S. 30, ber. 2017 L 113 S. 62).

71 4. Nach der **EuVTVO** (Vollstreckungstitel-VO)[52] ist die Zwangsvollstreckung bei unbestrittenen Forderungen ohne Vollstreckbarerklärung möglich (§ 794 I Nr. 7). Erforderlich ist nach Art. 5 Vollstreckungstitel-VO allein eine Bestätigung des Entscheidungsstaats, dass es sich bei der Entscheidung um einen Europäischen Vollstreckungstitel handelt. Das ist günstig für den Gläubiger, der rascher vollstrecken kann, begegnet aber im Hinblick auf den Rechtsschutz des Schuldners Bedenken, denn Versagungsgründe wie die Vereinbarkeit der Anerkennung mit dem *ordre public* oder Zustellungsmängel werden nicht geprüft.[53] Der Anwendungsbereich der Vollstreckungstitel-VO ist sehr weit. Darunter fallen (vgl. Art. 3 Vollstreckungstitel-VO) neben Vollstreckungsbescheiden und Anerkenntnisentscheidungen auch Prozessvergleiche und notarielle Urkunden nach § 795 I Nr. 5, ferner die in der Praxis wichtigen Versäumnisentscheidungen.[54]

72 Innerstaatlich wird die Vollstreckungstitel-VO ergänzt durch die im Abschnitt 4 des Buchs 11 der ZPO enthaltenen §§ 1079–1086.[55] Titel 1 des Abschnitts (§§ 1079–1081) regelt die Bestätigung in Deutschland ergangener Titel als Europäische Vollstreckungstitel. § 1079 befasst sich mit der Zuständigkeit für die Ausstellung der Bestätigung; zuständig sind die Gerichte, Behörden und Notare, denen auch die Erteilung einer vollstreckbaren Ausfertigung obliegt. Der Schuldner wird – ebenso wie bei der Erteilung der einfachen Vollstreckungsklausel – nicht gehört, § 1080 I 1; die Bestätigung ist ihm von Amts wegen zuzustellen, § 1080 I 2. Die Bestätigung ist nicht anfechtbar (Art. 10 IV Vollstreckungstitel-VO); der Schuldner kann nur eine Berichtigung oder einen Widerruf beantragen (Art. 10 I Vollstreckungstitel-VO); zur Zuständigkeit und zur Frist vgl. § 1081. Zum Rechtsbehelf bei Zurückweisung des Antrags auf Bestätigung vgl. § 1080 II.

73 Titel 2 des Abschnitts (§§ 1082–1086) regelt Einzelheiten der Zwangsvollstreckung aus Europäischen Vollstreckungstiteln anderer Mitgliedstaaten in Deutschland. Nach § 1082 besteht für die Zwangsvollstreckung aus ausländischen Europäischen Vollstreckungstiteln kein Klauselerfordernis. Das entspricht Art. 5 Vollstreckungstitel-VO. Im Übrigen gelten die innerstaatlichen Regelungen über die Zwangsvollstreckung, insbesondere § 750. Gegen die ausländischen Vollstreckungstitel ist die Vollstreckungsgegenklage in Deutschland statthaft; § 1086 I regelt die Zuständigkeit. Die Entscheidung darf in der Sache selbst nicht nachgeprüft werden. Für gerichtliche Entscheidungen stellt dies § 767 II sicher; die Bestimmung ist nach § 1086 II auch auf gerichtliche Vergleiche und öffentliche Urkunden anzuwenden.[56] Einwendungen gegen den Bestand des titulierten Anspruchs im Zeitpunkt der Errichtung des Titels können daher nur im Ursprungsstaat geltend gemacht werden.

74 5. Ohne dass es eines Anerkennungs- oder Exequaturverfahrens bedarf, wird seit 1.1.2009 ferner ein auf Grundlage der **EuGFVO** (Small Claims-VO)[57] ergangenes Urteil in jedem Mitgliedstaat der Europäischen Union anerkannt und kann vollstreckt werden, Art. 20 I Small Claims-VO; erforderlich ist lediglich dessen Bestätigung, Art. 20 II Small Claims-VO. Anwendbar ist das Verfahren auf Klageforderungen in

[52] Verordnung (EG) Nr. 805/2004 des Europäischen Parlaments und des Rates vom 21. April 2004 zur Einführung eines europäischen Vollstreckungstitels für unbestrittene Forderungen (ABl. L 143 S. 15, ber. ABl. 2005 L 97 S. 64; ABl. 2008 L 50 S. 71).

[53] Krit. *Stadler* IPRax 2004, 2, 5ff.

[54] Dazu *Stein* IPRax 2004, 181, 188.

[55] Dazu *Wagner* IPRax 2005, 401.

[56] Krit. *Hess* IPRax 2004, 493, 494.

[57] Verordnung (EG) Nr. 861/2007 des Europäischen Parlaments und des Rates vom 11. Juli 2007 zur Einführung eines europäischen Verfahrens für geringfügige Forderungen (ABl. L 199 S. 1, ber. 2015 L 141 S. 118); reformiert durch Verordnung (EU) 2015/2421 des Europäischen Parlaments und des Rates vom 16. Dezember 2015 zur Änderung der Verordnung (EG) Nr. 861/2007 zur Einführung eines europäischen Verfahrens für geringfügige Forderungen und der Verordnung (EG) Nr. 1896/2006 zur Einführung eines Europäischen Mahnverfahrens (ABl. L 341 vom 24. Dezember 2015, S. 1–13).

grenzüberschreitenden Zivil- und Handelssachen mit einem Streitwert von höchstens 5000 Euro, Art. 2 I 1 Small Claims-VO n. F. (zuvor 2000 Euro).[58] Urteile sind grundsätzlich ohne Sicherheitsleistung (vorläufig) vollstreckbar, Art. 15 I Small Claims-VO. Bis zum Eintritt der Rechtskraft kann auf Antrag des Titelschuldners die Vollstreckung jedoch beschränkt, von einer Sicherheitsleistung abhängig gemacht oder ausgesetzt werden, Art. 15 II, 23 Small Claims-VO. Gegen die Urteile sind die Rechtsbehelfe nach Art. 22 I, 23 Small Claims-VO statthaft; die Entscheidung darf in der Sache selbst im Vollstreckungsstaat aber nicht überprüft werden, Art. 22 II Small Claims-VO.

Die Eignung als Vollstreckungstitel bestätigt § 794 I Nr. 8. Für die Durchführung des Verfahrens im Inland gelten ergänzend §§ 1097–1109. Auf Grundlage der Small Claims-VO ergangene Urteile sind nach Maßgabe von § 1105 I, II für vorläufig vollstreckbar zu erklären. Die in Art. 22 II Small Claims-VO vorgesehene Bestätigung wird durch das Hauptsachegericht (Rechtspfleger, § 20 Nr. 11 RPflG) erteilt, § 1106 I. Ausländische Titel bedürfen keiner Vollstreckungsklausel, § 1107; sie ist wegen der in die deutsche Sprache übersetzten Bestätigung (Art. 20, 21 II 1 Buchst. b Small Claims-VO) entbehrlich. Neben den in Art. 22 I, 23 Small Claims-VO vorgesehenen Rechtsbehelfen sind diejenigen der ZPO statthaft. Wegen der Vollstreckungsgegenklage (§ 767) verweist § 1109 II auf § 1086; der Einwendungsausschluss gemäß § 767 II (vgl. u. *§ 12 Rn. 7ff.*) gilt auch hier. 75

6. Daneben sehen zahlreiche **Staatsverträge**[59] eine erleichterte Vollstreckbarkeitserklärung vor. Innerstaatliche Durchführungsbestimmungen für die Staatsverträge enthält das AVAG (Anerkennungs- und Vollstreckungsausführungsgesetz) i. d. F. der Bekanntmachung vom 30. 11. 2015. 76

Hinsichtlich der *Bestimmtheit des Titels* gibt es bei ausländischen Urteilen und anderen Vollstreckungstiteln eine Besonderheit: Sie können – ebenso wie Schiedssprüche – ggf. im Vollstreckbarerklärungsverfahren „konkretisiert" werden.[60] Eine solche **Konkretisierung** ist möglich, wenn und weil vor der Vollstreckung noch ein inländisches Gericht mit dem Titel befasst wird; sie ist sinnvoll, weil ausländische Gerichte – und Schiedsgerichte – mit den inländischen Bestimmtheitsanforderungen nicht notwendigerweise vertraut sind, oft auch gar nicht im Voraus wissen können, in welchem Staat oder welchen Staaten der Gläubiger die Vollstreckung versuchen wird. 77

F. Urteile von Gerichten der ehemaligen DDR

Urteile von Gerichten der ehemaligen DDR bleiben nach Art. 18 I 1 EVertr wirksam und können nach Maßgabe der ZPO vollstreckt werden (Art. 8 EVertr). §§ 722f. sind also unanwendbar.[61] Nach der ZPO richtet sich auch eine Überprüfung, ob die Entscheidungen und ihre Vollstreckung mit rechtsstaatlichen Grundsätzen vereinbar sind (Art. 18 I 2 EVertr) – denn die DDR war, was heute vielfach nicht mehr im Bewusstsein ist, ein Unrechtsstaat. Als Rechtsbehelf kommt in erster Linie die Erinnerung nach § 766 in Betracht, in besonderen Fällen die Vollstreckungsgegenklage oder eine Feststellungsklage gemäß § 256.[62] 78

[58] Krit. *Kern* JZ 2012, 389, 393.

[59] Vgl. Stein/Jonas/*Münzberg* Anhang zu § 723.

[60] S. etwa *BGH* Beschl. v. 24.9.2015 – IX ZB 84/13, BeckRS 2015, 17496; WM 2012, 179.

[61] Das war schon vor der Wiedervereinigung h. M., vgl. die 19. Aufl. dieses Buches, *§ 2 VI.*

[62] Diese Behelfe wurden schon vor der Wiedervereinigung gewährt, vgl. nochmals 19. Aufl. dieses Buches, *§ 2 VI.*

§ 3. Andere Vollstreckungstitel

A. Der Prozessvergleich

1 Der Prozessvergleich (gerichtlicher Vergleich), § 794 I Nr. 1, ist ein praktisch wichtiger Vollstreckungstitel. Zweck des Vergleichs ist stets die Beilegung eines Rechtsstreits. Zumeist hat er auch einen **vollstreckungsfähigen Inhalt** (*Beispiel:* Der Beklagte verpflichtet sich, 5000 Euro an den Kläger zu zahlen), und nur dann kann er Vollstreckungstitel sein. Die Vollstreckbarkeit des Prozessvergleichs ist praktisch geboten; denn sie gewährleistet die Erfüllung der vergleichsweise übernommenen Pflichten und erleichtert daher den Entschluss, sich auf einen Vergleich einzulassen (also nicht auf ein vollstreckbares Urteil zu bestehen!). Voraussetzung für die Vollstreckbarkeit im Einzelfall ist, dass die vereinbarten Leistungspflichten *hinreichend bestimmt* beschrieben sind; es gelten im Ausgangspunkt dieselben Bestimmtheitsanforderungen wie für ein Urteil, da auch hier dem Vollstreckungsorgan die Feststellung des Titelinhalts ohne Weiteres möglich sein muss.[1] Der Prozessvergleich muss **protokolliert** werden (§ 160 III Nr. 1, § 162 I, § 163); sonst ist er unwirksam (str.) und als Vollstreckungstitel untauglich.[2]

2 **Beispiel (nach *OLG Hamm* Beschl. v. 12.10.2020 – 5 W 46/20, BeckRS 2020, 41425):** Schuldner S hat sich in einem Prozessvergleich zur Beseitigung der Baumängel verpflichtet, die in einem Gutachten des gerichtlichen Sachverständigen festgestellt wurden. Der Vergleich wurde ordnungsgemäß protokolliert, vorgelesen, genehmigt und unterzeichnet; das Gerichtsgutachten wurde jedoch nicht gemäß § 160 V als Anlage zu Protokoll genommen. S meint, aus dem Vergleich könne nicht vollstreckt werden.

Entscheidend ist, ob das Gerichtsgutachten als Anlage zu Protokoll zu nehmen, vorzulesen und von den Parteien zu genehmigen war. Eine Ansicht verlangt die Einhaltung der prozessualen Formvorschriften auch für alle weiteren Unterlagen, auf die ein Vergleich Bezug nimmt[3]. Danach wäre der Vergleich hier zumindest prozessual unwirksam. Der Bundesgerichtshof hat offengelassen, ob dieser Auffassung zu folgen ist.[4] Im vorliegenden Fall handelt es sich um ein Gerichtsgutachten, das im selben Rechtsstreit erstellt wurde und beiden Parteien ebenso wie dem Prozessgericht, das hier für die Vollstreckung zuständig ist (§ 887 I), zugänglich ist. Daher ist die Vollstreckbarkeit zu bejahen.

3 Hervorzuheben ist, dass der Prozessvergleich auch im Arrest- oder einstweiligen Verfügungsverfahren, also in einem summarischen Prozess (vgl. u. *§ 34 Rn. 4*), geschlossen werden kann, ferner im Vollstreckungsverfahren (z. B. vor dem Vollstreckungsgericht bei der Zwangsversteigerung), im Musterfeststellungsverfahren (§ 611) und im Gütestellenverfahren (§ 15a VI 2 EGZPO) sowie im Verfahren über die Bewilligung von Prozesskostenhilfe (§ 118 I 3 Hs. 2) und im selbständigen Beweisverfahren (§ 492 III Hs. 2).

4 Die *Vollstreckungswirkungen des Prozessvergleichs* entsprechen denen des Urteils. Zu beachten ist jedoch, dass der Vergleich nach deutschem Recht nicht in Rechtskraft erwächst[5] und die Fiktion des § 894 deshalb ausscheidet. Hat sich der Schuldner im Vergleich zur *Abgabe einer Willenserklärung* verpflichtet, so kann nach § 888 vollstreckt (vgl. u. *§ 27 Rn. 5*) oder eine Leistungsklage auf Abgabe der Erklärung erhoben werden.[6] Deshalb ist es besser, gleich die Willenserklärung selbst in den Vergleich aufzunehmen, u. U. kommt auch ein Schiedsspruch mit vereinbartem Wortlaut in Betracht.

---

[1] Vgl. o. *§ 1 Rn. 55.*

[2] BGHZ 142, 84, 88; *BGH* NJW 2014, 394 Rn. 12. Zu den einzelnen Tatbestandsmerkmalen und Wirksamkeitsvoraussetzungen des Prozessvergleichs vgl. *Zivilprozessrecht* § 48 II–IV.

[3] *OLG Hamm* BauR 2000, 1231; *OLG Naumburg* Beschl. v. 28.11.2001 – 5 W 101/01, BeckRS 2001, 30223146.

[4] *BGH* NJW 2014, 394 Rn. 12.

[5] Dazu rechtsvergleichend *Frische,* Verfahrenswirkungen und Rechtskraft gerichtlicher Vergleiche, 2006, insbes. S. 13ff. (Deutschland), 26 (Österreich), 47ff. (England); 68f. (Frankreich), 90ff. (U.S.A.).

[6] Vgl. BGHZ 98, 127, 128ff.

Der *außergerichtliche Vergleich* ist nicht Vollstreckungstitel, sondern nur Grundlage eines materiellen Anspruchs, auf den eine Klage gestützt werden kann.[7] Ein gerichtlicher Vergleich kann allerdings auch außerhalb einer mündlichen Verhandlung geschlossen werden (§ 278 VI); ein Anwaltsvergleich (vgl. u. *Rn. 10*) ist unter den Voraussetzungen des § 796a vollstreckbar. 5

B. Die vollstreckbare Urkunde

Die vollstreckbare Urkunde ist ein weiterer bedeutender Vollstreckungstitel neben dem Urteil.[8] § 794 I Nr. 5 nennt ihre Tatbestandsmerkmale: 6

In der Urkunde muss sich der *Schuldner* ausdrücklich der *sofortigen Zwangsvollstreckung unterworfen* haben. „Sofortig" bedeutet nicht etwa Zwangsvollstreckung sofort nach Errichten der Urkunde – vielmehr kann die Fälligkeit des Anspruchs und damit die Möglichkeit einer Vollstreckung weit hinausgeschoben sein –, sondern Vollstreckung ohne Prozess und Urteil. Da der Schuldner sich zu einem Zeitpunkt der Vollstreckung unterwirft, zu dem er am Abschluss des Geschäfts interessiert ist, schont diese Art der Titelschaffung die Ressourcen von Gläubiger und Schuldner; im Streitfall freilich profitiert der Gläubiger, während die Vollstreckung ohne Prozess und Urteil für den Schuldner eine Gefahr darstellt[9]. Die Gefahr wird indes dadurch gemindert, dass die Urkunde von einem *deutschen Gericht oder Notar* innerhalb seiner Zuständigkeit und in der vorgeschriebenen Form (Protokollierung: §§ 8ff. BeurkG) aufgenommen sein muss. Zudem reicht eine pauschale Unterwerfungserklärung nicht aus. Vielmehr gilt schon für die Urkunde das *Konkretisierungsgebot;* eine Konkretisierung im Klauselerteilungsverfahren genügt nicht.[10] Unterwerfungsfähig ist jeder vergleichsfähige Anspruch (ähnlich § 1030 I für die Schiedsfähigkeit), also z. B. nicht Ehe- und Kindschaftssachen; ausdrücklich ausgenommen sind Ansprüche auf Abgabe einer Willenserklärung (nicht die Abgabe selbst) und Ansprüche, die den Bestand eines Mietverhältnisses über Wohnraum betreffen (dazu gehören insbesondere Räumungsansprüche, Ansprüche auf Fortsetzung des Mietverhältnisses, nicht: laufende Mieten[11]). Der Grundstückseigentümer kann sich hinsichtlich eines Grundpfandrechts dergestalt der Zwangsvollstreckung unterwerfen, dass sie nicht bloß gegen ihn, sondern gegen den jeweiligen Eigentümer zulässig ist; nur hierfür ist aus Gründen der Publizität die Eintragung im Grundbuch erforderlich, § 800.[12] 7

Die Unterwerfungserklärung entfaltet rein prozessuale Wirkungen – sie schafft einen Vollstreckungstitel.[13] Deshalb ist sie eine einseitige, nicht empfangsbedürftige Prozesshandlung (Prozessfähigkeit erforderlich, § 180 BGB unanwendbar) und unabhängig von der Wirksamkeit des materiellen Rechtsgeschäfts, dem sie dient.[14] Die auf Abgabe einer Unterwerfungserklärung gerichtete Vollmacht unterfällt §§ 78ff. und nicht §§ 164ff. BGB; daher kommen §§ 172ff. BGB bei Nichtigkeit der Vollmacht (bei- 8

[7] Vgl. *Jauernig* JZ 1958, 657f.

[8] Dazu *Wolfsteiner,* Die vollstreckbare Urkunde, 1978; *Münch,* Vollstreckbare Urkunde und vollstreckbarer Anspruch, 1989 (dazu *Münzberg* ZZP 104 [1991], 227ff.).

[9] Vgl. *Baur,* FS Demelius, 1973, S. 315ff.; *Stürner* JZ 1974, 157. Die Rechtsprechung des BGH (s. etwa BGHZ 99, 274, 282ff.) könnte hier sensibler sein.

[10] *BGH* NJW 2015, 1181 Rn. 12, 19.

[11] *BGH* NJW 2018, 551 Rn. 17.

[12] Zum Sicherheitspaket der Realkreditgläubiger *Piekenbrock* ZZP 125 (2012), 171; BeckOGK/*Kern* BGB § 1113 Rn. 31ff.

[13] *BGH* NJW 2004, 59, 60.

[14] *BGH* NJW 1996, 2792.

spielsweise nach § 134 BGB wegen Verstoßes gegen das RDG) nicht zur Anwendung.[15] Sie bedarf daher auch nicht der notariellen Beurkundung.[16] §§ 305 ff. BGB[17] sowie die Klauselrichtlinie[18] erfassen auch die Unterwerfungserklärung.

9 **Beispiel (Vollstreckungsunterwerfung mit Nachweisverzicht in einem Grundstückskaufvertrag):** „Der Käufer – mehrere Personen als Gesamtschuldner – unterwirft sich wegen seiner vorstehend in dieser Urkunde eingegangenen Verpflichtung zur Zahlung des Kaufpreises der sofortigen Zwangsvollstreckung aus dieser Urkunde in sein gesamtes Vermögen. Der amtierende Notar wird hiermit ermächtigt, und zwar unter ausdrücklichem Verzicht auf den Nachweis der den Anspruch begründenden Tatsachen, dem Verkäufer auf jederzeit mögliches Verlangen hin eine vollstreckbare Ausfertigung der vorliegenden Urkunde zu erteilen."

10 Der vollstreckbaren Urkunde z. T. nachempfunden ist der **Anwaltsvergleich,** nämlich für die Vergleichsfähigkeit von Ansprüchen (§ 796a II, s. § 794 I Nr. 5) und die Unterwerfungserklärung des Schuldners. Abweichend von § 794 I Nr. 5 bedarf der Anwaltsvergleich, um vollstreckbar zu sein, der gerichtlichen oder notariellen Vollstreckbarkeitserklärung, §§ 796a I, 796b, 796c. Vollstreckungstitel ist der entsprechende Beschluss, § 794 I Nr. 4b.

C. Vollstreckungsbescheide, Arrestbefehle und einstweilige Verfügungen

11 Einen wichtigen Vollstreckungstitel bilden ferner die **Vollstreckungsbescheide** im Mahnverfahren, § 794 I Nr. 4, sowie die **Arrestbefehle und einstweiligen Verfügungen,** §§ 928, 936 (zu diesen vgl. u. *§§ 35, 37*).

D. Weitere Vollstreckungstitel

12 Vollstreckungstitel sind weiter die zivilprozessualen **Entscheidungen,** die **mit der Beschwerde anfechtbar** sind (§ 794 I Nr. 3; aber auch die unanfechtbaren, die anfechtbar wären, wenn sie ein Gericht erster Instanz erlassen hätte, z. B. Entscheidungen des OLG, denn ihnen die Vollstreckbarkeit vorzuenthalten, wäre widersinnig), vorausgesetzt, sie weisen einen vollstreckungsfähigen Inhalt auf, z. B. Beschlüsse über Ordnungsmaßnahmen gegen ausgebliebene Zeugen, §§ 380, 390. Zu nennen sind ferner die **Kostenfestsetzungsbeschlüsse,** § 794 I Nr. 2.

Schiedssprüche sind nur dann vollstreckbar, wenn sie durch Entscheidung des staatlichen Gerichtes für vollstreckbar erklärt sind und diese Entscheidung rechtskräftig oder für vorläufig vollstreckbar erklärt ist, §§ 794 I Nr. 4a, 1060 (für inländische Schiedssprüche; für ausländische s. § 1061). Vollstreckungstitel ist die Vollstreckbarerklärung.

E. Europäische Zahlungsbefehle

13 Nach § 794 I Nr. 6 kann **ohne vorherige inländische Vollstreckbarerklärung** aus Europäischen Zahlungsbefehlen vollstreckt werden, die auf Grundlage der Mahnverfahrens-VO[19] ergangen sind und nach Ablauf einer Einspruchsfrist (Art. 16 Mahn-

[15] *BGH* NJW 2004, 59, 60f.

[16] *BGH* NJW 2004, 844, 845.

[17] *BGH* NJW 2002, 138, 139.

[18] *EuGH* ECLI:EU:C:2015:637 mit Anm. *Piekenbrock* GPR 2016, 137; ECLI:EU:C:2019:764 mit Besprechungsaufsatz *Simon* GPR 2020, 226.

[19] Verordnung (EG) Nr. 1896/2006 des Europäischen Parlaments und des Rates vom 12. Dezember 2006 zur Einführung eines Europäischen Mahnverfahrens (ABl. L 399 S. 1, ber. 2008 L 46 S. 52, L 333 S. 17); reformiert durch Verordnung (EU) 2015/2421 des Europäischen Parlaments und des Rates vom 16. Dezember 2015 zur Änderung der Verordnung (EG) Nr. 861/2007 zur Einführung eines europäischen Verfahrens für geringfügige Forderungen und der Verordnung (EG) Nr. 1896/2006 zur Einführung eines Europäischen Mahnverfahrens (ABl. L 341 vom 24. Dezember 2015, S. 1).

verfahrens-VO) vom Ursprungsgericht für vollstreckbar erklärt wurden (Art. 18 Mahnverfahrens-VO). Die nationalen Durchführungsvorschriften finden sich in §§ 1087–1096. Für die Vollstreckung aus inländischen oder ausländischen Europäischen Zahlungsbefehlen im Inland sind gemäß § 795 S. 1, 3 die allgemeinen Vorschriften der ZPO anwendbar, ergänzend gelten die §§ 1093–1096.

Die Zwangsvollstreckung aus Europäischen Zahlungsbefehlen ist derjenigen aus Europäischen Vollstreckungstiteln für unbestrittene Forderungen (vgl. §§ 1079–1086 und o. *§ 2 Rn. 71ff.*) nachgebildet. Nach Ablauf der Einspruchsfrist (Art. 16 Mahnverfahrens-VO) und Vollstreckbarerklärung (Art. 18 Mahnverfahrens-VO) ist die Erteilung einer Vollstreckungsklausel im Inland nicht erforderlich, § 1093. Gegen einen Europäischen Zahlungsbefehl sind die Rechtsbehelfe nach Art. 20, 22f. Mahnverfahrens-VO mit §§ 1095f. statthaft; daneben treten im Inland die vollstreckungsrechtlichen Rechtsbehelfe der ZPO, Art. 21, 26 Mahnverfahrens-VO. Auf Einwendungen gegen den materiellen Anspruch darf die Entscheidung nach Ablauf der Einspruchsfrist gemäß Art. 16 Mahnverfahrens-VO dabei nur insoweit überprüft werden, als sie nach Zustellung des Zahlungsbefehls entstanden sind, § 1095 II.[20] Gleiches gilt für die Vollstreckungsgegenklage (§ 767 II), §§ 795 S. 1, 1096 II 2. Für diese besteht ein Rechtsschutzbedürfnis, da die Entscheidung nach Art. 22 II Mahnverfahrens-VO nur im Vollstreckungsstaat wirkt, indessen ein Urteil nach § 767 in allen Mitgliedstaaten anerkannt wird, Art. 33 I Brüssel Ia-VO. Wegen der Zuständigkeit verweist § 1096 II 2 insoweit auf § 1086 I. Bis zur Entscheidung über die Gegenklage kann die Vollstreckung nach Maßgabe von § 707 einstweilen eingestellt werden; hierüber entscheidet das Gericht, das den Zahlungsbefehl erlassen hat, §§ 1087, 1095 I. 14

F. Weitere Vollstreckungstitel außerhalb der ZPO

Außerhalb der ZPO sind noch eine Reihe z. T. wichtiger Vollstreckungstitel geregelt (vgl. die Aufzählung in §§ 37, 38 GVGA). An erster Stelle sind hier die Vollstreckungstitel nach dem FamFG zu nennen. Vollstreckungstitel bilden einstweilige Anordnungen in Familiensachen und in Angelegenheiten der freiwilligen Gerichtsbarkeit, die nach §§ 49ff. FamFG ergehen, soweit keine abweichenden Sondervorschriften gelten, etwa für Unterhaltssachen in §§ 246ff. FamFG (vgl. u. *§ 37 Rn. 36*). Für die Vollstreckung der in § 86 I FamFG aufgezählten anderen *familienrechtlichen Titel* verweist § 95 I FamFG für die dort genannten Vollstreckungsarten auf die Vorschriften der ZPO; gleiches gilt etwa für Familienstreitsachen gemäß § 120 FamFG. 15

Beachtung verdienen ferner der *Auszug aus der Insolvenztabelle,* § 201 II InsO, der rechtskräftig bestätigte *Insolvenzplan* in Verbindung mit der Eintragung in der Insolvenztabelle, § 257 InsO, der *Zuschlag* in der Zwangsversteigerung, §§ 93, 132, 162, 180 I ZVG, die Entscheidungen der *Arbeitsgerichte* nach §§ 62, 64 VII, 85 ArbGG, ferner Verpflichtungserklärungen betr. den Unterhalt eines Kindes, die Entbindungskosten und den Unterhalt der Mutter eines nichtehelichen Kindes nach Maßgabe von § 59 I 1 Nr. 3, 4, § 60 SGB VIII. 16

§ 4. Die Vollstreckungsklausel

A. Funktion

Die Vollstreckungsklausel ist *ein amtliches Zeugnis, dass ein Titel vollstreckbar* ist. Sie wird auf eine Ausfertigung des Urteils oder des sonstigen Titels gesetzt („Ausfertigung" ist die amtliche Abschrift eines amtlichen Schriftstücks, die im Rechtsverkehr die Ur- 1

[20] Dazu *Preuß* ZZP 122 (2009), 3, 18ff.; krit. *Vollkommer/Huber* NJW 2009, 1105, 1107.

schrift vertritt[1]). § 725 enthält ihren Wortlaut (dessen Gebrauch nicht unbedingt erforderlich ist, vgl. § 42 II 1 GVGA): „Vorstehende Ausfertigung wird dem [z. B. Kläger] zum Zwecke der Zwangsvollstreckung erteilt." Die mit der Klausel versehene Ausfertigung heißt **vollstreckbare Ausfertigung** (§§ 724 I, 795).

2 Die Klausel wird auf dasjenige Urteil gesetzt,[2] das die Verurteilung zur Leistung ausspricht, also auf das Urteil erster Instanz, wenn dasjenige der zweiten Instanz das Rechtsmittel verwirft oder zurückweist (sonst wäre der Ausfertigung nicht zu entnehmen, worauf die Vollstreckung sich richtet), andernfalls auf das Urteil der oberen Instanz.

3 Die Klausel ist in der Regel (vgl. u. *Rn. 5*) unentbehrliche *Voraussetzung der Vollstreckung.* Fehlt die Klausel, so darf dem Antrag des Gläubigers auf Vornahme der Vollstreckung nicht entsprochen werden. Geschieht es dennoch, so ist die Vollstreckung wirksam (nach h. M. entsteht jedoch kein Pfändungspfandrecht, da eine Vollstreckung ohne Klausel wesentliche Vollstreckungsvorschriften missachtet, vgl. u. *§ 16 Rn. 16* und *Rn. 35ff.*), aber jede einzelne Maßnahme ist mit der Erinnerung, § 766, angreifbar.

4 Das Klauselerteilungsverfahren beruht auf der Trennung von Erkenntnis- und Vollstreckungsinstanz, die das geltende Recht kennzeichnet, und verbindet das Getrennte in sinnvoller Weise: Das Vollstreckungsorgan, z. B. der Gerichtsvollzieher, muss nicht prüfen, ob der vorgelegte Titel wirksam und vollstreckbar ist; diese Prüfung obliegt der Stelle, die für die Klauselerteilung zuständig ist. Entsprechendes gilt, wenn die Vollstreckung vom Eintritt einer Bedingung abhängt (vgl. u. *Rn. 14*) oder für oder gegen eine andere als die im Titel genannte Person vollstreckt werden soll (vgl. u. *Rn. 7ff.*); auch hier ist für das Vollstreckungsorgan die Klausel maßgebend. Sie ist für das Vollstreckungsorgan nicht nachprüfbar, sondern bindend.

B. Ausnahmen vom Klauselerfordernis

5 Abweichend von der Regel sind *ohne Vollstreckungsklausel vollstreckbar* die Vollstreckungsbescheide (§ 796 I), die Arrestbefehle und einstweiligen Verfügungen (§§ 929, 936), weil hier besondere Eile geboten ist. Die Klausel ist aber nötig, wenn die Vollstreckung für oder gegen eine andere Person erfolgen soll als die im Titel genannte (vgl. u. *Rn. 7ff.*). Ohne Vollstreckungsklausel vollstreckbar sind schließlich Titel aus anderen EU-Mitgliedstaaten, die unter die Brüssel Ia-VO fallen, § 1112 (vgl. o. *§ 2 Rn. 67*), die nach der Vollstreckungstitel-VO als Europäischer Vollstreckungstitel bestätigt worden sind, § 1082 (vgl. o. *§ 2 Rn. 71ff.*), die im Verfahren für geringfügige Forderungen nach der Small Claims-VO ergangen sind, § 1107 (vgl. o. *§ 2 Rn. 74f.*) sowie für vollstreckbar erklärte Europäische Zahlungsbefehle, § 1093 (vgl. o. *§ 3 Rn. 13*). Das einfache Klauselverfahren wird in der Literatur teilweise für entbehrlich gehalten;[3] in der Tat ist hier der Mehrwert begrenzt.

C. Titelübertragende und -ergänzende Klausel

6 Besondere Bedeutung hat die Vollstreckungsklausel in den Fällen, in denen die Vollstreckung für einen anderen Gläubiger oder gegen einen anderen Schuldner betrieben werden soll als den im Titel bezeichneten (titelübertragende Klausel), oder in denen sie von Bedingungen abhängig ist (titelergänzende Klausel). Die Klausel ist dann **mehr als ein bloßes Zeugnis der Vollstreckbarkeit.**

---

[1] Vgl. *BGH* NJW 1981, 2345, 2346, auch § 47 BeurkG.

[2] Über die Erteilung der Klausel vgl. u. *Rn. 16ff.*

[3] *Stamm,* in: BMJV (Hrsg.), Zwangsvollstreckung und Zwangsversteigerung aktuell, 2018, S. 19, 24f.

1. Die **titelübertragende Klausel, § 727,** hat folgenden Hintergrund: Im Vollstreckungstitel sind die Personen bezeichnet, für und gegen die vollstreckt werden soll, §§ 750, 795. Im Falle einer Rechtsnachfolge ist es aus praktischen Gründen aber geboten, die Vollstreckung für oder gegen den Rechtsnachfolger zu ermöglichen, ohne dass ein neuer Titel (womöglich in einem neuen Prozess!) beschafft werden muss. Diesem Zweck dient die titelübertragende Klausel. Sie bezeichnet den neuen Gläubiger oder Schuldner und hat daher *konstitutive Wirkung*. Sie wird nur erteilt, wenn die Rechtsnachfolge nach der Rechtshängigkeit (aber nicht notwendig schon während des Prozesses) eingetreten ist. 7

Für die *Rechtsnachfolge auf der Gläubigerseite* kommen in Betracht: Gesamtrechtsnachfolge (z. B. Erbschaft), aber auch jede Art von Sonder- (Einzel-)rechtsnachfolge (z. B. Übereignung, Abtretung), Nachfolge in das volle Recht oder in ein aus ihm abgezweigtes minderes Recht (z. B. Pfandrecht); gleichgültig ist, ob die Nachfolge auf Rechtsgeschäft, Gesetz oder Staatsakt[4] beruht. Gegen den *Rechtsnachfolger des Schuldners* ist die Umschreibung des Titels möglich bei Gesamtrechtsnachfolge (aber erst gegen den endgültigen Erben, vgl. § 1958 BGB; für dessen Gewahrsam gilt allerdings nicht § 857 BGB[5]) oder bei Erwerb der in Streit befangenen Sache (was nur bei dinglichen Rechten der Fall ist) oder ihres unmittelbaren Besitzes (vgl. § 325). Die befreiende Schuldübernahme begründet keine Rechtsnachfolge in diesem Sinne.[6] Rechtsnachfolge ist ferner anzunehmen, wenn ein Vermögen von seinem Inhaber auf eine *Partei kraft Amtes* als Verwalter übergeht und umgekehrt nach Beendigung der Verwaltung.[7] 8

Entsprechende Anwendung findet die Regelung des § 727 bei Umschreibung auf den Nacherben (§ 728), auf den Übernehmer eines Vermögens (§ 729 I), auf denjenigen, der ein unter Lebenden erworbenes Handelsgeschäft unter der bisherigen Firma fortführt (§ 729 II, § 25 HGB), auf den nichtverklagten Ehegatten bei der nachträglichen Gütergemeinschaft (§ 742).[8]

Voraussetzung einer Umschreibung des Vollstreckungstitels auf den Rechtsnachfolger ist der *Nachweis der Rechtsnachfolge* oder des Besitzverhältnisses *durch öffentliche oder öffentlich beglaubigte Urkunden* oder ihre Offenkundigkeit bei Gericht. Auf der Gläubigerseite ist dieser Nachweis leicht zu beschaffen (z. B. durch Erbschein); dagegen ist der Nachweis einer Nachfolge auf der Schuldnerseite für den Gläubiger nicht ganz einfach (dazu vgl. u. *Rn. 27*). 9

Die *praktische Bedeutung* der Umschreibungsmöglichkeit ist beträchtlich. Der siegreiche Gläubiger kann das für ihn festgestellte Recht übertragen und seinem Rechtsnachfolger die Vollstreckung überlassen; müsste dieser erneut gegen den Schuldner klagen, um vollstrecken zu können, würde eine Übertragung das Recht praktisch entwerten. Bei einer Nachfolge auf der Schuldnerseite muss gegen den neuen Schuldner vollstreckt werden können, sonst würde die Verschiebung des streitbefangenen Gegenstands zu reizvoll und der Gläubiger gezwungen sein, nunmehr gegen den Erwerber oder neuen Besitzer zu klagen. 10

Ist die Umschreibung eines rechtskräftigen Urteils gemäß §§ 727, 325 möglich, so steht nur dieser Weg offen. Einer Klage durch den Rechtsnachfolger des Gläubigers 11

---

[4] Z. B. Überweisung aufgrund einer Pfändung, *OLG Frankfurt a. M.* NJW 1983, 2266.

[5] *BGH* WM 2020, 1427 Rn. 34ff. zur Räumungsvollstreckung; für § 808 offengelassen.

[6] BGHZ 61, 140, 141ff. m. N.; str.

[7] Vgl. Stein/Jonas/*Münzberg* § 727 Rn. 28ff.

[8] Gesetzlich nicht geregelte Fälle bei *Loritz* ZZP 95 (1982), 310ff.; zur Klausel für den gewillkürten Prozessstandschafter: *BGH* NJW 1983, 1678 (auch BGHZ 92, 347, 349 und Anm. *Brehm* JZ 85, 342f.), für den Kläger bei § 265: *BGH* NJW 1984, 806 (zustimm. *Gerhardt* JR 84, 288ff.; abl. *Kion* NJW 1984, 1601f.).

stünde die Rechtskraft entgegen,[9] nicht fehlte ihr wegen der Umschreibmöglichkeit „nur" das Rechtsschutzinteresse.[10]

12 2. *Ohne Nachweis* des Eintritts einer Bedingung, auch schon vor deren Eintritt, wird die Vollstreckungsklausel erteilt, wenn die Vollstreckung von einer *Sicherheitsleistung oder* vom *Eintritt eines Kalendertages* abhängt, wie z. B. bei Verurteilung zu einer künftigen Leistung, §§ 726 I, 751. Ebenso wird verfahren bei Gewährung einer Räumungsfrist, § 721. Hier kann die Prüfung wegen ihrer Einfachheit ohne Bedenken den Vollstreckungsorganen überlassen werden.

13 Auch bei der Vollstreckung einer **Leistung Zug um Zug** wird die Klausel ohne Weiteres erteilt, arg. § 726 II (anders, wenn „Leistung" die Abgabe einer Willenserklärung ist, vgl. u. *§ 28 Rn. 9*). Müsste schon vor Erteilung der Klausel nachgewiesen werden, dass die Gegenleistung erbracht oder Annahmeverzug eingetreten ist, so würde das den Gläubiger – entgegen dem materiellen Recht – zur Vorleistung zwingen. Die Vollstreckung ist aber grundsätzlich erst zulässig, wenn durch öffentliche oder öffentlich beglaubigte Urkunden nachgewiesen ist, dass die Gegenleistung erbracht oder in einer den Annahmeverzug des Vollstreckungsschuldners bewirkenden Weise angeboten ist (§§ 756 I, 765 Nr. 1). Doch genügt es, dass der Gerichtsvollzieher die Leistung wörtlich anbietet und der Vollstreckungsschuldner erklärt, sie nicht anzunehmen (§ 756 II); Entsprechendes gilt für das Vollstreckungsgericht, wenn es Vollstreckungsmaßregeln anzuordnen hat, nachdem der Gerichtsvollzieher gemäß § 756 II verfahren ist, § 765 Nr. 2.

Der Anspruch auf die Gegenleistung kann nicht mitvollstreckt werden, denn er ist weder rechtskräftig festgestellt noch vollstreckbar.

14 3. In anderen Fällen dagegen, in denen der zu vollstreckende materielle Anspruch oder die Vollstreckbarkeit von einer *Bedingung* abhängt, z. B. bei aufschiebend bedingten oder von einer Kündigung abhängigen Ansprüchen oder bei Vorleistungspflicht des Gläubigers, wird die Vollstreckungsklausel erst erteilt, wenn der *Eintritt der Bedingung* durch öffentliche oder öffentlich beglaubigte Urkunden nachgewiesen ist, **§ 726, titelergänzende Klausel** (vorausgesetzt ist aber, dass der Gläubiger nach allgemeinen Grundsätzen die Beweislast für die betreffende Tatsache hat; liegt sie nicht bei ihm, sondern beim Schuldner, so ist die Klausel ohne Nachweis zu erteilen.[11] Der Nachweis ist entbehrlich, wenn die Rechtsnachfolge zugestanden wird, § 288; Nichtbestreiten, § 138 III, genügt dagegen nicht[12]). Als Vollstreckungstitel kommen hier Urteile nur ausnahmsweise in Betracht (*Beispiel:* Nach dem Tenor hängt die Vollstreckung von der Erteilung einer behördlichen Genehmigung ab[13]); in erster Linie handelt es sich um Prozessvergleiche und vollstreckbare Urkunden (*Beispiel:* Im Prozessvergleich wird eine Zahlungspflicht an die rechtskräftige Scheidung der Parteien geknüpft[14]).

15 **Beispiel (nach *BGH* ZIP 2020, 2228):** Schuldner S unterwarf sich in notarieller Urkunde der sofortigen Zwangsvollstreckung aus einer Grundschuld. Die Urkunde enthielt den Passus: „Dem Gläubiger kann ohne Nachweis der das Bestehen und die Fälligkeit der Zahlungsverpflichtung begründenden Tatsachen eine vollstreckbare Ausfertigung dieser Urkunde erteilt werden." Als sich Gläubiger G vom Notar eine vollstreckbare Ausfertigung mit einfacher Klausel erteilen lässt, erhebt S Klauselerinnerung mit dem Argument, wegen § 1193 II 2 BGB (Kündigungserfordernis des § 1193 I 1 BGB bei Grundschuld, die Geldforderung sichert, nicht abdingbar) bedürfe es einer qualifizierten Klausel gemäß § 726. Hat die Klauselerinnerung Erfolg?

Die Klauselerinnerung hat Erfolg, wenn eine qualifizierte Klausel gemäß § 726 zu erteilen war.

9 § 325: ne bis in idem; unzutr. *BGH* NJW 1987, 2863; BAGE 75, 367, 370.
10 So aber *BGH* NJW 1957, 1111.
11 Dazu *Baur/Stürner/Bruns* Rn. 17.27–17.29.
12 *BGH* DNotI-Report 2005, 150.
13 *BGH* NJW 1978, 1262, 1263.
14 *OLG München* Rpfleger 1984, 106.

I. § 726 kommt nur zur Anwendung, wenn es sich bei dem Kündigungserfordernis des § 1193 I 1 BGB um eine Vollstreckungsbedingung i. S. d. § 726 handelt. Im Grundsatz muss eine solche Bedingung durch den Titel selbst festgestellt sein und sich klar aus diesem ergeben. Bei der Auslegung des Titels können aber auch gesetzliche Regelungen Berücksichtigung finden, sofern sich deren Anwendbarkeit aus dem Titel zweifelsfrei ergibt. Damit ist § 1193 I 1 BGB als Vollstreckungsbedingung i. S. d. § 726 anzusehen; § 726 greift also grundsätzlich ein.

II. Eine qualifizierte Klausel gemäß § 726 könnte aber wegen des Nachweisverzichts nicht erforderlich sein. Dies setzt voraus, dass der Nachweisverzicht wirksam war. Durch einen Nachweisverzicht wird ein *materiellrechtliches* Erfordernis wie hier die Kündigung nicht abbedungen. Denn der Verzicht betrifft nur die Klauselerteilung; er hat keine materiellrechtliche Wirkung. Der Nachweisverzicht verstößt also nicht unmittelbar gegen § 1193 II 2 BGB. Eine gesetzliche Vorschrift, die dem rein prozessualen Nachweisverzicht entgegensteht, existiert nicht. Die Frage, ob der Nachweisverzicht etwa aufgrund der §§ 134, 307ff. BGB unwirksam ist, ist im Klauselerteilungsverfahren nicht zu prüfen. Demnach hat die materielle Bedingung infolge des Nachweisverzichts ihren Charakter als Vollstreckungsbedingung verloren.

III. Folglich ist keine qualifizierte Klausel gemäß § 726 erforderlich, sondern die erteilte einfache Klausel ausreichend. Die Klauselerinnerung hat somit keinen Erfolg.

D. Die Erteilung der Klausel

Erteilt wird die Vollstreckungsklausel bei *Urteilen* und *Prozessvergleichen* durch den **Urkundsbeamten der Geschäftsstelle** erster Instanz, ist der Prozess bei einem höheren Gericht anhängig, durch den Urkundsbeamten dieses Gerichts, §§ 724 II, 795. 16

Für *vollstreckbare Urkunden* ist der Urkundsbeamte des Gerichts zuständig, das die Urkunde aufbewahrt, § 797 I, oder der **Notar,** der sie verwahrt, § 797 II. Zuständig ist der Urkundsbeamte des Gerichts erster Instanz bzw. des Rechtsmittelgerichts auch bei Vergleichen nach § 794 I Nr. 1, deren Wirksamkeit von einer ausschließlich aus der Verfahrensakte ersichtlichen Tatsache abhängt, § 795b.

Die Erteilung erfolgt nur auf Antrag, der formlos und ohne Anwaltszwang möglich ist. Der Gegner ist wegen Art. 103 I GG grundsätzlich vor der Erteilung zu hören (§ 730 trägt dem nicht Rechnung).[15] 17

In den Fällen der *titelergänzenden und titelübertragenden Klausel* (vgl. o. *Rn. 6ff.*) erteilt der **Rechtspfleger** die Klausel, § 20 Nr. 12 RPflG (ausgenommen notarielle vollstreckbare Urkunden, § 797 II); für die Zuständigkeit im Übrigen gelten die §§ 724 II, 795 entsprechend. 18

E. Rechtsbehelfe

1. Wird die **Erteilung** der Vollstreckungsklausel *vom Urkundsbeamten der Geschäftsstelle* **verweigert,** so kann der Gläubiger um Entscheidung des Gerichts nachsuchen (sog. Erinnerung), § 573: Durch Beschluss wird entweder der Urkundsbeamte zur Erteilung angewiesen oder die Erinnerung zurückgewiesen. Dagegen ist die sofortige Beschwerde gegeben, § 573 II. 19

Verweigert der *Rechtspfleger* (vgl. o. *Rn. 18*) die Erteilung, so kann der Gläubiger die sofortige Beschwerde einlegen, § 567 I mit § 11 I RPflG. Wird die Erteilung verweigert, weil die erforderlichen Nachweise (§§ 726–729) nicht vorliegen, so kann der Gläubiger statt der Erinnerung oder Beschwerde eine besondere Klage erheben (vgl. u. *Rn. 27*). 20

2. **Formelle Einwendungen gegen die Erteilung** muss der Schuldner durch **Erinnerung** (sog. Klauselerinnerung) geltend machen. Sie geht an das Gericht, dessen Ur- 21

[15] Str., vgl. Stein/Jonas/*Münzberg* § 730 Rn. 3.

kundsbeamter oder Rechtspfleger die Klausel erteilt hat, § 732 I, auch § 797 III, VI. Auch wenn der Rechtspfleger die Klausel erteilt hat (vgl. o. *Rn. 18*), gilt nur § 732, nicht § 11 RPflG,[16] da § 732 lex specialis ist.

22 Als formelle Einwendungen kommen in Betracht: Mangel eines vollstreckbaren Titels (z. B. im Falle des § 717 I), fehlender Nachweis der Rechtsnachfolge gemäß § 727.

23 Das Gericht kann vorläufige Anordnungen treffen, insbesondere die Vollstreckung gegen oder ohne Sicherheitsleistung einstellen, § 732 II. Erfolgte Vollstreckungsmaßnahmen dürfen nicht aufgehoben werden (anders nach §§ 707, 719 I). Die Anordnung ist unanfechtbar (entsprechend § 707 II; vgl. o. *§ 2 Rn. 47*).

24 Über die Einwendungen wird durch Beschluss entschieden, gegen den sofortige Beschwerde zulässig ist.[17] Gibt der Beschluss dem Antrag des Schuldners statt, so hebt er die Klausel auf und erklärt die Vollstreckung für unzulässig (§ 775 Nr. 1; vgl. u. *§ 14 Rn. 15*). Die Rechtsbeschwerde ist nur nach Zulassung gegeben, § 574 I Nr. 2.

25 **Materielle Einwendungen,** namentlich gegen den Bestand des materiellen Anspruchs, kann der Schuldner nicht mit der Klauselerinnerung nach § 732, sondern nur durch Vollstreckungsgegenklage (vgl. u. *§ 12*) vorbringen.[18]

26 3. Falls die Vollstreckungsklausel gemäß §§ 726–729 besondere Nachweise erfordert (vgl. o. *Rn. 9*), kann der Schuldner gegen die Erteilung der Klausel eine **besondere Art der Vollstreckungsgegenklage („Klauselgegenklage")** erheben, um den Eintritt der materiellen Voraussetzungen für die Klauselerteilung zu bestreiten, §§ 768, 796 III, 797 V, VI. Er muss beantragen, die Zwangsvollstreckung aus der (genau benannten) vollstreckbaren Ausfertigung für unzulässig zu erklären. Die Einwendungen des Schuldners sind zeitlich nicht beschränkt (§ 767 II, vgl. u. *§ 12 Rn. 7,* ist nicht anwendbar), doch können sie durch die Rechtskraft des Urteils abgeschnitten sein.[19] Wird der Klage stattgegeben, so ist nach §§ 775 Nr. 1, 776 zu verfahren.

27 4. Es kann vorkommen, dass der in §§ 726–729 geforderte Urkundenbeweis (vgl. o. *Rn. 9*) nicht zu führen ist. Dann muss der Gläubiger gegen den Schuldner **auf Erteilung der Vollstreckungsklausel klagen,** § 731. Ausschließlich zuständig (§ 802) ist das Prozessgericht erster Instanz (vgl. ferner §§ 796 III, 797 V, VI, 797 a III).

28 Der Schuldner muss im Prozess alle Einwendungen gegen die Zulässigkeit der Vollstreckung vorbringen; soweit sie nach § 767 II zulässig sind, auch solche gegen den Anspruch selbst. Ist die Zulässigkeit der Vollstreckungsklausel rechtskräftig festgestellt, so sind Einwendungen aus §§ 732, 768 ausgeschlossen, weiterhin solche, die im Rahmen des § 767 II gegen den Anspruch selbst hätten geltend gemacht werden können. Der Rechtspfleger, der die Klausel zu erteilen hat,[20] und der erteilende Notar sind an das Urteil gebunden.

---

16 *OLG Stuttgart* NJW-RR 1986, 549; h. M.

17 Stein/Jonas/*Münzberg* § 732 Rn. 13.

18 *BGH* DNotI-Report 2004, 161; WM 2005, 1997, 1998; NJW 2009, 1887 Rn. 12.

19 Vgl. *Zivilprozessrecht* § 62 IV.

20 *LG Stuttgart* Rpfleger 2000, 537, 538; *Brox/Walker* Rn. 135; Musielak/Voit/*Lackmann* § 731 Rn. 8; Saenger/*Kindl* § 731 Rn. 9; a. A. Zöller/*Seibel* § 731 Rn. 6 m. N.: Urkundsbeamter der Geschäftsstelle.

Die Klage ist keine Leistungsklage; denn nicht der Schuldner, sondern das zuständige Rechtspflegeorgan erteilt die Klausel. Daher handelt es sich um eine *prozessuale Feststellungsklage:* Das Urteil soll feststellen, dass die Voraussetzungen für die Erteilung (die ja urkundlich nicht nachweisbar sind) vorliegen.[21] 29

Zum Verhältnis der Klage aus § 731 zur wiederholten Leistungsklage vgl. o. *Rn. 11.*

F. Erteilung mehrerer vollstreckbarer Ausfertigungen

Ausnahmsweise kann sich der Gläubiger mehrere vollstreckbare Ausfertigungen neben- oder nacheinander erteilen lassen. Stets ist der Schuldner vor Doppelvollstreckungen zu schützen. 30

Grundsätzlich wird dem Gläubiger nur *eine* vollstreckbare Ausfertigung erteilt, eine *weitere nur,* wenn dafür ein *Rechtsschutzbedürfnis* besteht[22] – z. B. bei Vollstreckung gegen Gesamtschuldner, bei Verlust der ersten vollstreckbaren Ausfertigung, bei Teilrechtsnachfolge[23] – *oder* die *erste* Ausfertigung *zurückgegeben* wird (z. B. bei Unleserlichkeit). Die weitere Ausfertigung ist stets als solche zu kennzeichnen, § 733 III. Zuständig für ihre Erteilung ist der Rechtspfleger (§ 20 Nr. 12, 13 RPflG) oder der Notar (§ 797 II, III). Der Schuldner muss in Zweifelsfällen gehört werden, vgl. § 733 I, II. 31

G. Quittung

Hat der Gerichtsvollzieher die im Titel bezeichneten Leistungen vom Schuldner freiwillig oder zwangsweise erlangt, so händigt er ihm die vollstreckbare Ausfertigung nebst einer **Quittung** über die empfangenen Leistungen aus (Teilleistungen werden auf der Ausfertigung vermerkt, der Schuldner erhält nur eine Quittung), § 757. Dadurch wird der Schuldner gegen eine unberechtigte Fortsetzung der Vollstreckung geschützt (vgl. § 775 Nr. 4). Der materiellrechtliche Anspruch auf eine Quittung des Gläubigers (§ 368 BGB) bleibt unberührt, § 757 II. 32

Hat der Schuldner unmittelbar an den Gläubiger geleistet und ihn voll befriedigt, so hat er außerdem einen materiellrechtlichen Anspruch auf Herausgabe des Titels in Analogie zu § 371 BGB, regelmäßig[24] aber erst nach erfolgreicher Durchführung einer Vollstreckungsgegenklage nach § 767.[25] 33

§ 5. Die Zwangsvollstreckung in besondere Vermögensmassen

Literatur: *Behr,* Die Vollstreckung in Personengesellschaften – Aktuelle Hinweise für den Praktiker, NJW 2000, 1137; *Wertenbruch,* Die BGB-Gesellschaft in der Zwangsvollstreckung, DGVZ 2001, 97; *K. Schmidt,* Neuregelung des Rechts der Personengesellschaften? – Vorüberlegungen für eine konsistente Reform –, ZHR 177 (2013), 712; *Wertenbruch,* Das Vollstreckungs- und Insolvenzrecht der GbR in der Reform des Personengesellschaftsrechts – Abschied von § 736 ZPO?, ZIP 2019, 2082.

A. Hintergrund

Probleme für das Vollstreckungsrecht entstehen, wenn ein Recht mehreren Personen in einer Art von Rechtsgemeinschaft zusteht (z. B. als Gesellschaftsvermögen) oder 1

---

[21] BGHZ 72, 23 (28f.); Thomas/Putzo/*Seiler* § 731 Rn. 1; Musielak/Voit/*Lackmann* § 731 Rn. 2; a. A. Stein/Jonas/*Münzberg* § 731 Rn. 8.

[22] *OLG Stuttgart* NJW-RR 1990, 126.

[23] *OLG Köln* VersR 1994, 456.

[24] Insoweit krit. *Windel* ZZP 102 (1989), 175, 227ff.

[25] G. *Lüke* JuS 1995, 202, 203 und *Henckel* ZZP 108 (1995), 257, 258 zu BGHZ 127, 146, 148ff. m. N.; ferner *BGH* NJW 1995, 1162, 1163 a. E.

wenn eine Person am Vermögen einer anderen ein eigenes Verwaltungs- oder Nutzungsrecht hat, so dass mehrere Berechtigte – der Inhaber und der Verwalter des Vermögens (z. B. der Testamentsvollstrecker) – nebeneinanderstehen. Gegen wen muss sich der Vollstreckungstitel richten, gegen alle oder nur gegen einen?

B. Rechtsgemeinschaften

2 Bei Rechtsgemeinschaften hat sich inzwischen auf dem praktisch wichtigen Gebiet des Personengesellschaftsrechts trotz bislang unterschiedlicher Gesetzeslage in BGB und ZPO einerseits, HGB andererseits eine starke Annäherung ergeben: ein Titel gegen die Gesellschaft ist möglich und ausreichend. Gütergemeinschaft und Miterbengemeinschaft folgen hingegen der traditionellen Linie.

3 1. Für die Zwangsvollstreckung in das Vermögen einer **Gesellschaft bürgerlichen Rechts** (§§ 705ff. BGB) ist eigentlich nach § 736 ein *gegen alle Gesellschafter* ergangenes Urteil „erforderlich". Nicht vorausgesetzt wurde hierbei traditionellerweise eine gemeinsame Verurteilung der Gesellschafter (beispielsweise als Gesamtschuldner) aus einem einheitlichen Schuldgrund; ebenso wenig war für die Durchführung der Zwangsvollstreckung erforderlich, dass Gesellschaftsschulden tituliert sind.[1] Das Vollstreckungsorgan prüft die materiellrechtliche Grundlage des Titels nicht. Gelang es einem Gläubiger, gesellschaftsfremde Forderungen gegen alle Gesellschafter titulieren zu lassen, konnte er daher in das Gesellschaftsvermögen vollstrecken. Für die Verurteilung zur Abgabe einer Willenserklärung hat die Rechtsprechung hiervon allerdings schon länger eine Ausnahme gemacht.[2] Auf der Grundlage der neuen Lehre (dazu sogleich *Rn. 4*) mehren sich die Stimmen, die die Verurteilung wegen einer Gesellschaftsschuld fordern[3], wobei das Nichtvorliegen einer Gesellschaftsschuld aber wohl nur im Wege der Drittwiderspruchsklage geltend gemacht werden kann[4]; eine höchstrichterliche Klärung steht noch aus. Davon zu unterscheiden ist die materiellrechtliche Haftung des Gesellschaftsvermögens für Privatschulden der Gesellschafter. Haftet der Vollstreckungsgegenstand nicht,[5] so ist dies durch die – regelmäßig parteifähige[6] – Gesellschaft entsprechend § 774 nach § 771 geltend zu machen.[7] Dann bleibt dem Gläubiger nur der Weg der Pfändung des Gesellschaftsanteils (vgl. § 859 I, dazu vgl. u. *§ 20 Rn 14*).

4 Im Anschluss an das Versäumnisurteil[8] des II. Zivilsenats vom 29. Januar 2001 in Sachen **„ARGE Weißes Ross"**[9], wonach die vermögenstragende (Außen-)Gesellschaft bürgerlichen Rechts rechts- und parteifähig ist, lassen Rechtsprechung und h. M. in der Literatur nunmehr aber die Zwangsvollstreckung in das Gesellschaftsvermögen auch aufgrund eines *gegen die Gesellschaft bürgerlichen Rechts selbst* gerichteten Titels zu. Diese Ansicht ist mit § 736 kaum vereinbar[10], der einen Titel gegen die Gesell-

[1] *OLG Schleswig* WM 2006, 583, 584; *Brehm* KTS 1983, 21; Schuschke/Walker/Kessen/Thole/*Vuia* § 736 Rn. 3; *Wertenbruch* NJW 2002, 324, 328; Zöller/*Seibel* § 736 Rn. 3.

[2] *BGH* NJW 2008, 1378, 1379; *OLG Hamburg* RPfleger 2011, 426, 427.

[3] *K. Schmidt* NJW 2001, 993, 1000f.; Musielak/Voit/*Lackmann* § 736 Rn. 4.

[4] Stein/Jonas/*Münzberg* § 736 Rn. 7; MünchKomm-BGB/*Schäfer* § 718 Rn. 53.

[5] H. M., *K. Schmidt* NJW 2001, 993, 1000f.

[6] BGHZ 146, 341 – ARGE Weißes Ross.

[7] Stein/Jonas/*Münzberg* § 736 Rn. 8.

[8] Dazu zu Recht kritisch *Jauernig* NJW 2001, 2231; *R. Stürner* JZ 2002, 1108.

[9] BGHZ 146, 341.

[10] Kritisch auch *K. Schmidt* NJW 2008, 1841, 1842ff.; a. M. BGH a. a. O. sub II. 3.

schafter voraussetzt (und nicht nur wie § 735 „genügen" lässt).[11] Folgt man dieser h. M., ist zur Zwangsvollstreckung in das Gesellschaftsvermögen entweder ein Titel gegen alle namentlich benannten Gesellschafter (vgl. o. *Rn. 3*) oder die Gesellschaft genügend. Die Gesellschaft kann im Titel durch die Nennung ihrer Gesellschafter und/ oder einen Gesellschaftsnamen bezeichnet werden. Zur Vollstreckung in Immobilien der Gesellschaft im gegen die Gesellschaft gerichteten Titel ist wegen § 47 II GBO auch die Bezeichnung der Gesellschafter erforderlich (vgl. § 17 ZVG).[12] Der Mauracher Entwurf für ein Gesetz zur Modernisierung des Personengesellschaftsrechts von 2020 wollte in konsequenter Nachzeichnung der Praxis § 736 dahin umformulieren, dass „[z]ur Zwangsvollstreckung in das Vermögen einer rechtsfähigen Personengesellschaft [...] ein gegen die Gesellschaft gerichteter vollstreckbarer Schuldtitel erforderlich [ist]". Der auf dem Mauracher Entwurf beruhende Regierungsentwurf eines Gesetzes zur Modernisierung des Personengesellschaftsrechts **(RegE MoPeG)** hält dies für unnötig und widmet § 736 dem Sonderfall der Zwangsvollstreckung für oder gegen eine Gesellschaft bürgerlichen Rechts bei nachträglicher Eintragung im Gesellschaftsregister. Da nach dem Mauracher Entwurf und dem RegE MoPeG Gesellschaften bürgerlichen Rechts in ein Gesellschaftsregister eingetragen werden können, wird auch für § 47 II GBO eine Änderung vorgeschlagen: „Für eine Gesellschaft bürgerlichen Rechts soll ein Recht nur eingetragen werden, wenn sie im Gesellschaftsregister eingetragen ist."

Für die **Vollstreckung in das Vermögen einer OHG oder KG** ist ein Titel gegen die 5
Gesellschaft selbst erforderlich und genügend, §§ 124 II, 161 II HGB. Zur Zwangsvollstreckung gegen den einzelnen Gesellschafter ist ein Titel gegen diesen notwendig (vgl. § 129 IV HGB), der zur Pfändung des Anteils am Gesellschaftsvermögen berechtigt (§ 859 I, vgl. u. *§ 20 Rn. 14*). Die gleichen Grundsätze gelten für die Partnerschaftsgesellschaft (Personengesellschaft von Angehörigen Freier Berufe), §§ 7, 8 PartGG, ferner für die EWIV als einer besonderen Form der OHG.

Zur **Vollstreckung in das Vermögen eines nichtrechtsfähigen Vereins** genügt ein gegen den Verein er- 6
gangenes Urteil, § 735. Dies ist die praktische Folgerung aus seiner passiven Parteifähigkeit und erleichtert die Rechtsverfolgung; die Zwangsvollstreckung ist auch möglich, weil ein abgetrenntes Vereinsvermögen besteht. Aus diesem Titel kann nur in das Vereinsvermögen, das die Organe des Vereins im Gewahrsam haben, vollstreckt werden. Soll in Vereinsvermögen vollstreckt werden, das (auch) im Gewahrsam bloßer Mitglieder steht, so ist ein Titel gegen alle Mitglieder erforderlich (§ 736 mit § 54 BGB).[13] Der Mauracher Entwurf und ihm folgend der RegE MoPeG (o. *Rn. 4*) sehen die Streichung des § 735 vor, da nach ihrer Konzeption der nicht eingetragene Verein entweder dem eingetragenen Verein gleichgestellt ist oder sich seine Rechts- und Parteifähigkeit aus der Verweisung auf das Recht der Gesellschaft bürgerlichen Rechts ergibt.

2. Für die **Vollstreckung in das Gesamtgut einer Gütergemeinschaft** genügt ein Urteil gegen den allein- 7
verwaltenden Ehegatten (§ 740 I), bei gemeinschaftlicher Verwaltung müssen beide Ehegatten zur Leistung verurteilt sein (§ 740 II). Nach Beendigung der Gütergemeinschaft gelten §§ 743f., für die fortgesetzte Gütergemeinschaft gilt § 745. Für Eheleute, die im Güterstand der Eigentums- und Vermögensgemeinschaft (Art. 234 § 4 II EGBGB) leben, gelten die §§ 740–744 entsprechend, § 744a.

3. Zur Vollstreckung in den **ungeteilten,** also mehreren Miterben zustehenden **Nachlass** vgl. u. *§ 6 Rn. 8.* 8

[11] Stein/Jonas/*Münzberg* § 736 Rn. 1, 7.

[12] Zum Ganzen *Steffek* ZIP 2009, 1445.

[13] Differenzierend *Braun* AcP 196 (1996), 557, 579: Vollstreckung inner- und außerhalb der „Vereinsräume" (wenn es sie gibt!).

C. Fremdes Verwaltungs- oder Nutzungsrecht

9 Bei fremdem Verwaltungs- oder Nutzungsrecht spielen einmal mehr materielles Recht und Vollstreckungsrecht zusammen; dabei sind verschiedene Konstellationen zu unterscheiden.

10 1. Wird *an einem Vermögen* ein **Nießbrauch** bestellt, so ist die Vollstreckung wegen der vor seiner Bestellung entstandenen Verbindlichkeiten ohne Rücksicht auf den Nießbrauch in die ihm unterliegenden Gegenstände zulässig, wenn der Besteller zur Leistung und der Nießbraucher zur Duldung der Vollstreckung verurteilt ist, § 737 I. Entsprechendes gilt bei dem Nießbrauch an einer *Erbschaft* für die Nachlassverbindlichkeiten ohne Rücksicht auf den Zeitpunkt ihrer Entstehung, § 737 II. Dies entspricht der materiellen Regelung in §§ 1086, 1089 BGB.

11 2. Bei der **Testamentsvollstreckung** ist zu unterscheiden, ob dem Testamentsvollstrecker die Verwaltung des ganzen Nachlasses oder (was seltener ist) nur einzelner Nachlassgegenstände zusteht. Im ersten Fall ist ein Urteil gegen den Testamentsvollstrecker für die Vollstreckung in den Nachlass erforderlich und genügend, § 748 I. Im zweiten Fall ist ein Urteil auf Leistung gegen den Erben (Grund: § 2213 I 2 BGB) und ein Urteil auf Duldung gegen den Testamentsvollstrecker erforderlich, wenn in diese Gegenstände vollstreckt werden soll, § 748 II.[14]

12 Vom Standpunkt der Amtstheorie aus muss bei **Nachlassverwaltung** der Titel gegen den Nachlassverwalter ergehen (§ 1984 I 3 BGB), im **Insolvenzverfahren** gegen den Insolvenzverwalter (eine Vollstreckung während des Insolvenzverfahrens kommt nur wegen eines Aussonderungsrechts oder einer Masseverbindlichkeit in Betracht, § 47 S. 2, §§ 89, 90 InsO).

D. Sondervermögen

13 Für echte Sondervermögen gibt es **besondere Regeln,** die entweder die Haftung der Gegenstände des Sondervermögens für gewöhnliche Forderungen gegen den Rechtsträger ausschließen oder direkt die Vollstreckung verbieten.

14 So haftet im **Investmentrecht** gemäß § 93 II 1 KAGB das Sondervermögen nicht für Verbindlichkeiten der Kapitalverwaltungsgesellschaft; die Vollstreckung in die Deckungsmasse einer **Pfandbriefbank** ist gemäß § 29 S. 1 PfandBG nur Pfandbrief- und bestimmten Derivategläubigern möglich. Hierin kommt die Treuhänderstellung des jeweiligen Rechtsträgers deutlich zum Ausdruck.[15]

§ 6. Die Zwangsvollstreckung in den Nachlass und in das Eigenvermögen des Erben

Literatur: *Börner,* Das System der Erbenhaftung, JuS 1968, 53, 108; *Harder/Müller-Freienfels,* Grundzüge der Erbenhaftung, JuS 1980, 876; *Eickmann,* Die Versteigerung eines Erbanteils durch den Gerichtsvollzieher, DGVZ 1984, 65; *K. Schmidt,* Zum Prozessrecht der beschränkten Erbenhaftung, JR 1989, 45; *Dauner-Lieb,* Zwangsvollstreckung bei Nachlassverwaltung und Nachlasskonkurs, FS Gaul, 1997, S. 93; *Gutbell,* Schutz des Nachlasses gegen Zwangsvollstreckungsmaßnahmen bei Testamentsvollstreckung und Vorerbschaft, ZEV 2001, 260; *Behr,* Zwangsvollstreckung in den Nachlass, Rpfleger 2002, 2; *Lettmann,* Die Beschränkung der Erbenhaftung, RNotZ 2002, 538; *B. Schmidt,* Vollstreckung in den Nachlass, JurBüro 2010, 510.

1 Das Gesetz unterscheidet bei der Vollstreckung gegen Erben zwei Vermögensmassen und zwei Typen von Vollstreckungsgläubigern: **Nachlass** und sonstiges Vermögen **(Eigenvermögen)** des Erben sowie **Nachlassgläubiger** und **Eigengläubiger.** Selbst-

[14] Zum Zusammenhang von materiellem und Vollstreckungsrecht BGHZ 51, 125, 129f. betr. § 748 III, § 2213 I 3, III BGB.

[15] Vgl. *Klett,* Die Trust-Struktur im Vertragsmodell des Investmentrechts, 2016, S. 133ff.

verständlich können die Nachlassgläubiger auf den Nachlass und die Eigengläubiger auf das Eigenvermögen zugreifen. Problematisch ist hingegen, ob sich die Nachlassgläubiger auch an das Eigenvermögen und die Eigengläubiger auch an den Nachlass halten können. Beides bejaht das Gesetz im Grundsatz, sofern der Erbe die Erbschaft angenommen hat oder die Ausschlagungsfrist verstrichen ist. Dann sind Nachlass und Eigenvermögen nur Teile des gesamten Erbenvermögens, mit dem der Erbe auch den Nachlassgläubigern haftet („unbeschränkte Erbenhaftung"). Der Erbe kann jedoch seine Haftung beschränken (§§ 1975 ff. BGB). Tut er das, so können die Nachlassgläubiger nur noch auf den Nachlass zugreifen. Zugleich entzieht der Erbe diesen Vermögensteil seinen Eigengläubigern, die sich nur noch an sein Eigenvermögen halten können. Die Haftungsbeschränkung bedeutet sonach Wiederherstellung der zwei Vollstreckungsobjekte „Nachlass" und „Eigenvermögen", verbunden mit einer Zugriffsbeschränkung je nach dem Typ des Vollstreckungsgläubigers. Ein ähnlicher Zustand besteht vor Annahme der Erbschaft (bei noch laufender Ausschlagungsfrist, § 1944 BGB), weil hier die Person des Erben noch nicht endgültig feststeht.

Diese Grundgedanken der gesetzlichen Regelung sind einfach. Die Regelung selbst ist unnötig kompliziert.

A. Zwangsvollstreckung in den Nachlass

Bei der Zwangsvollstreckung in den Nachlass sind *zwei Hauptfälle* zu unterscheiden. 2

1. Die **Vollstreckung hatte** schon **zu Lebzeiten des Erblassers** gegen ihn **begonnen,** § 779 I.

Hier wird nicht nur die begonnene Vollstreckungsmaßnahme fortgeführt, sondern die *Vollstreckung in sämtliche Nachlassgegenstände fortgesetzt,*[1] ohne dass es einer Titelumschreibung auf den Erben bedarf. Ob der Erbe die Erbschaft annimmt, ist in diesem Fall gleichgültig; denn es steht ja fest, dass der Nachlass für die Verbindlichkeiten des Erblassers haftet, und in das Vermögen des Erben wird nicht vollstreckt.

2. Die **Vollstreckung** in den Nachlass **soll erst** nach dem Tode des Erblassers **beginnen.** 3

In diesem Fall kommt es darauf an, ob die Erbschaft angenommen oder die Ausschlagungsfrist abgelaufen ist.

a) **Vor Annahme** (sofern Ausschlagung noch möglich, § 1943 BGB) darf wegen einer Eigenverbindlichkeit nicht in den Nachlass (§ 778 II) und wegen einer Nachlassverbindlichkeit **nur in den Nachlass** vollstreckt werden (§ 778 I). Eigenvermögen und Nachlass werden als getrennte Vermögensmassen behandelt. Denn es steht noch nicht fest, ob der Nachlass Vermögen des Erben wird und damit (auch) für die Eigenverbindlichkeiten haftet; ebenso wenig ist sicher, ob der Erbe auch Erbe bleibt und daher mit seinem Vermögen für die Nachlassverbindlichkeiten einstehen muss. Die Vollstreckung in den Nachlass ist aber, da weder der gegen den Erblasser ergangene Titel sich auf den Erben umschreiben lässt noch ein Titel gegen den Erben zu erreichen ist (§ 1958 BGB), nur dann möglich, wenn schon der Titel gegen den Nachlasspfleger (§ 1961 BGB), Nachlassverwalter oder Testamentsvollstrecker ergangen ist oder die Klausel gegen sie erteilt wird (vgl. § 749). Vollstreckt der Gläubiger in das Eigenvermögen des Erben, so hat der Erbe die Erinnerung (§ 766) und die Widerspruchsklage (§ 771). 4

[1] BGHZ 182, 293 Rn. 7, 11.

5 b) **Nach Annahme** der Erbschaft oder Ablauf der Ausschlagungsfrist (§ 1943 BGB) ist ein gegen den Erblasser ergangenes Urteil auf den Erben umzuschreiben (§§ 727, 731). Auch kann, falls der Prozess z. Z. des Todes des Erblassers noch nicht beendet ist, das Verfahren mit dem Erben fortgesetzt und ein Urteil gegen ihn erreicht werden (§ 239). Wenn ein Prozess nicht anhängig ist, kann der Erbe verklagt werden. Für die Zwangsvollstreckung ist es gleichgültig, ob der Titel eine Nachlassverbindlichkeit oder eine Eigenverbindlichkeit des Erben zum Inhalt hat; denn der Nachlass gehört ja nunmehr endgültig zum Vermögen des Erben und haftet grundsätzlich mit für seine Verbindlichkeiten. Nachlass und Erbenvermögen sind – wenn nicht besondere Maßnahmen ergriffen werden – nicht mehr getrennt.

6 Haftet der Erbe nicht unbeschränkt (§ 2016 BGB), so kann er mithilfe der aufschiebenden Einreden der §§ 2014f. BGB erreichen, dass die Vollstreckung sich auf Sicherungsmaßnahmen beschränkt. Das gilt gegenüber Nachlassgläubigern für die Vollstreckung in den Nachlass und das Eigenvermögen des Erben (§ 782), gegenüber Eigengläubigern für die Vollstreckung in den Nachlass (§ 783). Die Einreden müssen im Wege der Klage geltend gemacht werden, §§ 785, 767. Ist der Erbe als solcher verurteilt worden, so hat die Klage nur Erfolg, wenn die Verurteilung unter Vorbehalt der beschränkten Haftung erfolgt ist (§§ 305 I, 780), vgl. u. *Rn. 12.*

7 Hat der Erbe seine Haftung beschränkt, so können Eigengläubiger nicht mehr in den Nachlass vollstrecken; er ist für die Nachlassgläubiger reserviert (§ 1984 II BGB für die Nachlassverwaltung; §§ 38, 325 InsO für das Nachlassinsolvenzverfahren; ebenso im Fall der Dürftigkeitseinrede, § 1990 BGB). Gleichwohl ausgebrachte Vollstreckungen von Eigengläubigern haben keinen Bestand (§ 321 InsO für das Nachlassinsolvenzverfahren; § 784 II für die Nachlassverwaltung, hier ist Klage nötig: §§ 785, 767; bei der Dürftigkeitseinrede gilt zugunsten des Erben § 784 II entsprechend, str.).[2]

8 c) Sind *mehrere Erben* vorhanden, so erfordert die Vollstreckung in den *ungeteilten Nachlass* einen (nicht notwendig einheitlichen)[3] Titel gegen alle Erben, § 747, entweder durch Umschreibung der Vollstreckungsklausel auf alle[4] oder durch Fortsetzung des Prozesses oder durch Klage gegen alle Miterben; sie stehen dann nicht in notwendiger Streitgenossenschaft.[5] Sonst ist nur Vollstreckung in den Erbanteil möglich (§ 859 II) und daraufhin Auseinandersetzung des Nachlasses, während eine Pfändung des Anteils an den einzelnen Nachlassgegenständen ausgeschlossen ist.

Nach der Teilung genügt ein Titel gegen den Miterben, gegen den vollstreckt werden soll.

B. Zwangsvollstreckung in das Eigenvermögen

9 Bei der **Zwangsvollstreckung in das Eigenvermögen** kommt es darauf an, ob wegen einer Eigenverbindlichkeit des Erben oder wegen einer Nachlassverbindlichkeit vollstreckt wird und ob der Erbe die Erbschaft bereits angenommen hat.

1. Handelt es sich um *eigene Verbindlichkeiten des Erben,* so ist die Vollstreckung in das Eigenvermögen jederzeit möglich ohne Rücksicht auf den Erbfall und die Annahme der Erbschaft. Denn das Vermögen des Erben außerhalb des Nachlasses haftet stets für seine Verbindlichkeiten.

---

2 *Schmidt-Kessel* WM 2003, 2086, 2088; MünchKomm-ZPO/*K. Schmidt/Brinkmann* § 783 Rn. 7.
3 BGHZ 53, 110, 113.
4 BayObLGZ 1970, 125.
5 *Zivilprozessrecht* § 82 III.

2. Wegen einer *Nachlassverbindlichkeit* ist die Vollstreckung in das Eigenvermögen vor *Annahme* der Erbschaft nicht zulässig, § 778 I (vgl. o. *Rn. 4*). 10

3. **Nach Annahme** oder Ablauf der Ausschlagungsfrist können Nachlassgläubiger und Eigengläubiger ohne Weiteres in das Vermögen des Erben vollstrecken. Ob der Nachlass oder das Eigenvermögen ergriffen wird, braucht sie nicht mehr zu kümmern. Vielmehr bleibt es dem **Erben überlassen,** seine **Haftung zu beschränken** *und* – sofern zulässig – die *Haftungsbeschränkung durch Klage geltend zu machen.* Hat der Erbe damit Erfolg, so dürfen die Nachlassgläubiger sich nur an den Nachlass halten. Die Vollstreckung in das Eigenvermögen ist unzulässig. 11

a) Ist der Erbe als solcher, d. h. als Erbe des Schuldners, wegen einer Nachlassverbindlichkeit verurteilt, so kann er die *Beschränkung seiner Haftung* im Stadium der Vollstreckung *nur geltend machen, wenn* sie ihm *im Urteil vorbehalten* ist, § 780 I. Gleiches gilt für den Prozessvergleich.[6] 12

Der Erbe muss also die Einwendung der beschränkten Haftung schon im Prozess über die Nachlassverbindlichkeit erheben, nicht erst in der Vollstreckung oder bei der Klage (§§ 781, 785), mit der er sich gegen die Vollstreckung wendet. Die Haftungsbeschränkung ist in der Regel bereits in der Tatsacheninstanz, nicht erst im Revisionsverfahren geltend zu machen.[7] Das Prozessgericht kann dann entweder schon im Erkenntnisverfahren über die Haftungsbeschränkung entscheiden oder die Entscheidung hierüber dem Vollstreckungsverfahren überlassen, indem es einen Vorbehalt erteilt. Allerdings führen nach dem BGH die Grundsätze der Tatsachenpräklusion dazu, dass bei Aufnahme eines Vorbehalts der zunächst siegreiche Kläger mit (erneuten) Einwänden gegen die Einordnung der Schuld als reine Nachlassverbindlichkeit ausgeschlossen ist.[8] Dem Vollstreckungsverfahren überlassen bleibt insbesondere die Prüfung, ob die Beschränkung durchgeführt oder überhaupt noch möglich ist. 13

Ein *Vorbehalt* im Urteil ist unnötig, wenn die Vollstreckung schon vor dem Tod des Erblassers begonnen hatte (vgl. § 780 I) – denn der Erbe konnte in diesem Falle gar keinen Vorbehalt im Urteil erwirken, da ja nicht er, sondern noch der Erblasser Partei war – oder wenn der Titel gegen den Erblasser lautete und auf den Erben nach § 727 umgeschrieben ist (vgl. § 780 I) – die gleiche Begründung gilt auch für diesen Fall – oder wenn nur Klage auf Erteilung der Vollstreckungsklausel zu einem gegen den Erblasser ergangenen Urteil erhoben ist, ferner bei Urteilen gegen den Fiskus als gesetzlichen Erben oder gegen Nachlassverwalter, Nachlasspfleger oder Testamentsvollstrecker, § 780 II. Es entfällt nur die Notwendigkeit des Vorbehalts, nicht die der klageweisen Geltendmachung der Haftungsbeschränkung, § 785 (vgl. u. *Rn. 15*). 14

b) Die Beschränkung der Haftung bleibt, selbst wenn sie vorbehalten ist (vgl. o. *Rn. 12*), solange unberücksichtigt, bis der Erbe deshalb *Einwendungen gegen die Vollstreckung* erhebt, § 781. Das hat durch eine Art Vollstreckungsgegenklage (vgl. u. *§ 12*) zu geschehen, §§ 785, 767. Sie zielt darauf ab, die Zwangsvollstreckung des Nachlassgläubigers in das Eigenvermögen allgemein sowie ggf. die konkrete Vollstreckungsmaßnahme für unzulässig zu erklären, kombiniert dann also die Klageziele einer Vollstreckungsgegenklage und einer Drittwiderspruchsklage.[9] 15

---

[6] *BGH* NJW 1991, 2839, 2840; dazu *Deubner* JuS 1991, 1038 f.

[7] Vgl. BGHZ 54, 204, 205 ff.

[8] *BGH* NJW 2021, 701 Rn. 15 ff. mit lesenswerter Anm. *R. Magnus* FamRZ 2021, 231.

[9] Differenzierend *K. Schmidt* JR 1989, 45; *Dauner-Lieb,* FS Gaul, S. 93, 101; Thomas/Putzo/*Seiler* § 785 Rn. 2; MünchKomm-ZPO/*K. Schmidt/Brinkmann* § 785 Rn. 1; Saenger/*Kindl* § 785 Rn. 3 ff.; Zöller/*Geimer* § 785 Rn. 2.

16 Ist durch einen Nachlassgläubiger in das Eigenvermögen vollstreckt und dann erst die Haftung beschränkt worden, so kann der Erbe die Aufhebung der Vollstreckungsmaßregeln verlangen, § 784 I für Nachlassverwaltung und Nachlassinsolvenzverfahren; für die Dürftigkeitseinrede, § 1990 BGB, muss § 784 I entsprechend gelten. Das Verlangen ist durch Klage geltend zu machen, §§ 785, 767. Es hat nur Erfolg, wenn dem Erben die Haftungsbeschränkung gemäß § 780 vorbehalten ist, vgl. o. *Rn. 12.*

§ 7. Beginn, Ende und Mängel der Zwangsvollstreckung

A. Voraussetzungen für den Beginn der Zwangsvollstreckung

1 Bei Beginn der Vollstreckung müssen grundsätzlich drei Voraussetzungen vorliegen: **Titel, Klausel, Zustellung.** Ob sie gegeben sind, hat das Vollstreckungsorgan selbst zu prüfen.

2 1. Die Vollstreckung darf nur beginnen, wenn die Personen, für und gegen die sie stattfinden soll, im Vollstreckungstitel oder in der Vollstreckungsklausel namentlich bezeichnet sind, § 750 I; denn es muss feststehen, wer Gläubiger, wer Schuldner, d. h. wer **Partei im Vollstreckungsverfahren** ist. Zuweilen ist eine Berichtigung durch eine sog. Klarstellungsklausel möglich.[1] Nach h. M. darf im Titel die Firma statt des Inhabers stehen.[2] Bei einer Änderung von Rechtsform und Firma des Gläubigers bedarf es eines Vermerks des neuen Namens auf dem Titel („Beischreibung"), es sei denn, dem Vollstreckungsorgan wird die Identität des Vollstreckungsgläubigers mit dem im Titel bezeichneten Gläubiger durch Urkunden zweifelsfrei nachgewiesen.[3]

3 Wer nicht in Titel oder Klausel genannt ist, kann nicht durch bloße Antragstellung „Partei", d. h. Gläubiger oder Schuldner, werden.[4] Der Antrag ist – mangels der formal durch Titel oder Klausel zu bestimmenden Parteistellung – unzulässig.

4 2. Der Vollstreckungstitel muss bereits **zugestellt** sein oder gleichzeitig mit dem Beginn der Vollstreckung zugestellt werden, § 750 I, an den Schuldner oder seinen gesetzlichen Vertreter oder seinen Prozessbevollmächtigten (§ 172 I 1). Urteile werden von Amts wegen (§§ 317 I 1, 166 II) oder durch den Gläubiger (§ 750 I 2) zugestellt. Die Zustellung soll dem Schuldner, der nicht notwendigerweise von der Klage oder dem Erlass des Urteils Kenntnis erhalten hat (z. B. bei Ersatzzustellung der Klage, §§ 178 ff.), Gelegenheit zur Kenntnisnahme vom Urteil geben, damit er sein Verhalten danach einrichten kann.

5 *Vollstreckbare Urkunden* müssen zwei Wochen vorher zugestellt sein (weil kein Prozess vorausgegangen ist), ebenso bestimmte Unterhaltsbeschlüsse, Vollstreckbarerklärungen von Anwaltsvergleichen sowie nicht auf das Urteil gesetzte und daher dem Schuldner unbekannte Kostenfestsetzungsbeschlüsse, § 798; eine *Sicherungsvollstreckung* (§ 720 a) darf frühestens zwei Wochen nach Zustellung von Urteil und Klausel beginnen, § 750 III. Umgekehrt darf der *Arrest* schon vor Zustellung des Arrestbefehls vollzogen werden, § 929 III, weil hier Eile geboten sein kann; gleiches gilt für die *einstweilige Verfügung,* § 936.

6 Die *Vollstreckungsklausel* muss nur als titelergänzende oder -übertragende zugestellt werden, § 750 II (vgl. o. *§ 4 Rn. 6ff.*), und zwar mit Abschrift der notwendigen Urkunden; dies gilt entgegen dem zu weit gerate-

[1] *OLG Düsseldorf* Beschl. v. 20. 1. 1997 – 19 W 15/96, BeckRS 1997, 01235 Rn. 6; *Winterstein* DGVZ 1984, 1, 2 ff. m. N.

[2] Vgl. *KG* Rpfleger 1982, 191.

[3] *BGH* NJW 2017, 2917 Rn. 9; NZG 2016, 517 Rn. 20; NJW-RR 2011, 1335 Rn. 6.

[4] Vgl. *Brehm* Anm. JZ 1985, 343 zu BGHZ 92, 347 ff.; unzutr. *Wieser* ZZP 99 (1986), 341, 342.

nen Wortlaut des § 750 III auch für die Sicherungsvollstreckung, sodass eine einfache Klausel (§ 725) hier nicht zugestellt werden muss.[5]

3. Ist die Vollstreckung von einer *Sicherheitsleistung des Gläubigers* abhängig, so darf sie erst beginnen oder fortgesetzt werden (z. B. in den Fällen der §§ 709 S. 3, 720a I 2), wenn die erfolgte Sicherheitsleistung durch eine öffentliche oder öffentlich beglaubigte Urkunde nachgewiesen und eine Abschrift der Urkunde zugestellt ist oder gleichzeitig zugestellt wird, § 751 II. Ist die Vollstreckung vom Eintritt eines Kalendertages abhängig, so darf sie erst nach Ablauf dieses Tages beginnen, § 751 I. 7

4. Über die Vollstreckung einer *Leistung Zug um Zug* vgl. o. *§ 4 Rn. 13.* 8

B. Beginn der Zwangsvollstreckung

Die Vollstreckung beginnt nicht schon mit dem Antrag des Gläubigers, sondern erst mit einer **Handlung des Vollstreckungsorgans,** daher beim *Gerichtsvollzieher* mit seiner ersten Maßnahme gegen den Schuldner, z. B. der Aufforderung zur Zahlung oder Gestattung der Wohnungsdurchsuchung,[6] beim *Vollstreckungsgericht* mit der Verfügung einer Vollstreckungshandlung (z. B. bereits mit der Hinausgabe, nicht erst mit der Zustellung eines Pfändungsbeschlusses), beim *Prozessgericht* z. B. mit der Androhung von Ordnungsmaßnahmen durch besonderen Beschluss (§ 890 II).[7] 9

C. Ende der Zwangsvollstreckung

Die **Vollstreckung als Ganzes** endet erst mit der vollen Befriedigung des Gläubigers.[8] 10

Einzelne Vollstreckungsmaßnahmen sind beendet, wenn sie ohne Sicherheitsleistung aufgehoben werden oder sobald sie durchgeführt sind (z. B. Pfändung einer Forderung und ihre Überweisung zur Einziehung mit Zahlung des Drittschuldners an den Gläubiger, ohne dass dessen volle Befriedigung eingetreten ist[9]). Damit werden eine Drittwiderspruchsklage (§ 771)[10] und eine Erinnerung (§ 766)[11] unzulässig,[12] soweit sie sich auf diese Maßnahme beziehen.

Zur *Einstellung* und *Aufhebung* der Zwangsvollstreckung vgl. u. *§ 14.*

D. Mängel der Zwangsvollstreckung

Mängel der Zwangsvollstreckung lassen sich nicht ausschließen. Es wird z. B. mit der Vollstreckung begonnen, ohne dass die Voraussetzungen (vgl. o. *Rn. 1*) vorliegen, oder es werden die gesetzlich vorgeschriebenen Formen (etwa die Anbringung einer Pfandmarke) nicht eingehalten oder es wird auf eine Art vollstreckt, die das Gesetz nicht kennt. Solche Mängel können unterschiedliches Gewicht haben, doch ist zu bedenken, dass sie stets Hoheitsakten anhaften, die kraft staatlicher Zwangsgewalt in die Rechtssphäre des Schuldners, zuweilen auch eines Dritten, eingreifen. Daher fragt es sich, ob der **fehlerhafte Vollstreckungsakt** wegen des Mangels **nichtig oder aber wirksam, jedoch anfechtbar** (also – jedenfalls vorläufig – gültig) ist. 11

[5] *BGH* WM 2005, 1995; *Baur/Stürner/Bruns* Rn. 15.17 m. N; a. A. *OLG Düsseldorf* MDR 1997, 392 m. N.
[6] Stein/Jonas/*Münzberg* vor § 704 Rn. 110.
[7] Vgl. Stein/Jonas/*Münzberg* vor § 704 Rn. 113.
[8] BGHZ 128, 365, 368.
[9] Stein/Jonas/*Münzberg* vor § 704 Rn. 114, 118; BGHZ 128, 365, 366ff.
[10] Dazu BGHZ 96, 324, 326.
[11] Dazu *Münzberg* Rpfleger 1982, 329ff.
[12] A. A. Voraufl. *§ 7 Rn. 10:* unbegründet.

12 Da die möglichen Fehler höchst unterschiedlich sein können (ebenso wie die betroffenen Vollstreckungsakte), lässt sich die gestellte Frage nur sehr allgemein beantworten. Verletzt der Vollstreckungsakt (auch Vollstreckungshandlung, -maßregel oder -maßnahme genannt) **wesentliche Verfahrensvorschriften,** so ist er **nichtig.** Er kann nicht durch Heilung wirksam werden; es bleibt nur fehlerfreie Neuvornahme.

13 **Beispiele:**[13] Vollstreckung ohne Titel;[14] Vollstreckung durch ein funktionell unzuständiges Vollstreckungsorgan (der Gerichtsvollzieher pfändet eine Forderung, das Vollstreckungsgericht eine bewegliche Sache); unwirksamer Überweisungsbeschluss bei unwirksamer Pfändung;[15] Erteilung der Vollstreckungsklausel durch den Urkundsbeamten statt durch den Rechtspfleger;[16] Vollziehung eines Arrestbefehls oder einer einstweiligen Verfügung nach Ablauf der Vollziehungsfrist des § 929 II mit § 936;[17] Verstoß gegen § 831.[18]

14 Bei Verstößen gegen andere, d. h. **nicht wesentliche Vorschriften** ist der Vollstreckungsakt wirksam, aber **anfechtbar.**[19]

15 **Beispiele:**[20] Ein örtlich unzuständiges Vollstreckungsgericht pfändet; Vollstreckung für oder gegen eine Person, die weder im Titel noch in der Klausel genannt ist;[21] Verstoß gegen § 803 I 2;[22] Verstoß gegen ein Pfändungsverbot,[23] gegen § 765 ZPO.[24]

16 Hier kann der Schuldner (oder ein betroffener Dritter) **Erinnerung** gegen die Art und Weise der Zwangsvollstreckung, § 766, einlegen und die Aufhebung des Vollstreckungsakts erreichen. Ist der Mangel behebbar (eine fehlende Voraussetzung nachholbar) und geschieht das, so ist er von nun an („ex nunc") beseitigt.[25]

17 Eine andere Frage ist es, ob bei einer fehlerhaften, aber nur anfechtbaren Pfändung von beweglichem Vermögen neben der Verstrickung auch ein *Pfändungspfandrecht* begründet wird. Dazu vgl. u. *§ 16 Rn. 13ff.*

2. Abschnitt. Die Vollstreckungsorgane

§ 8. Der Gerichtsvollzieher

Literatur: *Dütz,* Der Gerichtsvollzieher als selbstständiges Organ der Zwangsvollstreckung, 1973; *Dütz,* Freiheit und Bindung des Gerichtsvollziehers, DGVZ 1975, 49, 65, 81; *Gaul,* Der Gerichtsvollzieher – ein organisationsrechtliches Stiefkind des Gesetzgebers, ZZP 87 (1974), 241; *Pawlowski,* Die Wirtschaftlichkeit der Zwangsvollstreckung, ZZP 90 (1977), 345; *H. Schneider,* Die Ermessens- und Wertungs-

[13] Vgl. auch u. *§ 16 Rn. 5.*
[14] Vgl. RGZ 56, 70, 71; BGHZ 103, 30, 35; 121, 98, 101ff.: Fehler muss offenkundig sein, dazu BGHZ 127, 146, 152.
[15] BGHZ 127, 146, 150ff., dazu *Walker* Anm. LM Nr. 3 zu § 830.
[16] A. A. *BGH* NJW-RR 2012, 1146 Rn. 12ff. m. N.; NJW-RR 2013, 437 Rn. 9; 2017, 510 Rn. 13.
[17] BGHZ 112, 356, 360f. mit zustimm. Anm. *Stürner* JZ 1991, 406; a. A. Voraufl. § 7 Rn. 15.
[18] A. A. *BGH* LM Nr. 1 zu § 831: Verstoß gegen § 831 mache Pfändungsbeschluss nicht unwirksam.
[19] BGHZ 80, 296, 298.
[20] Vgl. auch u. *§ 16 Rn. 5.*
[21] BGHZ 30, 173, 175; *LG Bielefeld* DGVZ 1987, 10.
[22] *BGH* NJW 1985, 1155, 1157.
[23] *BGH* NJW-RR 2009, 211 Rn. 7.
[24] *BGH* IBRRS 2008, 5138.
[25] Keine Rückwirkung, *Baur/Stürner/Bruns* Rn 11.8 m. N., str.; differenzierend Stein/Jonas/*Münzberg* vor § 704 Rn. 137ff. m. w. N.

befugnis des Gerichtsvollziehers, 1989 (dazu *Münzberg* ZZP 103 [1990], 505ff.) und DGVZ 89, 145; *Uhlenbruck,* Das Bild des Gerichtsvollziehers, DGVZ 1993, 97; *Seip,* Die Zwangsvollstreckung durch den Gerichtsvollzieher, NJW 1994, 352; *Schilken,* Der Gerichtsvollzieher auf dem Weg in das 21. Jahrhundert, DGVZ 1995, 133; *Köhler,* Der Gerichtsvollzieher – ein organisationsrechtliches Stiefkind des Gesetzgebers! Immer noch?, DGVZ 2002, 85; *Hess,* Die Neuorganisation des Gerichtsvollzieherwesens in Deutschland, 2006; *Nesemann,* Gerichtsvollzieher in Vergangenheit und Zukunft, ZZP 119 (2006), 87; *Mroß,* Die Neuorganisation des Gerichtsvollzieherwesens in Deutschland, DGVZ 2008, 89; *Götze/Schröder,* Der Gerichtsvollzieher zwischen Selbstständigkeit und Weisungsgebundenheit, DGVZ 2009, 1; *Mroß,* „Der Gläubiger ist der Herr des Verfahrens, der Gerichtsvollzieher aber nicht sein Knecht", DGVZ 2011, 103; *Stamm,* Reformbedarf in der Zwangsvollstreckung? – Die Schaffung eines zentralen Vollstreckungsorgans, JZ 2012, 67; *Glenk,* Unverzichtbares Allerlei – Amt und Haftung des Gerichtsvollziehers, NJW 2014, 2315; *Pilz,* Die historische Entwicklung des Gerichtsvollzieherwesens – Vom Germanischen Recht bis ins Mittelalter (Teil 1), DGVZ 2014, 1; *Pilz,* Die historische Entwicklung des Gerichtsvollzieherwesens – Die Entwicklung in Deutschland seit dem 19. Jahrhundert (Teil 2), DGVZ 2014, 29; *Fischer,* „Gerichtsvollzieher 2020" Anmerkung aus der (Prozess-) Rechtswissenschaft zum Desiderat eines (gesetzlich normierten) Berufsrechts des Gerichtsvollziehers, DGVZ 2019, 169; *Paulus,* Gedanken über die Zukunft von Zwangsvollstreckung und Gerichtsvollzieher, DGVZ 2019, 198; *Görtemaker,* Die Entwicklung des deutschen Gerichtsvollzieherwesens im Kontext der europäischen Geschichte, DGVZ 2020, 21.

A. Bedeutung

Das **wichtigste Vollstreckungsorgan** ist nach § 753 I *der Gerichtsvollzieher* (dies ist so 1
ziemlich das Einzige, was ein Laie vom Vollstreckungsrecht weiß). Ihm obliegt insbesondere die Vollstreckung wegen Geldforderungen in bewegliche Sachen (§ 808) und zur Erwirkung der Herausgabe von Sachen (§§ 883–885, 897).

2018 wurden in Deutschland durch 4272 Gerichtsvollzieher etwa 1,1 Mrd. Euro eingezogen; vgl. die Sta- 2
tistik in DGVZ 2019, 268; beachte aber auch u. *§ 18 Rn 2*.

Handelt der Gerichtsvollzieher außerhalb seiner funktionellen **Zuständigkeit** (pfän- 3
det er z. B. eine Forderung), so ist die Handlung nichtig. Verletzt er die örtliche Zuständigkeit (die durch Landesrecht bestimmt wird, § 154 GVG), so ist sein Handeln wirksam, aber mit der Erinnerung (§ 766) anfechtbar.[1]

Der Gerichtsvollzieher ist von der Ausübung seines Amtes nach Maßgabe des § 155 GVG ausgeschlossen 4
(zu den Folgen § 19 GVO), eine Ablehnung ist nicht zugelassen. Ein Verstoß gegen § 155 GVG macht die Amtshandlung nur anfechtbar, nicht nichtig.[2]

B. Rechtsstellung des Gerichtsvollziehers

Die Rechtsstellung des Gerichtsvollziehers ist geprägt von seinen hoheitlichen Auf- 5
gaben und seiner **ambivalenten Stellung** zwischen Selbständigkeit und Eingliederung.

1. Die Zwangsvollstreckung ist stets Ausübung staatlicher (Hoheits-)Gewalt. Das gilt auch für die Vollstreckungshandlungen des Gerichtsvollziehers. Daraus ergeben sich wichtige Folgerungen.

a) **Das Rechtsverhältnis zwischen Gerichtsvollzieher und Gläubiger** ist *öffentlich-* 6
rechtlicher Natur. Der „Auftrag" des Gläubigers, von dem die ZPO z. B. in §§ 753–755, 766 II spricht, ist wegen der hoheitlichen Natur der Zwangsvollstreckung ein *Antrag auf Vornahme einer Amtshandlung.*[3] Ihm hat der Gerichtsvollzieher

[1] Vgl. BGHZ 80, 296, 298.
[2] *Kissel/Mayer* § 155 Rn. 4; str.
[3] BGHZ 93, 287, 298.

kraft Amtspflicht, nicht kraft Vertrags („Auftrags“) nachzukommen, nicht anders als das Vollstreckungsgericht. Das ist heute allgemein anerkannt.[4]

7 b) Der Gerichtsvollzieher übt bei der Vollstreckungstätigkeit ein ihm anvertrautes **öffentliches Amt** aus. *Verletzt er* dabei eine *Amtspflicht,* die ihm einem anderen, z. B. dem Schuldner,[5] gegenüber obliegt, so **haftet** an seiner Stelle das **Land,** Art. 34 GG, und zwar im Rahmen von § 839 BGB (also bei Fahrlässigkeit nur subsidiär, § 839 I 2 BGB).

8 Der *Gläubiger* haftet regelmäßig nicht für unzulässige Vollstreckungshandlungen (aber möglicherweise dann, wenn er den Gerichtsvollzieher zur Vornahme schädigender Amtshandlungen anweist) oder Fehler des Gerichtsvollziehers.[6] Der *Gerichtsvollzieher selbst* kann aber z. B. als Arbeitgeber für Büro- und Schreibpersonal haften.[7]

9 c) Der Gerichtsvollzieher ist **nicht Vertreter des Gläubigers;** denn er leitet seine Befugnis zur Vollstreckung nicht vom Gläubigerwillen ab, vielmehr handelt er als Beamter kraft Amtspflicht. Deshalb wird er nicht im Namen des Gläubigers, sondern des Staates tätig. Das gilt auch dann, wenn seine Amtshandlungen unmittelbar Rechtswirkungen für den Gläubiger auslösen (z. B. Entstehen des Pfändungspfandrechts als Folge einer Sachpfändung, §§ 808, 804).

10 **Stellvertreter** des Gläubigers ist der Gerichtsvollzieher nach h. M., wenn er bei der Entgegennahme von Leistungen, die der Schuldner angesichts der drohenden Zwangsvollstreckung *freiwillig* erbringt (vgl. § 754), rechtsgeschäftlich tätig wird.[8] Jedenfalls ist der Gerichtsvollzieher zur Entgegennahme der Leistungen befugt. Das muss genügen, um die Gefahr entsprechend §§ 815 III, 819 (vgl. u. *§ 18 Rn. 5, Rn. 12*) auf den Gläubiger übergehen zu lassen, so dass der Schuldner nicht noch einmal leisten muss, wenn der Gerichtsvollzieher z. B. das empfangene Geld verliert oder unterschlägt.[9]

11 Hat der Gläubiger eine Zahlungsvereinbarung nicht ausgeschlossen, so kann der Gerichtsvollzieher dem Schuldner vorläufig, d. h. bis zum Widerspruch des Gläubigers, in einem **Zahlungsplan** eine Zahlungsfrist einräumen oder eine Tilgung durch Teilleistungen (Ratenzahlung) gestatten (§ 802b II 1, III 2). Darin liegt eine Konkretisierung der Pflicht des Gerichtsvollziehers, in jeder Lage des Verfahrens auf eine gütliche und zügige Erledigung hinzuwirken, §§ 802b I, 802a I.[10]

12 2. Der *Gerichtsvollzieher ist* zur Vornahme der Vollstreckung und zu den in § 754 I genannten Handlungen dem Schuldner wie Dritten gegenüber **durch Besitz der vollstreckbaren Ausfertigung legitimiert,** § 754 II. Der Gläubiger muss daher die Handlungen des Gerichtsvollziehers auch dann gegen sich gelten lassen, wenn er keinen oder einen anderen Antrag auf Vollstreckung gestellt hatte.

13 Empfehlenswert kann es sein, dass sich der Gläubiger von einem Vollstreckungsversuch des Gerichtsvollziehers vorab informieren lässt, um dabei zu sein. Einer besonderen richterlichen Gestattung gemäß Art. 13 I GG bedarf es jedenfalls dann nicht, wenn der Gläubiger bei der Vollstreckung gebraucht wird,

---

[4] Grundlegend RGZ 82, 85ff.

[5] S. auch *LG Magdeburg* DGVZ 2012, 98: Haftung gegenüber dem Ersteigerer in einer Internet-Justizauktion bei unzureichender Verpackung vor Versand.

[6] *AG Darmstadt* Urt. v. 14.4.2015 – 309 C 74/12, BeckRS 2015, 121204: Keine Haftung des Vermieters für Fehler des Gerichtsvollziehers im Rahmen der Zwangsräumung der Mietwohnung.

[7] Dazu *Kühn* DGVZ 1993, 71f.

[8] So Stein/Jonas/*Münzberg* § 754 Rn. 17 m. w. N.; str.

[9] Ähnlich *Baur/Stürner/Bruns* Rn. 8.7; *Gaul/Schilken/Becker-Eberhard* § 25 IV 1 d. Dazu *Messer,* Die freiwillige Zahlung des Schuldners in der Zwangsvollstreckung, 1966; *Fahland* ZZP 92 (1979), 432ff.

[10] Vgl. *OLG Düsseldorf* JurBüro 2017, 606 und ihm folgend *AG Stuttgart-Bad Cannstatt* JurBüro 2018, 657; *OLG Dresden* DGVZ 2019, 20: Versuch einer gütlichen Erledigung erschöpfe sich in den beiden Maßnahmen, die § 802 II 1 ZPO vorsieht (vgl. o. *§ 1 Rn. 49*).

z. B. zur Identifizierung herauszugebender Sachen; nach a. A. ist sie notwendig und nur dann zulässig.[11] Die Anwesenheit des Gläubigers bzw. seines Anwalts kann insbesondere nach einem (ersten) erfolglosen Versuch sinnvoll sein; denn die Praxis zeigt, dass dann der zweite Versuch oft erfolgreich ist.[12]

3. Der Gerichtsvollzieher ist nicht bloßes Hilfsorgan des Gerichts, er handelt vielmehr 14
in eigener Verantwortung gegenüber den Parteien. Seine Handlungen unterliegen im Erinnerungsverfahren nach § 766 (vgl. u. *§§ 9 Rn. 2, 11 Rn. 1f.*) uneingeschränkt der Kontrolle des Vollstreckungsgerichts.[13]

4. Seit dem Gesetz zur Reform der Sachaufklärung in der Zwangsvollstreckung vom 15
29.7.2009, dessen wesentliche Vorschriften am 1.1.2013 in Kraft getreten sind,[14] hat der Gerichtsvollzieher ganz erhebliche *Ermittlungsbefugnisse.*[15] Vor allem erlaubt ihm § 802l, Auskünfte bei den Trägern der gesetzlichen Rentenversicherung, dem Bundeszentralamt für Steuern und dem Kraftfahrt-Bundesamt einzuholen, wenn der Schuldner seiner Pflicht zur Abgabe der Vermögensauskunft nicht nachkommt oder bei einer Vollstreckung in die dort aufgeführten Vermögensgegenstände eine vollständige Befriedigung des Gläubigers voraussichtlich nicht zu erwarten ist. Umfassend sind die Befugnisse bislang allerdings nicht; so kann der Gerichtsvollzieher etwa normalerweise keine Grundbucheinsicht nehmen. Eine weitere Ausdehnung der Ermittlungsbefugnisse wird daher diskutiert.[16]

Die *Zwangsbefugnisse* des Gerichtsvollziehers sind in den §§ 758ff. geregelt. Danach 16
ist er (auch) befugt, die **Wohnung** des Schuldners zu **durchsuchen,** § 758. Diese Vorschrift war nach BVerfGE 51, 97, 114 in verfassungskonformer Auslegung gemäß Art. 13 II GG dahin zu ergänzen, „dass die Durchsuchung, soweit nicht Gefahr im Verzuge ist, der Anordnung durch den Richter bedarf". Diese Entscheidung des BVerfG warf zahlreiche Probleme auf,[17] nicht zuletzt deshalb, weil die Rspr. vielfach versuchte, die als lästig empfundene Auslegung von § 758 durch das BVerfG nach Kräften einzuschränken. § 758a, in Kraft seit 1.1.1999, beseitigt nur einige Probleme.

Schutzobjekt des § 758a ist die *Wohnung* des Schuldners. Darunter sind – in der Aus- 17
legung von Art. 13 II GG durch BVerfGE 44, 353, 371 – auch Arbeits-, Betriebs- und Geschäftsräume zu verstehen.[18] Außerhalb einer „Wohnung" bedarf es daher keiner Durchsuchungsanordnung, z. B. für eine Taschenpfändung auf offener Straße.[19]

[11] Vgl. *Gaul/Schilken/Becker-Eberhard* § 26 IV 4; Stein/Jonas/*Münzberg* § 758 Rn. 10–12; Zöller/*Seibel* § 758 Rn. 8; abw. *Wertenbruch* DGVZ 1994, 23, je m. N.

[12] Vgl. *Borsbach* AnwBl 1983, 437f.

[13] *Gaul* ZZP 87 (1974), 241, 255ff.: Kontrolle auf Recht- *und* Zweckmäßigkeit; a. A. *Pawlowski* ZZP 90 (1977), 345, 364 Fn. 82: nur Rechtmäßigkeit.

[14] BGBl. 2009 I 2258; o. *§ 1 Rn. 7.*

[15] *Dierck/Griedl,* Das neue Vollstreckungsmanagement, NJW 2013, 3201; *Vollkommer,* Die Reform der Sachaufklärung in der Zwangsvollstreckung – ein Überblick, NJW 2012, 3681.

[16] Entwurf eines Gesetzes zur Ausweitung der Auskunftsrechte der Gerichtsvollzieher, BR-Drs. 94/19.

[17] Vgl. die 20. Aufl. dieses Buches *§ 8 II 3.*

[18] Musielak/Voit/*Lackmann* § 758a Rn. 3; Thomas/Putzo/*Seiler* § 758a Rn. 4,7; MünchKomm-ZPO/*Heßler* § 758a Rn. 4; *Schilken* InVo 1998, 304f.; *Seip* NJW 1994, 352, 354f.; *Wesser* NJW 2002, 2138; Zöller/*Seibel* § 758a Rn. 4; vgl. auch Anl. 1 ZVFV: „Privatwohnung bzw. Arbeits-, Betriebs-, Geschäftsräume"; aber str.; a. A. *AG München* DGVZ 1995, 11; *Behr* NJW 1992, 2125, 2126f.; für einen engen Wohnungsbegriff in Abs. 4: *Funke* NJW 1998, 1029, 1030; *Münzberg* DGVZ 1999, 177, 180.

[19] *OLG Hamburg* NJW 1984, 2899.

18 **Durchsuchungsanordnungen** sind in bestimmten Fällen **entbehrlich.** Das trifft gemäß § 758a II zu für die Vollstreckung eines **richterlichen Haftbefehls** (§ 802g mit § 4 II Nr. 2 RPflG) und eines Titels auf **Räumung oder Herausgabe von Räumen,** insbesondere einer Wohnung (nicht auf Herausgabe beweglicher Sachen, §§ 883, 884); in diesen Fällen wird eine richterliche Entscheidung vollstreckt, die bereits eine Durchsuchungsgestattung in sich trägt (daher Anordnung auch entbehrlich, wenn Titel ein Prozessvergleich ist). Aus dem gleichen Grund ist eine richterliche Anordnung entbehrlich, wenn dem Schuldner in einer von einem Richter erlassenen Entscheidung aufgegeben wurde, dem Gläubiger den Zutritt zu seiner Wohnung zu gestatten und dort bestimmte vorgegebene Handlungen zu dulden.[20] In allen diesen Fällen geht es nicht um eine „Durchsuchung" im Sinne von Art. 13 II GG und § 758a; diese liegt vielmehr nur dann vor, wenn ein Betreten der ziel- und zweckgerichteten Suche nach Personen oder Sachen oder zur Ermittlung eines nicht bereits offenkundigen Sachverhalts, d. h. dem Aufspüren dessen dient, was der Wohnungsinhaber von sich aus nicht herausgeben oder offenlegen will.[21] Eine Durchsuchungsanordnung ist ferner entbehrlich, wenn ihre Einholung den Erfolg der Durchsuchung gefährden würde, § 758a I 2 (das konkretisiert die **„Gefahr im Verzuge"** des Art. 13 II GG).[22] Str. ist, ob Durchsuchungsanordnungen auch für **weitere Gläubiger,** die gleichzeitig mit dem anordnungsbesitzenden Gläubiger vollstrecken, notwendig sind.[23] Bei *Einwilligung des Schuldners* in die Durchsuchung ist eine richterliche Anordnung unnötig, § 758a I 1. Daraus folgert die h. M., dass ein **Rechtsschutzbedürfnis** für eine Durchsuchungsanordnung nur bestehe, wenn der Schuldner die Einwilligung verweigert habe.[24] Damit wird eine vorherige Anhörung des Schuldners notwendig, die ihm – neben und über § 765a hinaus – ein neues Vollstreckungsschutzverfahren eröffnet.[25] Ein solches Verfahren verschafft ihm Zeit, bewegliche Sachen als Objekte künftiger Vollstreckung beiseite zu schaffen und so den Erfolg der Durchsuchung zu gefährden. Daher besteht zumindest die Gefahr, dass aufgrund der vorherigen Anhörung der Tatbestand des § 758a I 2 verwirklicht wird. Um das zu vermeiden, sollte jedenfalls dann, wenn – als Minus zu § 758a I 2 – Anhaltspunkte für eine Gefährdung bestehen, eine **vorsorgliche Durchsuchungsanordnung** ohne vorherige Schuldneranhörung zulässig sein;[26] rechtliches Gehör kann dann aus tatsächlichen Gründen erst nachträglich gewährt werden, was mit Art. 103 I GG vereinbar ist.[27] Bei Zulassung einer vorsorglichen Anordnung entfällt der praktisch größte Unsicherheitsfaktor der h. M., nämlich wann, wo, wie oft und unter welchen Umständen eine Vollstreckung erfolglos versucht sein muss, um ein Rechtsschutzbedürfnis für die Anordnung zu bejahen.[28] Für die Zulassung einer vorsorglichen Durchsuchungsanordnung spricht weiter, dass der – wenn auch zweifelhafte – Druck zur Einwilligung aufgrund einer sonst drohenden

[20] *BGH* NJW 2006, 3352, 3353: Abstellen der Gasversorgung.

[21] BVerfGE 76, 83, 89; *BGH* NJW 2006, 3352, 3353: Abstellen der Gasversorgung.

[22] Dazu BVerfGE 51, 97, 114.

[23] Vgl. *Bittmann* DGVZ 1989, 136ff. zu BVerfGE 76, 83ff.

[24] Zöller/*Seibel* § 758a Rn. 18f.

[25] Beispielhaft *OLG Celle* Rpfleger 1987, 73.

[26] *OLG Hamm* NJOZ 2002, 1721, 1723f.; Musielak/Voit/*Lackmann* § 758a Rn. 14; Zöller/*Seibel* § 758a Rn. 24; a. A. *OLG Köln* MDR 1995, 850, 851; *Wesser* NJW 2002, 2138, 2141f.: Frage des Einzelfalls.

[27] Vgl. BVerfGE 57, 346, 359f.; zur Problematik Stein/Jonas/*Münzberg* § 758a Rn. 19–21, 24.

[28] Nachw. zur auseinanderdriftenden Rspr. bei Zöller/*Seibel* § 758a Rn. 19.

Offenbarungsversicherung (§ 807 I Nr. 3, 4 a. F., § 807 I 1 Nr. 1) durch die ohnehin zu Beginn, wenn auch erst nach einer zweiwöchigen Frist (§ 802f I 1), abzugebende Vermögensauskunft (§ 802c) geringer geworden ist.[29] Es geht hier – was kaum beachtet wird – um eine Grundrechtekollision von Art. 13 II GG (Wohnungsschutz) und Art. 14 I GG (Rechtsschutz für den Gläubiger), die nicht einseitig zu Lasten des Gläubigers gelöst werden darf, wozu die Figur des Rechtsschutzbedürfnisses nur zu leicht verführt.

Verfahren und Entscheidungsinhalt regelt das Gesetz nicht. Zuständig für die Anordnung der Durchsuchung ist der Richter, und zwar des Amtsgerichts, in dessen Bezirk die Durchsuchung erfolgen soll, § 758a I 1 (also nicht das Vollstreckungsgericht, nicht der Rechtspfleger). Die Zuständigkeit ist eine ausschließliche, § 802. Antragsberechtigt ist nur der Gläubiger, nicht der Gerichtsvollzieher; zum Rechtsschutzbedürfnis vgl. o. *Rn. 18*. **Prüfungsmaßstab** soll nach BVerfGE 51, 97, 113; 57, 346, 356f. der Grundsatz der *Verhältnismäßigkeit* sein. Im Verhältnis von Gläubiger und Schuldner kann dieser aber allenfalls modifiziert zur Anwendung kommen; bei einer gesetzeskonformen Vollstreckung sind Zweck und Mittel stets legitim, Geeignetheit und Erforderlichkeit gegeben und die Gläubigerinteressen im Rahmen der Angemessenheit vorrangig zu berücksichtigen (vgl. o. *§ 1 Rn. 43f.*). Entscheiden muss die in § 765a konkretisierte Wertung von Gläubigerrecht und Schuldnerinteresse, so dass eine Durchsuchungsanordnung nicht schon wegen Geringfügigkeit des titulierten Anspruchs unzulässig ist.[30] 19

Die Anordnung gilt allein für die beantragte Vollstreckung; sie gilt bloß begrenzte Zeit, die zweckmäßigerweise in der Anordnung festgesetzt wird. Die Anordnung ergeht in Beschlussform, nennt Gläubiger und Schuldner, den Schuldtitel sowie die Wohnung, deren Durchsuchung angeordnet wird. 20

Ist die Durchsuchung zulässig (kraft Einwilligung des Schuldners, richterlicher Anordnung oder deren Entbehrlichkeit), so haben **Mitgewahrsamsinhaber** an der Schuldnerwohnung die Durchsuchung zu dulden; unbillige Härten ihnen gegenüber sind zu vermeiden (§ 758a III). 21

Rechtsbehelf gegen die Anordnung ohne Anhörung ist die Erinnerung, § 766,[31] nach Anhörung und gegen die Ablehnung der Anordnung gibt es die sofortige Beschwerde, § 793.[32] Vgl. auch u. *§ 11 Rn. 3.* 22

Für die *Zeit* der Ausübung der Zwangsbefugnisse vgl. § 758a IV. Der Gerichtsvollzieher hat über jede Vollstreckungshandlung ein *Protokoll* aufzunehmen, das auch die Unterschrift der Personen enthalten muss, mit denen verhandelt worden ist, z. B. die Unterschrift des Schuldners, § 762. Das Protokoll ist aber für die Gültigkeit der Vollstreckungshandlung nicht wesentlich. 23

Seit dem 1. 1. 1999 ist dem Gerichtsvollzieher die **Abnahme eidesstattlicher Offenbarungsversicherungen** (§§ 802c ff., 807, 836, 883) zugewiesen, vgl. u. *§ 30.* 24

[29] Hierzu die Voraufl. § 8 Rn. 18.

[30] A. A. *LG Hannover* NJW-RR 1986, 1256. In BVerfGE 57, 346, 356f. stellte das BVerfG aber zutr. auf die Verhältnismäßigkeit ab, da die Vollstreckung von Haftungsbescheiden des Finanzamts in Rede stand, also das Verhältnis von Staat (als Gläubiger) und Bürger; vgl. auch §§ 227, 258, 261, 297, 328 II AO; § 9 II VwVG.

[31] *KG* OLGZ 1987, 464, 466f.

[32] Alles sehr str., s. Zöller/*Seibel* § 758a Rn. 34ff.; *Goebel* DGVZ 1998, 161, 166f.; MünchKomm-ZPO/*Heßler* § 758a Rn. 70; MünchKomm-ZPO/*K. Schmidt/Brinkmann* § 766 Rn. 16, 18ff.; 23; Musielak/Voit/*Lackmann* § 785a Rn. 16; *Zeising* Jura 2010, 93.

25 5. Die **Dienst- und Geschäftsverhältnisse der Gerichtsvollzieher** sind in den Ländern[33] jeweils durch eine *Gerichtsvollzieherordnung* (GVO) geregelt. Die Gerichtsvollzieherordnungen der Länder beruhen auf einer bundeseinheitlichen Fassung, die von den Landesjustizverwaltungen vereinbart wird. Die aktuelle Fassung gilt seit dem 1.9.2013 und wurde zuletzt 2018 geändert; den Bundesländern sind Ergänzungen und Abweichungen aber möglich. Bundeseinheitlich können die Vollstreckungsaufträge unmittelbar an den Gerichtsvollzieher gerichtet werden oder an die Gerichtsvollzieherverteilungsstelle, die bei Amtsgerichten mit mehreren Gerichtsvollziehern besteht und den Auftrag an den zuständigen Gerichtsvollzieher weiterleitet (§§ 22ff. GVO). In gleicher Weise bundeseinheitlich von den Landesjustizverwaltungen vereinbart ist die *Geschäftsanweisung für Gerichtsvollzieher* (GVGA), deren aktuelle Fassung ebenfalls seit dem 1.9.2013 gilt und 2018 zuletzt geändert wurde; die Länder haben zu ihr unterschiedliche Ergänzungsbestimmungen erlassen. Die GVGA erläutert eingehend die Aufgaben des Gerichtsvollziehers. Sie vermittelt ein anschauliches Bild seiner vielfältigen Tätigkeit. Eine Verletzung der Geschäftsanweisung kann zur Staatshaftung (Art. 34 GG, § 839 BGB; vgl. o. *Rn. 7*) führen.[34]

26 6. Der **Status des Gerichtsvollziehers** ist seit längerem Gegenstand rechtspolitischer Diskussion.[35] Traditionellerweise ist der deutsche Gerichtsvollzieher verbeamtet (§ 154 GVG), seine Dienstbehörde ist ein Amtsgericht (vgl. §§ 1f. GVO); er handelt aber selbständig und unterliegt nur der Aufsicht, nicht der unmittelbaren Leitung des Gerichts (§ 1 GVO). Dementsprechend organisiert er seinen Geschäftsbetrieb eigenständig, führt ein eigenes Büro (§§ 29ff. GVO) und kann auf eigene Kosten Bürokräfte einstellen (vgl. §§ 33ff. GVO). Im Ausland sind Gerichtsvollzieher hingegen teilweise freie Berufe, mit größerer Unabhängigkeit ausgestattet und stärkerem Wettbewerb ausgesetzt. Mit dem Argument finanzieller Entlastung der Länderhaushalte und im erklärten Bestreben nach einem einheitlichen europäischen Berufsbild des Gerichtsvollziehers haben einige deutsche Bundesländer wiederholt eine Reform des Gerichtsvollzieherwesens zur Sprache gebracht. Die Gesetzesentwürfe sahen die weitgehende Privatisierung des Gerichtsvollzieherwesens vor.[36] Die Aufgaben der Gerichtsvollzieher sollten Beliehenen übertragen werden, deren Status in einem eigenständigen Gerichtsvollziehergesetz in Anlehnung an die BNotO zur hauptamtlichen Berufsausübung geregelt werden sollte. Beide Entwürfe sind der parlamentarischen Diskontinuität anheimgefallen; die Idee des „Beleihungsmodells" ist aber nicht vom Tisch.[37] Grundlegende Änderungen sollten in der Tat gut durchdacht sein. Ob eine Privatisierung wirklich für die Länder und die Rechtssuchenden Kosten spart, wenn man die Kosten intensiverer Aufsicht und einer vergleichbaren privaten Versicherung einbezieht, erscheint fraglich. Jedenfalls würde mit der Privatisierung die Regulierung der Gebühren und des Zugangs aus der Hand gegeben, eine Rückkehr zum derzeitigen Status wäre praktisch ausgeschlossen. Überlegenswert ist aber eine Ausdehnung der Zuständigkeiten des Gerichtsvollziehers, etwa auf die Forderungspfändung.[38]

§ 9. Das Vollstreckungsgericht und die anderen Vollstreckungsorgane

A. Das Vollstreckungsgericht

1 Das Vollstreckungsgericht wird in *dreierlei Weise* in der Vollstreckung tätig: Es kann gegen Handlungen eines Vollstreckungsorgans angerufen werden (vgl. u. *Rn. 2*), in bestimmten Bereichen ist es selbst Vollstreckungsorgan (vgl. u. *Rn. 3*), zuweilen gewährt es Vollstreckungsschutz (vgl. u. *Rn. 4*).

33 Kritisch *Fischer* DGVZ 2019, 169ff.

34 Beispiele: *BGH* NJW-RR 2008, 338; *OLG Celle* VersR 1963, 293f.

35 *Kühn* DGVZ 2001, 33; *Scholz* DGVZ 2003, 97; *Karpenstein/Roth* ZVI 2004, 442; *Hess*, Die Neuorganisation des Gerichtsvollzieherwesens in Deutschland, 2006; *Landesrechnungshof Brandenburg* Beratungsbericht über das Gerichtsvollzieherwesen vom 9.1.2019 – II 2 – 36 04 – 6/16.

36 BT-Drs. 16/5727 vom 20.6.2007; dazu *Heister-Neumann* ZRP 2007, 140; *Mroß* DGVZ 2008, 89; *Pilz* DÖV 2009, 102; BR-Drs. 48/10 und 49/10 vom 3.2.2010.

37 Vgl. den Bericht der Staatssekretärsarbeitsgruppe „Zwischenlösungen bis zur Umsetzung des Beleihungsmodells im Gerichtsvollzieherwesen" vom April 2009.

38 Ausführlich *Walker* DGVZ 2019, 89; journalistisch *Zander* AnwBl 2019, 650.

1. **Erinnerungen** gegen die Art und Weise der Vollstreckung und das Verfahren des Gerichtsvollziehers gehen an das Vollstreckungsgericht, § 766. Auf diesem Wege übt es die Sachaufsicht über den Gerichtsvollzieher aus.[1] 2

2. Es hat als **Vollstreckungsorgan** eine Reihe von Vollstreckungshandlungen (auch Vollstreckungsakte, Vollstreckungsmaßregeln oder Vollstreckungsmaßnahmen genannt) vorzunehmen: 3

a) die Zwangsvollstreckung in **Forderungen** und andere Vermögensrechte nach §§ 828ff., 857 (vgl. u. *§§ 19, 20*);

b) die Zwangsvollstreckung in das **unbewegliche Vermögen** nach dem ZVG (vgl. u. *§§ 22–25*);

c) das **Verteilungsverfahren,** §§ 872ff. (vgl. u. *§ 21*).

d) Dagegen wirkt es bei der Mobiliarvollstreckung nur in wenigen Fällen mit: § 825 II (vgl. u. *§ 18 Rn. 28*), §§ 811a, 811c (vgl. u. *§ 32 Rn. 12ff.*).

3. In besonderen Fällen gewährt es auf Antrag **Vollstreckungsschutz,** z. B. gemäß § 765a (vgl. u. *§ 31 Rn. 10*), § 850k (vgl. u. *§ 32 Rn. 25ff.*), § 851b. 4

4. **Vollstreckungsgericht ist** stets **das Amtsgericht,** § 764 I (Ausnahme: § 930 I 3). Seine Zuständigkeit ist eine ausschließliche (§ 802). Örtlich ist, mangels anderer gesetzlicher Bestimmung, das AG ausschließlich zuständig, in dessen Bezirk die einzelne Vollstreckungshandlung vorgenommen werden soll oder vorgenommen worden ist (z. B. durch den Gerichtsvollzieher, gegen dessen Vorgehen sich die Erinnerung, § 766, richtet), § 764 II. Eine andere örtliche Zuständigkeit ist vor allem in § 828 II für die Zwangsvollstreckung in Forderungen und andere Rechte (vgl. u. *§ 19 Rn. 1*) vorgesehen. 5

Hiernach ist *nicht ein einziges Vollstreckungsgericht für die gesamte Durchführung der Vollstreckung* zuständig, sondern es kommt jedes Mal darauf an, wo die einzelne Vollstreckungshandlung durchgeführt ist oder durchgeführt werden soll. – Das ist vor allem dann lästig, wenn die Vollstreckungsobjekte in mehreren Gerichtsbezirken verstreut sind (z. B. gehört dem Schuldner ein Grundstück in Berlin, er wohnt in Leipzig und betreibt ein Einzelhandelsgeschäft in Halle; hier sind drei verschiedene Vollstreckungsgerichte zu befassen). Deshalb spricht manches für die Zusammenfassung und planmäßige Leitung der Vollstreckung bei einem Gericht, was aber dessen Befugnis voraussetzt, die gesamte Vollstreckung nach eigenem Plan durchzuführen (so der E 1931[2]). Woher aber soll das Gericht die Kenntnisse nehmen, um einen sinnvollen Vollstreckungsplan aufzustellen? Dem Richter (Rechtspfleger) fehlt nicht nur das Wissen, sondern höchstwahrscheinlich auch das Interesse und die Energie, sich dieses Wissen zu beschaffen. Daher sind gegen die Reformidee des E 1931 mit Recht durchgreifende Bedenken angemeldet worden.[3] Eine stärkere Konzentration der Zwangsvollstreckung bei einer Stelle ist freilich nicht ausgeschlossen, wie das Beispiel der Betreibungsämter in der Schweiz zeigt.[4] 6

Nach der ZPO wird das Vollstreckungsgericht durch einen Richter tätig. Heute ist *an die Stelle des Richters* praktisch der **Rechtspfleger** getreten, § 3 Nr. 1 Buchst. i, Nr. 3 7

[1] *Baur/Stürner/Bruns* Rn. 8.3 m. N.

[2] Dazu positiv *Behr* Rpfleger 1981, 420.

[3] *Brehm* Rpfleger 1982, 126ff.; *Seip* Rpfleger 1982, 257ff.; *Stürner* ZZP 99 (1986), 291, 311ff.; *Bruns/Peters* S. 75f.

[4] *Gaul* JZ 1973, 473; *Gaul/Schilken/Becker-Eberhard* § 28 VI; *Stamm,* S. 484, 501ff. Zum Verfahren in der Schweiz: *Burghardt,* S. 56ff.; *Meier* ZZP 121 (2008), 295, 301f.

Buchst. a i. V. m. § 20 Nr. 15–17 RPflG. Nur wenige Entscheidungen sind noch dem Richter vorbehalten, insbesondere die nach § 766 (§ 20 Nr. 17 S. 2 RPflG).

8 Die Übertragung praktisch der gesamten Vollstreckung auf den Rechtspfleger ist wegen Art. 92 GG bedenklich, soweit die Vollstreckung auch Aufgaben der rechtsprechenden Gewalt umfasst (z. B. die Entscheidung nach § 765a).[5] In diesen Fällen kann man annehmen, dass sich vor dem Rechtspfleger nur ein – verfassungsrechtlich zulässiges – innergerichtliches Vorverfahren abspielt.[6]

9 Das *Vollstreckungsgericht* ist als solches *nicht mit dem Prozessgericht identisch.* Das zeigt sich deutlich, wenn das Urteil eines AG im Bezirk eines anderen AG vollstreckt werden soll oder wenn es um die Vollstreckung von Urteilen eines höheren Gerichts geht. Aber selbst dann ist der Unterschied beachtlich, wenn der Prozess vor dem AG geschwebt hat, in dessen Bezirk auch vollstreckt werden soll: Prozess- und Vollstreckungsgericht sind zwar Abteilungen desselben AG, doch mit unterschiedlicher funktioneller Zuständigkeit.[7]

B. Das Prozessgericht erster Instanz

10 Das Prozessgericht „des ersten Rechtszugs", also erster Instanz, wird nur in *wenigen Fällen* als Vollstreckungsorgan tätig. Es ist ausschließlich zuständig (§ 802) für die Zwangsvollstreckung zur Erwirkung von **Handlungen und Unterlassungen,** §§ 887, 888, 890 (vgl. u. *§ 27*). Stets entscheidet das Gericht durch den Richter, nie durch den Rechtspfleger (vgl. § 20 Nr. 17 RPflG); mündliche Verhandlung ist freigestellt, § 891. Gegen die Entscheidung gibt es die sofortige Beschwerde, § 793 (zur Rechtsbeschwerde vgl. u. *§ 11 Rn. 17*). Das Prozessgericht erster Instanz ist ferner zuständig für die **Vollstreckungsabwehrklage,** § 767.

C. Das Grundbuchamt

11 Das Grundbuchamt handelt nur in *einigen, praktisch aber nicht unwichtigen Fällen* als Vollstreckungsorgan. Bei der Zwangsvollstreckung wegen einer Geldforderung in das unbewegliche Vermögen trägt es eine **Zwangshypothek** ein, §§ 720a, 867, 932 (vgl. o. *§ 2 Rn. 28* und u. *§§ 23, 36 Rn. 11*); soll ein Buchgrundpfandrecht gepfändet werden, obliegt die Eintragung der Pfändung ebenfalls dem Grundbuchamt, §§ 830 I 3, 857 I.

D. Zuständigkeitsmängel

12 Die Regelungen über die verschiedenen Vollstreckungsorgane und ihre unterschiedliche örtliche Zuständigkeit begünstigen Zuständigkeitsmängel. Auch die Folgen dieser Mängel sind nicht einheitlich: Der Vollstreckungsakt eines **funktionell unzuständigen** Vollstreckungsorgans ist regelmäßig *nichtig* (o. *§ 7 Rn. 13;* u. *§ 16 Rn. 5*), eines **örtlich unzuständigen** Vollstreckungsorgans nur *anfechtbar* (o. *§ 7 Rn. 15*).

[5] Vgl. *Gaul* Rpfleger 1971, 47f.

[6] *Gaul/Schilken/Becker-Eberhard* § 27 III 3 m. N., auch zur Gegenansicht.

[7] *Zivilprozessrecht* § 10.

Anhang zu § 9: Kosten der Zwangsvollstreckung

A. Kostenschuldner

Die Kosten der Zwangsvollstreckung gehören *nicht* zu den *Prozesskosten,* über die dem Grunde nach im Urteil entschieden wird. Sie fallen grundsätzlich dem **Schuldner** zur Last, § 788; denn ihn trifft die Verantwortung dafür, dass es zur Vollstreckung kommt (Ausnahme § 788 IV). 1

Wer die Prozesskosten trägt, ist für die Zuweisung der Vollstreckungskosten ohne Belang; das wird z. B. in den Fällen der §§ 92, 93 wichtig. Dem Schuldner werden die Kosten nur soweit auferlegt, als sie zur zweckmäßigen Rechtsverfolgung notwendig sind. Hierzu rechnen auch die Kosten eines Rechtsanwalts, dagegen nicht die Kosten eines von vornherein aussichtslosen Pfändungsversuchs oder der Einholung von Drittauskünften, wenn die Voraussetzungen des § 802l I (noch) nicht gegeben sind.[1] § 788 II sieht eine gesonderte Festsetzung der Vollstreckungskosten vor (in den Fällen der §§ 887, 888, 890 durch das Prozess-, sonst durch das Vollstreckungsgericht). Die Kosten sind dem Schuldner zu erstatten, wenn das Urteil, aus dem vollstreckt worden ist, aufgehoben wird, § 788 III. Die Regelung des § 788 gilt nicht für die Kosten eines Rechtsbehelfs im Vollstreckungsverfahren; hier verbleibt es bei den allgemeinen Vorschriften. 2

B. Beitreibung

Ein *besonderer Vollstreckungstitel* ist *nicht erforderlich.* Die Kosten werden vielmehr **zusammen mit dem Hauptanspruch,** dessentwegen vollstreckt wird, beigetrieben (§ 788 I 1 Hs. 1; Kostenfestsetzungsbeschluss nach § 794 I Nr. 2 unnötig). Als *Rechtsbehelf* steht dem Gläubiger und dem Schuldner die Erinnerung (§ 766 II Var. 3) zur Verfügung, wenn der Gerichtsvollzieher Vollstreckungsorgan ist; sonst kommt (sofortige) Beschwerde gemäß § 793 (§ 11 RPflG) oder § 71 GBO in Betracht. 3

3. Abschnitt. Die Rechtsbehelfe in der Zwangsvollstreckung

§ 10. Allgemeines

Literatur: *Gaul,* Das Rechtsbehelfssystem der Zwangsvollstreckung – Möglichkeiten und Grenzen einer Vereinfachung, ZZP 85 (1972), 251; *Kunz,* Erinnerung und Beschwerde, 1980; *Neumüller,* Vollstreckungserinnerung, Vollstreckungsbeschwerde und Rechtspflegererinnerung, 1981; *Preuß,* Rechtsbehelfe in der Zwangsvollstreckung, Jura 2003, 181 und 540.

A. Interessenlage

Die Zwangsvollstreckung bringt schwerwiegende Eingriffe in das Vermögen des **Schuldners** mit sich. Daher müssen ihm Rechtsbehelfe zustehen. Aber auch **Dritte** müssen sich wehren können, wenn die Vollstreckung in ihre Rechtsphäre eingreift, was immer wieder vorkommt, z. B. wenn beim Schuldner eine Sache gepfändet wird, die einem Dritten gehört (vgl. u. *§§ 13, 17 Rn. 4*). Schließlich muss auch der **Gläubiger** die Möglichkeit haben, sich gegen die Art und Weise der Vollstreckung zu wenden, wenn sie seinen Anträgen oder Interessen nicht entspricht oder wenn das Vollstreckungsorgan die Vornahme einer beantragten Vollstreckungsmaßnahme insgesamt ablehnt. 1

Auch an dieser Stelle taucht das praktische Grundproblem des Vollstreckungsrechts auf, wie das Interesse des Schuldners an Schonung der eigenen Existenz mit dem Interesse des Gläubigers an Durchsetzung seines Rechts in Einklang zu bringen ist. 2

[1] Vgl. *BGH* NJW 2020, 2564 Rn. 16ff.

Denn je zahlreicher die Rechtsbehelfe des Schuldners, desto größer die Gefahr, dass mit ihrer Hilfe die Vollstreckung verschleppt oder lahmgelegt wird. Daher ist besondere Vorsicht am Platze gegenüber dem mit einem Rechtsbehelf meist verbundenen Antrag auf einstweilige Einstellung der Zwangsvollstreckung (vgl. u. *§ 14*).

B. Differenzierung der Rechtsbehelfe

3 Die Rechtsbehelfe sind verschieden je nachdem, *weshalb* sich jemand gegen die Vollstreckung wendet – was vielfach zugleich auch determiniert, *wer* den Rechtsbehelf einlegen kann.

4 1. *Gegen Mängel des Verfahrens,* nicht gegen die materielle Berechtigung der Vollstreckung, haben Schuldner, Gläubiger oder ein Dritter die **Erinnerung gegen die Art und Weise der Zwangsvollstreckung,** § 766; sie geht an das Vollstreckungsgericht (dazu u. *§ 11 I*).

5 *Gegen Entscheidungen des Vollstreckungsgerichts,* gleichgültig, ob sie der Richter oder der Rechtspfleger getroffen hat, gibt es die **sofortige Beschwerde,** § 793; § 11 I RPflG (dazu u. *§ 11 II*).

6 2. Will sich der *Schuldner gegen die Vollstreckung insgesamt* wenden, weil gegen den zu vollstreckenden Anspruch materiellrechtliche Einwendungen bestehen, so muss er die **Vollstreckungsgegenklage** erheben, § 767; Einwendungen gegen den Titel als solchen können mit der sog. **Titelgegenklage** analog § 767 geltend gemacht werden (dazu u. *§ 12*).

7 3. Wendet sich ein *Dritter gegen eine Vollstreckungsmaßnahme* mit der Begründung, ihm stehe an dem Gegenstand der Vollstreckung ein die Veräußerung hinderndes Recht zu, z. B. die gepfändete Sache gehöre ihm und nicht dem Schuldner, so ist die **Widerspruchsklage** gegeben, § 771 (vgl. u. *§ 13*).

8 4. Dem Schuldner, der sich nur *gegen die Erteilung der Vollstreckungsklausel* wendet, stehen die **Erinnerung nach § 732** und die **Klage nach § 768** zu (vgl. o. *§ 4 Rn. 21–28*).

§ 11. Erinnerung und sofortige Beschwerde

A. Die Erinnerung nach § 766

Literatur: *K. Schmidt,* Die Vollstreckungserinnerung im Rechtssystem, JuS 1992, 90; *Wittschier,* Die Vollstreckungserinnerung gem. § 766 ZPO, JuS 1999, 585; *Glenk,* Last Exit Vollstreckungserinnerung – Der unterschätzte Rechtsbehelf, NJW 2016, 1864.

1 Die Erinnerung nach § 766, sog. *Vollstreckungserinnerung,* ist gegeben für Einwendungen gegen „die Art und Weise der Zwangsvollstreckung oder das vom Gerichtsvollzieher bei ihr zu beobachtende Verfahren."

2 1. Der **Anwendungsbereich** erfasst vor allem die **Vollstreckungsakte des Gerichtsvollziehers,** z. B. die Pfändung eines (angeblich) unpfändbaren Kraftfahrzeugs, § 766 I. Die Erinnerung ist ferner gegeben, wenn der Gerichtsvollzieher einen Vollstreckungsauftrag ablehnt oder ihn nicht antragsgemäß ausführt (z. B. lehnt er die Pfändung des Kraftfahrzeugs wegen dessen Unpfändbarkeit ab), ferner wegen der von ihm angesetzten Kosten (z. B. behandelt er die vom Gläubiger begehrten Kosten als nicht notwendig, vgl. §§ 788 I, 91 und o. *Anhang zu § 9 Rn. 14*), § 766 II.

Die Erinnerung ist ferner gegen solche **Vollstreckungsakte des Vollstreckungsgerichts** gegeben, die **ohne vorherige Anhörung** des Schuldners ergehen (z. B. Pfändungsbeschlüsse nach §§ 829, 834, 846; vgl. auch u. *Rn. 16*). Ist der Schuldner zuvor – gesetzmäßig oder gesetzwidrig (z. B. unter Verstoß gegen § 834) – gehört oder ist ein Vollstreckungsantrag (z. B. auf Erlass eines Pfändungsbeschlusses) abgelehnt worden, so scheidet § 766 aus. Vielmehr handelt es sich im Blick auf die Rechtsbehelfe um „Entscheidungen" des Vollstreckungsgerichts (zu den Rechtsbehelfen vgl. u. *Rn. 16*). 3

Vollstreckungsakte des Prozessgerichts (vgl. o. *§ 9 Rn. 10*) sind Beschlüsse; gegen sie gibt es nicht die Erinnerung (h. M.), sondern die sofortige Beschwerde, § 793 (vgl. u. *§ 27 Rn. 19, Rn. 33*). 4

Zu den Rechtsbehelfen gegen *Entscheidungen des Grundbuchamts* vgl. u. *§ 23 Rn. 7.*

2. **Erinnerungsberechtigt**[1] sind der *Schuldner* (er beherrscht in der Praxis das Feld), aber auch der *Gläubiger* und ein *Dritter.* Gerügt werden können nur Mängel des Verfahrens (vgl. o. *§ 10 Rn. 4*), durch die der Erinnerungsführer selbst beschwert ist.[2] 5

a) Der **Schuldner** kann z. B. rügen, dass ein Vollstreckungstitel oder die vollstreckbare Ausfertigung (z. B. mangels Umschreibung des Titels[3]) fehlt, dass der Vollstreckungstitel noch nicht zugestellt ist oder dass trotz einstweiliger Einstellung der Vollstreckung noch vollstreckt wird.[4] Vor allem aber ist die Erinnerung von Bedeutung, wenn der Schuldner die Unpfändbarkeit gepfändeter Sachen oder Forderungen behauptet (nach §§ 811, 850ff., vgl. u. *§ 32*) oder sich auf eine Verletzung von § 803 beruft (vgl. u. *§ 32 Rn. 1*). Ferner kann der Schuldner im Fall von § 777 den Gläubiger mit der Erinnerung auf das Pfand verweisen und der Vollstreckung in sein übriges Vermögen widersprechen. Auch die Unzulässigkeit der Vollstreckung in Zubehör nach § 865 kann mit der Erinnerung gerügt werden (vgl. u. *§ 22 Rn. 10*). Vertragliche Vollstreckungsbeschränkungen sind nach dem BGH nicht durch Erinnerung, sondern durch eine Klage entsprechend § 767 geltend zu machen (vgl. o. *§ 1 Rn. 29*). 6

b) Der **Gläubiger** kann Erinnerung einlegen, wenn z. B. der Gerichtsvollzieher die Vollstreckung ablehnt oder sich weigert, eine einzelne Vollstreckungshandlung gemäß den Weisungen des Gläubigers auszuführen (§ 766 II; vgl. o. *Rn. 2*).[5] 7

c) Einem **Dritten** steht die Erinnerung z. B. zu, wenn ohne sein Einverständnis eine Sache gepfändet ist, die sich in seinem Gewahrsam befindet, § 809 (vgl. u. *§ 17 Rn. 17*), wenn er sich als Hypothekengläubiger gegen die Pfändung von Zubehör wendet (§ 865 II, vgl. u. *§ 22 Rn. 10*) oder wenn er als Drittschuldner die Unwirksamkeit der Pfändung geltend machen will (vgl. u. *§ 19 Rn. 47*). Der Gerichtsvollzieher ist kein erinnerungsbefugter Dritter.[6] 8

3. **Einzulegen** ist die Erinnerung **beim Vollstreckungsgericht,** § 766 I. Das gilt auch, wenn ein Vollstreckungsakt dieses Gerichts angefochten werden soll (vgl. o. *Rn. 3*). Die *örtliche Zuständigkeit* bestimmt § 764 II; auch sie ist ausschließlich (§ 802). 9

---

[1] Dazu *J. Blomeyer,* Die Erinnerungsbefugnis Dritter in der Mobiliarzwangsvollstreckung, 1966.

[2] *BGH* NJW-RR 2010, 281.

[3] *BGH* NJW 1992, 2159, 2160.

[4] Fällt der Titel nachträglich weg, z. B. durch Aufhebung in der Rechtsmittelinstanz, so ist nicht sofort die Erinnerung gegeben; vielmehr haben die Vollstreckungsorgane nach §§ 775 Nr. 1, 776 zu verfahren, vgl. u. *§ 14 Rn. 14f., Rn. 23.* Erst wenn sie das nicht tun, ist die Erinnerung zulässig.

[5] Zu den Grenzen des Weisungsrechts des Gläubigers *LG Berlin* MDR 1977, 146f.

[6] Allgemein *BGH* NJW 2004, 2979, 2981: Gerichtsvollzieher als Organ der Zwangsvollstreckung könne nicht Partei der Rechtsbehelfsverfahren in Zwangsvollstreckungssachen sein.

10 Die Erinnerung ist *nicht befristet,* sondern gegeben, sobald die Vollstreckung begonnen hat und bis zum Abschluss der beanstandeten Vollstreckungsmaßnahmen.[7] Eine *Form* ist *nicht* vorgeschrieben. Die Partei muss ihre Behauptungen beweisen, bloße Glaubhaftmachung genügt nicht.

11 Über die Erinnerung **entscheidet** der **Richter,** nicht der Rechtspfleger (§ 20 Nr. 17 S. 2 RPflG). Vor der Entscheidung kann das Gericht *einstweilige Anordnungen* nach § 732 II treffen, § 766 I 2; vgl. u. *§ 14 Rn. 2.* Die Entscheidung ergeht durch Beschluss (§ 764 III); daher ist mündliche Verhandlung freigestellt (§ 128 IV).

12 Wird der Erinnerung des Schuldners oder eines Dritten stattgegeben, so erklärt der Beschluss in der Regel die beanstandete Vollstreckungsmaßnahme für unzulässig. Hat der Gläubiger mit seiner Erinnerung Erfolg, so kann das Gericht z. B. den beantragten Pfändungs- und Überweisungsbeschluss erlassen oder den Gerichtsvollzieher anweisen, eine bestimmte Sache zu pfänden (und nicht mehr als unpfändbar anzusehen).

Das Gericht wird, wenn es eine Vollstreckungsmaßnahme aufhebt, die Vollziehung der Entscheidung bis zum Ablauf der Beschwerdefrist (vgl. § 569 I) zweckmäßigerweise *aussetzen* (analog § 570 II). Denn es besteht sonst die Gefahr, dass die Beschwerde tatsächlich illusorisch werden könnte, weil die aufgehobene Maßnahme nicht mit rückwirkender Kraft auf Beschwerde hin wiederhergestellt werden kann, sondern erneut vorgenommen werden müsste (z. B. erneute Pfändung nach Aufhebung der ersten Pfändung) und inzwischen erfolgte Vollstreckungsmaßnahmen (Pfändungen) anderer Gläubiger im Rang vorgehen würden.[8]

13 Die Entscheidung über die Erinnerung ist mit sofortiger Beschwerde anfechtbar, § 793 (vgl. u. *Rn. 15*). Ob ihr materielle Rechtskraft zukommt, ist str.,[9] grundsätzlich aber zu bejahen.

14 4. Eine *Konkurrenz mit anderen Rechtsbehelfen* ist möglich, wenn z. B. einem Dritten neben der Erinnerung wegen Verletzung des § 809 auch die Widerspruchsklage zusteht (etwa bei Pfändung einer in seinem Gewahrsam befindlichen und ihm gehörenden Sache). Vgl. auch u. *§ 12 Rn. 25.*

B. Die sofortige Beschwerde

15 **Gegen Entscheidungen des Vollstreckungsgerichts** gibt es die sofortige Beschwerde, § 793 (bei Kosten nach Maßgabe des § 567 II), unabhängig davon, ob der Richter (z. B. gemäß § 766) oder der Rechtspfleger entschieden hat.

16 Eine *Entscheidung* im Sinne von § 793, § 11 RPflG liegt nach h. M. vor, wenn der Betroffene zuvor gehört worden ist,[10] ferner bei gesetzwidrig, z. B. entgegen § 834, erfolgter Anhörung.[11]

17 Gegen die Entscheidung des Beschwerdegerichts kann die Rechtsbeschwerde zum BGH (§ 133 GVG) zugelassen werden (§ 574 I 2 Nr. 2).[12]

[7] *BGH* NZM 2005, 193.

[8] Vgl. *OLG Köln* NJW-RR 1989, 1406.

[9] Offen gelassen von *BGH* DGVZ 2020, 203 Rn. 8; allgemein dazu *J. Blomeyer,* Die Erinnerungsbefugnis Dritter in der Mobiliarzwangsvollstreckung, 1966, S. 111 ff. (bejahend); *E. Peters* ZZP 90 (1977), 145 ff. sowie 104 (1991), 356, 358 (verneinend), beide m. w. N.

[10] Stein/Jonas/*Münzberg* § 766 Rn. 7 f.; Lippross/Bittmann ZwangsvollstrR § 20 Rn. 51; Beispiele: §§ 766, 769 II, III, 771 III, 785.

[11] *OLG Köln* NJW-RR 1992, 894 m. N.; Stein/Jonas/*Münzberg* § 766 Rn. 8; a. A. *Baur/Stürner/Bruns* Rn. 43.4; für eine Art Meistbegünstigung zugunsten des Rechtsbehelfsführers *K. Schmidt* JuS 1992, 90, 93 ff.

[12] Dazu *Becker* JuS 2004, 574; *Walker* JZ 2011, 401, 453.

§ 12. Die Vollstreckungsgegenklage

Literatur: *Goldschmidt,* Ungerechtfertigter Vollstreckungsbetrieb, 1910; *Gaul,* Materielle Rechtskraft, Vollstreckungsabwehr und zivilrechtliche Ausgleichsansprüche, JuS 1962, 1; *Gilles,* Vollstreckungsgegenklage usw., ZZP 83 (1970), 61; *H. Otto,* Grundprobleme der Vollstreckungsgegenklage, JA 1981, 606, 649; *Gerlach,* Ungerechtfertigte Zwangsvollstreckung und ungerechtfertigte Bereicherung, 1986; *K. Schmidt,* Präklusion und Rechtskraft bei wiederholten Vollstreckungsgegenklagen, JR 1992, 89; *Burgard,* Die Präklusion der zweiten Vollstreckungsgegenklage, ZZP 106 (1993), 23; *H. Otto,* Die inner- und außerprozessuale Präklusion im Fall der Vollstreckungsgegenklage, FS Henckel, 1995, S. 615; *Gaul,* Die Ausübung privater Gestaltungsrechte nach rechtskräftigem Verfahrensabschluss usw., GS Knobbe-Keuk, 1997, S. 135; *Lakkis,* Präklusion von Einwendungen aus zivilrechtlichen Ausgleichsansprüchen analog § 767 III ZPO?, ZZP 119 (2006), 435.

A. Bedeutung und Ziel

1 Der Vollstreckungstitel ist in seinem Bestand von dem vollstreckbaren materiellrechtlichen Anspruch unabhängig. Daher bleibt der Titel vollstreckbar, auch wenn der ihm zugrunde liegende Anspruch ganz oder teilweise erlischt, z. B. durch (Teil-)Zahlung der Urteilssumme. Das (Weiter-)Bestehen des Anspruchs ist eine materiellrechtliche Frage und daher von den Vollstreckungsorganen grundsätzlich nicht zu prüfen. Trotz Zahlung des Schuldners nach Urteilserlass kann der Gläubiger vollstrecken. **Einwendungen,** die sich **gegen den zu vollstreckenden Anspruch** richten (mittelbar also gegen die Vollstreckung aus dem Titel), sind vom Schuldner nicht im Rahmen des Vollstreckungsverfahrens anzubringen und zu erledigen, sondern müssen **durch eine besondere Klage im ordentlichen Zivilprozess** geltend gemacht werden, **§ 767.** Sie ist im Gesetz als „Vollstreckungsabwehrklage" bezeichnet; üblich geworden ist daneben der hier verwendete Name „Vollstreckungsgegenklage" (*Josef Kohler*[1]). Mit ihr wird nicht das Verfahren fortgesetzt, das zum Erlass des Vollstreckungstitels geführt hat, sondern ein eigenständiger neuer Rechtsstreit eingeleitet.[2]

2 Das **Ziel** der Vollstreckungsgegenklage ist es, die *Vollstreckbarkeit des Titels* zu *beseitigen,* um damit die Vollstreckung ganz, teil- oder zeitweise unmöglich zu machen.[3] Die materielle Rechtskraft hingegen bleibt unangetastet (soweit sie dem Titel überhaupt zukommt);[4] das Fortbestehen des titulierten Anspruchs ist nicht Gegenstand von Klage und Urteil.[5] Die Klage ist **gegen Vollstreckungstitel aller Art** gegeben, z. B. Urteile, Vollstreckungsbescheide, Prozessvergleiche, vollstreckbare Urkunden, Kostenfestsetzungsbeschlüsse, Eintragungen in die Insolvenztabelle usw. Die Klage richtet sich nicht gegen Feststellungs- und Gestaltungsurteile, weil diese nur im weiteren Sinne vollstreckbar sind (vgl. o. *§§ 1 Rn. 39f., 2 Rn. 42, 16*).

3 **Verklagt** wird der betreibende Gläubiger.[6] **Klageberechtigt** ist *nur* der *Schuldner.* Er muss *beantragen,* die **Zwangsvollstreckung** *aus dem bestimmt bezeichneten Titel* (z. B. *AG Leipzig* Urt. v. 18.1.2006 – 3 C 201/05) ganz, teil- oder zeitweise **für unzulässig zu erklären;** dementsprechend lautet das stattgebende Urteil. Stets geht es um Einwendungen gegen den vollstreckbaren Anspruch, nicht gegen eine einzelne Vollstreckungsmaßnahme. Daher muss die Vollstreckung z. Z. der Klageerhebung noch nicht

[1] AcP 72 (1888), 1, 4.
[2] *BGH* NJW 2009, 1282, 1283.
[3] BGHZ 100, 212; *BGH* NJW-RR 1991, 759, 760; 2009, 1431 Rn. 15.
[4] BGHZ 131, 82.
[5] BGHZ 127, 146, 149.
[6] BGHZ 120, 387, 391.

begonnen haben. Auch eine vollstreckbare Ausfertigung muss noch nicht vorliegen. Die Klage ist vielmehr schon zulässig,[7] wenn ein Vollstreckungstitel vorliegt. Sie wird mangels Rechtsschutzbedürfnisses unzulässig mit Beendigung der Vollstreckung, sofern der Titel an den Schuldner herausgegeben ist, weil dann keine Vollstreckung mehr droht.[8] Mangels Rechtsschutzbedürfnisses ist die Klage zudem auch dann unzulässig, wenn sie ausschließlich zu prozessfremden Zwecken erhoben wurde.[9]

4 Besonderes gilt für den **Prozessvergleich.** Hier kommt eine Klage aus § 767 in Betracht, wenn die Einwendung nach Vergleichsabschluss entstanden ist. Ist der Prozessvergleich hingegen insgesamt unwirksam und eine Fortsetzung des alten Prozesses möglich, so fehlt einer Vollstreckungsgegenklage das Rechtsschutzbedürfnis;[10] im Falle der Verfahrensfortsetzung sind die §§ 707, 719 entsprechend anzuwenden (vgl. u. *§ 14 Rn. 9*).

5 **Grundlage** der Klage bilden **materiellrechtliche Einwendungen,** z. B. Erfüllung, Leistung an Erfüllungs statt, Aufrechnung, Erlass, Verzicht, Vergleich, Stundung, Verjährung und der Übergang des titulierten Anspruchs auf einen anderen Berechtigten.

6 Zweifelhaft ist, ob die Klage auf eine nachträgliche *Änderung der Gesetzgebung* gestützt werden kann. Das ist bei gesetzlicher Zulassung und in Bezug auf Dauerschuldverhältnisse, bei denen die Ansprüche immer neu entstehen, zu bejahen; ebenso bei Unterlassungstiteln, wenn das Verhalten nunmehr zulässig ist[11] Ein *Wandel der höchstrichterlichen Rechtsprechung* begründet grundsätzlich keine „Einwendung" gegen den titulierten Anspruch[12]. Hiervon machen §§ 79 II, 95 III 3 BVerfGG eine Ausnahme für den Fall, dass eine dem Vollstreckungstitel zugrunde liegende Rechtsnorm vom BVerfG für nichtig erklärt wurde. Unter Aufhebung von BGHZ 151, 316 entschied das BVerfG, dass § 79 II BVerfGG auch dann analog anwendbar sei, wenn der rechtskräftige Titel auf einer später für verfassungswidrig erklärten ständigen Rechtsprechung beruhte; die vom BVerfG für verfassungswidrig erklärte gerichtliche Auslegung einer Rechtsnorm soll unter Rücksicht auf Art. 3 I GG nicht anders behandelt werden als die Aufhebung der verfassungswidrigen Norm selbst.[13] Hat das Verfassungsgericht eines Landes die Nichtigkeit von Landesrecht festgestellt, gilt § 767 entsprechend, § 183 VwGO.

B. Der Einwendungsausschluss gemäß § 767 II

7 Ist der Vollstreckungstitel aufgrund mündlicher Verhandlung erlassen worden (wie insbesondere ein **Urteil**), so konnten materiellrechtliche Einwendungen bereits in der Verhandlung vorgebracht werden, wenn sie damals schon bestanden. Der Beklagte konnte z. B. geltend machen, dass er die Klageforderung schon vor dem Prozess erfüllt habe. Solche **Einwendungen** müssen deshalb für die Vollstreckungsgegenklage **ausgeschlossen** sein, sonst liefe sie (insoweit) auf eine Wiederholung des alten Prozesses hinaus, sogar bereits erledigte Einwendungen könnten erneuert werden. Außerdem würde die vielfach schon eingetretene Rechtskraft des Urteils umgangen: Unterließ der Beklagte z. B. den Erfüllungseinwand und wurde er deshalb rechtskräftig ver-

---

[7] Anders die Voraufl. *§ 12 Rn. 3:* Frage der Begründetheit.

[8] *Brehm* Anm. ZZP 101 (1988), 453f.; *BGH* NJW 1994, 1161, 1162.

[9] *BGH* NJW 2017, 674 mit Anm. *Würdinger; Clemente* ZfIR 2017, 285: Klage wegen Verjährung eines Teils der Grundschuldzinsen während eines laufenden Zwangsversteigerungsverfahrens.

[10] Vgl. *BGH* NJW 2977, 583; h. M.; a. A. *Baur/Stürner/Bruns* Rn. 45.5: Schuldner kann zwischen beiden Möglichkeiten wählen.

[11] Vgl. BGHZ 133, 316, 323 für Unterlassungstitel.

[12] S. aber BGHZ 181, 373 Rn. 18, 21 ff. für wettbewerbsrechtliche Unterlassungstitel.

[13] BVerfGE 115, 51 m. Anm. *Sachs* JuS 2006, 454.

urteilt, so schließt die Rechtskraft das nachträgliche Vorbringen des Einwandes aus.[14] Daher bestimmt **§ 767 II:** Die Klage kann nur auf solche **Einwendungen** gestützt werden, deren Gründe **erst nach** dem **Schluss der letzten mündlichen Tatsachenverhandlung entstanden** sind, in der sie spätestens hätten geltend gemacht werden müssen (also spätestens in der Berufungsinstanz, grundsätzlich[15] nicht in der Revisionsinstanz); andernfalls ist die Klage unbegründet. Es kommt auf die objektive Entstehung der Einwendung, nicht auf die Kenntnis des Schuldners von ihr an.[16] Daher ist er auch mit solchen Einwendungen ausgeschlossen, die er ohne sein Verschulden im Prozess nicht geltend gemacht hat.

Beispiel (nach BGHZ 139, 214): K hatte für seinen Vater V gebürgt. Als V insolvent wurde, verlangte Gläubiger B Zahlung von K. Nach der letzten mündlichen Verhandlung im Berufungsverfahren und vor Schluss der Revisionsverhandlung verjährte die Hauptforderung des B gegen V. K berief sich hierauf vor dem BGH nicht. Der BGH gab der Klage des B gegen K statt. Unter Berufung auf die Verjährung der Hauptforderung erhebt K nunmehr Vollstreckungsabwehrklage. Ist diese Vollstreckungsabwehrklage begründet? 8

Die Klage ist begründet, wenn dem K eine materiellrechtliche Einwendung gegen den titulierten Anspruch aus der Bürgschaft zusteht und er mit der Geltendmachung dieser Einwendung nicht präkludiert ist.

I. Einwendung des K ist hier die Verjährung der Hauptforderung des B gegen V, §§ 768 I 1, 214 I 1 BGB. Der Verjährungseintritt war nicht etwa deshalb ausgeschlossen, weil die Verjährungsfrist erst nach Inanspruchnahme des K abgelaufen ist. Denn eine Klage gegen den Bürgen hemmt oder unterbricht die Verjährung gegen den Hauptschuldner nicht.

II. K dürfte mit dieser Einwendung aber auch nicht gemäß § 767 II ausgeschlossen sein. Dies hängt davon ab, ob auf die mündliche Verhandlung in der Berufungsinstanz oder vor dem BGH abzustellen ist.

1. Grundsätzlich können neue Tatsachen in der Revisionsinstanz nicht mehr vorgebracht werden. Etwas anderes gilt aber für Tatsachen, die unstreitig sind, wenn die Einbeziehung dieser Tatsachen erst in der Revisionsinstanz schutzwürdige Belange des Gegners nicht verletzt. Demnach war hier nicht von vornherein ausgeschlossen, dass der Verjährungseintritt noch vor dem BGH hätte berücksichtigt werden können.

2. Allerdings ist ex ante kaum zu prognostizieren und ex post schwer festzustellen, ob eine Tatsache in der Revision unstreitig geworden wäre und Belange der Gegenseite ihre Berücksichtigung erlaubt hätten. Aus diesem Grund erscheint es nicht gerechtfertigt, die letzte mündliche Verhandlung vor dem BGH für maßgeblich zu erachten; vielmehr muss die letzte mündliche Verhandlung in der Berufung entscheiden.

III. Aus diesem Grund ist K mit seinem Einwand der Verjährung der Hauptforderung nicht präkludiert. Die Vollstreckungsabwehrklage ist somit begründet.

§ 767 II erfasst auch den Einwand des Verlusts der Sachlegitimation durch **Abtretung.** Die Vollstreckungsgegenklage kann daher nicht auf den Einwand gestützt werden, der Gläubiger habe den titulierten Anspruch abgetreten, wenn die Abtretung schon vor oder während des Prozesses erfolgte. Nach dem BGH[17] gilt dies trotz § 407 I BGB auch dann, wenn der Schuldner erst nach dem Eintritt der Rechtskraft von der Abtretung Kenntnis erlangt, also subjektiv nicht in der Lage war, die fehlende Sachlegitimation im Prozess einzuwenden. Der Schuldner wird auf die Hinterlegung verwiesen (§§ 372 S. 2, 378 BGB). 9

Streitig ist, wann bei selbständigen **Gestaltungsrechten** (Aufrechnung, Anfechtung, Rücktritt, Widerruf nach § 355 BGB, Minderung, Kündigung) die Einwendung 10

[14] Vgl. *Zivilprozessrecht* § 62 IV.

[15] S. BGHZ 139, 214 (vgl. sogleich *Rn. 8*); *BGH* NJW 1999, 278, 279.

[16] BGHZ 145, 352.

[17] BGHZ 145, 352; abl. *Foerste* JZ 2001, 467; *Münzberg* ZZP 114 (2001), 225; *Mankowski* WuB § 767 ZPO 1.01; *Schilken* LM Nr. 105.

„entstanden" ist: schon mit Entstehung des Gestaltungsrechts (z. B. mit der Aufrechnungslage) oder erst mit seiner Ausübung (z. B. mit der Aufrechnungserklärung)?

11 Für den Zeitpunkt der *Ausübung* wird angeführt, dass das materielle Recht erst an die Ausübung Rechtswirkungen knüpfe und den Gestaltungsberechtigten nicht zwinge, sein Recht schon während des Prozesses und damit u. U. vorzeitig (z. B. vor Fristablauf nach § 124 BGB) auszuüben; deshalb komme es auch für § 767 II auf die Rechtsausübung an.[18]

12 Der BGH stellte zunächst generell auf den Zeitpunkt der *Entstehung* des Gestaltungsrechts ab.[19] In späteren Entscheidungen beschränkte er diesen Ansatz auf gesetzliche Gestaltungsrechte; bei vertraglichen Gestaltungsrechten komme es auf deren Ausübung an.[20] Ob er an dieser dogmatisch fragwürdigen Differenzierung festhalten wird, ist nicht klar. Jedenfalls für die praktisch wichtigeren gesetzlichen Gestaltungsrechte bleibt, wie vom BGH erst jüngst für den Verbraucherwiderruf bestätigt,[21] der Zeitpunkt des Entstehens des Gestaltungsrechts und der Befugnis zu dessen Ausübung maßgeblich.

13 Nach einer Literaturansicht soll – zumindest bei verbraucherschützenden Gestaltungsrechten – die *Kenntnis* von dem Gestaltungsrecht, insbesondere dem Widerrufsrecht, entscheidend sein: Kannte der Berechtigte bei Schluss der letzten mündlichen Tatsachenverhandlung sein Recht nicht, dürfe die Vorschrift des § 767 II nicht zur Anwendung kommen.[22]

14 Richtigerweise wird man für § 767 II vom materiellen Recht ausgehen müssen, die Lösung des Missbrauchsproblems aber dem Prozessrecht zu entnehmen haben. Denn dass das materielle Recht für das Entstehen der Einwendung die Ausübung verlangt, steht außer Zweifel. Indem § 767 II auf das Entstehen abstellt, verweist er auf das materielle Recht. Wäre dies jedoch allein entscheidend, so könnte ein böswilliger Schuldner die Vollstreckung leicht verschleppen oder gar vereiteln.[23] Das ist für die Aufrechnung durch analoge Anwendung von § 533 vermeidbar: Der Aufrechnungseinwand ist stets nur bei Sachdienlichkeit zuzulassen, unabhängig davon, wann die Aufrechnungslage eingetreten ist.[24] Für andere Gestaltungsrechte scheidet § 533 aus, weil diese bei Nichtbeachtung endgültig verloren sind, während bei Nichtzulassung der Aufrechnung die Gegenforderung noch anderweit geltend gemacht werden kann.[25] Daher kommt es für die anderen Gestaltungsrechte nicht auf die Sachdienlichkeit, sondern auf das Verhalten des Schuldners an, und zwar im vorausgegangenen Prozess. Das ist berechtigt, denn die Vollstreckungsgegenklage „kommt in der Sache einer Fortsetzung des früheren Prozesses nahe".[26] Hat der Schuldner dort seine Prozessförderungspflicht verletzt, indem er z. B. die Anfechtung nicht fristgerecht erklärt und geltend gemacht hat,[27] so ist er mit der Geltendmachung in der Vollstreckungsgegenklage präkludiert (§ 296 II analog). Die Vollstreckungsgegenklage kann also nicht dazu missbraucht werden, eine im Vorprozess bestehende (und verletzte) Prozessförderungspflicht praktisch außer Kraft zu setzen. Da dem Schuldner eine Abwehr nach

[18] Stein/Jonas/*Münzberg* § 767 Rn. 32ff.; *Gaul/Schilken/Becker-Eberhard* § 40 V 2b bb, zur abw. Beurteilung der Aufrechnung ebda. cc und *Gaul,* GS Knobbe-Keuk, S. 135, 139ff.; im Ergebnis auch *Baur/Stürner/Bruns* Rn. 45.14.

[19] *BGH* NJW 1980, 2527, 2528.

[20] BGHZ 94, 29, 34f. (mietvertragliche Verlängerungsoption); dazu kritisch Voraufl. § 12 Rn. 13; vgl. auch BGHZ 103, 362, 366f. (Aufrechnung erst nach Bezifferungsmöglichkeit, zu vertraglichen Gestaltungsrechten obiter dictum).

[21] *BGH* WM 2020, 1425 Rn. 13ff. m.w.N.

[22] *Fischer* VuR 2004, 322, 326; *Schwab* JZ 2006, 170, 175; *Schapp,* Die Präklusion von Gestaltungsrechten nach § 767 Abs. 2 ZPO, 2011, S. 249f.

[23] Insoweit zutr. RGZ 64, 228, 229f.: „energische[r] Fortgang[] der Vollstreckung".

[24] Vgl. *Bötticher* MDR 1963, 933, 935; ZZP 77 (1964), 477, 483f.; auch Stein/Jonas/*Münzberg* § 767 Rn. 38; *Gaul/Schilken/Becker-Eberhard* § 40 V 2b aa mit dem zutr. Hinweis, dass die Zurückweisung des Aufrechnungseinwands im Vorprozess nun im Verfahren nach § 767 nachwirkt, so auch BGHZ 125, 351.

[25] Vgl. BGHZ 42, 37, 40f.; *BGH* NJW-RR 2013, 757 Rn. 10.

[26] *BGH* NJW 1980, 1393; auch BGHZ 125, 351.

[27] Vgl. *BAG* AP ZPO § 551 Nr. 11.

§ 767 versagt ist, kann er die präkludierte Einwendung nicht zur Grundlage einer Bereicherungsklage (vgl. u. *Rn. 30*) machen.[28]

Handelt es sich um ein **Versäumnisurteil** oder einen **Vollstreckungsbescheid,** so sind nur solche Einwendungen gestattet, die – wegen Ablaufs der Frist – nicht mehr durch Einspruch geltend gemacht werden können (§ 767 II). 15

Umstritten ist, ob die Einspruchsfrist bereits bei Entstehen der Einwendung abgelaufen sein muss[29] oder erst bei Schluss der Verhandlung über die Vollstreckungsgegenklage.[30] Der zweiten Auffassung ist der Vorzug zu geben. Sie vermeidet, dass der Schuldner, der sich mit dem Versäumnisurteil oder dem Vollstreckungsbescheid abfindet und den Gläubiger befriedigt, Einspruch einlegen muss, obwohl der Gläubiger in aller Regel nicht vollstrecken wird, der Einspruch also überflüssig ist. 16

Bei den **anderen Vollstreckungstiteln,** die ohne mündliche Verhandlung ergangen sind, kann naturgemäß nicht auf die Entstehung der Einwendungen nach Schluss der letzten mündlichen Tatsachenverhandlung abgestellt werden. Bei Schiedssprüchen sind die Einwendungen unzulässig, die vor Abschluss der Verhandlung entstanden sind;[31] nach der letzten Verhandlung entstandene Einwendungen können im Verfahren über die Vollstreckbarerklärung geltend gemacht werden.[32] Keine Einschränkung besteht bei vollstreckbaren Urkunden, § 797 IV, weil sie der Rechtskraft nicht fähig sind, deren Gefährdung also nicht in Frage kommt; das gilt auch für Prozessvergleiche,[33] wobei sich die Frage stellt, ob die Einwendung durch den Vergleich materiellrechtlich abbedungen wurde. Die Klage hat bei den vollstreckbaren Urkunden besondere Bedeutung: Da vorher kein Prozess stattgefunden hat, wird er nun – mit umgekehrten Parteirollen, aber unveränderter Beweislastverteilung[34] – „nachgeholt", indem der Schuldner jetzt die erste Gelegenheit erhält, Einwendungen geltend zu machen; er kann daher – anders als bei Urteilen[35] – auch rechtshindernde Einwendungen erheben, z. B. geltend machen, dass der Anspruch nie bestanden habe. Gleiches gilt für Kostenfestsetzungsbeschlüsse (vgl. § 103), da das Kostenfestsetzungsverfahren keine Gelegenheit bietet, materielle Einwendungen zu erheben (Ausnahme § 11 RVG). 17

C. Das Bündelungsgebot des § 767 III

Von dem Einwendungsausschluss nach § 767 II zu unterscheiden ist das Bündelungsgebot des § 767 III. Nach Abweisung der ersten Vollstreckungsgegenklage kann eine weitere Vollstreckungsgegenklage erhoben werden; wegen der Rechtskraft der ersten abweisenden Klage (§ 322 I) kann sie jedoch nur auf Einwendungen gestützt werden, 18

[28] A. A. ohne Begründung *H. Otto* JA 1981, 653, wie hier aber S. 608, wenig durchsichtig in FS Henckel S. 627 ff.; widersprüchlich *Gaul/Schilken/Becker-Eberhard* § 40 V 2b bb gegen XI 3; wie hier Stein/Jonas/*Münzberg* § 767 Rn. 55; weitergehend *BGH* NJW 1960, 1460 f.; *OLG Frankfurt a. M.* IBRRS 2019, 3484.

[29] So *Gaul/Schilken/Becker-Eberhard* § 40 V 3b; *Baur/Stürner/Bruns* Rn. 45.15; für § 323 II ebenso *BGH* NJW 1982, 1812.

[30] So *Baumann/Brehm* S. 215; Stein/Jonas/*Münzberg* § 767 Rn. 40.

[31] *BGH* NJW 1990, 3211; NJW-RR 1997, 1289.

[32] *BGH* NJW-RR 2008, 659 Rn. 31; 2011, 213 Rn. 9; Beschl. v. 29.1.2015 – V ZR 93/14, BeckRS 2015, 5736 Rn. 11; *Schwab* Anm. ZZP 78 (1965), 386 f.; einschränkend *BGH* NJW 1965, 1138.

[33] BGHZ 139, 132 m. N.

[34] BGHZ 147, 203 m. Anm. *Stürner/Kern* WuB VI E § 767 ZPO 2.01.

[35] Vgl. BGHZ 100, 211, 212 f.

die nicht Gegenstand der Erstklage waren.[36] Gemäß § 767 III ist der Schuldner jedoch mit Einwendungen präkludiert, die er schon mit der ersten Vollstreckungsgegenklage hätte geltend machen können. Damit soll verhindert werden, dass der Schuldner die Einwendungen für spätere Prozesse „aufspart" und die Vollstreckung (über einstweilige Anordnungen nach § 769) immer wieder hinauszögern kann. § 767 III sollte nicht zur Anwendung kommen, wenn der Schuldner ohne Verschulden außerstande war, die Einwendung in der ersten Vollstreckungsgegenklage vorzubringen.[37] Der BGH stellt jedoch auch für § 767 III – wie für § 767 II *(Rn. 7ff.)* – auf das objektive Bestehen der Einwendung ab; ob der Schuldner subjektiv in der Lage war, die Einwendung geltend zu machen, ist unerheblich.[38]

19 In Erweiterung des Wortlauts („Zeit der Erhebung der Klage") erfasst § 767 III auch Einwendungen, die während des Prozesses entstehen.[39] Kein Einwendungsausschluss erfolgt, wenn der „erste" Prozess durch Klagerücknahme oder übereinstimmende Erledigungserklärung beendet wurde.[40]

20 Die Präklusion nach § 767 III bei der „zweiten" Vollstreckungsgegenklage ist dem Schuldner aber nur zuzumuten, wenn er bei der „ersten" Vollstreckungsgegenklage alle Einwendungen uneingeschränkt vorbringen konnte. Dass sein Vorbringen keinen Begrenzungen unterliegt, lässt sich durchaus prozessrechtlich begründen. So kann man entweder den Streitgegenstand der Vollstreckungsgegenklage weit fassen, ihn also auf die Unzulässigkeit der Zwangsvollstreckung insgesamt beziehen; dann ist die nach Klageerhebung erfolgende Auswechslung oder Häufung von materiellrechtlichen Einwendungen nur eine stets zulässige Ergänzung tatsächlicher Ausführungen bei unverändertem Streitgegenstand (§ 264 Nr. 1). Stellt man sich hingegen auf den Standpunkt, jede einzelne Einwendung ergebe einen gesonderten Streitgegenstand, liegt in der Auswechslung oder Häufung von materiellrechtlichen Einwendungen eine Klageänderung oder -häufung. Wegen der Präklusionswirkung des § 767 III darf beides nicht an § 263 scheitern.[41] Der BGH folgt nunmehr einem weiten Streitgegenstand.[42]

D. Sonderfall Titelgegenklage analog § 767

21 Ist der *Titel* nach Form und Inhalt *zur Vollstreckung ungeeignet,* so ist der gegebene Rechtsbehelf an und für sich die Klauselerinnerung (§ 732) oder die Vollstreckungserinnerung (§ 766).[43] Nach der neueren Rechtsprechung kann sich der Schuldner gegen die inhaltliche Unbestimmtheit aber auch mit einer **prozessualen Gestaltungsklage analog § 767 ZPO („Titelgegenklage")** wehren, obwohl er damit keine materiellen Einwendungen gegen den titulierten Anspruch vorträgt, sondern lediglich geltend macht, dass der Leistungstenor nicht hinreichend bestimmt ist[44] oder nicht erkennen lässt, auf welchen Teil des eingeklagten Anspruchs er sich bezieht;[45] ebenso im

---

[36] Dazu Stein/Jonas/*Münzberg* § 767 Rn. 55.
[37] So die früher h. M., s. *Münzberg* ZZP 87 (1974), 449, 455 m. N.
[38] BGHZ 61, 25, 26f.; *BGH* NJW-RR 1987, 59.
[39] *BGH* NJW-RR 1987, 59.
[40] *BGH* NJW 91, 2280, 2281.
[41] Die nachträgliche Klagehäufung wird wie eine Klageänderung behandelt, vgl. *Zivilprozessrecht* § 41 IV.
[42] BGHZ 61, 25ff.; dazu *Münzberg* ZZP 87 (1974), 449, 457f.; anders noch BGHZ 45, 231, 232f.
[43] Vgl. Stein/Jonas/*Münzberg* § 766 Rn. 15.
[44] BGHZ 124, 164; *BGH* NJW-RR 2004, 472, 473.
[45] BGHZ 165, 223 Rn. 18ff.

Fall der pauschalen Unterwerfungserklärung.[46] Der Schuldner erhält so die Möglichkeit, die Vollstreckungsfähigkeit eines zwar der materiellen Rechtskraft nicht fähigen, aber gleichwohl vollstreckbaren Urteils zu beseitigen; § 732 versagt hier, da sich die Erinnerung nur gegen die Vollstreckungsklausel richtet und keine Entscheidung über die Unzulässigkeit der Zwangsvollstreckung aus dem mangels Bestimmtheit unwirksamen Titel herbeiführt. Liegen die Voraussetzungen einer Klauselerinnerung vor (vgl. o. *§ 4 Rn. 21ff.*), hat der Schuldner ein Wahlrecht zwischen den Rechtsbehelfen nach § 732 und § 767 analog.[47] Wehrt sich der Schuldner gegen die Vollstreckung aus einer notariellen Urkunde mit dem Einwand, die Unterwerfungserklärung sei unbestimmt, soll allerdings allein die Erinnerung nach § 732 statthaft sein.[48] Macht der Schuldner neben der Unwirksamkeit des Titels materiellrechtliche Einwendungen geltend, kann die Gestaltungsklage analog § 767 mit der Vollstreckungsgegenklage in direkter Anwendung des § 767 verbunden werden.[49]

E. Zuständigkeit

Zuständig ist im Grundsatz *ausschließlich* (§ 802) *das Prozessgericht erster Instanz,* 22
§ 767 I. Das ist das erstinstanzliche Gericht desjenigen Prozesses, in dem der Vollstreckungstitel entstanden ist (z. B. das LG, wenn Vollstreckungstitel ein vor dem BGH geschlossener Prozessvergleich ist), §§ 795, 767 I. Bei *vollstreckbaren Urkunden* richtet sich die sachliche Zuständigkeit nach dem Wert des zu vollstreckenden Anspruchs; örtlich zuständig ist in der Regel das Gericht des allgemeinen Gerichtsstands des Schuldners, § 797 V, bei vollstreckbaren Urkunden gegen den jeweiligen Grundstückseigentümer das Gericht der Belegenheit, § 800 III.[50] Für eine in Deutschland erhobene Vollstreckungsgegenklage gegen einen nach der Vollstreckungstitel-VO bestätigten Vollstreckungstitel oder einen unter der Brüssel Ia-VO anzuerkennenden Titel (vgl. o. *§ 2 Rn. 67ff.*) ist grundsätzlich das Gericht am Klägerwohnsitz zuständig, §§ 1086 I, 1117.[51]

F. Urteil

Das auszusprechende Urteil ist ein **prozessuales Gestaltungsurteil.**[52] Es ist kein Leistungsurteil, da es dem 23
Gläubiger nichts befiehlt, und kein Feststellungsurteil, da es weder eine neue rechtskräftige Feststellung des materiellen Rechtszustandes ausspricht, noch die rechtskräftige Feststellung des Urteils, gegen dessen Vollstreckung sich die Klage wendet, beseitigt. Nur die bisher zulässige Vollstreckung wird unzulässig.[53] Zur vorläufigen Vollstreckbarkeit vgl. o. *§ 2 Rn. 17.*

Unzulässigwerden der Vollstreckung bedeutet nicht, dass bereits vorgenommene Vollstreckungsakte, z. B. 24
eine Pfändung, automatisch wegfallen. Vielmehr ist es dem Schuldner überlassen, die Einstellung der Vollstreckung und die Aufhebung bereits erfolgter Vollstreckungsmaßnahmen herbeizuführen (§ 775 Nr. 1, § 776; vgl. u. *§ 14 Rn. 15, 23*). Bis dahin bleibt also bei einer Pfändung jedenfalls die Verstrickung des gepfändeten Gegenstands bestehen, während nach h. M. das Pfändungspfandrecht mit Unzulässigwerden der Vollstreckung wegen Wegfalls des Anspruchs ohne Weiteres erlischt (vgl. u. *§ 16 Rn. 27ff., 43*).

---

[46] *BGH* NJW 2015, 1181 Rn. 12, 19; vgl. o. *§ 3 Rn. 7.*
[47] *BGH* NJW-RR 2004, 1718.
[48] *BGH* NJW-RR 2004, 1135, 1136.
[49] BGHZ 118, 229, 236; *BGH* NJW 2005, 1576, 1577; krit. *Barnert* MDR 2004, 605.
[50] Dazu *KG* NJW-RR 1989, 1407, 1408; *BayObLG* NJW-RR 2002, 1295; NJOZ 2003, 523.
[51] Abl. *Halfmeier* IPRax 2007, 381.
[52] BGHZ 127, 146, 149.
[53] Vgl. *Gerhardt* S. 206; BGHZ 85, 367, 371.

G. Verhältnis zu anderen Rechtsbehelfen

25 Die *Erinnerung nach § 766* und die Vollstreckungsgegenklage schließen sich gegenseitig aus;[54] anders bei der *Klauselerinnerung nach § 732* (vgl. o. *Rn. 21*).

26 *Feststellungsklage* und Vollstreckungsgegenklage können nebeneinander gegeben sein, wenn für jene die Voraussetzungen des § 256 I vorliegen; mit dem Feststellungsurteil kann der Schuldner jedoch nicht die Vollstreckung abwenden.[55]

27 Problematisch ist die Abgrenzung der Vollstreckungsgegenklage und der *Abänderungsklage* nach § 323 (§ 238 FamFG). Die Abänderungsklage dient der Korrektur von Prognosefehlern hinsichtlich klagebegründender Tatsachen[56] und erlaubt auch eine Durchbrechung der Rechtskraft eines Urteils. Beispielsweise kann der verurteilte Unterhaltsschuldner mit einem Abänderungsantrag geltend machen, seine Leistungsfähigkeit oder die Bedürftigkeit des Gläubigers sei entfallen. Im Ausgangspunkt ist die Vollstreckungsgegenklage gegeben, wenn aufgrund des Einwands eine abschließende Entscheidung möglich ist (z. B. Zahlung; nachträglich entstandene Einwendungen gegen den durch Urteil festgestellten Unterlassungsanspruch[57]) und die Zwangsvollstreckung aus dem Titel für unzulässig erklärt, also seine Vollstreckbarkeit beseitigt werden soll. Soll hingegen der Titel selbst – unter Durchbrechung seiner materiellen Rechtskraft – an die stets wandelbaren wirtschaftlichen Verhältnisse angepasst werden, ist die Abänderungsklage statthaft.[58] Eine endgültige Entscheidung wird damit aber nicht getroffen: Entsteht der Anspruch wieder, beispielsweise weil der Schuldner wieder leistungsfähig geworden ist, kann der Gläubiger seinerseits Abänderung beantragen. Eine Vollstreckungsabwehrklage und eine Abänderungsklage für den gleichen Streitgegenstand schließen sich grundsätzlich gegenseitig aus.[59] Um beide Klagen nicht an den Abgrenzungsfragen scheitern zu lassen, lässt es die Rechtsprechung zu, dass beide Klagen hilfsweise verbunden und die Klageanträge erforderlichenfalls umgedeutet werden, wenn für beide Klagearten dasselbe Gericht zuständig ist.[60] Zulässig soll es auch sein, Einwendungen nach § 767 im Rahmen einer Abänderungsklage zu berücksichtigen.[61]

28 Der Beklagte (der Schuldner) kann zwischen § 767 und der *Berufung im Prozess über den Anspruch* wählen, wenn die Einwendung nach Schluss der Verhandlung erster Instanz entstanden und die Berufungsfrist noch nicht abgelaufen ist.[62] Wird Berufung eingelegt, so ist die Vollstreckungsgegenklage unzulässig.[63]

29 Zur Konkurrenz mit der *Klage auf Herausgabe des Vollstreckungstitels* im Falle völliger Befriedigung des Gläubigers vgl. o. *§ 4 Rn. 33.*

30 Konnte der Schuldner sich nach § 767 gegen die Vollstreckung wehren, hat er es aber nicht getan, so kann er nach durchgeführter Vollstreckung vom Gläubiger die *Herausgabe des zu Unrecht Beigetriebenen* verlangen (§§ 812 ff. BGB),[64] u. U. steht ihm gegen den Gläubiger ein *Schadensersatzanspruch* zu (§§ 823 ff. BGB). Auch im Rahmen einer solchen Klage (**„verlängerte Vollstreckungsgegenklage"**) ist der Vollstreckungsschuldner nach Maßgabe von § 767 II, III mit verspäteten Einwendungen präkludiert.[65]

---

54 Vgl. *BGH* JZ 1993, 94 f. m. Anm. *Münzberg*.
55 Vgl. RGZ 158, 145, 149 f.
56 Thomas/Putzo/*Seiler/Hüßtege* § 323 Rn. 2.
57 BGHZ 176, 35 Rn. 9 ff.
58 BGHZ 176, 35 Rn. 12.
59 BGHZ 163, 187, 189.
60 BGHZ 146, 114; *BGH* NJW-RR 1991, 899.
61 BGHZ 146, 114.
62 Vgl. *Münzberg* ZZP 87 (1974), 449, 451.
63 *Münzberg* KTS 1984, 193, 196; *BAG* NZA 1985, 709, 710 m. w. N.
64 Vgl. *Gaul* a. a. O.; *Gerlach* [o. § 12] S. 12 ff.; *BGH* NJW 1993, 3318, 3320 m. w. N.
65 *BGH* NJW-RR 1988, 957, 958; *OLG Schleswig* JR 2004, 504; a. A. *Lakkis* a. a. O.

Beispiel (nach *BAG* NJW 2019, 695): In einem Abfindungsvergleich einigten sich Arbeitgeberin K und ihr ehemaliger Prokurist B am 30.11.2016 auf eine Abfindung i. H. v. 4.500,– Euro. K zahlte nicht, da B für den ihm überlassenen Dienstwagen kein Fahrtenbuch geführt habe; sie habe daher die geldwerten Vorteile aus der Dienstwagennutzung nach der 1%-Regelung berechnet, die Steuern im Dezember 2016 gezahlt und rechne nunmehr mit ihrem Erstattungsanspruch auf. B vollstreckte aus dem Vergleich und erwirkte am 9.2.2017 einen Pfändungs- und Überweisungsbeschluss. Hiergegen erhob K am 6.3.2017 Vollstreckungsabwehrklage. Am 28.3.2017 zog B von einem Konto der K 4.682,37 Euro (davon 182,37 Euro Vollstreckungskosten) ein. K verlangt im Prozess nunmehr die Rückzahlung. Hat die Klage Erfolg? 31

A. Zur Zulässigkeit ist anzumerken, dass die ursprüngliche Vollstreckungsabwehrklage mit vollständiger Befriedigung des B durch die Einziehung unzulässig wurde, da das Rechtsschutzbedürfnis entfallen ist. Allerdings hat K die Klage auf Rückzahlung aus Eingriffskondiktion umgestellt. Hierin liegt eine Klageänderung i. S. d. § 263, die gemäß § 264 Nr. 3 ZPO ohne Weiteres zulässig ist.

B. Diese „verlängerte Vollstreckungsabwehrklage" ist begründet, wenn die ursprüngliche Vollstreckungsabwehrklage begründet gewesen wäre. Die ursprüngliche Vollstreckungsabwehrklage richtete sich gegen den titulierten Anspruch des B gegen K auf Zahlung von 4.500,– Euro aus dem Abfindungsvergleich. Dieser Anspruch könnte durch Aufrechnung gemäß § 389 BGB untergegangen sein. Mit der Abführung der Steuer durch K hat diese gegen B einen steuerrechtlichen Erstattungsanspruch erlangt. K hat auch die Aufrechnung erklärt. K dürfte mit dem Aufrechnungseinwand aber zudem nicht ausgeschlossen gewesen sein. § 767 II findet auf Prozessvergleiche keine Anwendung; da im Übrigen die Gegenforderung erst nach Vergleichsabschluss entstanden ist, kann auch nicht angenommen werden, sie habe mit dem Vergleich abgegolten sein sollen. Die Klage ist mithin also auch begründet.

C. Damit hat die Klage Erfolg, das Arbeitsgericht wird also B zur Rückzahlung verurteilen.

H. Einstweilige Anordnungen

Das Prozessgericht kann einstweilige Anordnungen im Hinblick auf die Vollstreckung aus dem Titel treffen, § 769 I (vgl. u. *§ 14 Rn. 2*), in Eilfällen auch das Vollstreckungsgericht (durch den Rechtspfleger, § 20 Nr. 17 RPflG), § 769 II. Diese Anordnungen sind von besonderer Bedeutung, weil die Erhebung der Vollstreckungsgegenklage allein eine Vollstreckung nicht hindert und der Prozess sich in die Länge ziehen kann. 32

Einstweilige Anordnungen nach § 769 bleiben solange in Kraft, bis das Prozessgericht über die Klage durch Urteil entschieden hat, vgl. § 770.[66] Sie sind nicht mit der sofortigen Beschwerde anfechtbar.[67] 33

I. Klauselgegenklage

Zur Vollstreckungsgegenklage im besonderen Fall des § 768 („Klauselgegenklage") vgl. o. *§ 4 Rn. 26.* 34

§ 13. Die Widerspruchsklage

Literatur: *Picker,* Die Drittwiderspruchsklage in ihrer geschichtlichen Entwicklung als Beispiel für das Zusammenwirken von materiellem Recht und Prozessrecht, 1981; *Brox/Walker,* Die Drittwiderspruchsklage, JA 1986, 113; *Prütting/Weth,* Die Drittwiderspruchsklage gemäß § 771 ZPO, JuS 1988, 505; *Leyendecker,* Grundfälle zur Drittwiderspruchsklage, JA 2010, 725 sowie 879; *Staufenbiel/Meurer,* Drittwiderspruchsklage und Klage auf vorzugsweise Befriedigung, JA 2005, 796; *Stamm,* Die Entflechtung des Interventionsrechts gemäß § 771 ZPO von Besitz und obligatorischen Herausgabeansprüchen und die einhergehende Harmonisierung mit den Vorgaben des Mobiliar- und Immobiliarsachenrechts, ZZP 124 (2011), 317; *Picker,* Schuldrechtliche Rechte gegen den Betreiber von Zwangsvollstreckung oder Teilungsversteigerung als „die Veräußerung hinderndes Recht" i. S. der Drittwiderspruchsklage, JZ 2014, 431;

[66] BGHZ 32, 240, 242f.

[67] BGHZ 159, 14.

Picker, Die Drittwiderspruchsklage des § 771 ZPO im System von Rechtszuweisungen und Rechtsschutz, ZZP 128 (2015), 273; *Petersen,* Die Drittwiderspruchsklage, Jura 2018, 990.

A. Bedeutung und Ziel

1 **Gegenstand der Vollstreckung** ist **nur** das **Vermögen des Schuldners.**[1] Das Vermögen Dritter unterliegt nicht dem Zwangszugriff des Gläubigers.[2] Dahinter steht folgende einfache Überlegung: Würde der Schuldner seine Verbindlichkeiten freiwillig begleichen wollen, könnte er dies nur mit eigenem Geld bewerkstelligen; auch könnte er nur eigene Gegenstände veräußern und aus dem Erlös den Gläubiger befriedigen. Die Zwangsvollstreckung ersetzt die privatautonome Handlung des Schuldners. Daher kann der Zugriff des Gläubigers auf haftendes Vermögen nicht weiter reichen als bei freiwilliger Leistung durch den Schuldner.

2 Ob das vom Vollstreckungsorgan ins Auge gefasste Vollstreckungsobjekt zum Vermögen des Schuldners gehört, ist zuweilen schwierig festzustellen. Das Vollstreckungsorgan kann die Feststellung nicht treffen, sonst würde die Vollstreckung verzögert oder gänzlich blockiert. Vielmehr muss es sich an schnell und sicher erfassbare äußere Tatsachen halten können, z. B. bei beweglichen Sachen an den Gewahrsam (vgl. u. *§ 17 Rn. 7*) statt an das Eigentum des Schuldners. Deshalb besteht die Gefahr, dass die Vollstreckung in das Vermögen eines Dritten eingreift und damit die ihr grundsätzlich gezogene Grenze rechtswidrig überschreitet.[3] Die einzelne Vollstreckungsmaßnahme wird aber trotz des Übergriffs nicht unwirksam; sonst würde eine unerträgliche Unsicherheit in die Vollstreckung hineingebracht. Vielmehr muss sich der Dritte, wenn sein Recht von der Vollstreckung erfasst wird, dagegen wehren. Bei diesem Streit des Dritten mit dem Gläubiger geht es um ein materielles Recht des Dritten. Daher ist der Streit außerhalb des Vollstreckungsverfahrens auszutragen: Der Dritte muss gegen den Gläubiger eine besondere Klage im ordentlichen Verfahren erheben, § 771; sie wird **Widerspruchsklage** (auch Drittwiderspruchsklage oder Interventionsklage) genannt. Sie ist neben der Erinnerung nach § 766 der in der Praxis wichtigste Rechtsbehelf des Vollstreckungsrechts.

B. Parteien

3 **Dritter** ist, wer weder Gläubiger noch Schuldner noch deren Rechtsnachfolger (vgl. o. *§ 1 Rn. 8*) ist. Ist jemand Verwalter eines anderen Vermögens und Vollstreckungsschuldner hinsichtlich des verwalteten Vermögens, wie nach der Lehre von der Partei kraft Amtes der Insolvenzverwalter und andere Verwalter, so kann er der Vollstreckung in sein eigenes Vermögen widersprechen, denn insoweit ist er nicht Vollstreckungsschuldner, sondern Dritter. Dritter ist auch die Ein-Mann-GmbH bei der Vollstreckung gegen ihren Alleingesellschafter, vgl. § 13 GmbHG.[4]

4 **Beklagter** ist nur der Gläubiger, nicht der Schuldner. Der Dritte kann ein Interesse daran haben, zugleich den Schuldner mitzuverklagen, wenn auch aus einem anderen Rechtsgrund und mit anderem Ziel. Hat z. B. der Gläubiger eine dem Dritten gehörende, an den Schuldner vermietete Sache gepfändet, so kann der Dritte gegen den Gläubiger nach § 771, gegen den Schuldner auf Herausgabe der Mietsache (nicht

---

[1] BGHZ 11, 37, 41; auch BGHZ 67, 378, 383.
[2] BGHZ 119, 75, 84.
[3] BGHZ 95, 10, 15.
[4] BGHZ 156, 310, 314f.

etwa nach § 771!) klagen. Beide Klagen kann er verbinden; Gläubiger und Schuldner sind dann einfache Streitgenossen (§ 771 II in missverständlicher Formulierung).

C. Laufende Vollstreckung

Die Widerspruchsklage richtet sich nur gegen einzelne Vollstreckungsmaßnahmen und bestreitet nicht die Zulässigkeit der Vollstreckung in das Vermögen des Schuldners. Sie setzt daher voraus, dass die **Vollstreckung begonnen** hat, aber **noch nicht vollständig durchgeführt** ist. 5

Ob es sich beim Erfordernis, die Vollstreckung müsse begonnen haben und dürfe noch nicht vollständig durchgeführt sein, um eine Frage der Zulässigkeit oder der Begründetheit handelt, ist umstritten. Für eine Einordnung bei der Begründetheit[5] spricht, dass der Widerspruch auf ein konkretes Vollstreckungsobjekt bezogen sein muss. Allerdings kann man durchaus mit der Rechtsprechung[6] bereits in der Zulässigkeit und dort beim Rechtsschutzinteresse prüfen, ob der in Rede stehende Gegenstand auch tatsächlich Vollstreckungsobjekt ist; ein solches „Abschichten", für das nach h. M.[7] die Grundsätze der Prüfung von Amts wegen gelten, wird regelmäßig zur Beschleunigung beitragen. Daher verdient die Einordnung in der **Zulässigkeit** den Vorzug. 6

Drohende Vollstreckung genügt nur, wenn die Herausgabe bestimmter Sachen erzwungen werden soll, weil dann die zu erwartende Vollstreckungsmaßnahme von vornherein feststeht und mit ihrer Vornahme die Vollstreckung sofort beendet ist (vgl. u. *§ 26*), so dass die Widerspruchsklage zu spät kommen würde, müsste man erst den Vollzug der Vollstreckung abwarten.[8] Ist eine Fortsetzung oder Wiederholung der Vollstreckung möglich, bleibt die Klage zulässig.[9] Die Klage wird mangels Rechtsschutzinteresses unzulässig,[10] wenn die einzelne Vollstreckungsmaßnahme, gegen die sie sich richtet, *vollständig durchgeführt* ist (z. B. mit Abführung des Erlöses nach Pfändung und Verwertung). 7

Nach vollständiger Durchführung der Vollstreckung hat der Dritte gegen den Gläubiger einen Anspruch auf Herausgabe des ungerechtfertigt Erlangten;[11] Anspruchsgrundlage ist **§ 812 I 1 Alt. 2 BGB,**[12] nicht § 816 BGB.[13] Die Kosten der Vollstreckung sind nicht herauszugeben, weil der Gläubiger nur den die Vollstreckungskosten übersteigenden Betrag „erlangt" hat.[14] Der Dritte kann auch einen Schadensersatzanspruch aus unerlaubter Handlung gegen den Gläubiger haben (§§ 823 ff. BGB).[15] Gibt der Gläubiger die schuldnerfremde Sache nicht frei, obwohl das Recht des Dritten hinreichend geklärt ist (vgl. u. *Rn. 32*), so kann der Dritte Ersatz seines Verzögerungsschadens verlangen; ist der Anwalt des Gläubigers (mit) schuld am Unterbleiben rechtzeitiger Freigabe, dann haftet der Gläubiger dafür gemäß § 278 8

---

5 So dieses Lehrbuch bis zur Voraufl., vgl. dort *§ 13 Rn. 6.*
6 BGHZ 72, 334, 336.
7 Vgl. Stein/Jonas/*Kern* vor § 128 Rn. 193.
8 *BGH* NJW 1993, 935.
9 Vgl. *BGH* NJW-RR 2004, 1220, 1221; nach a. A. bleibt die Klage begründet, vgl. Voraufl. *§ 13 Rn. 6.*
10 Nach a. A. wird sie unbegründet, vgl. Voraufl. *§ 13 Rn. 6.*
11 H. M., vgl. BGHZ 32, 240, 244; 119, 75, 84 ff.; *BGH* NJW 2019, 2156 Rn. 51; *Blomeyer* II § 39 I; *Gerlach* [o. § 12] S. 24 ff.; *Jäckel* JA 2010, 357, 362 f.; MünchKomm-ZPO/*Gruber* § 804 Rn. 8, 42; *Stadler/Bensching* Jura 2002, 438, 444 f.; Stein/Jonas/*Münzberg* § 771 Rn. 85; Thomas/Putzo/*Seiler* Rn. 9; zur Gegenansicht – Anspruch nur gegen den Schuldner – *Günther* AcP 178 (1978), 456 ff. m. N.; *Gloede* MDR 1972, 291; *Gloede* JR 1973, 99.
12 BGHZ 100, 95, 99 f.; h. M.
13 Vgl. u. *§ 18 Rn. 25.*
14 BGHZ 66, 150, 156 ff. m. N.; dagegen *Gerlach* [o. § 12] S. 59 ff. m. N.
15 Vgl. BGHZ 118, 201, 205 ff. m. N.

BGB, nicht nach § 831 BGB.[16] Ferner kommt ein Schadensersatzanspruch gegen den Staat (Art. 34 GG mit § 839 BGB) in Betracht, z. B. bei Pfändung einer zwar im Schuldnergewahrsam stehenden, aber unzweifelhaft einem Dritten gehörenden Sache; Enteignungsansprüche gegen den Staat hat der Dritte nicht.[17] Auch diese materiellen Ansprüche sind außerhalb des Vollstreckungsverfahrens durch Klage im ordentlichen Verfahren zu verfolgen **(„verlängerte Drittwiderspruchsklage")**.

9 **Beispiel (nach RGZ 70, 25):** G hat in Sachen des S vollstreckt, die der D gehörten. Nach Verwertung, aber noch vor Erlösauskehr, erhebt D Drittwiderspruchsklage. Ihr Anwalt flieht beim ersten Termin in die Säumnis, vergisst aber den auf Einspruch anberaumten erneuten Verhandlungstermin. Daraufhin ergeht ein technisch zweites Versäumnisurteil, das rechtskräftig wird. Inzwischen war der Erlös an G ausgekehrt worden. Hat die zulässige Klage der D gegen G auf Herausgabe des Erlöses Erfolg?

Die Klage hat Erfolg, wenn D einen Anspruch gegen G auf Herausgabe des Erlöses aus § 812 I 1 Alt. 2 BGB hat. G hat den Erlös (abzüglich der Kosten) erlangt, und dies auch nicht durch Leistung, mithin in sonstiger Weise. Dies müsste allerdings auch auf Kosten der D erfolgt sein. Hieran fehlt es nicht schon deshalb, weil durch die rechtskräftige Abweisung der Drittwiderspruchsklage das Nichteigentum der D festgestellt wäre, denn das Eigentum ist nur präjudizielles Rechtsverhältnis, also von der Rechtskraft des klageabweisenden Urteils nicht erfasst. Allerdings ist die Zwangsvollstreckung nach Abweisung der Drittwiderspruchsklage nicht mehr als materiell ungerechtfertigt anzusehen (dogmatisch i. E. unklar). Daher ist der Bereicherungsanspruch zu verneinen; die Klage hat also keinen Erfolg.

10 Ob die Vollstreckungsmaßnahme, gegen die sich die Klage wendet, auch mit anderen Rechtsbehelfen angreifbar wäre, ist für § 771 gleichgültig; z. B. kann die Pfändung einer dem Dritten gehörenden Sache zugleich auch gegen § 809 verstoßen, daher neben der Widerspruchsklage auch die Erinnerung (§ 766) gegeben sein, vgl. o. *§ 11 Rn. 8*.

D. Rechtsnatur der Widerspruchsklage

11 Umstritten ist die rechtliche Natur der Widerspruchsklage. Nach h. M. handelt es sich um eine **prozessuale Gestaltungsklage,** da sie ein Urteil erstrebt, das die Vollstreckung in den betreffenden Gegenstand für unzulässig erklärt.[18] Andere sehen in ihr eine Beseitigungs- und Unterlassungsklage.[19] Das *Urteil* ist ein Gestaltungsurteil eigener Art, da es einerseits nicht von selbst die Unzulässigkeit der Vollstreckung bewirkt (arg. §§ 775 Nr. 1, 776, vgl. u. *Rn. 33*), andererseits nicht rechtskräftig geworden sein muss, um diese Wirkung über §§ 775 Nr. 1, 776 herbeizuführen. Jedenfalls kommt dem Streit keine praktische Bedeutung zu.[20]

E. Grundlage für die Klage

12 Die Widerspruchsklage hat die Aufgabe, Übergriffe der Vollstreckung auf schuldnerfremdes Vermögen abzuwehren, weil dem Gläubiger nur das schuldnereigene Vermögen haftet. Daher ist die wahre Grundlage für die Klage die Behauptung und für das Urteil die richterliche Überzeugung, *dass der Gegenstand der Vollstreckung nicht zum Schuldnervermögen gehört.*[21]

[16] BGHZ 58, 207, 211 ff.; im Wesentlichen zustimm. *Henckel* Anm. JZ 1973, 32 f.
[17] BGHZ 32, 240, 244 ff.; *BGH* BB 1967, 941.
[18] Stein/Jonas/*Münzberg* § 771 Rn. 5.
[19] *Bettermann,* FS Weber, S. 87 ff.; dazu *Henckel* ZZP 105 (1992), 93, 102 ff.; vermittelnd *Baur/Stürner/Bruns* Rn. 46.2.
[20] Auch *Zöllner* AcP 190 (1990), 471, 488 ff. zeigt sie nicht auf.
[21] BGHZ 11, 37, 41; 55, 20, 26 kehrt Grund und Folge um.

Eine deutliche *Parallele* ergibt sich *zum Aussonderungsrecht im Insolvenzverfahren,* § 47 InsO. Dieses beruht auf der Nichtzugehörigkeit eines Gegenstands zur Insolvenzmasse, hat also im Insolvenzverfahren dieselbe Aufgabe wie die Widerspruchsklage bei der Einzelzwangsvollstreckung. 13

Nach dem Gesetz kommt es darauf an, dass der Dritte eine bestimmte Rechtsposition innehat. Ihm muss, wie § 771 I sagt, **„ein die Veräußerung hinderndes Recht"** zustehen. Das ist missverständlich, denn selbst das Eigentum als Vollrecht an Sachen verhindert nicht die wirksame Veräußerung durch einen Nichtberechtigten (§§ 892 I 1, 932ff. BGB), kann aber gewiss Grundlage der Drittwiderspruchsklage sein. § 771 muss daher anders verstanden werden. Gemeint ist ein Recht des Dritten, das die Zuordnung des Vollstreckungsobjekts zum haftenden Schuldnervermögen ausschließt.[22] Nichts anderes meint die Rechtsprechung, wenn sie für § 771 ein Recht des Dritten verlangt, das eine Veräußerung des Vollstreckungsgegenstands durch den Schuldner rechtswidrig machen würde;[23] die (hypothetisch festzustellende) Rechtswidrigkeit gegenüber dem Dritten zeigt an, dass das Vollstreckungsobjekt nicht zum haftenden Schuldnervermögen gehört. 14

1. In diesem Sinne kommen in erster Linie *dingliche Rechte* in Betracht, vor allem das **Eigentum.** Den praktisch wichtigsten Fall der Widerspruchsklage zeigt folgendes *Beispiel:* D hat eine ihm gehörende bewegliche Sache an S vermietet, verliehen, ihm zur Verwahrung gegeben usw., und G – ein Gläubiger des S – lässt sie bei diesem pfänden. Hier kann D mit Erfolg gegen G nach § 771 klagen. 15

a) Str. ist, ob auch das **Sicherungseigentum** ein die Veräußerung hinderndes Recht im Sinne des § 771 ist. 16

Beispiel: S hat bei D ein Darlehen aufgenommen. Zu dessen Sicherung übereignet er eine ihm gehörende Maschine dem D, behält sie aber in unmittelbarem Besitz (§§ 929 S. 1, 930 BGB). G – ein Gläubiger des S – pfändet die Maschine bei S. Das Darlehen ist noch nicht (vollständig) an D zurückgezahlt.

Es handelt sich um einen Fall der sog. **eigennützigen Treuhand:** D als Sicherungseigentümer ist Sicherungsnehmer und damit Treunehmer, S als Veräußerer ist Sicherungsgeber und damit Treugeber. Nach der einen Auffassung kann D in diesem Fall die Widerspruchsklage erheben, weil auch das Sicherungseigentum echtes Eigentum sei.[24] Nach der anderen Auffassung kann D nur auf vorzugsweise Befriedigung aus dem Erlös klagen (§ 805; vgl. u. *Rn. 39*), weil die Sicherungsübereignung ihrem Zweck nach einem besitzlosen Pfandrecht gleichstehe.[25] 17

Wäre der Sicherungseigentümer auf die Klage aus § 805 beschränkt, so würde nicht er, sondern der Vollstreckungsgläubiger bestimmen, ob und wann das Sicherungsgut verwertet werden soll (vgl. u. *Rn. 42*); das Verwertungsrecht des Sicherungseigentümers bliebe somit schutzlos. Obendrein müsste er, um am Erlös beteiligt zu werden, das Darlehensverhältnis mit dem Sicherungsgeber vorzeitig, also u. U. mit Zinsverlust, lösen. Demgegenüber ist festzuhalten, dass die Sicherungsübereignung materiellrechtlich anerkannt und dass sie weder Scheingeschäft noch Rechtsschöpfung contra legem 18

---

22 *Henckel* JuS 1985, 836.

23 BGHZ 55, 20, 26.

24 BGHZ 118, 201, 206f.; *Baur/Stürner/Bruns* Rn. 46.8 – h. M.; grundsätzlich ebenso *Serick,* Bd. 3, S. 206ff.; Stein/Jonas/*Münzberg* § 771 Rn. 26.

25 MünchKomm-ZPO/*K. Schmidt/Brinkmann* § 771 Rn. 30.

ist.[26] Daher gehört eine zur Sicherheit übereignete Sache auch vollstreckungsrechtlich zum Vermögen des Sicherungseigentümers. Ihm steht folglich ein „die Veräußerung hinderndes Recht" zu. Zu beachten ist aber, dass das Sicherungseigentum – seinem Zweck gemäß – ein Widerspruchsrecht nur gewährt, wenn es noch der Sicherung einer Forderung dient.[27] Daher muss der Dritte außer seinem Sicherungseigentum auch das Entstehen der gesicherten Forderung darlegen und beweisen, nicht aber, dass sie nicht erloschen ist.[28]

19 Anders liegt es, wenn im obigen *Beispiel* die Maschine dem D (Sicherungsnehmer = Treunehmer) übergeben worden ist (Übereignung nach § 929 S. 1 BGB) und nunmehr ein Gläubiger des D die Maschine bei diesem pfändet. Hier hat S (Sicherungsgeber = Treugeber) die Widerspruchklage, weil er im Verhältnis zu D und zu dessen Gläubigern der Berechtigte ist, aus dessen Vermögen die Maschine (das Sicherungsgut) so lange nicht ausscheidet, als D sie noch nicht zu seiner Befriedigung verwerten darf.[29]

20 Bei der sog. **uneigennützigen Treuhand,** insbesondere der Verwaltungstreuhand, wie sie beispielsweise vorliegt, wenn ein Rechtsanwalt als Treuhänder ein Treuhandkonto („Anderkonto") zugunsten seines Mandanten (des Treugebers) anlegt, ist der Treugeber „Dritter" i. S. d. § 771, wenn ein Gläubiger des Anwalts in das Konto vollstreckt.[30]

21 Auch das **vorbehaltene Eigentum** (vgl. § 449 BGB) ist ein die Veräußerung hinderndes Recht.

22 So mit Recht die h. M.;[31] denn noch ist die aufschiebende Bedingung nicht eingetreten und daher der Veräußerer weiterhin Eigentümer (vgl. u. *§ 20 Rn. 24ff.*). – Befindet sich die Sache beim Veräußerer (z. B. Vorbehaltsverkäufer) und pfändet sie dort einer seiner Gläubiger, so kann der Erwerber (z. B. Vorbehaltskäufer) aufgrund seiner Anwartschaft widersprechen.[32] Freilich kann die Klage nach § 771 nicht dazu führen, dass die Zwangsvollstreckung in den Gegenstand insgesamt für unzulässig erklärt und die Pfändung aufgehoben wird (§§ 775 Nr. 1, 776 S. 1; vgl. u. *Rn. 37*). Sonst wäre der die Vollstreckung betreibende Gläubiger dann, wenn die Bedingung später ausfällt und einer erneuten Pfändung andere Gläubiger zuvorkommen, auf ein nachrangiges Pfandrecht verwiesen, § 804 III (vgl. u. *§ 16 Rn. 44*). Auf die Widerspruchsklage des Gläubigers gegen den Vorbehaltskäufer wird deshalb (analog § 773) nur die *Verwertung* des Pfandes für unzulässig erklärt.[33]

23 b) Bei **anderen dinglichen Rechten** (z. B. Erbbaurecht, Nießbrauch, Hypothek) kommt es darauf an, ob durch die Vollstreckung das dingliche Recht beeinträchtigt wird – zu verneinen z. B. für Hypotheken, wenn ein persönlicher Gläubiger in das Grundstück vollstreckt; zu bejahen für einen Nießbraucher, dem der Besitz durch eine Zwangsverwaltung (vgl. u. *§ 25*) entzogen werden soll – und ob das Recht des Dritten demjenigen des Gläubigers vorgeht (z. B. zu verneinen für einen Hypothekengläubiger, wenn ein im Rang vorgehender Hypothekengläubiger vollstreckt). Vgl. auch u. *§ 22 Rn. 10.*

---

[26] RGZ 57, 175, 177f.

[27] BGHZ 100, 95, 105: anderenfalls Einwand des Rechtsmissbrauchs.

[28] *BGH* NJW 1986, 2426, 2427 für eine pfandgesicherte Forderung.

[29] Vgl. BGHZ 72, 141, 144ff. m. N.; dazu krit. MünchKomm-ZPO/*K. Schmidt/Brinkmann* § 771 Rn. 29.

[30] *BGH* NJW 1996, 1543f.

[31] Vgl. BGHZ 54, 214, 218; *Brox* JuS 1984, 657, 666; MünchKomm-ZPO/*K. Schmidt/Brinkmann* § 771 Rn. 21; Thomas/Putzo/*Seiler* § 771 Rn. 15; *Serick,* Bd. 1, S. 296ff. m. w. N; *Staufenbiel/Meurer* JA 2005, 796, 797; Zöller/*Herget* § 771 Rn. 14.7.

[32] BGHZ 55, 20, 27; 128, 184, 188; *A. Blomeyer* JR 1978, 273f.; *Brox* JuS 1984, 657, 666; Baumbach/*Hunke* § 771 Rn. 14, 17; *Gaul/Schilken/Becker-Eberhard* § 41VI 2; MünchKomm-ZPO/*K. Schmidt/Brinkmann* § 771 Rn. 22; Musielak/Voit/*Lackmann* § 771 Rn. 17; *Prütting/Weth* JuS 1988, 505, 510; Thomas/Putzo/*Seiler* § 771 Rn. 15; Zöller/*Herget* § 771 Rn. 14.1; h. M.

[33] Vgl. BGHZ 55, 20; Stein/Jonas/*Münzberg* § 771 Rn. 20f.; *Lux* MDR 2008, 895, 897.

c) Der **Besitz** ist bei *unbeweglichen Sachen* unstreitig kein die Veräußerung hinderndes Recht; denn er hat nach materiellem Recht keine Bedeutung für die dingliche Rechtslage. Der bloße Besitzerwerb am Grundstück verschafft dem Käufer und künftigen Erwerber des Grundstücks keine stärkere Rechtsposition als er sie schon hat (ihm steht lediglich ein obligatorischer Anspruch auf Eigentumsverschaffung zu, der nicht zum Widerspruch nach § 771 berechtigt, vgl. u. *Rn. 27*).[34] 24

Bei *beweglichen Sachen* kommt praktisch allein der *mittelbare Besitz* als die Veräußerung hinderndes Recht in Frage (gegen Beeinträchtigungen des unmittelbaren Besitzes schützt § 766; vgl. o. *§ 11 Rn. 2ff.* und u. *§ 17 Rn. 14ff.*). Der mittelbare Besitz ist mit einem obligatorischen Herausgabeanspruch verbunden (vgl. § 868 BGB); mit ihm wird die Nichtzugehörigkeit des Vollstreckungsobjekts zum haftenden Schuldnervermögen geltend gemacht (vgl. u. *Rn. 27*). Daher ist es belanglos, ob der mittelbare Besitz eine Widerspruchsklage rechtfertigt (vgl. aber auch o. *Rn. 16ff.*). 25

d) Dem Eigentum an der gepfändeten Sache steht die **Inhaberschaft eines Rechts,** z. B. einer Forderung, gleich. Hat der Gläubiger ein angebliches Recht des Schuldners gepfändet, das in Wahrheit einem Dritten zusteht, so ist die Pfändung zwar nur scheinbar wirksam (vgl. u. *§ 19 Rn. 4*), aber wegen dieses Anscheins ist der Dritte berechtigt, Widerspruchsklage gegen den Gläubiger zu erheben.[35] Der Drittschuldner kann dem Gläubiger die Wirkungslosigkeit der Pfändung im Einziehungsprozess entgegenhalten.[36] 26

2. **Obligatorische Ansprüche** müssten nach dem Wortlaut von § 771 ausscheiden. Doch ist zu bedenken, dass die Widerspruchsklage darauf beruht, dass der Vollstreckungsgegenstand nicht zum haftenden Schuldnervermögen gehört. Die Nichtzugehörigkeit macht auch derjenige geltend, der einen **obligatorischen Herausgabeanspruch** gegen den Schuldner wegen Überlassung der Sache hat, wie z. B. der Vermieter, Hinterleger, Auftraggeber. Daher ist ihm die Widerspruchsklage zuzubilligen. Dagegen legitimieren obligatorische Ansprüche auf Leistung der gepfändeten Sache aus dem Vermögen des Schuldners, also bloße „Verschaffungsansprüche", z. B. aufgrund Kaufs, niemals zur Widerspruchsklage; denn mit der Behauptung, (nur) Käufer zu sein, gibt der Dritte ja zu, dass die Sache noch zum Schuldnervermögen gehört. Daran ändert sich nichts, wenn der Verschaffungsanspruch, z. B. der Auflassungsanspruch (§ 433 I 1 BGB), durch Vormerkung gesichert ist.[37] Auch der Insolvenzanfechtungsanspruch gewährt nicht die Widerspruchsklage.[38] 27

3. Der Verstoß gegen ein **relatives Veräußerungsverbot** (§§ 135, 136 BGB) ist nach § 772 ebenfalls durch Widerspruchsklage geltend zu machen. 28

4. Beschränkt sich die Vollstreckung auf ein **Sondervermögen** (z. B. Insolvenzmasse, Nachlass) oder auf einzelne Sachen (dingliche Haftung eines Grundstücks oder verpfändeter beweglicher Sachen), so kann der Vollstreckungsschuldner einer Vollstreckung in nicht haftende oder nicht zum Sondervermögen gehörige Gegenstände widersprechen; widersprechen kann auch ein Dritter, gegen den der erforderliche Duldungstitel fehlt. Vgl. o. *Rn. 3* und *§ 6 Rn. 4.* 29

5. **Haftet der Dritte** selbst für den zu vollstreckenden Anspruch, so ist seine *Klage abzuweisen.* Dieses Ergebnis wird überwiegend auf den Einwand der Treuwidrigkeit (§ 242 BGB) gestützt. Eine Mithaftung des Dritten ist z. B. gegeben, wenn sein 30

[34] Vgl. RGZ 127, 8ff.
[35] Vgl. BGHZ 125, 116, 117.
[36] Vgl. BGHZ 66, 79, 80f. und u. *§ 19 Rn. 42ff.* Zu § 392 II HGB vgl. BGHZ 104, 123, 127.
[37] *BGH* NJW 1994, 128, 129.
[38] BGHZ 135, 140, 147f. zu § 37 KO m. N.; abl. *Häsemeyer* ZZP 111 (1998), 83, 86; str.

Rechtserwerb anfechtbar nach dem AnfG ist (vgl. u. *§ 33 Rn. 17*); wenn dem Gläubiger ein rechtsgeschäftliches oder gesetzliches Pfandrecht an der Sache des Dritten zusteht[39] oder falls der Dritte für die titulierte Forderung selbst haftet, z. B. als Gesellschafter nach § 128 HGB oder als Bürge gemäß § 765 BGB.[40]

F. Prozessuale Einzelfragen

31 1. Die *sachliche* **Zuständigkeit** richtet sich nach dem Wert des Streitgegenstands. *Örtlich (ausschließlich) zuständig* ist das Gericht, in dessen Bezirk die Vollstreckung erfolgt, §§ 771, 802.

32 2. Die Klage zielt auf *Unzulässigkeit der Zwangsvollstreckung* in den bestimmten Gegenstand (**Antrag und Tenor:** „Die Zwangsvollstreckung des Beklagten in den am 18.3.2010 bei dem Schuldner [Name, Anschrift] gepfändeten [genau bezeichneten Gegenstand, z. B.:] Pkw, Marke Audi A 3, amtliches Kennzeichen … [Pfändungsprotokoll des Gerichtsvollziehers Drastik, DR Nr. II – 103/10] wird für unzulässig erklärt"). Die Klage zielt nicht auf Freigabe des Gegenstands durch den Gläubiger, denn eine Leistung des Gläubigers ist nicht das Ziel der Klage;[41] auf den Willen des Gläubigers kommt es nicht an.

33 Durch ein zusprechendes Urteil wird eine erfolgte Vollstreckungsmaßnahme nicht ohne Weiteres unwirksam; vielmehr ist es dem Dritten überlassen, die Einstellung der Vollstreckung und die Aufhebung bereits getroffener Maßnahmen nach **§§ 775 Nr. 1, 776 S. 1** herbeizuführen (vgl. o. *Rn. 11, §§ 2 Rn. 17, 12 Rn. 24*).

34 3. Durch *Freigabeerklärung* des die Pfändung betreibenden Gläubigers wird die Widerspruchsklage unzulässig,[42] wenn keine Wiederholung der Vollstreckung droht und die Hauptsache nicht für erledigt erklärt wird (§ 91 a).

35 4. Die *Kostenentscheidung* stößt auf Schwierigkeiten, wenn der Beklagte zwar im Prozess sofort anerkennt und die Sache freigibt, aber der Kläger ihn bereits vor dem Prozess über die Rechtslage unterrichtet hat. Wann hat der Beklagte Veranlassung zur Klage gegeben (§ 93)? Man kann vom Gläubiger (das ist der Beklagte) nicht verlangen, dass er aufgrund bloßer Behauptung des Dritten auf seine Rechtsstellung verzichtet; er kann vom Dritten hinreichende Nachweise fordern, um sich ein Urteil bilden zu können. Auch mit bloßen eidesstattlichen Versicherungen des Dritten oder des Schuldners braucht er sich nicht zu begnügen.[43] Zudem ist ihm eine Erkundungs- und Überlegungsfrist zuzubilligen, bevor man gegen ihn Klage erhebt. Andererseits kann der Dritte vom Gläubiger verlangen, dass dieser ihm mitteilt, ob und welche weitere Aufklärung er begehrt. Daher hat derjenige die Klage veranlasst im Sinne von § 93, der sich um die Aufklärung der Rechtslage nicht genügend bemüht hat.[44] Der Beklagte bleibt von den Kosten verschont, wenn er sofort nach Aufklärung der Rechtslage anerkennt.[45]

G. Vorläufige Anordnungen

36 Auch bei der Widerspruchsklage sind vorläufige Anordnungen von großer praktischer Bedeutung, **§§ 771 III, 769** (vgl. o. *§ 12 Rn. 32* und u. *§ 14 Rn. 2*). Erweisen sie sich wegen Erfolglosigkeit der Klage als ungerechtfertigt, so steht dem Gläubiger **kein**

---

[39] RGZ 143, 275, 277 f.; *Plander* JuS 1981, 565, 566 m. N.

[40] *BGH* Urt. v. 1.6.1953 – IV ZR 196/52, BeckRS 1953, 106195.

[41] BGHZ 58, 207, 212 f.

[42] *BGH* NJW-RR 2004, 1220; 2007, 781, 782; a. A. Voraufl. *§ 13 Rn. 30:* unbegründet.

[43] Vgl. *OLG Düsseldorf* Beschl. v. 8.1.1998 – 11 W 95/97, BeckRS 1998, 00680.

[44] Str., vgl. Stein/Jonas/*Münzberg* § 771 Rn. 69–75.

[45] Vgl. *OLG Düsseldorf* NJW-RR 1998, 790 f.; *LG Wuppertal* JurBüro 2014, 440.

Schadensersatz analog § 717 II zu.[46] Eine dem Gläubiger zur Aufhebung der Vollstreckungsmaßnahmen durch den Widerspruchskläger gestellte Sicherheit ist freilich verwertbar.[47]

H. Verhältnis zu anderen Rechtsbehelfen

1. Mit der Widerspruchsklage konkurriert die **Erinnerung nach § 766** nur, wenn zugleich ein Fehler im Verfahren der Vollstreckung vorliegt (z. B. Verstoß gegen § 809; vgl. o. *§ 11 Rn. 8*). Hingegen ist eine auf ein materielles Recht gestützte **Klage auf Freigabe oder Herausgabe** des Pfändungsgegenstands **oder auf Unterlassung** der Vollstreckung (§§ 985, 1004 BGB) unstatthaft,[48] da § 771 Vindikations- und Unterlassungsansprüche ausschließt.[49] 37

2. *Nach Beendigung der Vollstreckungsmaßnahme* (z. B. Ablieferung des Versteigerungserlöses an den Gläubiger) hat der Dritte nur noch Bereicherungs- und Schadensersatzansprüche, vgl. o. *Rn. 8.* 38

3. *Besitzlose Pfandrechte an beweglichen Sachen* geben dem Pfandgläubiger kein Recht auf Widerspruch nach § 771. Der Inhaber eines solchen Pfandrechts kann aber die **Klage auf vorzugsweise Befriedigung** aus dem Erlös erheben, § 805. Der Klageantrag geht dahin, dass der Kläger aus dem Reinerlös (Vollstreckungserlös abzüglich Vollstreckungskosten) der am … gepfändeten (genau zu bezeichnenden) Sache bis zum Betrag von … Euro vor dem Beklagten zu befriedigen ist. 39

Diese Klage setzt voraus, dass wegen einer Geldforderung in die Pfandsache vollstreckt wird. Wird wegen Herausgabe der Sache vollstreckt (§ 883), so steht auch den besitzlosen Pfandgläubigern die Klage aus § 771 zu. 40

Als *Pfandrechte im Sinne des § 805* kommen in Betracht die *gesetzlichen* Pfandrechte, vor allem des Vermieters, des Verpächters, des Gastwirts (jeweils vor der Inbesitznahme der Sachen) sowie des Frachtführers (nach Ablieferung); vertragliche Pfandrechte dann, wenn die Sache aus dem Gewahrsam des Gläubigers gekommen ist. 41

Hiermit ist zwar das Interesse des Gläubigers insofern gewahrt, als er bei der Vollstreckung seinem Rang gemäß berücksichtigt wird; aber er kann *nicht selbst die Vollstreckung betreiben,* sondern muss auch bei besserem Rang abwarten, dass der andere Gläubiger die Vollstreckung durchführt (wobei die Gefahr besteht, dass der Schuldner mit diesem anderen Gläubiger Teilzahlungen und Stundung gegen vorläufigen Stillstand der Vollstreckung vereinbart, so dass der Pfandgläubiger weiter auf Befriedigung warten muss). Zur Vermeidung dieser Lage kann der Pfandgläubiger selbst einen Titel, z. B. ein Urteil, erwirken und dann durch *Anschlusspfändung* (vgl. u. *§ 17 Rn. 28*) sich die Möglichkeit verschaffen, die Vollstreckung selbst zu betreiben, und zwar aufgrund seines älteren Pfandrechts mit Vorrang. 42

Ausschließlich zuständig für diese Klage ist, je nach Streitwert, das AG oder LG, in dessen Bezirk das Vollstreckungsverfahren stattfindet, § 805 II mit §§ 764 II, 802. 43

Eine einstweilige Einstellung der Vollstreckung kommt hier nicht in Frage, doch ist bei Glaubhaftmachung des Rechts die Hinterlegung des Erlöses anzuordnen, § 805 IV. 44

---

[46] BGHZ 95, 10, 13ff.; a. A. *Häsemeyer* NJW 1986, 1028f.; MünchKomm-ZPO/*K. Schmidt/Brinkmann* § 771 Rn. 69 m. w. N.

[47] BGHZ 158, 286, 290f.: Prozessbürgschaft.

[48] *BGH* NJW 1989, 2542; a. A. *Jauernig* ZZP 66 (1953), 398, 403ff. sowie Voraufl. *§ 13 Rn. 32:* unbegründet.

[49] BGHZ 100, 95, 104.

§ 14. Einstellung und Aufhebung der Zwangsvollstreckung

A. Einstweilige Einstellung bei Rechtsbehelfen in der Zwangsvollstreckung

1 Sämtliche Rechtsbehelfe, die in der Zwangsvollstreckung gegeben sind, laufen Gefahr, zu spät zu kommen. Denn die **Vollstreckung** wird **durch Einlegung eines Rechtsbehelfs nicht gehemmt,** sondern geht weiter, und kann daher vollendete Tatsachen schaffen, insbesondere beendet sein, ehe sie auf den Rechtsbehelf hin für unzulässig erklärt wird. Am deutlichsten ist dies bei der Widerspruchs- und Vollstreckungsgegenklage, weil der durch sie ausgelöste Prozess im Normalfall länger dauert als die Vollstreckung. Aber auch bei der schneller zu erledigenden Erinnerung kann die Entscheidung zu spät kommen, zumal wenn der Rechtsbehelf erst in letzter Minute eingelegt wird.

2 Aus dieser Erwägung heraus sieht das Gesetz *bei allen Rechtsbehelfen der Zwangsvollstreckung* vor, dass das angerufene Gericht (Sonderfälle in §§ 769 II, 771 III) **einstweilige Anordnungen** treffen kann, die insbesondere den Fortgang der Vollstreckung stoppen und dadurch erreichen, dass die endgültige Entscheidung nicht zu spät kommt (so in § 732 II, wenn der Schuldner Einwendungen gegen die Vollstreckungsklausel erhebt, in § 766 I 2 für den Fall der Erinnerung, in § 769 für die Vollstreckungsgegenklage, in § 771 III für die Widerspruchsklage und in § 805 IV 2 für die Klage auf vorzugsweise Befriedigung). Man spricht hier von **einstweiliger Einstellung der Vollstreckung.** Das ist eine Art Ruhen.

3 Soweit das Vollstreckungsgericht nach §§ 769 II, 771 III, 805 IV zuständig ist, entscheidet es durch den Rechtspfleger (§ 20 Nr. 17 S. 1 RPflG); im Falle des § 766 I 2 entscheidet stets der Richter (§ 20 Nr. 17 S. 2 RPflG).

4 Die Anordnungen können nach den §§ 732 II und 766 I 2 namentlich dahin gehen, dass die Vollstreckung gegen oder ohne Sicherheitsleistung einstweilen einzustellen oder nur gegen Sicherheitsleistung fortzusetzen sei. Dies genügt für den Zweck vollauf; eine Aufhebung getroffener Vollstreckungsmaßnahmen ist unzulässig. Nach §§ 769 und 771 können sogar die erfolgten Vollstreckungsmaßregeln gegen Sicherheitsleistung aufgehoben werden. Eine Einstellung ohne Sicherheitsleistung muss die Ausnahme sein, vgl. §§ 707 I 2, 769 I 2. Die Anordnungen erfolgen auch gegen den Willen des Gläubigers (zu seinen Rechtsbehelfen vgl. o. *§§ 2 Rn. 43, 11, 12 Rn. 32f.*).

5 § 769 I–III gelten entsprechend bei Erhebung einer auf Herabsetzung gerichteten Abänderungsklage gemäß § 323 (ebenso für Abänderungsanträge gemäß §§ 238–240 FamFG) gegenüber der Vollstreckung aus dem Urteil (bzw. Beschluss etc.), dessen Abänderung begehrt wird, § 769 IV (§ 242 FamFG).

6 Durch Erlass der Anordnung allein ist die Zwangsvollstreckung noch nicht eingestellt. Die Entscheidung muss vielmehr gemäß § 775 Nr. 2 dem **Vollstreckungsorgan,** z. B. dem Gerichtsvollzieher, **vorgelegt werden,** um die wirkliche Einstellung durch eine entsprechende Erklärung des Vollstreckungsorgans zu erreichen (das ist natürlich nicht nötig, wenn das Vollstreckungsgericht selbst als Vollstreckungsorgan die Zwangsvollstreckung einstweilen eingestellt hat, z. B. auf Erinnerung gegen eine Forderungspfändung).

7 Diesen einstweiligen Anordnungen kommt eine *große praktische Bedeutung* zu; ohne sie wären die Rechtsbehelfe nahezu wertlos. Welche Anordnungen erlassen werden, bleibt weithin dem pflichtgemäßen Ermessen des Gerichts überlassen. Es wird sich davon leiten lassen, ob erkennbar ist, dass der Antragsteller in der Hauptsache Erfolg

haben könnte. Keinesfalls darf es dem Antrag ohne Prüfung formularmäßig entsprechen (vgl. u. *Rn. 11*).

B. Einstweilige Einstellung bei Rechtsbehelfen gegen das Urteil

Ein ähnliches Bedürfnis nach **einstweiliger Einstellung** der Vollstreckung besteht 8
dann, **wenn das Urteil,** aus dem vollstreckt wird, angegriffen wird und **beseitigt werden soll;** denn der Angriff hemmt nicht automatisch die Vollstreckung. Daher ist auch hier die Gefahr gegeben, dass die Aufhebung des Urteils zu spät kommt, um die Vollstreckung verhindern zu können. § 707 gestattet daher einstweilige Anordnungen im selben Umfang wie nach § 769, falls Wiedereinsetzung in den vorigen Stand oder Wiederaufnahme des Verfahrens beantragt oder der Rechtsstreit nach Erlass eines Vorbehaltsurteils (§§ 302, 599f.) fortgesetzt wird. Die gleichen einstweiligen Anordnungen sind nach § 719 I auch möglich in dem weit häufigeren Fall, dass ein vorläufig vollstreckbares Urteil mit der Berufung angefochten wird. Solche Anordnungen sind nur eingeschränkt zugelassen, wenn Einspruch (§ 719 I 2) oder Revision eingelegt wird (§ 719 II; vgl. o. *§ 2 Rn. 43*).

Die §§ 707, 719 sind entsprechend anwendbar bei der Behauptung der Unwirksamkeit eines gerichtlichen 9
Vergleichs[1] und bei Widerspruch gegen Arrestbefehle und einstweilige Verfügungen (§§ 924 III, 936).

Die *Aufhebung* der erfolgten Vollstreckungsmaßregeln wird wie bei § 769 nur ausnahmsweise in Betracht 10
kommen. Meist genügt es, dass die Vollstreckung angehalten wird, dass insbesondere nicht durch die Verwertung des Pfändungsgegenstands vollendete Tatsachen zum Nachteil des Schuldners geschaffen werden.

Stets ist zu prüfen, ob der Rechtsbehelf aussichtsreich erscheint. Zum Vollstreckungsaufschub bei vorläufig 11
vollstreckbaren Urteilen vgl. o. *§ 2 Rn. 48.* Zu den Rechtsbehelfen vgl. o. *§§ 2 Rn. 43ff., 11, 12 Rn. 32.*

C. Einstweilige Einstellung bei Anordnung einer Sicherheitsleistung

Die Vollstreckung ist auch dann **einstweilen einzustellen,** wenn sie bisher ohne Si- 12
cherheitsleistung zulässig war, nun aber kraft gerichtlicher Anordnung nur gegen Sicherheitsleistung fortgesetzt werden darf, die Sicherheit aber noch nicht geleistet ist, § 775 Nr. 2; zur Fortsetzung vgl. § 751 II.

Das ist insbesondere der Fall, wenn ein Versäumnisurteil (vgl. § 708 Nr. 2) nach Einspruch aufrechterhal- 13
ten wird (§ 343 S. 1); dabei ist auszusprechen, dass die Vollstreckung nur gegen Sicherheitsleistung fortgesetzt werden darf (§ 709 S. 3). Weitere Fälle in §§ 707 I, 719 I, 732 II, 769 I, II.

D. Endgültige Einstellung

Die **Vollstreckung wird** ferner **eingestellt (nicht nur „einstweilen")** vor allem in fol- 14
genden Fällen:

1. Es wird die Ausfertigung einer vollstreckbaren Entscheidung vorgelegt, welche das *zu vollstreckende Urteil* oder seine vorläufige Vollstreckbarkeit *aufhebt,* § 775 Nr. 1 (z. B. Aufhebung des Urteils in der Berufungs- oder Revisionsinstanz). Ein vorläufig vollstreckbares Urteil ist bereits mit Erlass der aufhebenden Entscheidung beseitigt, § 717 I.[2]

2. Es wird die Ausfertigung einer vollstreckbaren Entscheidung vorgelegt, welche die 15
Zwangsvollstreckung für unzulässig erklärt oder ihre Einstellung anordnet, § 775 Nr. 1

[1] *BGH* NJW 1971, 467, 468; str., vgl. o. *§ 12 Rn. 4.*
[2] Stein/Jonas/*Münzberg* § 717 Rn. 1; str.

(gemäß §§ 732 I, 766 I 1 und II, 767, 768, 771 I – zu unterscheiden von den bloß einstweiligen Anordnungen, vgl. o. *Rn. 2*).

16 3. Es wird eine öffentliche Urkunde vorgelegt, wonach die zur Abwendung der Vollstreckung erforderliche *Sicherheitsleistung* oder *Hinterlegung* seitens des Schuldners erfolgt ist, § 775 Nr. 3, vgl. z. B. § 711 S. 1, §§ 712, 720a III.

17 4. Der Schuldner weist durch eine öffentliche Urkunde (z. B. Quittung des Gerichtsvollziehers gemäß § 757 I) oder eine vom Gläubiger ausgestellte Privaturkunde (z. B. Quittung gemäß § 368 BGB) nach, dass der *Gläubiger* nach Urteilserlass *befriedigt* worden ist oder Stundung bewilligt hat (§ 775 Nr. 4).

18 5. Der Schuldner legt einen Einzahlungs- oder Überweisungsnachweis einer Bank oder Sparkasse vor, aus dem sich ergibt, dass der zur *Befriedigung* des Gläubigers erforderliche Betrag auf dessen Konto eingezahlt oder überwiesen worden ist, § 775 Nr. 5. Ein Kontoauszug genügt, wenn er den Gläubiger als Empfänger erkennen lässt.[3] Die Einzahlung muss beim Urteil nach Schluss der mündlichen Verhandlung, bei anderen Titeln nach deren Errichtung erfolgen.[4]

19 6. Über das Vermögen des Schuldners ist das Insolvenzverfahren (§ 89 InsO) eröffnet worden.

20 In den Fällen 3–5 stellt das Vollstreckungsorgan von sich aus, d. h. ohne gerichtliche Anordnung, die Vollstreckung ein (vgl. u. *Rn. 21*). In den Fällen 4 und 5 ist nicht einzustellen, wenn der Gläubiger die Befriedigung bestreitet.[5]

E. Die Einstellung als solche

21 Nach der Regelung des Gesetzes hemmen Einwendungen des Schuldners oder eines Dritten nicht automatisch die Vollstreckung; sie genügen auch nicht, um vom Vollstreckungsorgan die Einstellung der Vollstreckung zu erreichen. Vielmehr bedarf es *in der Regel* einer **gerichtlichen Entscheidung** über die Einstellung, aufgrund derer dann das Vollstreckungsorgan einstellt. Nur ausnahmsweise darf dieses von sich aus einstellen, so wenn es vom Gläubiger angewiesen wird, nicht mehr zu vollstrecken, oder wenn der Schuldner freiwillig erfüllt (über weitere Fälle vgl. o. *Rn. 16–18*).

22 Die **Einstellung** der Zwangsvollstreckung **bedeutet** nur, dass nicht oder nicht weiter vollstreckt werden darf, sei es im Ganzen (z. B. im Fall des § 767), sei es im Hinblick auf eine einzelne Vollstreckungsmaßregel (z. B. im Fall des § 771). Im zweiten Fall spricht das Gesetz von einer *Beschränkung* der Vollstreckung, weil im Übrigen aus dem Titel vollstreckt werden darf.

23 Die *Einstellung beseitigt* die bereits *getroffenen Vollstreckungsmaßregeln nicht.* Dazu bedarf es deren **Aufhebung** (werden nur einzelne Maßregeln aufgehoben, so spricht man von einer *Beschränkung* der Zwangsvollstreckung). Aufgehoben wird nach einer endgültigen Einstellung gemäß §§ 775 Nr. 1 und 3, 776 (vgl. o. *Rn. 14f.*). Ausnahmsweise kommt es aufgrund einer einstweiligen Anordnung zur Aufhebung, §§ 775 Nr. 2, 776 (vgl. o. *Rn. 1–13*); besondere gerichtliche Aufhebungsanordnung ist nötig. Die Aufhebung wird *vom Vollstreckungsorgan vollzogen,* damit tritt die sog. *Entstrickung* ein (z. B. gibt der Gerichtsvollzieher die gepfändete Sache an den Schuldner zurück; das Vollstreckungsgericht hebt den Pfändungsbeschluss auf, was im Fall, dass das Voll-

[3] Stein/Jonas/*Münzberg* § 775 Rn. 25.

[4] Thomas/Putzo/*Seiler* § 775 Rn. 15.

[5] Vgl. *OLG Hamm* MDR 1973, 857; *Münzberg* DGVZ 1971, 167f.

streckungsgericht selbst die Vollstreckung für unzulässig erklärt hat, bereits durch diese Entscheidung geschehen ist.[6] Zur Aufhebung ist das Vollstreckungsorgan in der Regel nur aufgrund gerichtlicher Entscheidung befugt (vgl. § 775 Nr. 1 und 2, Ausnahme § 775 Nr. 3; § 776). *Mit der Aufhebung* ist die *Vollstreckungsmaßregel als nicht geschehen* zu betrachten, auch wenn die aufhebende Entscheidung noch anfechtbar ist.[7]

F. Einstellung zum Schuldnerschutz

Über die Einstellung der Vollstreckung als Maßnahme des Schuldnerschutzes vgl. u. 24
§§ 31 Rn. 6ff., 32 Rn. 24.

[6] RGZ 84, 200, 203.

[7] Zur Problematik, wenn ein Rechtsbehelf Erfolg hat, vgl. *OLG Köln* NJW-RR 1989, 1406 und o. *§ 11 Rn. 12.*

Buch 2. Die einzelnen Arten der Zwangsvollstreckung

§ 15. Übersicht

A. Allgemeine Einteilung nach der Art des Anspruchs

1 Die Zwangsvollstreckung ist – je nach der *Art des zu vollstreckenden Anspruchs* – unterschiedlich geregelt. Das Gesetz kennt die **Vollstreckung wegen Geldforderungen** (den praktisch weitaus bedeutsamsten Fall), §§ 803ff., die Vollstreckung **zur Erwirkung der Herausgabe von Sachen,** §§ 883ff., und die Vollstreckung **zur Erwirkung von Handlungen und Unterlassungen,** §§ 887ff. Es liegt auf der Hand, dass z. B. eine Herausgabevollstreckung anders ablaufen muss als die Vollstreckung wegen einer Geldforderung. In diesem Fall will der Gläubiger zu seinem Geld kommen. Wird beim Schuldner kein Bargeld gefunden, so müssen andere Vermögensstücke beschlagnahmt und versilbert werden, um den Gläubiger aus dem Erlös zu befriedigen. Mit solch einer Vollstreckung wäre dem Gläubiger eines Herausgabeanspruchs nicht geholfen; er will die Sache haben, und deshalb muss die Vollstreckung andere Wege gehen. Hat der Schuldner Handlungen vorzunehmen, so muss versucht werden, ihn zum Handeln zu bewegen.

B. Unterteilung nach dem Vollstreckungsobjekt bei Geldforderungen

2 Die Vollstreckung wegen Geldforderungen gestaltet sich wiederum *verschieden nach dem Gegenstand, in den vollstreckt wird.* Nach dem Vollstreckungsobjekt wird getrennt die **Vollstreckung in das bewegliche** und **in das unbewegliche Vermögen** (insbesondere in Grundstücke). Innerhalb des *beweglichen Vermögens* wird unterschieden zwischen **beweglichen Sachen** einerseits und **Forderungen** und anderen Vermögensrechten andererseits; das liegt nahe: Sachen sind tatsächlich greifbare Objekte, so dass auch die Pfändung durch einen tatsächlichen Akt erfolgen kann, während bei Forderungen und Rechten ein tatsächliches Zugriffsobjekt fehlt. Die **Auswahl der Vollstreckungsgegenstände** steht dem **Gläubiger** frei (Ausnahme in § 777 bei Pfandrecht oder Zurückbehaltungsrecht), eine vom Verhältnismäßigkeitsgrundsatz, also von der Verfassung, geforderte Reihenfolge im Zugriff besteht nicht (vgl. o. *§ 1 Rn. 45*). Grundsätzlich haftet das gesamte Vermögen des Schuldners.

3 Besonderes gilt für die *Zwangsvollstreckung* wegen einer Geldforderung *gegen Bund und Länder* sowie gegen (rechtsfähige) Körperschaften, Anstalten und Stiftungen des öffentlichen Rechts (ausgenommen öffentlichrechtliche Bank- und Kreditanstalten), § 882a; zu Gemeinden s. § 15 Nr. 3 EGZPO.[1] Es darf nicht in Sachen vollstreckt werden, die für die Erfüllung öffentlicher Aufgaben des Schuldners unentbehrlich sind oder deren Veräußerung ein öffentliches Interesse entgegensteht (z. B. staatliche Gemäldesammlung); das gilt nur für Sachen des Verwaltungs-, nicht des Finanzvermögens.[2] Merkwürdig ist, dass der Gläubiger seine Absicht zu vollstrecken anzeigen muss und erst vier Wochen später mit der Vollstreckung beginnen darf (das gilt nicht für den Vollzug einer einstweiligen Verfügung). Das ist ein besonderer Schuldnerschutz.

Bei *Vollstreckungsmaßnahmen gegen einen fremden Staat* darf nicht auf die seiner diplomatischen Vertretung zur Wahrnehmung ihrer amtlichen Funktion dienenden Gegenstände zugegriffen werden, wenn dies die diplomatische Tätigkeit beeinträchtigen könnte. Grund hierfür ist nicht der Schuldnerschutz, vielmehr unterliegen hoheitlich genutzte Gegenstände fremder Staaten schon nicht der deutschen Gerichtsbarkeit.[3]

---

[1] Dazu *Willenbruch* ZIP 1998, 817 m.w.N.

[2] BVerfGE 64, 1, 44.

[3] *Zivilprozessrecht* § 5 II 1; *BGH* NJW-RR 2003, 1218, 1219; 2006, 425; vgl. o. *§ 1 Rn. 34f.*

Geldforderungen sind auf *Leistung einer Geldsumme* gerichtet, d. h. auf Zahlung eines summenmäßig bestimmten Geldwertes. 4

Geldforderungen sind auch die *Haftungsansprüche,*[4] insbesondere der Anspruch aus einer Hypothek oder Grundschuld, der auf Duldung der Vollstreckung geht, um dem Gläubiger zu einer Geldsumme „aus dem Grundstück" zu verhelfen. Darin liegt nur insoweit ein Unterschied gegenüber der gewöhnlichen Vollstreckung wegen einer Geldforderung, als die Haftung auf ein bestimmtes Objekt (im Beispiel: auf das belastete Grundstück) beschränkt ist. 5

4. Abschnitt. Die Zwangsvollstreckung wegen Geldforderungen

1. Titel. Die Zwangsvollstreckung in das bewegliche Vermögen

§ 16. Pfändung, Verstrickung und Pfändungspfandrecht

Literatur: *Stein,* Grundfragen der Zwangsvollstreckung, 1913; *Schwinge,* Der fehlerhafte Staatsakt im Mobiliarvollstreckungsrecht, 1930; *G. Lüke,* Der Inhalt des Pfändungspfandrechts, JZ 1955, 484; *G. Lüke,* Die Rechtsnatur des Pfändungspfandrechts, JZ 1957, 239; *Kuchinke,* Pfändungspfandrecht und Verwertungsrecht bei der Mobiliarzwangsvollstreckung, JZ 1958, 198; *Martin,* Pfändungspfandrecht und Widerspruchsklage im Verteilungsverfahren, 1963 (dazu *Pieper* AcP 166 [1966], 532ff.); *P. Geib,* Die Pfandverstrickung, 1969 (dazu *Gaul* FamRZ 1972, 533ff.); A. Blomeyer, Zur Lehre vom Pfändungspfandrecht, Festgabe für v. Lübtow, 1970, S. 803; Henckel, Prozessrecht und materielles Recht, 1970, S. 309ff.; *G. Huber,* Die Versteigerung gepfändeter Sachen, 1970; *K. Schmidt,* Pfandrechtsfragen bei erlaubtem und unerlaubtem Eingriff der Mobiliarvollstreckung in schuldnerfremde Rechte, JuS 1970, 545; *H. Böhm,* Ungerechtfertigte Zwangsvollstreckung und materiellrechtliche Ausgleichsansprüche, 1971 (dazu *Gaul* AcP 173 [1973], 323ff.); *Säcker,* Der Streit um die Rechtsnatur des Pfändungspfandrechts, JZ 1971, 156; *O. Werner,* Die Bedeutung der Pfändungspfandrechtstheorien, JR 1971, 278; *Fahland,* Das Verfügungsverbot nach §§ 135, 136 BGB in der Zwangsvollstreckung und seine Beziehung zu den anderen Pfändungsfolgen, 1976 (dazu *E. Peters* ZZP 90 [1977], 308ff.); *Lipp,* Das Pfändungspfandrecht, JuS 1988, 119; *Bartels,* Der bereicherungsrechtliche Behaltensgrund im Vollstreckungs- und Insolvenzrecht, AcP 221 (2021), 317.

A. Grundlagen

Die Vollstreckung in bewegliches Vermögen erfolgt durch *Pfändung und Verwertung* (§ 803 I 1 erwähnt nur die Pfändung), eventuell gefolgt von der *Verteilung* (§§ 826, 827; 853–856; 872–882). Ein solcher **„Dreischritt"** aus dem Ergreifen des Vollstreckungsobjekts, seiner Umsetzung in Geld und der Entscheidung darüber, wer welchen Anteil des Geldes bekommen soll, liegt gewissermaßen in der Natur der Sache; er begegnet auch in der Zwangsversteigerung und der Zwangsverwaltung (vgl. u. *§ 22 Rn. 13*). In der Mobiliarvollstreckung ist der erste „Schritt" in diesem Sinne die Pfändung. 1

Das Gesetz gebraucht zwar den Ausdruck „Pfändung" für die Zwangsvollstreckung in bewegliche Sachen wie in Forderungen (und andere Vermögensrechte), der **Pfändungsvorgang** ist aber in beiden Fällen grundverschieden. Bewegliche Sachen werden gepfändet, indem sie der Gerichtsvollzieher in Besitz nimmt (§ 808 I; vgl. u. *§ 17 Rn. 19–28*); Forderungen und Rechte werden durch einen Beschluss des Vollstreckungsgerichts gepfändet (§§ 828f., 846, 857 I; vgl. u. *§ 19 Rn. 17, § 20*). 2

[4] Vgl. BGHZ 103, 30, 33; *BGH* NJW 2013, 3786 Rn. 13ff.

3 In beiden Fällen hat die Pfändung jedoch die gleiche Bedeutung. Sie ist ein Hoheitsakt, nämlich eine staatliche Beschlagnahme des Vollstreckungsgegenstands, gerichtet auf zwei **Wirkungen:** Sie will zur **Verstrickung** des Gegenstands führen (vgl. u. *Rn. 6ff.*) und an ihm ein **Pfändungspfandrecht** entstehen lassen (vgl. u. *Rn. 13ff.*).

4 Mindestvoraussetzung für den Eintritt der Pfändungswirkungen ist die **Wirksamkeit der Pfändung** als solcher – wobei es nur auf den ersten Blick überrascht, dass zwischen Wirksamkeit der Pfändung und Pfändungswirkungen zu unterscheiden ist: Denn einzelne weitere Wirkungen eines Hoheitsakts können, insbesondere wenn sie auf einem anderen Rechtsgebiet liegen, durchaus an Voraussetzungen geknüpft sein, die über die bloße Existenz des Hoheitsakts hinausgehen. Fehlerhafte staatliche Hoheitsakte sind nur bei schwerwiegenden Fehlern nichtig; ansonsten sind sie nur anfechtbar. Dementsprechend ist die Pfändung nur dann nichtig, wenn *wesentliche Verfahrensvorschriften* verletzt sind.

5 Eine *Verletzung wesentlicher Vorschriften* liegt z. B. vor bei der Pfändung durch ein funktionell unzuständiges Vollstreckungsorgan (der Gerichtsvollzieher pfändet eine Forderung, das Vollstreckungsgericht pfändet eine Sache), bei der Verletzung von §§ 808 I und II 2, 829 III, beim Fehlen eines Titels oder der deutschen Gerichtsbarkeit. Bei Verletzung wesentlicher Verfahrensvorschriften ist die Pfändung insgesamt nichtig; es kommt weder zur Verstrickung, noch entsteht ein Pfändungspfandrecht. Wesentliche Verfahrensvorschriften sind hingegen *nicht* verletzt, wenn ein unpfändbarer Gegenstand (vgl. u. *§ 32 Rn. 7ff.*) gepfändet worden oder die Zustellung des Titels vor Erlass eines Pfändungs- und Überweisungsbeschlusses unterblieben ist.[1] In diesen Fällen ist die Pfändung nicht nichtig, sondern nur rechtswidrig; es kommt also zur Verstrickung; die Pfändung ist aber mit der Erinnerung (§ 766 I) anfechtbar.

B. Die Verstrickung

6 Unmittelbare Folge einer wirksamen Pfändung ist die Verstrickung des Vollstreckungsobjekts. Die Verstrickung bedeutet, dass das Vollstreckungsobjekt zum Zweck der Befriedigung des Gläubigers **sichergestellt** und der **Verfügungsbefugnis des Schuldners entzogen** wird.

7 1. **Voraussetzung der Verstrickung** ist nur, dass die *Pfändung wirksam* war, bei ihr also keine wesentlichen Verfahrensvorschriften verletzt wurden. Deshalb kann man auch sagen, die Verstrickung entstehe mit jeder Pfändung, sofern nicht wesentliche Verfahrensvorschriften verletzt sind.[2] Die Verstrickung tritt daher *unabhängig davon* ein, ob dem Gläubiger gegen den Schuldner eine *Forderung* zusteht (sie ist also nicht akzessorisch) und ob der gepfändete Gegenstand zum *Vermögen des Schuldners* gehört.

8 2. Wichtigste **Rechtsfolgen der Verstrickung** sind zum einen die Strafbarkeit eines Verhaltens, dass den mit der Verstrickung begonnenen Vollstreckungsvorgang stört (§ 136 StGB), zum anderen ein Veräußerungsverbot für den Schuldner (vgl. §§ 135f. BGB).

9 a) Strafrechtlich geschützt ist das Vollstreckungsobjekt in seinem Bestand und seiner Verfügbarkeit für die Vollstreckung (§ 136 I StGB, *Verstrickungsbruch*) sowie die Kenntlichmachung der Sache als Vollstreckungsobjekt durch ein Pfandsiegel, wie sie § 808 II 2 vorsieht (§ 136 II StGB, *Siegelbruch*). Nach § 136 III 1 StGB entfällt die Strafbarkeit, wenn sie nicht durch eine „rechtmäßige Diensthandlung" vorgenommen wurde (objektive Bedingung der Strafbarkeit);[3] allerdings legt die h. M. im Strafrecht hier

[1] BGHZ 66, 79, 82; vgl. auch o. *§ 7 Rn. 11ff.*

[2] Voraufl. *Rn. 4.*

[3] MünchKomm-StGB/*Hohmann* § 136 Rn. 29.

einen „strafrechtlichen Rechtmäßigkeitsbegriff" zugrunde, der die Wahrung der wesentlichen Verfahrensvorschriften fordert[4]. Dies ist, wie gesehen, ohnehin Voraussetzung der Verstrickung, sodass auf Grundlage der h. M. § 136 III StGB allenfalls in Sonderfällen relevant wird[5].

b) Das *Veräußerungsverbot für den Schuldner*[6] ist nur bei der Pfändung von Forderungen und anderen Vermögensrechten ausdrücklich erwähnt (§§ 829 I 2, 846, 857 I); es besteht aber ebenso bei beweglichen Sachen. 10

3. Zur **Beendigung der Verstrickung** kommt es in der Regel durch die *Verwertung* des Vollstreckungsobjekts, wobei sich die Verstrickung zunächst noch am Erlös bis zu dessen Auskehr fortsetzt. Enden kann die Verstrickung des Weiteren durch eine Aufhebung der Pfändung seitens des Vollstreckungsorgans *(„Entstrickung"),* etwa deshalb, weil die Pfändung wegen der Rückschlagsperre des § 88 InsO nicht zu einer wirksamen Sicherheit geführt hat (kein automatisches Entfallen der Verstrickung!).[7] 11

Der *Gläubiger* kann bei der Rechtspfändung gemäß § 843 durch eine dem Schuldner zugestellte Erklärung „auf die durch Pfändung und Überweisung zur Einziehung erworbenen Rechte" verzichten. Damit erlischt die Verstrickung.[8] Nur zur Klarstellung kann im Interesse des Schuldners der Pfändungsbeschluss noch aufgehoben werden.[9] Bei der Sachpfändung genügt hingegen nach h. M. die bloße Erklärung des Verzichts bzw. der Freigabe nicht; hinzukommen muss vielmehr als *actus contrarius* die Gewahrsamsaufgabe durch den Gerichtsvollzieher. Denn anders als ein Pfändungsbeschluss, dessen Wirkungen in der Außenwelt nicht unmittelbar sichtbar sind, dauert anderenfalls der Gewahrsam des Gerichtsvollziehers an; eine analoge Anwendung des § 843 scheidet daher aus.[10] 12

C. Das Pfändungspfandrecht

Hat die Pfändung zur Verstrickung geführt (vgl. o. *Rn. 6*), dann erwirbt der Gläubiger grundsätzlich ein **Pfändungspfandrecht** an dem gepfändeten Gegenstand, § 804 I. Das ist eine Eigentümlichkeit der Mobiliarzwangsvollstreckung, die weder in der Immobiliarzwangsvollstreckung noch im Insolvenzverfahren ein unmittelbares Gegenstück hat (und auch im Ausland unbekannt ist). Wie dort käme man auch in der Mobiliarzwangsvollstreckung ohne Pfändungspfandrecht aus, wenn man den Rang zwischen mehreren Gläubigern separat regelte und ansonsten die allgemeinen Regeln direkt zur Anwendung brächte. Eine gewisse Parallele besteht zwischen Pfändungspfandrecht und Zwangshypothek: beide sind im Wege der Zwangsvollstreckung erlangte Verwertungsrechte mit rangsichernder Wirkung. Bei Grundstücken mit ihrer unbegrenzten Lebensdauer, geringeren Volatilität und aufwendigeren Verwertung kann es der Gläubiger aber vorerst bei der Zwangshypothek belassen; bei Mobilien ist das Pfändungspfandrecht ein „Durchgangsstadium". Jedenfalls sieht das Gesetz für Mobilien das Pfändungspfandrecht vor; die Gesetzesauslegung darf daher nicht zum Ziel haben, das Pfändungspfandrecht praktisch bedeutungslos zu machen (vgl. u. *Rn. 40*). Wesen und Bedeutung des Pfändungspfandrechts sind umstritten. 13

[4] Lackner/Kühl/*Kühl,* StGB, 29. Aufl. 2018, § 136 Rn. 7; aber str.; a. A. MünchKomm-StGB/*Hohmann* § 136 Rn. 31.
[5] Vgl. Schönke/Schröder/*Sternberg-Lieben,* StGB, 30. Aufl. 2019, § 136 Rn. 28–32.
[6] BGHZ 82, 28, 31.
[7] *BGH* NZI 2017, 892 Rn. 10ff.
[8] Saenger/*Kemper* § 843 Rn. 5.
[9] *RG* Gruchot 37, 427 (430); *OLG Köln* Rpfleger 1995, 370.
[10] MünchKomm-ZPO/*Gruber* § 803 Rn. 45.

14 1. Zum **Wesen des Pfändungspfandrechts** werden zahlreiche Ansichten vertreten, die sich in drei große Gruppen einteilen lassen.[11]

15 a) Die **privatrechtliche Theorie** sieht im Pfändungspfandrecht die *dritte Art eines privatrechtlichen Pfandrechts* neben dem durch Vertrag oder Gesetz begründeten. Daher zieht sie in erster Linie die §§ 1273ff. BGB heran. Das Pfändungspfandrecht ist damit wie die beiden anderen privatrechtlichen Pfandrechte akzessorisch, hängt also vom Bestehen einer Forderung des Vollstreckungsgläubigers gegen den Vollstreckungsschuldner ab. Es erfasst nur dem Schuldner gehörendes Vermögen, weil ein gutgläubiger Erwerb des Pfandrechts (wie nach § 1207 BGB) in der Vollstreckung nicht möglich ist. Auch nach der privatrechtlichen Theorie setzt das Pfändungspfandrecht allerdings die Verstrickung voraus und außerdem die Einhaltung aller (wesentlichen) Vollstreckungsvoraussetzungen, z. B. der Vorschriften über die örtliche (!) Zuständigkeit des Vollstreckungsorgans. Dem Pfändungspfandrecht kommt entscheidende Bedeutung zu. Es ist die wesentliche Wirkung der Pfändung (arg. § 804, der von der Verstrickung nichts sagt). *„Die ganze weitere Vollstreckung stellt sich als die Verwirklichung des Pfändungspfandrechts dar“* (*Goldschmidt* § 94, 1). Damit ist das Pfändungspfandrecht insbesondere Grundlage der Verwertung, auf die die privatrechtlichen Vorschriften der Pfandverwertung Anwendung finden.

Diese Ansicht war bis zum Beginn der 1930er-Jahre in Rechtsprechung und Literatur herrschend. Das ist bei älteren Entscheidungen zu beachten. Sie stellt an das Entstehen des Pfändungspfandrechts Anforderungen, die über die Verstrickung hinausgehen, und wendet auch für den Erwerb in der Zwangsversteigerung die privatrechtlichen Vorschriften der Pfandverwertung an.

16 b) Die **gemischt privat-öffentlichrechtliche Theorie** sieht im Pfändungspfandrecht ebenfalls die *dritte Art eines privatrechtlichen Pfandrechts,* auf das grundsätzlich die Regeln des BGB anwendbar sind. Auch sie lässt ein Pfandrecht nur entstehen, wenn die Forderung des Vollstreckungsgläubigers gegen den Vollstreckungsschuldner existiert bzw. tituliert ist, und verneint ein Pfändungspfandrecht an schuldnerfremden Gegenständen. Zudem verlangt sie die Verstrickung sowie die Einhaltung aller wesentlichen Vollstreckungsvorschriften – das sind nach überwiegender Ansicht mehr als nur die wesentlichen Verfahrensvorschriften, jedenfalls aber nicht bloße Ordnungsvorschriften. Im Gegensatz zur privatrechtlichen Theorie sieht sie aber die Grundlage der Verwertung nicht im Pfändungspfandrecht, sondern in der Verstrickung. Das wird mit dem Hinweis auf § 806 (unter Gleichsetzung von „Pfändung“ und „Verstrickung“) sowie damit begründet, dass die Vollstreckung nach heutiger Auffassung insgesamt Ausübung staatlicher Zwangsgewalt sei und daher die wesentliche Pfändungswirkung in der Verstrickung des Vollstreckungsobjekts liege.[12]

---

[11] Zur Terminologie vgl. *G. Lüke* NJW 1954, 254 Fn. 1.

[12] So, mit manchen Abweichungen im Einzelnen, die h. M., vgl. z. B. *Baur/Stürner/Bruns* Rn. 27.10; *Brox/Walker* Rn. 393; *Bruns/Peters* S. 126ff.; *Gaul* Rpfleger 1971, 1, 4ff.; *Henckel* S. 309ff.; MünchKomm-ZPO/*Gruber* § 804 Rn. 6f.; Thomas/Putzo/*Seiler* § 804 Rn. 2; *Gaul/Schilken/Becker-Eberhard* § 50 III 3a; *Säcker* JZ 1971, 156; *Stein* S. 24ff. (der diese Ansicht begründet hat); RGZ 156, 395, 398; beiläufig auch BGHZ 20, 88, 101; 56, 339, 351; *BGH* NJW 1990, 992 (jeweils zur Pfändung schuldnerfremder Gegenstände); *BGH* NZI 2017, 623 Rn. 15 (zur Akzessorietät); BGHZ 23, 293, 299; vgl. auch *BGH* MDR 1978, 401; unentschieden BGHZ 119, 75, 82ff. Stark modifizierend im Sinne eines Gleichlaufs von öffentlichrechtlichen und materiellrechtlichen Pfändungsfolgen (Verstrickung und Pfändungspfandrecht) *Blomeyer* II § 41 III: Das Pfändungspfandrecht sei bei Fehlen einer Gläubigerforderung oder bei Pfändung einer schuldnerfremden oder unpfändbaren Sache „schwebend wirksam“ bis zum Verfahrensende (dagegen BGHZ 119, 75, 83f.).

Diese Ansicht dürfte die derzeit herrschende sein. Auch sie stellt an das Entstehen des Pfändungspfandrechts Anforderungen, die über die Verstrickung hinausgehen, stützt aber den Erwerb in der Zwangsversteigerung auf die Verstrickung, sodass die privatrechtlichen Vorschriften über die Pfandverwertung keine Anwendung finden.

c) Die **öffentlichrechtliche Theorie** sieht im Pfändungspfandrecht die Grundlage der weiteren Verwertung. Das ist für sie aber – anders als für die privatrechtliche Theorie – unproblematisch, weil sie mit jeder Verstrickung ein Pfändungspfandrecht entstehen lässt. Dieses Pfändungspfandrecht ist rein öffentlichrechtlicher Natur, was damit begründet wird, dass es allein durch hoheitliches Handeln eines Zwangsvollstreckungsorgans nach Maßgabe des dem öffentlichen Recht angehörenden Zwangsvollstreckungsrechts entstehe.[13] Dementsprechend ist das Pfändungspfandrecht nach dem Verständnis der öffentlichrechtlichen Theorie nicht akzessorisch; es entsteht nicht nur an Gegenständen, die dem Schuldner gehören. Es gewährt seinem Inhaber die Verwertungsbefugnis. Sein Zweck ist die Befriedigung des Gläubigers.[14] Allerdings ist mit dem Pfändungspfandrecht nach den meisten Vertretern der öffentlichrechtlichen Theorie noch kein Recht auf den Erlös verbunden; das Pfändungspfandrecht bildet also keinen Rechtsgrund für das Behaltendürfen des Erlöses. Vielmehr gewährt es dem Gläubiger nur ein rein prozessuales Recht, nämlich das Recht, die Verwertung der Sache zu betreiben und den Versteigerungserlös zunächst einmal zu empfangen. Alles weitere wird dem materiellen Recht überantwortet. 17

Diese Ansicht, die vor allem in der Literatur namhafte Anhänger hat, stellt an die Entstehung des Pfändungspfandrechts keine Anforderungen, die über die Verstrickung hinausgehen; insbesondere lässt sie das Pfandrecht auch bei Fehlen einer Forderung und auch an schuldnerfremden Gegenständen entstehen. Sie kann so großzügig sein, weil sie dem Gläubiger mit dem Pfändungspfandrecht noch kein Recht auf den Erlös zuspricht.

2. Die **praktische Bedeutung des Pfändungspfandrechts** und des zu ihr geführten Theorienstreits zeigt sich an verschiedenen Stellen, auch wenn die unterschiedlichen Ansichten oftmals nicht zu unterschiedlichen Ergebnissen führen. Dies soll die nachfolgende, stark vereinfachende Darstellung, die sich auf die Pfändung beweglicher Sachen beschränkt, illustrieren. Sinnvollerweise sind dabei verschiedene Fallgestaltungen voneinander zu trennen. 18

a) Im **Normalfall,** wenn also die Forderung besteht, das Vollstreckungsobjekt dem Schuldner gehört und keine Verfahrensfehler vorliegen, muss das Ergebnis nach allen drei Theorien dasselbe sein: Der Ersteher erwirbt das Eigentum; der Gläubiger darf den Erlös behalten; bei mehreren Gläubigern tatsächlich bestehender Forderungen wird nach der Priorität ihrer Pfändungen verteilt. 19

Der *Eigentumserwerb des Erstehers* erklärt sich für die privatrechtliche Theorie daraus, dass ein Pfändungspfandrecht bestand, sodass das Vollstreckungsobjekt rechtmäßig veräußert wurde (vgl. § 1242 BGB). Für 20

[13] S. nur Zöller/*Herget* § 804 Rn. 2.

[14] So *G. Lüke* JZ 1955, 484; *W. Lüke* § 24 Rn. 10, 18; *Martin* S. 96ff.; Stein/Jonas/*Würdinger* § 804 Rn. 1–28 (mit Differenzierungen); Thomas/Putzo/*Seiler* § 803, Rn. 8; Zöller/*Herget* § 804 Rn. 2; *OLG Frankfurt* a. M. NJW 1953, 1835; 1954, 1083; *OLG Oldenburg* OLGZ 1992, 488. – *Baumann/Brehm* S. 289ff. folgen im Ergebnis weitgehend dieser Theorie, obwohl sie das Pfandrecht für ein privates Recht halten.

die gemischt privat-öffentlichrechtliche Theorie ist Grundlage der Verwertung nicht das Pfändungspfandrecht, sondern die Verstrickung; da diese wirksam war, erwirbt der Ersteher Eigentum. Die öffentlichrechtliche Theorie stützt die Verwertung zwar auf das Pfändungspfandrecht; da dieses aber bei jeder Verstrickung entsteht, ist letztlich auch ihr zufolge die Verstrickung Grundlage des Eigentumserwerbs. Wegen wirksamer Verstrickung erwirbt also der Ersteher Eigentum.

21 Für die Frage, ob der Gläubiger den *Erlös behalten* darf, entscheidet nach der privatrechtlichen Theorie das Pfändungspfandrecht, da es gegenüber einem Kondiktionsanspruch des Schuldners einen Rechtsgrund gewährt; dasselbe gilt nach der gemischt privat-öffentlichrechtlichen Theorie. Im Normalfall – die Forderung existiert, das Vollstreckungsobjekt gehört dem Schuldner und Verfahrensfehler liegen nicht vor – entsteht nach der privatrechtlichen und der gemischt privat-öffentlichrechtlichen Theorie ein Pfändungspfandrecht. Deshalb darf der Gläubiger nach diesen beiden Ansichten den Erlös behalten. Die öffentlichrechtliche Theorie kommt zu demselben Ergebnis: Bestimmt man den Behaltensgrund unabhängig vom Pfändungspfandrecht nach dem materiellen Recht, so gebührt der Erlös bei rechtmäßiger Versteigerung einer schuldnereigenen Sache dem Gläubiger; greift man auch hierfür auf das Pfändungspfandrecht zurück, so darf, da ein solches vorlag, ebenfalls der Gläubiger den Erlös behalten.

22 Das Verhältnis *mehrerer Gläubiger* untereinander schließlich, das stets nur bei nicht ausreichendem Erlös von Interesse ist, beurteilt sich nach der Priorität der Pfändungen. Denn nach § 804 III kommt es darauf an, wann ein Pfandrecht durch eine Pfändung begründet wurde. Nach allen drei Theorien hat die Pfändung aber hier jeweils zum Entstehen eines Pfändungspfandrechts geführt. Die öffentlichrechtliche Theorie kommt zu diesem Ergebnis allein schon wegen der Wirksamkeit der Pfändung; die privatrechtliche und die gemischt privat-öffentlichrechtliche Theorie müssen hierzu zudem auf das Bestehen der Forderung und die Zugehörigkeit des Vollstreckungsobjekts zum Schuldnervermögen verweisen.

23 b) Bei **schuldnerfremdem Vollstreckungsobjekt** liegt das „richtige" Ergebnis nicht in gleicher Weise wie im Normalfall auf der Hand. Es kann nicht verwundern, dass sich hier denn auch Unterschiede zeigen.

24 Der *Eigentumserwerb des Erstehers* hängt nach der privatrechtlichen Theorie von dessen gutem Glauben ab. Denn Grundlage der Verwertung ist das Pfändungspfandrecht. Da es sich um eine schuldnerfremde Sache handelte, könnte der Gläubiger ein Pfändungspfandrecht nur gutgläubig erworben haben. Gutgläubiger Erwerb nach den §§ 1207, 932ff. BGB ist aber nur bei einem Erwerb kraft Rechtsgeschäfts, nicht bei einem Erwerb kraft Hoheitsakts wie hier der Pfändung möglich. Es fehlt mithin an einem Pfändungspfandrecht. Daher kann der Ersteher Eigentum nur unter den Voraussetzungen der §§ 1244, 932ff. BGB erwerben. Nach der gemischt privat-öffentlichrechtlichen Theorie hingegen ist Grundlage der Verwertung die Verstrickung; war diese wirksam, kommt es auf den guten Glauben des Erstehers nicht an. Die Pfändung einer schuldnerfremden Sache ist nun aber nicht nichtig, sondern wirksam, wenn auch anfechtbar. Damit liegt eine wirksame Verstrickung vor. Aufgrund der wirksamen Verstrickung wird der Ersteher somit Eigentümer – und zwar auch dann, wenn er vom fehlenden Eigentum des Schuldners gewusst oder dies grobfahrlässig nicht erkannt haben sollte. Die öffentlichrechtliche Theorie sieht zwar das Pfändungspfandrecht als Grundlage der Verwertung an, lässt dieses aber ohne Rücksicht auf die Eigentumslage bei jeder wirksamen Verstrickung entstehen. Damit ist auch für sie hier ohne Rücksicht auf die Gut- oder Bösgläubigkeit des Erstehers dessen Eigentumserwerb zu bejahen.

25 Bei der Vollstreckung in schuldnerfremde Gegenstände kann der Gläubiger den Erlös nur erhalten, wenn der wahre Berechtigte nicht vor Ende der Vollstreckung, also vor Auskehr des Erlöses, diesen als Surrogat seiner Sache mit der Drittwiderspruchsklage an sich zieht. Hierfür spielt der Theorienstreit keine Rolle. Anders ist dies, wenn der wahre Berechtigte nicht rechtzeitig interveniert, es also darum geht, ob der Gläubiger den *Erlös behalten* darf oder eine Eingriffskondiktion des wahren Berechtigten („verlängerte Drittwiderspruchsklage") Erfolg hat. Für die privatrechtliche Theorie kommt es darauf an, ob der Gläubiger ein Pfändungspfandrecht erlangt hatte, was hier – wie gesehen – mangels Zugehörigkeit des Vollstreckungsobjekts zum Schuldnervermögen zu verneinen ist. Demnach fehlt es an einem rechtlichen Grund; die Eingriffskondiktion hat Erfolg. Die gemischt privat-öffentlichrechtliche Theorie fragt ebenfalls nach dem Vorliegen eines Pfändungspfandrechts, verlangt für dieses aber – wenn auch nicht immer unter Heranziehung des § 1207 BGB – die Zugehörigkeit des Vollstreckungsobjekts zum Schuldnervermögen. Damit kommt auch sie dazu, dass eine Eingriffskondiktion gegeben ist. Die Vertreter der öffentlichrecht-

lichen Theorie suchen den Behaltensgrund für den Erlös mehrheitlich im materiellen Recht, fragen also, ob das materielle Recht den Erlös dem Gläubiger zuweist. Da hierfür kein Grund ersichtlich ist, ist nach der Mehrheitsmeinung innerhalb dieser Theorie ebenfalls kein Rechtsgrund gegeben, sodass eine Eingriffskondiktion Erfolg hat. Die Mindermeinung, die das Pfändungspfandrecht entscheiden lässt, muss hingegen hier das Bestehen eines Pfändungspfandrechts bejahen, kommt dieses doch nach der öffentlichrechtlichen Theorie unabhängig von der Zugehörigkeit des Vollstreckungsobjekts zum Schuldnervermögen bei jeder wirksamen Pfändung zustande. Dementsprechend wäre ein Rechtsgrund gegeben, die Eingriffskondiktion also ausgeschlossen – was als Ergebnis wenig überzeugt.

Im Verhältnis *mehrerer Gläubiger* zueinander ergeben sich hier gegenüber dem soeben geschilderten Fall 26
keine Unterschiede, liegt doch der „Mangel“ im fehlenden Schuldnereigentum, trifft also alle Gläubiger gleichermaßen: Lediglich nach der Mindermeinung innerhalb der öffentlichrechtlichen Theorie, die den Behaltensgrund im Pfändungspfandrecht sieht, müssen die Gläubiger den Erlös nicht herausgeben; die Erlösverteilung richtet sich nach Priorität.

c) Zu unterschiedlichen Ergebnissen führen die Theorien auch dann, wenn der Pfän- 27
dung bzw. einer der Pfändungen **keine Forderung** zugrunde liegt bzw. es an einem Vollstreckungstitel fehlt oder wenn der Schuldner nach Titulierung oder Pfändung geleistet hat, die Forderung also wegen Erfüllung untergegangen ist.

Nach der privatrechtlichen Theorie hängt der *Eigentumserwerb des Erstehers* wie bei der Pfändung einer 28
schuldnerfremden Sache von dessen Gutgläubigkeit ab. Denn das Pfändungspfandrecht ist akzessorisch, konnte also mangels Forderung bzw. Titels nicht entstehen (oder fortbestehen). Nach der gemischt privat-öffentlichrechtlichen Theorie reicht als Grundlage für die Verwertung hingegen die wirksame Verstrickung aus, die trotz Fehlens einer Forderung zu bejahen ist. Damit erwirbt der Ersteher Eigentum. Die öffentlichrechtliche Theorie sieht zwar die Grundlage der Verwertung im Pfändungspfandrecht, bejaht ein solches aber bei jeder wirksamen Verstrickung, sodass sie hier ebenfalls den Eigentumserwerb bejahen muss.

Der Gläubiger darf in dieser Konstellation nur dann den *Erlös behalten,* wenn der Schuldner nicht kondi- 29
zieren kann, sieht man einmal von Schadensersatzansprüchen ab. Als rechtlicher Grund für das Behaltendürfen kommt nach der privatrechtlichen Theorie nur ein Pfändungspfandrecht in Betracht, das hier jedoch fehlt. Nach der gemischt privat-öffentlichrechtlichen Theorie ist für das Behaltendürfen ebenfalls ein Pfändungspfandrecht erforderlich; auch diese Theorie verlangt aber das Bestehen einer Forderung bzw. eines Titels.[15] Der Schuldner kann also nach der privatrechtlichen und der gemischt privat-öffentlichrechtlichen Theorie mangels eines Pfändungspfandrechts kondizieren.[16] Die öffentlichrechtliche Theorie bejaht zwar mit der wirksamen Verstrickung auch das Vorliegen eines Pfändungspfandrechts. Soweit ihre Vertreter aber das Behaltendürfen unabhängig davon nach dem materiellen Recht bestimmen, kommen sie im vorliegenden Fall ebenfalls nicht zu einem rechtlichen Grund; nur soweit allein das Pfändungspfandrecht für maßgeblich gehalten wird, ist der rechtliche Grund zu bejahen – was auch hier wenig überzeugt.

Das Fehlen der Forderung ist gläubigerbezogen, sodass hier bei *mehreren Gläubigern* Pfändungspriorität 30
und Vorhandensein der Forderung auseinanderfallen können, was dann die Frage nach dem Verhältnis der Gläubiger zueinander aufwirft. Kann hier der später pfändende Gläubiger dem früher pfändenden Gläubiger entgegenhalten, dass diesem keine Forderung zustehe mit der Folge, dass der nicht ausreichende Erlös anders als nach Pfändungspriorität verteilt wird? Nach der privatrechtlichen und der gemischt privat-öffentlichrechtlichen Theorie ist dies zu bejahen, da der früher pfändende Gläubiger mangels Forderung kein Pfändungspfandrecht erworben hat. Nach der öffentlichrechtlichen Theorie ist das Pfändungspfandrecht hingegen nicht akzessorisch. Der früher pfändende Gläubiger erwirbt also ungeachtet einer eventuell fehlenden Forderung immer ein Pfändungspfandrecht. Weicht man nicht auch hier auf das materielle

[15] Für das Pfändungspfandrecht und damit für den Vorrang genügt es, wenn die Forderung tituliert ist und nicht nach § 767 bestritten werden kann und bestritten wird, s. BGHZ 63, 61, 62; *BGH* NJW 1988, 828, 829; heute h. M.; vgl. *Batsch* ZZP 87 (1974), 1 ff.; *Baumann/Brehm* S. 290, 291; *Henckel* S. 339 ff.; *U. Huber* JuS 1972, 627 f., alle m. w. N.; im Ergebnis ebenso *A. Blomeyer* S. 826 ff.

[16] Vgl. *Gaul* JuS 1962, 1 f.

Recht aus – was der Wortlaut des § 804 III erschwert –, so genießt der früher pfändende Gläubiger stets Priorität; er kann bei Fehlen einer Forderung nicht in den gleichen Rang und erst recht nicht in den Nachrang gestellt werden. Daher erhält der später pfändende Gläubiger nur das, was nach Auskehr an den früher pfändenden Gläubiger verbleibt. Letzterer hat allerdings nach der vorherrschenden Meinung in der öffentlichrechtlichen Theorie wegen der Bestimmung des Rechtsgrunds im Verhältnis von Gläubiger und Schuldner nach dem materiellen Recht das Erlangte an den Schuldner herauszugeben, sodass der später pfändende Gläubiger versuchen könnte, auf diese Kondiktion zuzugreifen.

31 d) Schwierig ist die Anwendung der Theorien, wenn die gepfändete Sache zum Zeitpunkt der Pfändung noch im **Eigentum des Gläubigers** steht, aber später vom Schuldner erworben wird.

32 Im Ergebnis zu bejahen sein dürfte nach allen Theorien der *Eigentumserwerb durch den Ersteher.* Man wird annehmen können, dass nach der privatrechtlichen Theorie ein Pfändungspfandrecht in dem Moment entsteht, in dem der Schuldner das Eigentum erwirbt. Denn der Gläubiger kann auch eine eigene Sache pfänden (vgl. § 811 II); ein Pfandrecht hieran erwirbt er aber erst, wenn er nicht mehr Eigentümer ist (vgl. § 1256 BGB) – allerdings ließe sich der spätere Pfandrechtserwerb auch verneinen, wenn man darauf abhebt, dass auch bei der materiellrechtlich nicht möglichen ursprünglichen Bestellung eines Eigentümerpfandrechts[17] das spätere Auseinanderfallen von Eigentum und Gläubigerstellung das Pfandrecht wohl nicht entstehen lässt. Ist ein Pfändungspfandrecht gegeben, liegt dann eine Grundlage für die Verwertung vor; der Ersteher erwirbt Eigentum; verneint man dies, käme es auf seine Gutgläubigkeit an. Nach der gemischt privat-öffentlichrechtlichen Theorie beruht der Eigentumserwerb auf der jedenfalls wirksamen Verstrickung. Unter der öffentlichrechtlichen Theorie, die das Pfändungspfandrecht als Verwertungsgrundlage ansieht, es aber mit der Verstrickung entstehen lässt, wird man die Entstehung eines solchen Pfandrechts auch an einer gläubigereigenen Sache mit Pfändung annehmen müssen. Auch danach erwirbt der Ersteher also Eigentum.

33 Dass der Gläubiger den *Erlös behalten* darf, wird im Ergebnis ebenfalls zu bejahen sein. Die privatrechtliche Theorie und die gemischt privat-öffentlichrechtliche Theorie kommen, sofern sie die Entstehung eines Pfändungspfandrecht mit dem Eigentumserwerb durch den Schuldner bejahen, deshalb zu einem rechtlichen Grund; für die öffentlichrechtliche Theorie entscheidet das materielle Recht, das aber hier keinen Anlass gibt, dem Gläubiger den Erlös zu nehmen – oder das schon mit Verstrickung entstandene Pfändungspfandrecht.

34 Zweifelhaft ist hier jedoch das Verhältnis *mehrerer Gläubiger,* wenn neben dem Eigentümer auch ein Dritter die Sache gepfändet hat und sie der Vollstreckungsschuldner erst nach der letzten Pfändung erwirbt. Unterstellt man das Pfändungspfandrecht mit der privatrechtlichen und der gemischt privat-öffentlichrechtlichen Theorie grundsätzlich dem BGB, haben die Pfandrechte gleichen Rang: Der pfändende Eigentümer konnte durch die Pfändung noch kein Pfändungspfandrecht erlangen, weil er zu dieser Zeit Eigentümer der Pfandsache war;[18] der pfändende Dritte erwarb zunächst ebenfalls kein Pfändungspfandrecht, weil die Sache nicht dem Schuldner gehörte und gutgläubiger Pfandrechtserwerb in der Zwangsvollstreckung nicht möglich ist. Allerdings harmoniert die Bejahung gleichen Rangs nicht mit der prozessualen Situation der Beteiligten. Der Dritte hätte sich nicht mit der Begründung gegen die Pfändung durch den Eigentümer wehren können, dass jenem die Sache gehöre; der Eigentümer hätte aber sehr wohl die Pfändung durch den Dritten bis zum Eigentumserwerb durch den Schuldner mit der Drittwiderspruchsklage abwehren können. Die öffentlichrechtliche Theorie kann zwar den Vorrang des Eigentümers unschwer mit dem aus ihrer Sicht im Moment der Pfändung entstandenen Pfändungspfandrecht erklären, wenn dieser zuerst gepfändet hat, nicht aber im umgekehrten Fall.

35 e) Unterschiedliche Ergebnisse hat der Theorienstreit schließlich auch dann, wenn die **formalen Voraussetzungen für die Entstehung eines Pfändungspfandrechts** von denen für die Wirksamkeit der Pfändung abweichen, was an sich nur bei der privat-

---

[17] Jauernig/*Berger* § 1256 Rn. 1.

[18] Vgl. aber *Goldschmidt* § 94, 1 a) γ): In der Pfändung gläubigereigner Sachen sei zur Wahrung des Vorrangs ein Verzicht auf das Eigentum zu sehen.

rechtlichen und gemischt privat-öffentlichrechtlichen Theorie in Betracht kommt. Tatsächlich wird vielfach unterschieden zwischen (1) Gesetzesverletzungen, die so schwer sind, dass die Pfändung insgesamt unwirksam ist, also weder Verstrickung noch Pfandrecht eintreten, (2) Gesetzesverletzungen, welche die Verstrickung nicht berühren, die aber doch so beträchtlich sind, dass ein Pfändungspfandrecht nicht entsteht – was etwa hinsichtlich der örtlichen Zuständigkeit des Gerichtsvollziehers der Fall sein soll –, und (3) Gesetzesverletzungen, die weder die Verstrickung noch das Entstehen eines Pfandrechts hindern (z. B. Verstoß gegen § 758a IV).[19]

Die *Differenzierung* soll sich daraus ergeben, dass das Pfändungspfandrecht als die *privatrechtliche Wirkung der Pfändung* leichter entfallen könne als die Verstrickung als ihre *öffentlichrechtliche Wirkung.*[20] Auf dieser Grundlage kann man einen Verfahrensverstoß bei der Pfändung als einen Formfehler bei Begründung eines privatrechtlichen Pfandrechts qualifizieren und wegen dieses Formfehlers ein Pfandrecht nicht entstehen lassen; denn im Privatrecht hindert die Verletzung von Formvorschriften grundsätzlich die wirksame Begründung von Rechten (vgl. § 125 BGB). Dieser Gedankengang lässt jedoch außer Acht, dass das Pfändungspfandrecht – wie die Verstrickung – auf einem Staatsakt, der Pfändung, beruht, und dass es darum geht, ob dieser Staatsakt wegen eines Verfahrensverstoßes eine seiner Wirkungen, das Pfändungspfandrecht, einbüßen muss. Daher steht auch hier im Mittelpunkt „der staatshoheitliche Charakter der Pfändung", „der bei der Verstrickung eine Einschränkung der Nichtigkeitsfolge auf … Ausnahmefälle zur Notwendigkeit" macht.[21] Er zwingt – entgegen der h. M. – dazu, auch das Pfändungspfandrecht nur in Ausnahmefällen (vgl. o. *Rn. 4f.*) nicht entstehen zu lassen.[22] Entscheidend ist also, dass ein Staatsakt – hier die Pfändung – nur ausnahmsweise wegen Verletzung von Verfahrensnormen unwirksam ist, gleichgültig ob die Wirkungen öffentlichrechtlicher oder privatrechtlicher Art sind. Folglich hat das behandelte Problem mit der Rechtsnatur des Pfändungspfandrechts nichts unmittelbar zu tun. 36

3. Die **Bewertung der Theorien** ist nicht einfach, da keine Theorie völlig überzeugt. 37

a) Von dem Theorienstreit **trennen** sollte man zunächst die Folge einer Verletzung von **Verfahrensvorschriften.** An einer Verletzung von Verfahrensvorschriften sollte die Entstehung eines Pfändungspfandrechts nur dann scheitern, wenn es sich um so wesentliche Verfahrensvorschriften handelt, dass schon die Pfändung unwirksam ist, das Pfandobjekt also nicht verstrickt wurde (vgl. o. *Rn. 36*). Diesem Petitum wird die öffentlichrechtliche Theorie naturgemäß gerecht, da sie mit jeder Verstrickung ein Pfändungspfandrecht entstehen lässt. Die privatrechtliche und die gemischt privat-öffentlichrechtliche Theorie mit ihrer scharfen Unterscheidung von Verstrickung und Pfändungspfandrecht können hingegen nach ihrer Konzeption abweichende, d. h. strengere, formelle Anforderungen für die Entstehung eines Pfändungspfandrechts aufstellen; sie müssen dies aber keineswegs und sollten es nach hier vertretener Auffassung auch nicht tun. 38

b) **Die privatrechtliche Theorie** ist *abzulehnen.* Die Zwangsvollstreckung ist Ausübung staatlicher Zwangsgewalt (vgl. o. *§ 8 Rn. 5*). Daher kann ein ausschließlich privatrechtliches Pfandrecht nicht Grundlage der staatlichen Zwangsverwertung sein. 39

[19] Vgl. *Baur/Stürner/Bruns* Rn. 11.5f.; MünchKomm-ZPO/*Gruber* § 804 Rn. 16.

[20] Vgl. *Schwinge* S. 63ff.

[21] *Schwinge* S. 64.

[22] Im Ergebnis zustimm. *Bähr* KTS 1969, 1, 8f; *Gerhardt* S. 75ff.; Schuschke/Walker/*Walker* § 804 Rn. 6; *Stamm* S. 398; abl. *Brox/Walker* Rn. 383; *Baur/Stürner/Bruns* Rn. 27.12f.; *Gaul/Schilken/Becker-Eberhard* § 50 III 3b aa, § 22 II 1; MünchKomm-ZPO/*Gruber* § 804 Rn. 15f.; Musielak/Voit/*Flockenhaus* § 804 Rn. 5a, je m. w. N.

40 c) Dieser Vorwurf trifft **die öffentlichrechtliche Theorie** nicht, denn sie hält das Pfändungspfandrecht für ein öffentliches Recht. Indem sie das Pfändungspfandrecht mit jeder Verstrickung entstehen lässt, ihm dann aber nach der Mehrzahl ihrer Vertreter keine Aussage für die Zuordnung des Erlöses entnehmen will, legt sie einen Pfandrechtsbegriff zugrunde, der mit dem privatrechtlichen Pfandrechtsbegriff nicht zu vereinbaren ist.[23] Ein privatrechtliches Pfandrecht gewährt nämlich nicht nur das Recht, einen Gegenstand zu verwerten, sondern auch das Recht, den Erlös zu behalten[24] – Rechtsgrund des Behaltendürfens ist das Pfandrecht bzw. der mit ihm einhergehende Sicherungsvertrag und gerade nicht die gesicherte Forderung,[25] will man sich nicht in Widerspruch zur h. M. im Kreditsicherungsrecht setzen.[26] Für die Frage der Erlöszuordnung allgemein auf das materielle Recht zu verweisen, ist zudem kein eigenes dogmatisches Lösungsangebot, sondern insofern der Verzicht auf eine eigene „Theorie".[27] Das Pfändungspfandrecht hat so keine rechtliche Eigenbedeutung mehr,[28] sondern bestenfalls noch Symbolcharakter oder Darstellungswert.[29] Das ist nach der gegebenen Gesetzeslage zu wenig (vgl. o. *Rn. 13*). Für das Verhältnis mehrerer Gläubiger zueinander erschwert es der auf die Begründung des Pfandrechts abstellende Wortlaut des § 804 III, in das materielle Recht zu „flüchten"; das Festhalten an einem Pfandrecht, das mit jeder Verstrickung entsteht, führt aber gerade in diesem Verhältnis nicht immer zu überzeugenden Lösungen (vgl. o. *Rn. 30*). Bleibt die öffentlichrechtliche Theorie jedoch konsequent und lehnt materiellrechtliche Ausgleichsansprüche gegen den Gläubiger ab,[30] so ist sie wegen solcher Konsequenzen erst recht zu verwerfen.[31]

41 d) **Die gemischt privat-öffentlichrechtliche Theorie** kann in der Form, wie sie überwiegend vertreten wird, *nicht voll befriedigen.* Abzulehnen ist zunächst eine Unterscheidung zwischen Gesetzesverletzungen, die schon die Verstrickung, und solchen, die nur das Entstehen eines Pfändungspfandrechts verhindern (vgl. o. *Rn. 36, 38*). Missverständlich ist des Weiteren die Begründung, mit der diese Theorie erklärt, warum die Verstrickung Grundlage der Verwertung ist: Grundlage der Verwertung soll deshalb die Verstrickung sein, weil in ihr die Zwangsgewalt des Staates sinnfällig zum Ausdruck komme.[32] Gemeint ist offenbar nur, dass die Verwertung ebenso wie die Pfändung sich als Akte darstellen, die das Vollstreckungsorgan „kraft der ihm vom Gesetz gegebenen Macht"[33] vornimmt.[34] Schließlich fragt die gemischt privat-öffentlichrechtliche Theorie nicht primär danach, wem gegenüber mithilfe des Pfändungs-

[23] Vgl. *G. Lüke* AcP 153 (1954), 533, 547: „eine gewisse Inkonsequenz in der Konstruktion"; aus diesem Grund scharf ablehnend die Voraufl. *§ 16 Rn. 19:* Es handle sich um einen „inneren Widerspruch […], an dem die ganze Konstruktion zerbricht: Es gibt kein Pfandrecht, das eine Verwertungsbefugnis unabhängig vom Recht auf den Erlös gewährt."

[24] Vgl. die Darstellung in BGHZ 119, 75, 83.

[25] So aber Stein/Jonas/*Würdinger* § 804 Rn. 16–28; dagegen ausführlich Voraufl. *Rn. 23.*

[26] Vgl. Jauernig/*Berger* § 1191 Rn. 9 m. N.; *Stürner/Kern,* FS Kerameus, 2009, S. 1377, 1390f.; str.

[27] Vgl. *U. Huber* JuS 1972, 627, 628: inkonsequent.

[28] Vgl. *Rüßmann* ZZP 102 (1989), 398, 402.

[29] So deutlich *Baumann/Brehm* S. 290f.

[30] So in der Tat *Böhm;* vgl. auch *Bötticher* ZZP 85 (1972), 1, 14; *Gloede* MDR 1972, 291ff. und JR 1973, 99ff.; *Schünemann* JZ 1985, 49, 52ff.

[31] BGHZ 119, 75, 83f.

[32] RGZ 156, 395, 398.

[33] RGZ 153, 257, 261.

[34] Vgl. *Gaul* Rpfleger 1971, 1, 4, auch *A. Blomeyer* S. 822; BGHZ 66, 79, 81.

pfandrechts ein Erwerbsgrund oder rechtlicher Grund gerechtfertigt wird.[35] Dies ist zwar meist unschädlich, kann aber in manchen Gestaltungen Fragen aufwerfen (vgl. o. *Rn. 34*).

Trotz dieser Kritikpunkte verdient die gemischt privat-öffentlichrechtliche Theorie den Vorzug. Auf eine Differenzierung der Konsequenzen von Verfahrensfehlern kann die gemischt privat-öffentlichrechtliche Theorie ohne Weiters verzichten. Sie kommt in der überwiegenden Zahl denkbarer Fallgestaltungen zu überzeugenden Ergebnissen und vermag diese auch stimmig zu begründen. Der Wunsch, eine Theorie zu schaffen, die sich keiner Kritik ausgesetzt sieht, ist verständlich, seine Erfüllung aber hier wie anderswo im Recht unmöglich. 42

4. Das **Pfandrecht endet** mit dem Erlöschen der Pfändung.[36] Trotz Fortbestands der Verstrickung endet es nach der privatrechtlichen und der gemischt privat-öffentlichrechtlichen Theorie kraft seiner akzessorischen Natur, wenn der zu vollstreckende Anspruch untergeht (z. B. wenn der Schuldner nach der Pfändung freiwillig zahlt; vgl. auch o. *Rn. 27ff.*). 43

D. Das Prioritätsprinzip

Das Prioritätsprinzip (Präventionsprinzip) des § 804 II Hs. 2, III (vgl. o. *Rn. 22*) entspricht dem materiellen Recht (§§ 1209, 1273 II BGB).[37] Es kann zu Härten führen; denn der nur einen Tag später pfändende Gläubiger geht vielleicht leer aus, während der vorher pfändende Gläubiger volle Befriedigung erlangt. Daher findet sich in manchen ausländischen Rechten und im E 1931 eine andere Regelung: Alle Pfandrechte, die innerhalb eines bestimmten Zeitraums nach der ersten Pfändung begründet sind (z. B. nach dem E 1931 binnen 10 Tagen, nach schweizerischem Recht binnen 30 Tagen[38]), gewähren gleiche Rechte. So entstehen nacheinander Gruppen von Pfandrechten, innerhalb derer die einzelnen Rechte einander gleichstehen. Dies sorgt für eine anteilmäßige Befriedigung in der Gruppe, wenn der Erlös nicht für alle ausreicht. Für eine derartige Regelung spricht, dass der Zufall eines kleinen Vorsprungs sich nur an den „Gruppengrenzen“ auswirkt; sie bedeutete freilich zugleich das Ende des Pfändungspfandrechts im Sinne des geltenden Rechts.[39] 44

[35] Vgl. ausführlich Voraufl. Rn. 27ff. sowie *Bartels* AcP 221 (2021), 317ff.

[36] Vgl. *KG* MDR 1966, 515.

[37] Dazu *Chr. Berger* ZZP 121 (2008), 407.

[38] Art. 110, 111 Schweizer Bundesgesetz über Schuldbetreibung und Konkurs vom 11.4.1889, dazu etwa *Meier* ZZP 121 (2008), 427, 457.

[39] Vgl. *Gaul* Rpfleger 1971, 1, 6; ferner *Schlosser* ZZP 97 (1984), 130ff., der das Prioritätsprinzip für „wahrscheinlich“ verfassungswidrig [!] hält, aber letztlich auch keine rundum glatte, insbesondere zufallsfreie Lösung parat hat; gegen *Schlosser* eingehend *Stürner* ZZP 99 (1986), 291, 326ff.; vgl. auch u. *§ 36 Rn. 10*.

1. Kapitel. Die Zwangsvollstreckung in bewegliche Sachen

§ 17. Die Pfändung

A. Bewegliche Sachen

1 Was bewegliche Sache sind, bestimmt grundsätzlich das **bürgerliche Recht.** Dieser Grundsatz wird nach beiden Seiten hin **durchbrochen.** Noch nicht getrennte *Früchte* eines Grundstücks sind keine beweglichen Sachen und dennoch *pfändbar* (§ 810, vgl. u. *§ 22 Rn. 5*). *Grundstückszubehör* besteht zwar aus beweglichen Sachen, unterliegt aber – soweit es der hypothekarischen Haftung unterfällt (§ 865 I) – *nicht der Pfändung,* sondern der Immobiliarvollstreckung, § 865 II (vgl. u. *§ 22 Rn. 8*). Zahlreiche bewegliche Sachen sind *aus sozialen Gründen unpfändbar,* § 811 (vgl. u. *§ 32 Rn. 6ff.*). Zur Überpfändung vgl. u. *§ 32 Rn. 1,* zur Austauschpfändung vgl. u. *§ 32 Rn. 14.*

2 Nach den Vorschriften über die Pfändung beweglicher Sachen erfolgt auch die **Pfändung von Wertpapieren** im engeren Sinne, also Papieren, die Träger des Rechts sind und es verkörpern, so dass das Recht aus dem Papier dem Recht am Papier folgt (Inhaberpapiere), aber auch Rekta- und im Ergebnis auch Orderpapiere; zu nennen sind hier insbesondere Wechsel, §§ 821, 831, auch Verrechnungsschecks[1].[2] Dagegen werden bloße Legitimationspapiere, bei denen der Bestand des Rechts nicht von dem Papier abhängig ist, z. B. Sparbücher, zwar auch durch den Gerichtsvollzieher weggenommen (vgl. u. *§ 19 Rn. 49*), aber dies ist nur eine Hilfsvollstreckung, neben der die Pfändung der Forderung nach den dafür gegebenen Vorschriften (§ 829) bewirkt werden muss.[3] Miteigentumsanteile an im **Sammeldepot** verwahrten Wertpapieren (§ 6 I DepotG) oder **Globalurkunden** werden als „andere Vermögensrechte" nach § 857 I gepfändet und verwertet (vgl. u. *§ 20 Rn. 14*). Erst recht nicht der Sachpfändung unterliegt die Pfändung „dematerialisierter" Wertpapiere bzw. Wertrechte – was allerdings für die neuen „elektronischen Wertpapiere" nach dem Gesetzeswortlaut nicht ganz klar zu sein scheint.[4]

3 **Computerprogramme** („Software") sind keine Sachen und daher als solche an sich nicht pfändbar. Pfändbar nach den Regeln über die Sachpfändung ist der körperliche Datenträger (Festplatte, CD, USB-Stick etc.), auf dem ein Computerprogramm gespeichert ist, wenn sich die Unpfändbarkeit nicht ausnahmsweise aus § 811 ergibt.[5] Besteht an dem Computerprogramm ein Urheberrecht (§§ 2 I Nr. 1, 69a ff. UrhG), so steht das ausschließliche Verbreitungsrecht des Urhebers der Verwertung[6] infolge Erschöpfung (§ 69c Nr. 3 UrhG) regelmäßig nicht entgegen. Ist keine Erschöpfung des Verbreitungsrechts eingetreten, kann der Inhaber der Urheberrechte der Verwertung nach § 771 widersprechen.[7] Von der Pfändung des Datenträgers zu unterscheiden ist die Vollstreckung in das Urheberrecht und die Nutzungsrechte an Computerprogrammen, die nach § 857 und §§ 112ff. UrhG erfolgt. Kryptowährungen wie Bitcoins sind richtigerweise nicht Gegenstand der Sachpfändung, sondern können gemäß § 857 I gepfändet werden.[8]

---

[1] Zur Verwertung *LG Göttingen* NJW 1983, 635 m. N.

[2] Dazu *Becker* JuS 2005, 232; *Hollinger* MDR 2019, 520, 521ff.

[3] Str. ist, ob die Wegnahme schon vor der Forderungspfändung erfolgen darf, dafür Stein/Jonas/*Würdinger* § 821 Rn. 4; *Hollinger* MDR 2019, 520, 523; dabei handelt es sich nicht um eine „echte" Sachpfändung, sondern um eine „vorläufige Inbesitznahme" (in § 106 S 3 GVGA irreführend als „Hilfspfändung" bezeichnet), der eine Rechtspfändung folgen muss; vgl. auch u. § 19 Rn. 55f.).

[4] Zu „Kryptowährungen" (insbesondere Bitcoins): *Boehm/Pesch* MMR 2014, 75, 78; *Kütük/Sorge* MMR 2014, 643, 644; mit Bezug auf den Referentenentwurf für ein Gesetz über elektronische Wertpapiere a. A. *Kleinert/Mayer* EuZW 2020, 1059, 1064; *Sickinger/Thelen* AG 2020, 862, 865; der sachenrechtlichen Fiktion gegenüber kritisch *Lehmann* BKR 2020, 431, 433; *Preuße/Wöckener/Gillenkirch* BKR 2020, 551, 554ff.

[5] Stein/Jonas/*Würdinger* § 808 Rn. 4.

[6] Dazu Stein/Jonas/*Würdinger* § 808 Rn. 5.

[7] *Chr. Berger* AcP 201 (2001), 411, 442f.

[8] *Koch* DGVZ 2020, 85, 87f.; siehe auch *Badstuber* DGVZ 2019, 246, 251f.; *Boehm/Pesch* MMR 2014, 75, 78.

B. Gewahrsam des Schuldners

Der Gläubiger darf sich zwangsweise nur aus dem Vermögen des Schuldners befriedigen. Ob eine bewegliche Sache, die gepfändet werden soll, wirklich dem Schuldner gehört, prüft der Gerichtsvollzieher nicht, sonst würde die Vollstreckung aufgehalten oder gänzlich verhindert, auch wäre der Gerichtsvollzieher mangels voller juristischer Ausbildung nicht selten überfordert. Daher ist die Pfändung *ohne Prüfung* und Feststellung *des Eigentums* des Schuldners vorzunehmen und wirksam.[9] Es bleibt dem Eigentümer, der nicht der Schuldner ist, überlassen, gegen die Pfändung mit der Widerspruchsklage vorzugehen (vgl. o. *§ 13*). 4

Anders liegt es, wenn ohne weiteres ersichtlich ist, dass eine Sache nicht zum Vermögen des Schuldners gehört, z. B. Bücher mit Bibliotheksstempel, Transportgüter beim Frachtführer, Autos in Reparaturwerkstätten. Sie soll der Gerichtsvollzieher nicht pfänden.[10] Doch ist auch in diesem Fall die Pfändung wirksam, dem Eigentümer kann aber ein Schadensersatzanspruch gegen den Staat zustehen (vgl. o. *§ 13 Rn. 8*). 5

Eine *Ausnahme* besteht, wenn gegen den Schuldner als *Verwalter fremden Vermögens* (z. B. als Insolvenzverwalter oder Testamentsvollstrecker) vollstreckt wird. Dann muss geprüft werden, ob die zu pfändende Sache zum haftenden Vermögen gehört. 6

Voraussetzung der Vollstreckung ist also nicht das Eigentum des Schuldners. Notwendig und genügend ist vielmehr sein **Gewahrsam** an der zu pfändenden Sache, d. h. der *unmittelbare Besitz* im Sinne des BGB, sofern er mit tatsächlicher Gewalt verbunden ist. Ihn kann der Gerichtsvollzieher vor der Pfändung schnell prüfen. Daher unterliegen der Pfändung grundsätzlich alle Sachen, die sich in der tatsächlichen Herrschaft, d. h. im Gewahrsam des Schuldners befinden, § 808 I. 7

Es macht keinen Unterschied aus, ob es sich um Eigen- oder Fremdbesitz handelt (sie lassen sich ja äußerlich nicht unterscheiden). Der bloß mittelbare Besitz (§ 868 BGB) genügt dagegen nicht. Auch der Besitz des Erben, den § 857 BGB unabhängig von einer tatsächlichen Herrschaft fingiert, begründet in der Regel keinen Gewahrsam. Der Besitzdiener (§ 855 BGB) hat keinen Gewahrsam; dies ist freilich zweifelhaft, wenn sich der Besitzdiener äußerlich nicht vom Besitzer unterscheidet und tatsächlich die Sache beherrscht, z. B. der Reisende, der den Musterkoffer in seiner Wohnung aufbewahrt.[11] 8

Dementsprechend hat nur der Mieter Gewahrsam an den ihm mietweise überlassenen Sachen; daher können z. B. Sachen in vermieteten möblierten Zimmern, auch wenn sie dem Vermieter gehören, aufgrund eines Titels gegen diesen nicht nach § 808, sondern nur nach § 809 gepfändet werden (vgl. u. *Rn. 13ff.*). Juristische Personen und nichtrechtsfähige Vereine üben den Gewahrsam durch ihre Organe aus, sind also selbst Gewahrsamsinhaber als Besitzer.[12] Entsprechendes gilt für den Gewahrsam einer (Außen-)Gesellschaft bürgerlichen Rechts, bei OHG und KG. 9

Ehegatten und Lebenspartner, die *in Gemeinschaft* leben, haben in der Regel Mitgewahrsam am gemeinsam benutzten Hausrat. Wird bei Vollstreckung gegen einen von ihnen in Hausrat vollstreckt, könnte der andere nach § 766 vorgehen (vgl. u. *Rn. 14*). § 739 stellt jedoch im Umfang der – widerlegbaren[13] – materiellrechtlichen Eigentumsvermutung der § 1362 BGB, § 8 I LPartG die unwiderlegbare Vermutung 10

[9] BGHZ 80, 296, 298f.

[10] Vgl. *BGH* LM Nr. 2 zu § 808; § 71 II GVGA.

[11] Vgl. Stein/Jonas/*Würdinger* § 808 Fn. 14; *LG Frankfurt a. M.* NJW-RR 88, 1215f.

[12] *Cohen,* Organbesitz und Organgewahrsam, 2016, insbesondere S. 193ff.; a. A. *Braun* AcP 196 (1996), 557, 578ff.

[13] *BGH* NJW 1976, 238f.

auf, dass der jeweilige Schuldner alleiniger Gewahrsamsinhaber und Besitzer ist. Folglich kann der andere Ehegatte einer Vollstreckung in diese Sachen nicht nach §§ 766, 809 widersprechen.[14] Ihm bleibt, wenn er Eigentümer ist, nur die Widerspruchsklage, § 771; er muss dann die Vermutung des § 1362 I 1 BGB widerlegen.[15]

11 Der Gerichtsvollzieher prüft also nur, ob die Eheleute bzw. Lebenspartner zusammenleben (sonst gelten § 739, § 1362 BGB, § 8 I LPartG nicht) und einer von ihnen am Vollstreckungsobjekt Besitz oder Gewahrsam hat (Ausnahmen: § 1362 I 2, II BGB, § 8 I 2 LPartG und wenn die Vermutung des § 1362 BGB offensichtlich nicht zutrifft, z. B. Bücher mit Bibliotheksstempel versehen sind). § 739 gilt für den gesetzlichen Güterstand (Zugewinngemeinschaft) und die Gütertrennung, für die Gütergemeinschaft nur, wenn die Sache nicht zum Gesamtgut gehört (die Zugehörigkeit wird aber vermutet). Der Anwendungsbereich von § 739 ist nicht auf Pfändungen (§§ 808ff.) beschränkt, wie sich aus der Stellung dieser Vorschrift im Gesetz ergibt. So gilt § 739 z. B. auch bei der Vollstreckung nach §§ 883, 884.[16]

12 § 739 führt die Eigentumsvermutung der § 1362 BGB, § 8 LPartG im Vollstreckungsrecht fort. Beide Vorschriften knüpfen an einen Umstand (das Zusammenleben) an, der nach der Lebenserfahrung leicht und oft zu unlauteren Handlungen gegen den Gläubiger genutzt wird. Doch wendet sich das Gesetz nur gegen Eheleute und Lebenspartner, nicht auch gegen Partner nichtehelicher Gemeinschaften. Nichtverheiratete werden also gegenüber Eheleuten und Lebenspartnern bevorzugt. Das ist mit Art. 3 I, 6 I GG nur vereinbar, wenn die ungünstige Regelung entweder den Eheleuten und Lebenspartnern auch Vorteile bietet oder durch die besondere Situation der ehelichen bzw. partnerschaftlichen Lebensgemeinschaft gerechtfertigt ist.[17] An beidem fehlt es. § 739, § 1362 BGB, § 8 LPartG dienen allein dem Gläubigerschutz. Da eine verfassungskonforme Auslegung – Ausdehnung auf nichteheliche Gemeinschaften – angesichts von Wortlaut und Entstehungsgeschichte ausscheidet, sind die Vorschriften verfassungswidrig und nichtig.[18]

C. Gewahrsam des Gläubigers und Gewahrsam eines Dritten

13 1. **Sachen im Gewahrsam des Gläubigers selbst** können gepfändet werden, § 809. Ob der Gläubiger damit einverstanden sein muss, ist str., aber praktisch belanglos.

14 2. **Sachen im Gewahrsam eines Dritten,** also einer Person, die weder Gläubiger noch Schuldner ist,[19] können nur dann gepfändet werden, wenn der *Dritte zur Herausgabe bereit* ist, gleichgültig, ob die Sache dem Schuldner gehört oder nicht, § 809. Der Dritte muss also sein Einverständnis mit Pfändung und Wegnahme der Sache zwecks Verwertung erklärt haben; die bloße Duldung genügt nicht. Der Gerichtsvollzieher muss den Dritten befragen.[20] Infolge des Einverständnisses verliert der Dritte die Erinnerung und – bei Kenntnis seines Widerspruchsrechts – auch die Widerspruchsklage,[21] aber nicht die Klage aus § 805. Mitgewahrsam des Dritten neben dem Schuldner genügt für § 809. Dass der Dritte dem Gläubiger oder Schuldner gegenüber zur Herausgabe verpflichtet ist, berührt seine Rechte aus § 809 nicht (h. M.).

---

[14] *Brox* FamRZ 1981, 1125 m. N.; a. A. *Baur/Stürner/Bruns* Rn. 19.4, je m. N. Für Klausurbeispiele s. *Saenger/Pietsch* JA 2019, 735; *Heinemann/Kern,* Übungen im Bürgerlichen Recht, 2019, Fall 15.

[15] *Brox* FamRZ 1981, 1125, 1126.

[16] Stein/Jonas/*Münzberg* § 739 Rn. 19.

[17] Soergel/*Lange* § 1357 Rn. 2; auch BVerfGE 81, 1, 6ff. zur Schlüsselgewalt.

[18] *Brox* FamRZ 1981, 1125, 1127f. m. N.; str. Für eine wenig überzeugende „Gesamtbetrachtung" *LG Frankfurt/M.* NJW 1986, 729: Keine Ausdehnung auf Unverheiratete, da diesen sonst ein Nachteil wie Eheleuten zugefügt werde, ohne dass ihnen die mit der Eheschließung verbundenen Vorteile zukämen.

[19] Ausführlich zum Dritten in der Zwangsvollstreckung *Petersen* Jura 2017, 1400.

[20] *BGH* NJW-RR 2004, 352, 353.

[21] *BGH* NJW 1978, 1053; str.

Eine prozessrechtliche Verpflichtung zur Bereitschaft besteht nicht. Wieweit der Dritte sich durch sein Einverständnis dem Schuldner gegenüber haftbar macht, richtet sich nach dem Rechtsverhältnis, aufgrund dessen er die Sache besitzt. Der Dritte wird in der Regel nicht zur Herausgabe bereit sein, weil die Vollstreckung gegen sein eigenes Interesse verstößt (z. B. kann der Mieter das möblierte Zimmer nach Wegschaffung der Möbel nicht mehr benutzen) oder gegen das Interesse des Schuldners, das er vertragsmäßig zu wahren hat, z. B. als Verwahrer. 15

Ist der Dritte nicht zur Herausgabe bereit, so kann der Gläubiger den Herausgabeanspruch des Schuldners gegen den Dritten pfänden und sich überweisen lassen (§§ 846f., vgl. u. *§ 20 Rn. 10;* eine Sicherung durch Vorpfändung, § 845, ist möglich, vgl. u. *§ 19 Rn. 55f.*) – ein umständliches, oft langwieriges Verfahren, weil der Dritte, sofern er jetzt nicht die Sache freiwillig an den Gerichtsvollzieher herausgibt, vom Gläubiger auf Herausgabe an den Gerichtsvollzieher verklagt werden muss. 16

Ein **Verstoß gegen § 808,** der nur in der Beurteilung des Gewahrsams besteht, **oder** gegen **§ 809** macht die Pfändung nicht gänzlich unwirksam, sondern begründet nach h. M. lediglich kein Pfandrecht (dagegen vgl. o. *§ 16 Rn. 36, 38*), rechtfertigt aber jedenfalls die **Erinnerung** nach § 766. Die Pfändung stellt keine verbotene Eigenmacht dar. 17

Ein **Verfolgungsrecht des Gerichtsvollziehers** besteht nicht. § 809 ist daher auch einschlägig, wenn die bereits beim Schuldner gepfändete Sache ohne Zustimmung des Gerichtsvollziehers oder des Gläubigers in den Gewahrsam eines Dritten gelangt.[22] Die Wegnahme zum Zwecke der Versteigerung ist nur mit Einverständnis des Dritten zulässig. Die durch die Pfändung beim Schuldner erfolgte Verstrickung verschafft dem Gerichtsvollzieher keinen von der Person des Gewahrsamsinhabers unabhängigen Herausgabeanspruch; gegen den Drittgewahrsamsinhaber bestehen keine hoheitlichen Zugriffsrechte. Ihm gegenüber liegen die Voraussetzungen der Zwangsvollstreckung nicht vor, insbesondere hat der Gläubiger keinen Vollstreckungstitel gegen den Dritten. Der Gerichtsvollzieher darf die gepfändete Sache dem Dritten daher nicht einfach wegnehmen. Vielmehr muss der Gläubiger gegen den Dritten auf der Grundlage des (fortbestehenden) Pfändungspfandrechts (§ 804 II; §§ 1227, 985, 823 I BGB) auf Herausgabe an den Gerichtsvollzieher klagen.[23] Dieser Weg ist zuweilen umständlich und mag einem gerissenen Schuldner – ggf. im kollusiven Zusammenwirken mit dem Dritten – die Möglichkeit eröffnen, die Zwangsvollstreckung zu erschweren. Es fehlt aber an einer gesetzlichen Grundlage für eine effizientere Lösung. Die Rechtslage ist ohnehin nicht anders als habe der Schuldner die Sache schon *vor* der Pfändung in den Drittgewahrsam gegeben. 18

D. Die Durchführung der Pfändung

1. Der Gerichtsvollzieher hat die Sache **in Besitz** zu **nehmen,** § 808 I; er muss also dem Schuldner die tatsächliche Gewalt entziehen und sie selbst erlangen. 19

2. Die Inbesitznahme (vgl. o. *Rn. 19*) geschieht entweder durch *Wegschaffen* der Sachen (dann besteht eine Pflicht zu sorgfältiger Verwahrung, Einzelheiten regelt die GVGA) *oder* durch deren *Verbleib im Schuldnergewahrsam* (zur Konstruktion, vgl. u. *Rn. 27*), *nachdem* die *Besitzergreifung ersichtlich* gemacht ist, z. B. durch Anbringung von Siegeln oder einer Pfandanzeige, und zwar in der Regel an den Sachen selbst (vgl. § 82 I, II GVGA). 20

Erforderlich ist eine gewisse Auffälligkeit, denn es soll damit auch einer Veräußerung an einen gutgläubigen Dritten vorgebeugt werden (vgl. u. *Rn. 27*); zugleich muss erkennbar werden, welche Sache gepfändet 21

---

[22] Stein/Jonas/*Würdinger* § 808 Rn. 49; a. A. *Jauernig* in der 21. Aufl. dieses Buches, S. 80.

[23] Vgl. *BGH* NJW-RR 2004, 352, 353 für den Fall des zum Zeitpunkt der Pfändung bereits bestehenden, vom Gerichtsvollzieher nicht erkannten Drittgewahrsams.

ist. Daher bedarf es bei der Pfändung von Teilen eines Warenlagers oder Vorrats zuerst einer tatsächlichen Aussonderung und danach der Kenntlichmachung.[24]

22 Ohne Inbesitznahme (§ 808 I) oder Kenntlichmachung (§ 808 II) ist die Pfändung *nichtig.* Die Nichtigkeit wird auch nicht durch spätere Wegschaffung und Versteigerung geheilt. Dagegen beeinträchtigen die unbefugte Beseitigung oder das Abfallen der Pfandzeichen nicht die Wirksamkeit der Pfändung.[25]

23 Die *Wegschaffung* ist die *Ausnahme.* Sie muss erfolgen bei Geld, Kostbarkeiten und Wertpapieren, § 808 II (für Wechsel vgl. § 831). Hier erfordert die Wegschaffung meist keine besonderen Vorkehrungen; andererseits ist die Gefahr, dass der Schuldner diese Gegenstände beiseiteschafft, besonders groß. Ausnahmen sind aber zulässig bei Einwilligung des Gläubigers oder wenn die Wegschaffung schwierig oder gefährlich wäre (z. B. bei großen Kunstgegenständen oder wertvollen Sammlungen). Andere Sachen sind wegzuschaffen, wenn durch ihre Belassung beim Schuldner die Befriedigung des Gläubigers gefährdet wird, § 808 II, insbesondere wenn zu befürchten ist, dass der Schuldner oder ein Dritter die Sache beiseiteschafft oder wenn bei weiterer Benutzung durch den Schuldner – die an sich erlaubt ist – die Gefahr einer Beschädigung der Sache besteht (so in der Regel bei Kraftfahrzeugen, vgl. § 107 GVGA).

24 Der Gerichtsvollzieher hat den Schuldner von der Pfändung in Kenntnis zu setzen, § 808 III. Das Unterbleiben macht aber die Pfändung nicht unwirksam. – Zur Anwesenheit des Gläubigers vgl. o. *§ 8 Rn. 13.*

25 3. § 806a weist dem Gerichtsvollzieher bei ganz oder teilweise erfolgloser Sachpfändung weitere Aufgaben zu. Erfährt er durch Befragen des Schuldners oder beiläufig aus Schriftstücken (z. B. einem Sparbuch) von Forderungen des Schuldners gegen Dritte, so teilt er das detailliert dem Gläubiger mit (§ 806a I). Ist der Schuldner bei der (versuchten) Pfändung abwesend, so kann der Gerichtsvollzieher die zum Hausstand des Schuldners gehörenden Erwachsenen (nur) nach dem Arbeitgeber des Schuldners befragen, wenn er ihnen zuvor gesagt hat, dass sie keine Auskunft geben müssen; was der Gerichtsvollzieher erfährt, teilt er dem Gläubiger mit (§ 806a II). Diese Möglichkeiten, Forderungen als Vollstreckungsobjekte zu entdecken, sollten Gläubiger häufiger veranlassen, den Gerichtsvollzieher vorsorglich mit einer Vorpfändung, § 845, zu beauftragen (vgl. u. *§ 19 Rn. 55f.*).

26 Bei fruchtloser Sachpfändung kann der Gerichtsvollzieher nach Maßgabe von § 802b eine Zahlungsfrist einräumen oder Ratenzahlung gestatten, vgl. o. *§ 8 Rn. 11.*

E. Besitzlage

27 Im Falle der tatsächlichen Wegnahme wird der Gerichtsvollzieher unmittelbarer Besitzer. Belässt der Gerichtsvollzieher die Sachen im Gewahrsam des Schuldners, so wird dieser **durch Wiedereinräumung** der tatsächlichen Gewalt unmittelbarer **Fremdbesitzer** (nicht nur Besitzdiener).[26] Der Gerichtsvollzieher (strenggenommen: durch ihn der Staat) ist mittelbarer Fremdbesitzer erster Stufe, der Gläubiger mittelbarer Fremdbesitzer zweiter Stufe,[27] der Schuldner mittelbarer Eigenbesitzer dritter Stufe. Veräußert der Schuldner, also der unmittelbare Besitzer, die Pfandsache, so ist sie nicht abhandengekommen (§ 935 BGB), Erwerb vom Nichtverfügungsberechtigten also möglich (§§ 136, 135, 936 BGB; vgl. o. *§ 16 Rn. 10*). – Schafft der Gerichtsvollzieher die Sachen fort, so bleibt er unmittelbarer Fremdbesitzer, der Gläubiger ist mittelbarer Fremdbesitzer erster Stufe, der Schuldner mittelbarer Eigenbesitzer zweiter Stufe.

---

[24] Vgl. *OLG Stuttgart* NJW 1959, 992.
[25] Vgl. RGZ 161, 109, 114.
[26] H. M., vgl. BGHSt 16, 330, 332.
[27] RGZ 118, 276, 277.

F. Anschlusspfändung

Die **Pfändung** bereits **gepfändeter Sachen** *durch einen anderen Gläubiger* (oder für denselben wegen einer anderen Forderung) *erfolgt durch* **Anschlusspfändung,** § 826. Da hier eine nochmalige Besitzergreifung durch den Gerichtsvollzieher nicht in Betracht kommt, genügt die ins Protokoll aufzunehmende Erklärung des Gerichtsvollziehers, dass er die Sache für den Auftraggeber pfände. Jedem vorher pfändenden Gerichtsvollzieher ist die Anschlusspfändung mitzuteilen, § 826 II (wichtig wegen der Verteilung des Erlöses, vgl. u. *§ 21*). 28

Die Anschlusspfändung setzt voraus, dass die Erstpfändung nach außen hin wirksam, z. B. ein Pfandsiegel ordnungsgemäß angebracht ist. Das kann und muss der Gerichtsvollzieher prüfen, mehr nicht (also nicht, ob z. B. bei der Erstpfändung der Titel zugestellt war).[28] 29

Der Anschlusspfandgläubiger erlangt die volle Stellung eines Pfändungspfandgläubigers. Daher hat er auch das Recht, selbständig die Vollstreckung weiter zu betreiben, z. B. auch wenn der erste Pfandgläubiger Stundung bewilligt hat. Er wird aber erst nach dem vorgehenden Gläubiger aus dem Erlös befriedigt. In der Regel verwertet der Gerichtsvollzieher der ersten Pfändung (§ 827). Über die Verteilung des Erlöses, vor allem wenn der Erlös nicht für alle Gläubiger ausreicht und Streit über die Verteilung entsteht, vgl. u. *§ 21.* Fällt das vorgehende Pfandrecht fort, so wirkt die Anschlusspfändung wie eine Erstpfändung. Daher kann sie – entgegen § 803 II – auch dann vorgenommen werden, wenn ein Überschuss des Erlöses nach Deckung des vorhergehenden Gläubigers nicht zu erwarten ist.[29] 30

§ 18. Die Verwertung

Literatur: *G. Lüke,* Die Übereignung der gepfändeten Sache durch den Gerichtsvollzieher, ZZP 67 (1954), 356; *ders.,* Die Versteigerung der gepfändeten Sache durch den Gerichtsvollzieher, ZZP 68 (1955), 341; *Paulus,* Schranken des Gläubigerschutzes aus relativer Unwirksamkeit, FS Nipperdey, 1965, Bd. I, S. 909. Weiteres Schrifttum o. *§ 16.*

A. Die Verwertung als zweiter Akt der Vollstreckung

Durch die Pfändung allein wird der Gläubiger nicht befriedigt, denn er hat auf seine Forderung (noch) kein Geld erhalten. *Zwangsweise* kann es ihm nur durch Verwertung der gepfändeten Sache verschafft werden. Daher sieht das Gesetz die Verwertung als zweiten Akt der Vollstreckung vor. 1

In der Praxis kommt es aufgrund des Pfändungsauftrags in weniger als 1 % aller Fälle zur Verwertung der Pfandsache durch Versteigerung.[1] Zumeist zahlt der Schuldner unter dem Eindruck der Pfändung, also „freiwillig". Zur Erleichterung kann der Gerichtsvollzieher Ratenzahlung verbunden mit Verwertungsaufschub bewilligen; der Gläubiger kann das durch ausdrückliche Erklärung von vornherein verhindern oder nachträglich mit der Folge widersprechen, dass der Verwertungsaufschub endet (§ 802b II, III; vgl. o. *§ 8 Rn. 11*). Eine Verwertungsaussetzung durch das Gericht gegen den Willen des Gläubigers (vgl. § 813b a. F.) ist nicht mehr möglich.[2] 2

B. Verwertung von Bargeld

Einfach gestaltet sich die Verwertung, wenn bares Geld gepfändet ist; es ist *an den Gläubiger abzuliefern,* § 815 I (natürlich nach Abzug der Vollstreckungskosten). 3

---

[28] Stein/Jonas/*Würdinger* § 826 Rn. 8; a. A. *Gaul/Schilken/Becker-Eberhard* § 51 IV 2: Voraussetzung sei eine nicht nur anscheinend, sondern wirklich wirksame Pfändung. Zur Frage der Schuldneridentität bei Erst- und Anschlusspfändung *Gerlach* ZZP 89 (1976), 294ff.

[29] *Brehm* DGVZ 85, 65ff., h. M.; a. A. *Wieser* ZZP 98 (1985), 432f.

[1] *Seip* NJW 1994, 352.

[2] Kritisch *Seip* JürBüro 2006, 570; *ders.* DGVZ 2006, 1, 5; *Hergenröder* DGVZ 2010, 206.

4 Nicht im Inland als Währung geltendes Geld fällt nicht unter § 815; der Gerichtsvollzieher kann im Inland geltende Banknoten und Münzen umwechseln und diese abliefern (für Banknoten vgl. § 821).

5 Das Geld ist zu *hinterlegen,* wenn dem Gerichtsvollzieher ein an dem Geld bestehendes, die Veräußerung hinderndes Recht eines Dritten glaubhaft gemacht wird, § 815 II 1 (damit der Dritte nicht durch sofortige Ablieferung des Geldes um die Widerspruchsklage gebracht wird). Im Fall der Hinterlegung wird deutlich, dass allein mit der Wegnahme (Pfändung) des Geldes der Gläubiger weder Befriedigung seiner Forderung noch Eigentum am Geld erlangt hat. Das gilt auch dann, wenn eine Hinterlegung nicht erforderlich ist, doch bestimmt § 815 III, dass in diesem Fall die Wegnahme durch den Gerichtsvollzieher als Zahlung seitens des Schuldners gilt. Diese Bestimmung regelt – weil der Gläubiger weder befriedigt noch Eigentümer des Geldes ist – lediglich die *Gefahrtragung:* Wenn der Gerichtsvollzieher das Geld verliert oder unterschlägt, kann der Gläubiger nicht noch einmal Leistung fordern.[3] Ist das Geld zu hinterlegen, dann geht die Gefahr nicht über, § 815 III; bei Verlust des Geldes muss der Schuldner erneut leisten.

6 Der Gläubiger wird in jedem Falle erst mit der *Ablieferung des Geldes* an ihn **Eigentümer** des Geldes. Bis dahin gehört das Geld noch dem bisherigen Eigentümer, also dem Schuldner oder einem Dritten. Deshalb sind Anschlusspfändung und Widerspruchsklage bis zur Ablieferung möglich.

7 Befriedigt wird der Gläubiger nur, wenn das Geld dem Schuldner gehörte,[4] also nicht, wenn ein Dritter (bis zur Ablieferung) Eigentümer des Geldes war. Zum Bereicherungsanspruch des Dritten vgl. u. *Rn. 25.*

C. Die öffentliche Versteigerung beweglicher Sachen

8 Als normaler Verwertungsakt ist bei *beweglichen Sachen* die **öffentliche Versteigerung** durch den Gerichtsvollzieher vorgesehen, § 814 I. Die öffentliche Versteigerung kann seit 5.8.2009 nach Wahl des Gerichtsvollziehers *vor Ort* oder *über eine Versteigerungsplattform im Internet* geschehen, § 814 II.[5]

9 Für die **Versteigerung vor Ort** (§ 814 II Nr. 1) bestimmt der Gerichtsvollzieher im Bezirk des Vollstreckungsgerichts (§ 764) einen Versteigerungsort, wenn nicht Gläubiger und Schuldner sich anderweit einigen (§ 816 II) oder eine andere Verwertungsart angeordnet wurde (§ 825). Die Präsenzversteigerung soll in der Regel nicht vor Ablauf einer Woche seit der Pfändung erfolgen, § 816 I. Die Frist wird gewährt, um dem Schuldner die Zahlung und einem Dritten die Widerspruchsklage zu ermöglichen. Ein Verstoß gegen § 816 I macht die Versteigerung nicht unwirksam, ist aber Verletzung einer Amtspflicht durch den Gerichtsvollzieher (Art. 34 GG, § 839 BGB).

Zeit, Ort und Objekt der Präsenzversteigerung sind öffentlich bekanntzumachen, § 816 III. Bei der Versteigerung dürfen Gläubiger und Schuldner mitbieten, § 816 IV; § 1239 I 1 BGB, dagegen nicht der Gerichtsvollzieher oder seine Gehilfen, § 450 I BGB. Das Gebot des Schuldners kann zurückgewiesen werden, wenn er den Betrag nicht sofort oder bis zum Ende der Versteigerung zahlt, § 816 IV; § 1239 I 2 BGB.

---

[3] Eckpfeiler/*Kern* Rn. J 23.

[4] Stein/Jonas/*Würdinger* § 815 Rn. 19 Fn. 54 m. w. N.; Musielak/Voit/*Flockenhaus* § 815 Rn. 4.

[5] Gesetz über die Internetversteigerung in der Zwangsvollstreckung, BGBl. 2009 I 2474.

Zur Durchführung der **Internetversteigerung** (§ 814 II Nr. 2) betreiben alle Länder eine Online-Versteigerungsplattform unter http://www.justiz-auktion.de. Auf die Internetversteigerung passen die Vorschriften in § 816 II, III nicht und finden deshalb keine Anwendung, § 816 V. Die näheren Bestimmungen zur Versteigerungsplattform, Beginn, Ende und Abbruch des Versteigerungsverfahrens und die Versteigerungsbedingungen werden durch – weitestgehend inhaltsgleiche – Rechtsverordnungen der Länder festgelegt, § 814 III. 10

Gemäß § 817 I 3, § 156 S. 2 BGB erlöschen Gebote mit Schluss der Versteigerung und vor allem durch Abgabe eines Übergebots. Der Meistbietende hat kein Recht auf den Zuschlag (vgl. § 156 S. 2 BGB), erhält ihn aber in der Regel. Zum Schutz des Schuldners gegen Verschleuderung der gepfändeten Sachen ist als *Mindestgebot* die Hälfte des Verkaufswertes vorgeschrieben (§ 817a I). Ein Verstoß gegen diese Schutzvorschrift macht weder Zuschlag noch Eigentumserwerb des Erstehers unwirksam.[6] 11

Die Ablieferung der Sache an den Ersteher darf nur gegen Barzahlung erfolgen, § 817 II, die Abnahme hat vor Ort in der Regel im Versteigerungstermin zu geschehen (sonst § 817 III). Wird bei der Internetversteigerung die zugeschlagene Sache an den Bieter versendet,[7] stellt sich die Frage der Gefahrtragung, die § 6 I der Besonderen Verkaufsbedingungen der Justiz-Auktion (DE) in Anlehnung an § 447 BGB dahin beantwortet, dass mit der Absendung an den Erwerber, spätestens mit Verlassen des Lagers die Gefahr auf den Erwerber übergeht. Die Versteigerung ist einzustellen, sobald der Erlös ausreicht, § 818 (ergänzt das Verbot der Überpfändung, § 803 I 2; vgl. o. *§ 1 Rn. 44* und u. *§ 32 Rn. 1*). 12

D. Die drei Hauptstadien der Verwertung durch Versteigerung

Drei Hauptstadien der Verwertung sind zu unterscheiden: 13

1. der **Eigentumserwerb des Erstehers** *an der versteigerten Sache,*
2. der **Gefahrübergang** auf den Vollstreckungsgläubiger,
3. der **Eigentumserwerb des Vollstreckungsgläubigers** *am Erlös.*

I. Der Eigentumserwerb des Erstehers

Der Versteigerungsvorgang gliedert sich in *Gebot* und *Zuschlag* sowie die *Eigentumsübertragung.* Bei der Versteigerung vor Ort (§ 814 II Nr. 1) soll dem Zuschlag ein dreimaliger Aufruf vorausgehen, § 817 I 1. Diese Voraussetzung und der Zuschlag entsprechen den tatsächlichen Bedingungen bei einer Versteigerung im Internet (§ 814 II Nr. 2) nicht. Der Zuschlag ist hier derjenigen Person erteilt, die am Ende der Bietzeit das höchste zulässige Gebot abgegeben hatte, § 817 I 2 Hs. 1; die spätere Zuschlagsnachricht (§ 817 I 2 Hs. 2) ist bloße Mitteilung. 14

Durch *Gebot und Zuschlag* kommt ein kaufähnlicher öffentlichrechtlicher Vertrag zustande, der den *Rechtsgrund für* die nachfolgende *Eigentumsübertragung* bildet.[8] Weder dieser Vertrag noch allein der Zuschlag verschafft also dem Ersteher schon das Eigentum (anders der Zuschlag nach § 90 ZVG, vgl. u. *§ 24 Rn. 33*). 15

---

[6] Str.; a. A. Stein/Jonas/*Würdinger* § 817 Rn. 23 bei Nichteinhaltung eines bekanntgegebenen Mindestgebots.

[7] Zur Amtspflicht ordnungsgemäßer Verpackung *LG Magdeburg* MMR 2012, 304.

[8] *Gaul/Schilken/Becker-Eberhard* § 53 III 1a m. N., BGHZ 119, 75, 78f., h. M.; vgl. § 817 I mit § 156 S. 1 BGB; a. A. *Gaul,* GS Arens, 1993, S. 110ff.: Das Gebot sei Antrag auf Vornahme des Zuschlags; dieser und die Eigentumszuweisung seien jeweils einseitige Hoheitsakte des Gerichtsvollziehers.

16 Der Ersteher erwirbt durch Gebot und Zuschlag einen öffentlichrechtlichen Anspruch auf Eigentumserwerb, bei dessen Nichterfüllung nicht auf Erfüllung geklagt, sondern nur Erinnerung gemäß § 766 eingelegt werden kann. *Gewährleistungsansprüche* wegen Rechts- oder Sachmängeln sind *ausgeschlossen,* § 806. § 445 BGB gilt hier nicht.

17 Dass das Grundgeschäft bei der Internetversteigerung (§ 814 II Nr. 2) durch den gemäß § 817 I 2 fingierten hoheitlichen Zuschlag zustande kommt (vgl. o. *Rn. 14*), unterscheidet es von denjenigen Verträgen, die unter äußerlich gleichen Umständen auf einer privatrechtlich betriebenen Internetplattform (z. B. www.ebay.de) geschlossen werden; anders als bei der Versteigerung nach § 817 I 3, § 156 BGB kommt hier durch Angebot und (vorweggenommene) Annahme ein Kauf gegen Höchstgebot zustande,[9] der überdies uneingeschränkt dem Gewährleistungsrecht unterliegt.

18 Nicht nur das Rechtsgrundgeschäft gehört dem öffentlichen Recht an, auch die *Eigentumsübertragung* durch den Gerichtsvollzieher auf den Ersteher ist öffentlichrechtlicher Natur. Sie erfolgt durch *Ablieferung* der Sache an den Ersteher; das erfordert einen entsprechenden Willen auf beiden Seiten und die Übergabe des Besitzes. Die Ablieferung ist also ein eigentumsübertragender, d. h. *privatrechtsgestaltender Staatsakt,* den der Gerichtsvollzieher kraft staatlicher Gewalt vornimmt. Daher vollzieht sich der Eigentumserwerb weder nach §§ 929ff. BGB noch nach den Regeln des privaten Pfandverkaufs (§§ 1228ff. BGB). Das entspricht der heute herrschenden Auffassung, wonach die Zwangsvollstreckung insgesamt, also auch die Verwertung, eine hoheitliche Tätigkeit (hier: des Gerichtsvollziehers) darstellt (vgl. o. *§ 16 Rn. 16, 39*).

19 Die Eigentumsübertragung geschieht in Ausübung staatlicher Vollstreckungsgewalt. Sie ist daher nur wirksam, wenn die Sache aufgrund der Pfändung (noch) verstrickt ist. Ein Pfändungspfandrecht des Gläubigers muss nach h. M. nicht bestehen (vgl. o. *§ 16 Rn. 16, 20, 24, 28*). Ist die Pfändung und damit auch die Verstrickung nichtig, so erwirbt der Ersteher folglich kein Eigentum.[10] Die privatrechtliche Theorie will den Ersteher entsprechend § 1244 BGB Eigentum erwerben lassen.[11] Der h. M. ist zu folgen, weil ohne wirksame Pfändung für die staatliche Zwangsverwertung jede Grundlage fehlt.

20 Ist die Pfändung zwar fehlerhaft, aber wirksam, so erwirbt der Ersteher die Pfandsache, sofern die wesentlichen Versteigerungsvorschriften eingehalten worden sind (die Versteigerung muss ein hierzu Befugter öffentlich vornehmen). Unerheblich ist nach h. M. insbesondere, dass dem Gläubiger kein Pfändungspfandrecht zusteht oder dem Schuldner die Pfandsache nicht gehört oder dass sie unpfändbar ist. Für den Eigentumserwerb unbeachtlich sind ferner Verstöße gegen die bloße Ordnungsmäßigkeit der Versteigerung sowie Willensmängel und fehlende Prozessfähigkeit aufseiten des Erwerbers. Auf den guten Glauben des Erwerbers kommt es nicht an, §§ 932, 1244 BGB sind unanwendbar.[12]

---

[9] BGHZ 149, 129, 133.

[10] Vgl. *Baur/Stürner/Bruns* Rn. 29.7.

[11] *Bruns/Peters* S. 159 m. N.

[12] So *Baur/Stürner/Bruns* Rn. 29.7; *Blomeyer* II § 49 V; *G. Lüke* ZZP 67 (1954), 365, 370f. und 68 (1955), 341, 352f.; Stein/Jonas/*Würdinger* § 817 Rn. 21–26; RGZ 156, 395, 397ff. gegen früher; BGHZ 100, 95, 98. Krit. *Paulus* S. 918ff.; *Henckel,* Prozessrecht und materielles Recht, 1970, S. 316ff.; *Marotzke* NJW 1978, 133ff. Weitere Nachweise in BGHZ 119, 75, 76f.

Weiß allerdings der Ersteher, dass die Pfandsache nicht dem Schuldner, sondern einem Dritten gehört, so kann bei Hinzutreten besonderer Umstände das Eigentum nach § 826 BGB an den vormals Berechtigten zurückzuübertragen sein.[13] 21

II. Der Gefahrübergang auf den Vollstreckungsgläubiger

Die Empfangnahme des Erlöses durch den Gerichtsvollzieher gilt als Zahlung seitens des Schuldners, § 819. Das bedeutet – wie bei der Pfändung von Geld (vgl. o. *Rn. 3ff.*) – zunächst einmal, dass der Gläubiger seine Forderung noch behält und kein Eigentum am Geld erwirbt. Daher ist zu fragen, ob er oder der Schuldner die Gefahr trägt, dass der Gerichtsvollzieher das Geld nicht abliefert. § 819 bürdet dem Gläubiger die Gefahr auf, enthält also wie § 815 III (vgl. o. *Rn. 5*) eine Gefahrtragungsregel.[14] Deshalb kann der Gläubiger vom Schuldner nicht nochmals Zahlung verlangen, wenn der Gerichtsvollzieher das Geld unterschlägt oder verliert. Lediglich ein Staatshaftungsanspruch wegen Verletzung einer Amtspflicht durch den Gerichtsvollzieher kann gegeben sein, Art. 34 GG, § 839 BGB. 22

III. Der Eigentumserwerb am Erlös

Zahlt der Ersteher an den Gerichtsvollzieher, so tritt der *Erlös an die Stelle der gepfändeten Sache,* d. h. er gehört dem bisherigen Eigentümer der Sache, er unterliegt der Verstrickung, und an ihm steht dem Gläubiger ein Pfändungspfandrecht (nicht schon das Eigentum!) zu, soweit ihm der Erlös gebührt; erst mit der Ablieferung des Erlöses an den Gläubiger erwirbt dieser das Eigentum am Erlös und ist – sofern ihm der Erlös gebührt (vgl. u.) – *befriedigt.* 23

Das ist praktisch wichtig, weil somit noch bis zur Ablieferung Widerspruchsklage und Anschlusspfändung möglich sind (vgl. o. *Rn. 6*). 24

Der Gerichtsvollzieher hat den Erlös an den Gläubiger nach Abzug der Kosten abzuführen (bei mehreren Gläubigern in der Reihenfolge der Pfändungen), ein Überschuss ist dem Schuldner auszuhändigen. Die Pflicht zur Auszahlung ist eine öffentlichrechtliche. Der Gläubiger hat *keinen klagbaren Anspruch gegen den Gerichtsvollzieher,* sondern nur die Erinnerung nach § 766, danach die sofortige Beschwerde nach § 793, vgl. o. *§ 11 Rn. 15ff.*

Die Auszahlung ist eine staatliche Verfügung über den Erlös. Durch sie wird der Gläubiger Eigentümer des Geldes, gleichgültig, ob ihm ein Pfändungspfandrecht zustand oder ob dem Schuldner die Pfandsache (und damit der Erlös) gehörte. Der gute Glaube des Gläubigers spielt keine Rolle. Aber: Gehörte die Pfandsache und daher auch der Erlös einem Dritten, so besaß der Gläubiger kein Recht auf den Erlös (vgl. o. *§ 16 Rn. 25*). Er hat das Geld ohne rechtlichen Grund erlangt und ohne dass sein vollstreckbarer Anspruch durch die Zahlung aus fremdem Gut erloschen wäre.[15] Deshalb kann der Dritte von ihm nach § 812 I 1 Alt. 2 BGB Herausgabe des Erlangten fordern.[16] 25

---

[13] Stein/Jonas/*Würdinger* § 817 Rn. 21; Beispiel nach *Bruns/Peters* S. 158: G lässt einen, wie er weiß, dem S nur in Verwahrung gegebenen, wertvollen Teppich pfänden und ersteigert ihn. Für Unwirksamkeit des Erwerbs im Falle der Bösgläubigkeit *Klein,* Der zwangsvollstreckungsrechtliche Erwerb schuldnerfremden Eigentums im Lichte der Art. 14 und 19 Abs. 4 GG, Diss. Heidelberg 2020.

[14] RGZ 156, 395, 399.

[15] *G. Lüke* AcP 153 (1954), 533, 543f.

[16] BGHZ 119, 75, 83f. m. N., st. Rspr.; vgl. o. *§ 13 Rn. 6.*

E. Andere Formen der Verwertung

26 Neben der Versteigerung gibt es noch andere Möglichkeiten der Verwertung.

27 Gepfändete *Wertpapiere,* die einen Börsen- oder Marktpreis haben, sind nicht zu versteigern, sondern vom Gerichtsvollzieher zum Tagespreis freihändig zu verkaufen, § 821. Vgl. ferner § 817a III 2.

28 Vor allem kann auf (begründeten) Antrag von Gläubiger oder Schuldner eine **andere Art der Verwertung** angeordnet werden, **§ 825.** Der **Gerichtsvollzieher** entscheidet über die Verwertung an einem anderen Ort (als § 816 II sagt) und über die Verwertung in anderer Weise (§ 825 I; Rechtsbehelf: § 766), ausgenommen die Versteigerung durch einen Nicht-Gerichtsvollzieher, die vom Vollstreckungsgericht (durch den Rechtspfleger, § 20 Nr. 17 RPflG; Rechtsbehelf: § 793, § 11 I RPflG) angeordnet werden muss (§ 825 II). Der Gerichtsvollzieher kann z. B. den freihändigen Verkauf durch sich oder einen Dritten (etwa einen Kunsthändler oder -auktionator) anordnen. Praktisch besonders wichtig ist die Eigentumszuweisung an eine bestimmte Person (Gläubiger oder Dritten) zu einem bestimmten Preis im Einverständnis mit dieser Person (also keine „Zwangsüberweisung", wie sie bis zum 31. 12. 1998 das Vollstreckungsgericht vornehmen konnte[17]). Wird die Pfandsache durch einen Nicht-Gerichtsvollzieher versteigert oder freihändig verkauft, so richtet sich der Erwerb nach bürgerlichem Recht, was insbesondere für den gutgläubigen Erwerb nach §§ 932ff. BGB wichtig ist.[18]

29 Vor der Anordnung ist dem Antragsgegner rechtliches Gehör zu gewähren (dem dient die Unterrichtung nach § 825 I 2, 3).

30 Die anderweitige Verwertung ist zwar nach dem Gesetz ein Ausnahmefall, aber oft der öffentlichen Versteigerung (dem gesetzlichen Regelfall der Verwertung) vorzuziehen, weil dort vielfach keine hohen Gebote zu erzielen sind. Eine Versteigerung von Kunstwerken z. B. ist weit aussichtsvoller, wenn sie von einem Galeristen an einem Ort vorgenommen wird, der als Kunstmarkt in Frage kommt.

2. Kapitel. Die Zwangsvollstreckung in Forderungen und andere Vermögensrechte

§ 19. Die Zwangsvollstreckung in Geldforderungen

A. Zuständigkeit

1 Für die Zwangsvollstreckung in Geldforderungen ist nicht der Gerichtsvollzieher, sondern **das Vollstreckungsgericht** *funktionell zuständig,* § 828 I, weil hier keine tatsächlichen Eingriffe in Frage kommen. Als Vollstreckungsgericht ist örtlich ausschließlich zuständig das AG des allgemeinen Gerichtsstands des Schuldners (in Ermangelung eines solchen das AG gemäß § 23), §§ 828 II, 802; Ausnahme in § 930 I 3. Das Gericht wird tätig durch den Rechtspfleger, § 20 Nr. 17 RPflG.

2 Ist das angerufene Gericht unzuständig, so kann der Gläubiger die (nicht bindende) Abgabe an das zuständige Gericht beantragen, § 828 III.

Pfändungen durch ein örtlich unzuständiges Gericht sind nicht nichtig, sondern nur mit der Erinnerung (§ 766; vgl. o. *§§ 7 Rn. 15, 11 Rn. 1ff., 16 Rn. 5f.*) anfechtbar.

B. Beteiligte

3 Bei der Vollstreckung sind *drei Personen* zu unterscheiden: Der vollstreckende Gläubiger – von der ZPO **„Gläubiger"** genannt –, der Vollstreckungsschuldner, gegen den

[17] Vgl. dazu die 20. Aufl. dieses Buches *§ 18 V.*

[18] BGHZ 119, 75, 89f.

vollstreckt wird und der zugleich der Gläubiger der gepfändeten Forderung ist – **„Schuldner"** genannt –, und der Schuldner der gepfändeten Forderung – **„Drittschuldner"** genannt – (im BGB lauten die entsprechenden Bezeichnungen bei der Verpfändung von Forderungen „Pfandgläubiger", „Gläubiger", „Schuldner").

C. Schuldner als Forderungsinhaber

Der **Schuldner muss Inhaber der** zu pfändenden **Geldforderung** sein. Nur dann ist eine wirksame Pfändung möglich, sonst geht sie ins Leere. Daher kann eine Forderungspfändung nicht in schuldnerfremde Rechte eingreifen; hierin liegt ein wichtiger Unterschied zur Sachpfändung, die nicht an die Rechtsinhaberschaft – das Eigentum –, sondern an den Gewahrsam des Schuldners anknüpft und daher zum Eingriff in fremdes Eigentum führen kann; vgl. o. *§ 17 Rn. 7,* aber auch *§ 13 Rn. 24.* Die Pfändung erfolgt zwar ohne Prüfung, ob die Forderung wirklich dem Schuldner zusteht; das Vollstreckungsgericht darf die Pfändung nur ablehnen, wenn offensichtlich ist, dass dem Schuldner der Anspruch aus tatsächlichen oder rechtlichen Gründen nicht zustehen kann oder er unpfändbar ist – gepfändet wird also stets nur die *„angebliche" Forderung* des Schuldners.[1] Die Pfändung ist aber gegenstandslos, wenn dies nicht der Fall ist (vgl. u. *Rn. 15*). Die Forderung braucht sich nicht gegen einen Dritten zu richten, auch der *Gläubiger* selbst *kann Drittschuldner* sein; das ist wichtig, wenn der Gläubiger nicht aufrechnen darf, z. B. nach § 393 BGB.[2] 4

D. Geldforderungen

Geldforderungen *als Vollstreckungsobjekt* unterscheiden sich begrifflich nicht von den Geldforderungen, derentwegen vollstreckt wird (vgl. o. *§ 15 Rn. 4f.*); doch scheiden Haftungsansprüche als Vollstreckungsobjekt aus (zur Vollstreckung in eine hypothekarisch gesicherte Forderung, in eine Grund- oder Rentenschuld vgl. u. *§ 20 Rn. 1, 19*). 5

1. Eine **Pfändung vor Fälligkeit** ist möglich. Forderungen aus einem aufschiebend bedingten Rechtsgeschäft (sog. **aufschiebend bedingte Forderungen**) sind noch nicht entstandene, also künftige Rechte; sie sind aber durch das aufschiebend bedingte Rechtsgeschäft nach Art und Person des Drittschuldners bestimmt und daher schon vor Bedingungseintritt pfändbar (vgl. § 844).[3] Ebenfalls pfändbar sind **betagte Forderungen,** also Forderungen, deren Fälligkeit kalendermäßig feststeht oder festgelegt werden kann, etwa durch Kündigung (vgl. § 844). **Andere künftige Forderungen** können gepfändet werden, wenn sie wenigstens *individualisierbar* sind, d. h. es muss bereits eine rechtliche Beziehung bestehen, aus der ihr Rechtsgrund und die Person des (künftigen) Drittschuldners abgeleitet werden können.[4] Die Person des künftigen Drittschuldners muss also bereits feststehen, was bei der Abtretung künftiger Forderungen nach h. M. nicht nötig ist. Deshalb können künftige Forderungen eher [insbesondere zur Sicherung] abgetreten als gepfändet werden. Angesichts dieses Unterschieds wird gefordert, die Pfändung entsprechend zu erleichtern,[5] was aber wegen der notwendigen Benennbarkeit eines Drittschuldners (§ 829 I 1, II 1, III!) ausgeschlossen ist. Pfändbar, da hinreichend individualisiert (bestimmbar), sind z. B.[6] die künftige Forderung aus einem schon bestehenden Kontokorrentverhältnis (für die nächsten und alle weiteren Guthabensalden 6

[1] S. nur *BGH* NJW 2004, 2096, 2097; NJW-RR 2008, 733 Rn. 10f.

[2] *Beispiel: OLG Stuttgart* Rpfleger 1983, 409.

[3] Vgl. BGHZ 123, 183, 187: Pflichtteilsanspruch vor vertraglicher Anerkennung oder Rechtshängigkeit, dazu u. *§ 20 Rn. 17.*

[4] *BGH* NJW 2003, 1457, 1458.

[5] *Gaul/Schilken/Becker-Eberhard* § 54 I 1; *Brehm/Kleinheisterkamp* JuS 1998, 784f., je m. N.; generell krit. *Häsemeyer* Anm. ZZP 111 (1998), 83f.

[6] Vgl. *David* MDR 1993, 108.

bis zur vollen Befriedigung des Gläubigers),[7] die künftigen Ansprüche auf Auszahlung des Guthabens aus Girovertrag zwischen den Rechnungsabschlüssen, sog. Tagesguthaben,[8] auch wenn das Konto als Kontokorrentkonto geführt wird,[9] ferner Provisionsansprüche eines Reisenden aus noch nicht abgeschlossenen Geschäften.[10] Der Anspruch eines Bankkunden gegen das Kreditinstitut aus einem vereinbarten Dispositionskredit („offene Kreditlinie"; „Überziehungskredit") auf Verschaffung einer bestimmten Geldsumme nach § 488 BGB ist pfändbar.[11] Der Anspruch entsteht aber nur, wenn der Schuldner den „Kredit" abruft. Das Abrufrecht selbst ist nicht pfändbar.[12] Eine pfändbare Forderung existiert nicht, wenn das Kreditinstitut die Kontoüberziehung nur duldet.[13] Zweckbestimmte Darlehen sind nur im Rahmen der Zweckbestimmung pfändbar. Umgekehrt ist der Darlehensrückzahlungsanspruch der Bank pfändbar, entweder als betagte[14] oder als hinreichend individualisierbare künftige[15] Forderung. Zu beachten ist, dass Steuererstattungsansprüche erst nach Entstehen, also nicht als künftige Ansprüche pfändbar sind; eine vorzeitige Pfändung ist nichtig; Drittschuldner ist das zuständige Finanzamt (§ 46 VI 2, VII AO).[16]

7 2. Eine Forderung kann grundsätzlich **nicht abgetreten werden, wenn sie unpfändbar ist,** § 400 BGB, **und umgekehrt,** § 851 I. Gleiches gilt für andere Vermögensrechte, § 413 BGB; § 857 I.

Hierher gehören z. B. die Ansprüche der Gesellschafter untereinander (§ 717 S. 1 BGB), die Ansprüche auf Leistung von Diensten (sofern Übertragbarkeit nicht vereinbart, § 613 S. 2 BGB). Unübertragbar und daher unpfändbar ist auch eine Baugeldforderung, d. h. ein Anspruch auf Auszahlung von Geld zu Bauzwecken, weil das Geld sonst seiner besonderen Zweckbestimmung entzogen würde (daher ist die Forderung übertragbar und pfändbar im Rahmen der Zweckbestimmung, z. B. zugunsten der Bauhandwerker).[17] Dagegen ist der Anspruch auf Auszahlung eines nicht zweckgebundenen Darlehens pfändbar (vgl. o. *Rn. 6;* str.). Die Abtretbarkeit (und damit mittelbar die Pfändbarkeit) der Honorarforderung eines Rechtsanwalts folgt aus § 49b IV BRAO. Zur Unpfändbarkeit des Arbeitseinkommens vgl. u. *§ 32 Rn. 25ff.*

Beruht die *Unabtretbarkeit* einer Forderung nur *auf* einem *Vertrag* zwischen Gläubiger und Schuldner (§ 399 Fall 2 BGB), so ist die Forderung insoweit pfändbar, als der geschuldete Gegenstand der Pfändung unterworfen ist, z. B. Geld, § 851 II (Überweisung nur zur Einziehung!). Sonst könnte der Vollstreckungsschuldner alle seine Forderungen durch Verträge mit seinen Schuldnern unpfändbar machen und damit dem Zugriff der Gläubiger entziehen.[18] Daher erfasst § 851 II trotz seines Wortlauts nicht § 399 Fall 1 BGB.[19]

8 3. *Wechsel* und andere indossable Papiere werden nicht wie Forderungen, sondern *wie bewegliche Sachen gepfändet* (§ 831), aber wie Forderungen verwertet (§§ 835ff.; letzteres gilt nicht für Verrechnungsschecks[20]). Ein Pfändungsbeschluss soll trotz Verstoßes gegen § 831 wirksam sein.[21]

---

[7] BGHZ 80, 172, 181f.; 135, 140, 142 mit krit. Anm. *Häsemeyer* ZZP 111 (1998), 83f.

[8] BGHZ 84, 325, 329ff.

[9] BGHZ 84, 371, 375; 93, 315, 323; zustimm. BFHE 140, 404 mit weiteren Fallgestaltungen – lesenswert!

[10] Vgl. RGZ 138, 252, 253ff.

[11] BGHZ 147, 193, 195ff.

[12] BGHZ 157, 350, 356.

[13] Insoweit zutr. *OLG Schleswig* NJW 1992, 579f.

[14] So etwa MünchKomm-BGB/*K. P. Berger* § 488 Rn. 43.

[15] So die wohl h. M., etwa *Mülbert* AcP 192 (1992), 447, 463.

[16] Dazu *BGH* NJW-RR 2006, 425 Rn. 7ff.

[17] Vgl. *BGH* LM Nr. 3 zu § 851.

[18] Vgl. BGHZ 56, 228, 232.

[19] Vgl. Stein/Jonas/*Würdinger* § 851 Rn. 28; str.

[20] *LG Göttingen* NJW 1983, 635.

[21] *BGH* LM Nr. 1 zu § 831; vgl. o. § 7 Rn. 13.

4. *Pfändung von (künftigem) Diensteinkommen* erfasst auch dessen Änderungen bei gleichbleibendem Dienstherrn oder Arbeitgeber, § 833 I. Dies vermeidet Änderungsbeschlüsse bei innerbetrieblichen Veränderungen. Werden Arbeits- oder Dienstbezüge gepfändet, der zugrunde liegende Vertrag beendet (damit die Pfändung gegenstandslos), dieser aber binnen neun Monaten wiederbegründet, so erfasst die wiederbelebte Pfändung die Forderungen aus dem wiederbegründeten („neuen") Arbeits- oder Dienstverhältnis, § 833 II. Normzweck ist nicht primär die Vermeidung von Umgehungsgestaltungen, sondern die Erfassung von Arbeitsverhältnissen mit saisonaler Unterbrechung. 9

E. Das Verfahren

Auch hier sind, wie bei der Vollstreckung in bewegliche Sachen, *zwei Akte* zu *unterscheiden: Pfändung und Verwertung.* 10

Der *erste* Akt führt auch hier die Bezeichnung **„Pfändung"**, obwohl er sich von der Pfändung beweglicher Sachen stark unterscheidet; der *zweite* besteht in der **Überweisung** der gepfändeten Forderung an den Gläubiger. Die Pfändung hat auch hier die doppelte Wirkung der Pfandverstrickung und des Pfandrechts des Gläubigers (vgl. o. *§ 16 Rn. 3, 6ff.*). 11

1. Das **Verfahren beginnt** mit dem *Antrag des Gläubigers.* Es gilt Formularzwang, teils ist auch eine besondere Form der Übermittlung vorgeschrieben.[22] 12

Für den Antrag ist gemäß § 2 S. 1 Nr. 2 ZVFV das Formular nach deren Anlage 2 zu verwenden; lediglich bei bereits anderweitig erfolgter Pfändung kann der Antrag auf Überweisung formlos erfolgen (§ 2 S. 2 ZVFV). Ab dem 1.1.2022 müssen Anträge, die ein Rechtsanwalt, eine Behörde oder eine juristische Person des öffentlichen Rechts einschließlich der von ihr zur Erfüllung ihrer öffentlichen Aufgaben gebildeten Zusammenschlüsse einreicht (nicht notwendigerweise „stellt", denn z. B. der Rechtsanwalt stellt den Antrag für seinen Mandanten), als elektronisches Dokument übermittelt werden, § 753 V i. V. m. § 130d.

2. Das **Gericht entscheidet** ohne mündliche Verhandlung, sogar **ohne Anhörung des Schuldners,** die nicht einmal erfolgen darf, § 834. Hierdurch soll verhindert werden, dass der Schuldner von der bevorstehenden Pfändung Kenntnis erhält, daraufhin schnell noch (wirksam!) über die Forderung verfügt und sie so der Vollstreckung zum Nachteil des Gläubigers entzieht (z. B. durch Abtretung, Einziehung, Erlass); das gilt auch, wenn im Beschwerdeverfahren erstmals die Pfändung angeordnet wird. § 834 schützt also nicht die Allgemeinheit, sondern nur den Gläubiger, der deshalb auf diesen Schutz auch verzichten kann; auf seinen Antrag muss dann der Schuldner vor der Pfändung gehört werden.[23] 13

§ 834 ist mit Art. 103 I GG vereinbar, weil sich der Schuldner mithilfe der Erinnerung (vgl. u. *Rn. 17*) nachträglich rechtliches Gehör verschaffen und den Pfändungsbeschluss überprüfen lassen kann.[24] 14

3. Das *Gericht* **prüft** seine Zuständigkeit und die allgemeinen *Vollstreckungsvoraussetzungen* (Titel, Klausel und Zustellung, die hier bereits erfolgt sein muss, vgl. o. *Rn. 15*), ferner, ob – die tatsächlichen Behauptungen des Gläubigers zugrunde gelegt – nach irgendeiner vertretbaren Rechtsansicht eine Forderung bestehen und dem Schuldner zustehen kann (sog. *Schlüssigkeitsprüfung*).[25] Die Schlüssigkeit wird selten fehlen (z. B. wenn eine Forderung aus Spiel oder Wette gepfändet werden soll, § 762 I 15

[22] Vgl. o. *§ 1 Rn. 10f.*
[23] *OLG Celle* MDR 1972, 958; *LG Mannheim* JurBüro 1984, 299.
[24] Vgl. BVerfGE 9, 89, 98.
[25] Vgl. *BGH* NJW 2004, 2096, 2097; *OLG Frankfurt a. M.* Rpfleger 1978, 229.

BGB). Niemals wird geprüft, ob die Behauptungen des Gläubigers zutreffen. Daher wird stets nur die **„angebliche" Forderung** des Schuldners gegen den Drittschuldner gepfändet.[26] Stellt sich später heraus, dass die Forderung nicht besteht oder nicht dem Schuldner zusteht, so ist die Pfändung wirkungslos.[27] Sie bleibt es auch, wenn der Schuldner die Forderung nach der Pfändung (zurück-)erwirbt.[28]

16 **Beispiel (nach *BGH* NJW 2004, 2096):** Gläubiger G beantragt den Erlass eines Pfändungs- und Überweisungsbeschlusses; als Drittschuldner benennt er in dem Antragsformular drei Geldinstitute, die am Wohnort des Schuldners einen Geschäftsbetrieb unterhalten. Nähere Angaben macht er nicht, da er lediglich vermutet, S verfüge bei mindestens einem dieser Institute über ein Guthaben. Das AG lehnt den Erlass des begehrten Pfändungs- und Überweisungsbeschlusses ab. Hat die sofortige Beschwerde des G Erfolg?

I. Die sofortige Beschwerde gegen die Entscheidung des AG ist statthaft. Denn es handelt sich um eine Entscheidung des Vollstreckungsgerichts darüber, ob dem Gläubiger die Forderung zustehen kann und ob sie unpfändbar ist; mit der Entscheidung wird das Gesuch des Gläubigers zurückgewiesen.

II. Die sofortige Beschwerde ist begründet, wenn das Vollstreckungsgericht den begehrten Pfändungs- und Überweisungsbeschluss hätte erlassen müssen. Dies hängt davon ab, aus welchen Gründen das Vollstreckungsgericht einen Antrag auf Erlass eines Pfändungs- und Überweisungsbeschlusses ablehnen kann.

1. Im Ausgangspunkt ist festzuhalten, dass das Vollstreckungsgericht nicht prüft, ob die zu pfändende Forderung besteht; es prüft nur, ob diese nach dem Sachvortrag des Gläubigers dem Schuldner gegen den Drittschuldner ersichtlich nicht zustehen kann und ob sie offensichtlich unpfändbar ist; gepfändet wird die „angebliche Forderung" des Schuldners gegen den Drittschuldner.

2. Im Rahmen dieses Prüfungsumfangs hat das Vollstreckungsgericht eine Schlüssigkeitsprüfung vorzunehmen. Es kommt mithin darauf an, ob im vorliegenden Fall ein schlüssiger Sachvortrag des G oder eine unzulässige Ausforschungspfändung vorliegt.

Im Antrag sind Schuldner, Drittschuldner und Schuldgrund bestimmt bezeichnet. Es erscheint zwar unwahrscheinlich, dass S, der in Zahlungsschwierigkeiten zu sein scheint, über Guthaben bei allen drei Instituten verfügt; dies ist aber nicht undenkbar. Auch verstößt G nicht gegen die Wahrheitspflicht des § 138 I, da er keine Behauptung „willkürlich ins Blaue hinein" aufgestellt hat.

Allerdings verschafft sich G mit dem Antrag überhaupt erst Informationen über das Vermögen des S, und dies direkt bei potenziellen Drittschuldnern. Dies könnte schützenswerte Interessen des S sowie der Drittschuldner verletzen. Es müssen also die betroffenen Interessen gegeneinander abgewogen werden. Auf der einen Seite steht dabei das Interesse des G an einer effektiven Vollstreckung, das für die Zulässigkeit einer „Forderungspfändung auf Verdacht" spricht. Auf der anderen Seite wird der Antrag zugleich zur Informationsbeschaffung über den Schuldner genutzt und belastet die Drittschuldner. Während früher das Interesse des Gläubigers jedenfalls in einer Konstellation wie der vorliegenden – lediglich drei ortsansässige Kreditinstitute – aus Sicht des BGH (a. a. O.) überwog, da der Gläubiger kaum andere Möglichkeiten hatte, steht ihm heute die sofortige Vermögensauskunft (§§ 802a ff.) zur Verfügung. Zwar zeigt die Pflicht zur Abgabe einer Vermögensauskunft, dass der Schuldner kein schützenswertes Geheimhaltungsinteresse hat; die Belastung der Drittschuldner könnte aber mit einer Vermögensauskunft vermieden werden. Deshalb wird man heute wohl annehmen müssen, dass zwar kein schützenswertes Interesse des Schuldners besteht, aber das schützenswerte Interesse der Drittschuldner das Interesse des Gläubigers an einer „Verdachtspfändung" überwiegt.

III. Folgt man dem, hat die sofortige Beschwerde des G keinen Erfolg.

---

[26] *BGH* NJW 2004, 2096, 2097; vgl. o. *Rn. 4.*

[27] *BGH* NJW-RR 89, 316 und o. *Rn. 4, § 13 Rn. 26.*

[28] *BGH* NJW 2002, 755, 757: § 185 II BGB nicht analog anwendbar; ebenso BGHZ 100, 36, 42 ff. für Rückerwerb gemäß § 7 AnfG a. F. (zustimm. *Münzberg* Anm. ZZP 101 [1988], 436, 441 ff. m. N., auch zur Gegenansicht); ferner *BAG* NJW 1993, 2700 f. mit Besonderheit für die Pfändung künftigen Arbeitseinkommens, dazu Stein/Jonas/*Würdinger* § 829 Rn. 69.

4. Das Gericht (Rechtspfleger) entscheidet über das Gesuch durch Beschluss. Gibt es dem Gesuch statt, so heißt er **Pfändungsbeschluss.** Gegen den Pfändungsbeschluss hat der nicht gehörte (vgl. § 834 und o. *§ 11 Rn. 16*) Schuldner die Erinnerung nach § 766. Gegen die – seltene – Ablehnung der Pfändung steht dem Gläubiger die sofortige Beschwerde, § 793, zu; zum weiteren Verfahren vgl. o. *§ 11 Rn. 17.* 17

Der Beschluss enthält neben dem Ausspruch der Pfändung *zwei Anordnungen,* § 829 I: 18

- das **Verbot an den Drittschuldner,** *noch an den Schuldner zu zahlen,* „Arrestatorium"; fehlt es, so ist der Beschluss unwirksam, Grund: § 829 III;[29]
- das **Gebot an den Schuldner,** *sich jeder Verfügung über die Forderung,* insbesondere der Einziehung, *zu enthalten,* „Inhibitorium" (vgl. u. *Rn. 24*); sein Fehlen ist für die Wirksamkeit des Beschlusses nicht wesentlich, Grund: § 829 III.

Der Beschluss muss den zu vollstreckenden Anspruch nach Schuldtitel und Betrag bezeichnen. Die zu pfändende Forderung muss nach Grund und Gegenstand genau bestimmt sein[30] und die Person des Drittschuldners festlegen (letzteres ist bei Pfändung künftiger Forderungen besonders bedeutsam, vgl. o. *Rn. 6*). Eine unbestimmte Bezeichnung der Forderung macht die Pfändung unwirksam (Beispiele: unauflösbarer Widerspruch zwischen ziffern- und buchstabenmäßiger Bezeichnung der Forderung; unbestimmt ist auch die Pfändung angeblicher Forderungen „aus Bankverbindungen an die X-Bank",[31] sofern kein ausreichend individualisierender Zusatz folgt).[32] 19

Der **Umfang der Pfändung** kann nicht über den Betrag des zu vollstreckenden Anspruchs – einschließlich Kosten (§ 788) und Zinsen – hinausgehen (Ausnahme § 832). Grund ist das **Verbot der Überpfändung,** § 803 I 2;[33] vgl. u. *§ 32 Rn. 1.* 20

Soweit der Pfändungsantrag und daher auch der Pfändungsbeschluss keine Einschränkungen enthalten, wird die Forderung in voller Höhe gepfändet.[34] Eine Vollpfändung findet daher auch statt, wenn der Betrag der Titelforderung geringer ist als der Nennbetrag der gepfändeten Forderung (*Beispiel:* Titelforderung 1000 Euro, gepfändete Forderung 50 000 Euro). Der Gläubiger kann allerdings die ihm zum vollen Nennbetrag überwiesene Forderung nur in Höhe der titulierten Forderung beitreiben. Dass gleichwohl eine Vollpfändung geboten ist, zeigt sich in der Insolvenz des Drittschuldners: Sind Pfändung und Überweisung der Forderung gegen den Drittschuldner auf den Betrag der Titelforderung beschränkt, kann der Gläubiger in der Drittschuldner-Insolvenz nur den überwiesenen Betrag zur Insolvenztabelle anmelden und erhält nur darauf die Quote (im obigen *Beispiel* die Quote auf 1000 Euro); den Restbetrag (im *Beispiel* von 49 000 Euro) könnte der Schuldner anmelden. Bei der Vollpfändung und -überweisung kann der Gläubiger in der Insolvenz des Drittschuldners den gesamten überwiesenen Betrag zur Tabelle anmelden, erhält freilich nur den ihm zustehenden Betrag in Höhe der Titelforderung (im *Beispiel* also 1000 Euro, nicht jedoch – bei einer angenommenen Quote von 5 % – 2500 Euro). Daher verstößt die Vollpfändung nicht gegen das Verbot der Überpfändung (vgl. § 803 I 2). Die Vollpfändung blockiert die Forderung nicht: Nachpfändende Gläubiger erhalten (wenngleich nachrangige) Pfandrechte. Die in der Praxis verwendeten Vordrucke und die Pfändungs- und Überweisungsbeschlüsse sehen indes häufig vor, dass eine Pfändung nur „in Höhe des vollstreckten Anspruchs nebst Kosten" erfolgt. Dann liegt immer eine Teilpfändung vor.[35] Der Gläubiger sollte diese Einschränkung streichen. 21

---

[29] *BGH* NJW 2021, 637 Rn. 19.

[30] *BGH* NJW-RR 1991, 1197, 1198; abmildernd *BGH* NZI 2017, 623 Rn. 7 ff.

[31] *BGH* NZI 2017, 623 Rn. 9; Stein/Jonas/*Würdinger* § 829 Rn. 44.

[32] Vgl. *BGH* NJW-RR 1991, 1197, 1198; BGHZ 114, 9.

[33] Dazu *Chr. Paulus* DGVZ 1993, 129 ff.

[34] BGHZ 147, 225, 228; Stein/Jonas/*Würdinger* § 829 Rn. 74 ff.; a. A. *Jauernig* in der 21. Aufl. dieses Buches, S. 90 f.

[35] Einschränkend *BGH* NZI 2017, 623 Rn. 10: „… regelmäßig die Bedeutung einer Teilpfändung …"

22 5. Der Pfändungsbeschluss wird dem Drittschuldner und dem Schuldner zugestellt. Wesentlich für die **Wirksamkeit** – und daher zuerst auszuführen – ist nur die **Zustellung an den Drittschuldner,** § 829 III.[36] Sie hat auf Betreiben des Gläubigers zu geschehen (§§ 829 II 1: „Der Gläubiger hat … zuzustellen") d. h. gemäß §§ 191 ff. Die Zustellung an den Schuldner geschieht ebenfalls im Parteibetrieb, aber ohne weiteren Antrag, § 829 II 2; sie ist für die Wirksamkeit unerheblich.

23 Die wesentliche Wirkung des Pfändungsbeschlusses ist die staatliche Verstrickung. Daneben entsteht wiederum ein Pfandrecht des Gläubigers (Einzelheiten vgl. o. *§ 16 Rn. 6ff., 13ff.*).

24 6. Der *Gläubiger* erhält aufgrund der bloßen Pfändung *nur* eine *Sicherung,* keine Befriedigung. Er kann über die gepfändete Forderung noch nicht verfügen, insbesondere sie nicht allein einziehen, sondern nur Leistung an sich und den Schuldner gemeinschaftlich oder Hinterlegung für sie beide verlangen (vgl. die Stellung des Pfandgläubigers nach §§ 1281, 1287 BGB). Der *Schuldner bleibt* noch *Inhaber der Forderung;* aber jede Verfügung, die das Recht des Gläubigers beeinträchtigen würde, ist ihm verboten, z. B. Einziehung, Abtretung, Erlass; eine dennoch getroffene Verfügung ist dem Gläubiger gegenüber unwirksam, sonst wirksam (§§ 136, 135 BGB). Der Schuldner darf aber auf Feststellung klagen, weil er noch Forderungsinhaber ist und in dieser Klage keine dem Gläubiger nachteilige Verfügung über die Forderung liegt; deshalb darf er auch auf Hinterlegung für ihn und den Gläubiger gemeinschaftlich klagen (nicht aber auf Leistung an sich), ferner kündigen.[37]

25 7. *Mehrfache Pfändung* einer Forderung ist möglich (vgl. § 853 und u. *§ 21 Rn. 1*). Form: § 829; Rang: § 804 III. Hat der Drittschuldner versehentlich an den nachrangigen Gläubiger gezahlt und muss er deshalb nochmals, nämlich an den vorrangigen, zahlen, so kann er vom nachrangigen das Geld gemäß § 812 I 1 Alt. 1 BGB herausverlangen.[38]

26 Mehrere Geldforderungen des Schuldners gegen verschiedene Drittschuldner können durch einheitlichen Beschluss gepfändet werden, soweit das für Zwecke der Vollstreckung geboten erscheint und schutzwürdige Interessen des Drittschuldners nicht erkennbar entgegenstehen, § 829 I 3.[39]

F. Die Überweisung an den Gläubiger

27 Der *zweite Akt* der Vollstreckung, die **Verwertung,** ist bei Forderungen die Überweisung an den Gläubiger. Auch sie geschieht durch Beschluss des Vollstreckungsgerichts, in der Praxis regelmäßig zusammen mit der Pfändung, so dass formularmäßig ein *„Pfändungs- und Überweisungsbeschluss"* zu ergehen pflegt, § 835.

28 Ohne Verstrickung (§ 829) ist die Überweisung unwirksam.[40] Die Anhörung des Schuldners ist weder notwendig noch üblich, aber zulässig, bei der üblichen Zusammenfassung beider Beschlüsse dagegen grundsätzlich unzulässig (§ 834).[41]

---

[36] Dazu lesenswert *ArbG* und *LAG Saarbrücken* FamRZ 1967, 689ff.

[37] Vgl. *BGH* NJW 1968, 2059, 2060.

[38] BGHZ 82, 28, 31 ff.; *Joost* WM 1981, 82ff.; *Lieb* ZIP 82, 1153ff.

[39] Zur Vereinbarkeit mit dem von BVerfGE 65, 1 f. erfundenen Grundrecht auf informationelle Selbstbestimmung vgl. BT-Drs. 13/341, 32f. (Begründung zu § 829 I 3), vgl. auch 10. Tätigkeitsbericht des Bundesbeauftragten für den Datenschutz, ZIP 1988, 20. Nunmehr stellt sich die Frage, ob ein solcher Beschluss mit der DS-GVO vereinbar ist. Die DS-GVO dürfte nach Erwgr. 20 DS-GVO anwendbar sein, da es sich um ein „Gerichtsverfahren" handeln wird. Da das Gericht Ermessen hat, kommt als Rechtsgrundlage Art. 6 I Buchst. e DS-GVO in Betracht. Art. 9 II Buchst. a DS-GVO verlangt bei personenbezogenen Daten die Einwilligung der Betroffenen, was schwierig umzusetzen sein dürfte.

[40] Das meint auch BGHZ 127, 146, 152, vermengt aber „Pfändung" und „Pfändungspfandrecht".

[41] Kein Verstoß gegen Art. 103 I GG; dazu *Kahlke* NJW 1991, 2688ff. Vgl. auch o. *Rn. 13f.*

Auch hier ist die **Zustellung an den Drittschuldner** wesentlich für das **Wirksamwerden** der Überweisung, §§ 835 III 1, 829 III. 29

Die ZPO kennt **zwei Arten der Überweisung:** *zur Einziehung* und *an Zahlungs statt zum Nennwert,* § 835 I. Zwischen beiden hat der Gläubiger die Wahl; im Beschluss muss die Art bezeichnet sein. 30

Im Fall von § 711 S. 1, § 712 I 1 ist nur die Überweisung zur Einziehung und nur zwecks Hinterlegung zulässig, § 839. 31

1. Die **Überweisung an Zahlungs statt zum Nennwert** (die nur bei Geldforderungen möglich ist) **hat** die volle **Wirkung der Abtretung.** Deshalb geht die *Forderung mit allen Nebenrechten* (z. B. Pfandrecht, Bürgschaft) in Höhe des zu vollstreckenden Betrags nebst Kosten auf den Gläubiger über. Folglich gilt er mit der Überweisung als befriedigt, ohne Rücksicht darauf, ob und wann er vom Drittschuldner wirklich die Zahlung erhält, er trägt also das Risiko der Zahlungsunfähigkeit oder -unwilligkeit des Drittschuldners, § 835 II. Daher kommt diese Art der Überweisung praktisch nicht vor. Besteht freilich die überwiesene Forderung nicht und sind deshalb Pfändung (vgl. o. *Rn. 15*) und Überweisung (vgl. o. *Rn. 28*) unwirksam, dann ist der Gläubiger nicht befriedigt, § 835 II. 32

2. Die **Überweisung zur Einziehung** hat keine so weitgehende Wirkung, ist deshalb für den Gläubiger risikolos und von ihm im Zweifel beantragt; im Formular gemäß Anlage 2 ZVFV ist die Option „zur Einziehung überwiesen" fett gedruckt, die Option „an Zahlungs statt überwiesen" hingegen normal. Die Überweisung zur Einziehung belässt die Forderung immer noch im Vermögen des Schuldners; dieser bleibt Inhaber, kann aber – wegen der Pfändung (vgl. o. *Rn. 24*) – nicht zum Nachteil des Gläubigers über sie verfügen und nicht Leistung an sich selbst, wohl aber an den Gläubiger verlangen.[42] 33

Der Gläubiger kann vor allem die Forderung einziehen. Hierzu ist er sogar verpflichtet. Er kann auch kündigen, falls hiervon die Fälligkeit abhängt, ferner Leistung an Erfüllungs statt vereinbaren, aufrechnen (mit der überwiesenen Forderung gegen eine Forderung des Drittschuldners an ihn); Verfügungen, welche die Leistung vereiteln würden, kann er nicht treffen. Er kann jetzt, anders als nach bloßer Pfändung, auf Leistung allein an sich klagen, und zwar im eigenen Namen, d. h. als Partei, wobei der Überweisungsbeschluss seine Sachlegitimation begründet.[43] Dem Schuldner ist der Streit zu verkünden, § 841. Die Leistung an den Gläubiger befreit den Drittschuldner gegenüber dem Schuldner. Verzögert der Gläubiger die Einziehung, so wird er bei Verschulden schadensersatzpflichtig, § 842. Zusätzlich soll der Schuldner gegen den Drittschuldner auf Erfüllung der gepfändeten Forderung an die Pfandgläubiger klagen können,[44] was jedenfalls bei mehrfacher Pfändung zweifelhaft ist, da die Gläubiger selbst nur auf Hinterlegung klagen dürften (vgl. §§ 853ff., 856 I und u. *§ 21 Rn. 5f.*). 34

3. Eine andere Art der Verwertung ist nur auf Antrag und in bestimmten Fällen zulässig, § 844.[45] 35

[42] *BGH* NJW-RR 1989, 1071, 1072.
[43] Insoweit Klage aus eigenem Recht, vgl. BGHZ 102, 293, 296f.
[44] BGHZ 147, 225 m. krit. Anm. *Chr. Berger* JZ 2002, 46.
[45] Beispiel in *OLG Frankfurt a. M.* BB 1976, 1147f. (GmbH-Geschäftsanteil); vgl. auch o. *§ 18 Rn. 26ff.*

G. Die Stellung des Drittschuldners

Literatur: *Gaul,* Zur Rechtsstellung der Kreditinstitute als Drittschuldner in der Zwangsvollstreckung, 1978.

36 Von der Vollstreckung in bewegliche Sachen ist in erster Linie der Schuldner betroffen; hat ausnahmsweise ein Dritter Gewahrsam, kann dieser den Zugriff verweigern, bis der Gläubiger einen Titel gegen ihn erwirkt hat. Bei der Forderungspfändung ist hingegen **stets ein Drittschuldner betroffen;** verweigert er die Leistung, kann der Gläubiger ohne Weiteres die Einziehungsklage erheben. Die Stellung des Drittschuldners verdient daher besondere Beachtung.

37 1. Grundsätzlich darf seine *Rechtsstellung* durch Pfändung und Überweisung (ebenso wie durch Abtretung) *nicht nachteilig verändert* werden – ein notwendiger Ausgleich dafür, dass diese Rechtsakte ohne sein Zutun erfolgen.

38 a) Eine wichtige Veränderung tritt durch die Pfändung (§ 829 I) aber insofern ein, als er nicht mehr an seinen Gläubiger, den Vollstreckungsschuldner, zahlen darf. **Zahlt er dennoch,** so wird er gegenüber dem Vollstreckungsgläubiger **nicht frei.** Nur wenn er nachweislich in *Unkenntnis* der Pfändung noch an seinen Gläubiger – den Vollstreckungsschuldner – zahlt (was bei Ersatzzustellung des Pfändungsbeschlusses immerhin vorkommen kann), wird er gegenüber dem Vollstreckungsgläubiger in Analogie zu §§ 1275, 407 BGB geschützt.[46]

39 **Beispiel (nach RGZ 87, 412):** Schuldner S hat seine Wohnung an Drittschuldner D vermietet. Gläubiger G lässt die Mietzinsforderung pfänden und sich zur Einziehung überweisen. Der vom Gerichtsvollzieher beauftragte Postbote trifft D in seiner Wohnung nicht an und stellt daher durch Einlegung in den Briefkasten des D zu. D findet das Schreiben erst nach Rückkehr aus dem Urlaub. Inzwischen hatte seine Bank den Mietzins aufgrund eines Dauerauftrags bereits an S überwiesen. Kann G dennoch von D die Mietzinszahlung fordern?

Zu prüfen ist, ob G von D Mietzinszahlung aus dem Mietvertrag zwischen S und D, § 535 II BGB, verlangen kann.

I. Zwischen S als Vermieter und D als Mieter besteht ein Mietvertrag, aus dem der Anspruch auf die Miete folgt.

II. G könnte aufgrund des Pfändungs- und Überweisungsbeschlusses zur Geltendmachung des (bei Überweisung zur Einziehung weiterhin dem S zustehenden) Mietzinsanspruchs im eigenen Namen befugt sein. Voraussetzung ist eine wirksame Pfändung und Überweisung, wofür gemäß § 829 III (§ 835 III 1) die Zustellung des Beschlusses an D entscheidet. Im vorliegenden Fall war eine wirksame Ersatzzustellung durch Einlegen in den Briefkasten, §§ 178 I Nr. 1, 180, 192, 193 I, 194 I, gegeben. Pfändung und Überweisung an G waren also wirksam, G mithin einziehungsbefugt.

III. Der Anspruch könnte jedoch durch die Zahlung an S in Ausführung des Dauerauftrags untergegangen sein. Allerdings trat mit der Zahlung keine Erfüllung (§ 362 I 1 BGB) ein, denn D konnte entsprechend § 1282 I 1 a. E. BGB nur an G leisten. Möglicherweise muss G jedoch die Leistung des D an S gemäß § 407 BGB gegen sich gelten lassen. Zwar war die Forderung nicht an G abgetreten worden (und G auch nicht durch die Überweisung Gläubiger geworden, da es sich nur um eine Überweisung zur Einziehung handelte). Gemäß § 1275 Var. 1 BGB findet aber § 407 BGB entsprechende Anwendung. D hat an S geleistet; diese Leistung hätte ohne die – D unbekannte – Pfändung und Überweisung Erfüllung bewirkt. D hatte von Pfändung und Überweisung auch keine Kenntnis; die wirksame Zustellung ändert hieran nichts, da sie keine Kenntnis bewirkt (h. M.).

IV. Im Ergebnis kann daher G nicht von D die (nochmalige) Mietzinszahlung an sich verlangen.

[46] BGHZ 105, 358, 359f. m. Anm. *Stürner/Stadler* WuB VI E § 829 ZPO 1.89; *Seibert* WM 1984, 521ff.

Ferner wird der Drittschuldner für den Fall geschützt, dass der *Überweisungsbeschluss ohne sein Wissen aufgehoben* ist, § 836 II; seine Zahlung an den Vollstreckungsgläubiger befreit ihn gegenüber dem Vollstreckungsschuldner (vgl. § 409 BGB). Der Drittschuldner genießt auch dann Schutz nach § 836 II, wenn der *Überweisungsbeschluss unwirksam* ist.[47] Steht freilich dem Vollstreckungsschuldner die Forderung gar nicht zu, sondern einem Dritten, so wird der Drittschuldner gegenüber dem Dritten nicht befreit.[48] Ist die Forderung für mehrere Gläubiger gepfändet, so kann der Drittschuldner zu seinem Schutz den Betrag beim Vollstreckungsgericht hinterlegen, u. U. ist er dazu verpflichtet, § 853 (vgl. u. *§ 21 Rn. 5*). Zahlt er an den Erstpfändenden, so ist er einem nachrangigen Vollstreckungsgläubiger gegenüber in erweiternder Auslegung des § 836 II geschützt, wenn die vorrangige Pfändung ohne sein Wissen vor der Zahlung aufgehoben worden ist.[49] Zum Bereicherungsausgleich bei Zahlung an den nachrangigen Gläubiger, wenn vor- und nachrangige Pfändung wirksam sind, vgl. o. *Rn. 25*. 40

b) Aufgrund der Pfändung, nicht erst der Überweisung,[50] hat der Drittschuldner dem Gläubiger auf Verlangen **Auskunft** zu geben, ob er die Forderung anerkennt und zur Zahlung bereit ist, ferner, ob andere Personen Ansprüche auf die Forderung erheben (z. B. aufgrund eines Pfandrechts) und ob sie bereits für andere gepfändet ist, § 840 I Nr. 1–3. „Anerkennen" der Forderung meint nur eine tatsächliche Auskunft, nicht ein Schuldanerkenntnis gemäß § 781 BGB.[51] Zudem hat der Drittschuldner darüber hinaus anzugeben, ob nach § 850l die Unpfändbarkeit des Guthabens angeordnet worden ist oder das Konto, dessen Guthaben gepfändet ist, als Pfändungsschutzkonto gemäß § 850k geführt wird (vgl. u. *§ 32 Rn. 56ff.*), § 840 I Nr. 4, 5. Die Auskunft soll dem Gläubiger die Möglichkeit geben, sich über sein weiteres Vorgehen schlüssig zu werden, z. B. ob eine Klage gegen den Drittschuldner notwendig ist und einen Sinn hat oder ob er besser auf die Rechte aus der Pfändung verzichtet (§ 843).[52] Gibt der Drittschuldner keine Auskunft, so verletzt er nach BGHZ 91, 126, 128ff. lediglich eine nicht einklagbare Obliegenheit, weshalb eine Auskunftsklage (mangels Klagbarkeit als unzulässig?) abzuweisen sei; nach a. A. fehlt einer solchen Klage in der Regel (nur) das Rechtsschutzinteresse, da der Gläubiger den Drittschuldner sofort auf Zahlung verklagen könne.[53] Verweigert der Drittschuldner schuldhaft[54] die Auskunft, so haftet er dem Gläubiger auf Ersatz des durch die Weigerung entstandenen Schadens (z. B. auf Ersatz der Prozesskosten des Gläubigers, wenn dieser den Zahlungsprozess gegen den Drittschuldner verliert oder die Klage zurücknimmt[55]); eine kostenprivilegierte Klagerücknahme analog § 269 III 2, 3 kommt mangels planwidriger Regelungslücke nicht in Betracht.[56] Die Haftung besteht auch bei falscher oder unvollständiger Erklärung.[57] Der Gläubiger ist so zu stellen, als wäre die Auskunft rechtzeitig und richtig erteilt worden (§ 249 BGB). Zu ersetzen ist beispielsweise der Schaden, der dem Gläubiger daraus erwachsen ist, dass er im Vertrauen auf die Richtigkeit des Anerkenntnisses weitere Vollstreckungsmaßnahmen unterlassen hat. Nicht jedoch muss der Drittschuldner die unzutreffende Auskunft als wahr gelten lassen.[58] Auch wenn durch § 840 I ein gesetzliches Schuldverhältnis zwischen Gläubiger und Drittschuldner begründet wird, führt dies doch keineswegs dazu, dass der Drittschuldner über die dort genannten Pflichten hinaus die Interessen des Gläubigers wahrzunehmen hätte; im Gegenteil handelt es sich um eine nicht verallgemeinerungsfähige Ausnahmevorschrift.[59] 41

[47] BGHZ 127, 146, 153ff.; dazu *G. Lüke* JuS 1995, 202ff.; *Henckel* ZZP 108 (1995), 257, 260ff.; anders noch BGHZ 121, 98, 104ff.

[48] Vgl. *BGH* NJW 1988, 495f.; 2002, 755, 757 und o. *Rn. 15*.

[49] BGHZ 66, 394, 396f.; dazu *BGH* NJW 1988, 495, 496.

[50] BGHZ 68, 289, 291.

[51] BGHZ 89, 325, 328; *BGH* MDR 1983, 308 m. N.

[52] Vgl. BGHZ 98, 291, 293f.; *BGH* NJW 1995, 715, 717; WM 2021, 411 Rn. 12 und u. *Rn. 53;* zum Umfang der Auskunftspflicht *Foerste* NJW 1999, 904ff.

[53] *Gerhardt* S. 123 m. N.; zur Problematik *Brüne/Liebscher* BB 1996, 743.

[54] BGHZ 98, 291, 293.

[55] Vgl. dazu BGHZ 91, 126, 129f.; 98, 291, 294; BAGE 65, 139; *Brüne/Liebscher* BB 96, 744ff.

[56] A. A. *Saueressig* ZZP 119 (2006), 463, 464f.; offen gelassen von *BAG* NJW 2006, 717, 718.

[57] Stein/Jonas/*Würdinger* § 840 Rn. 30.

[58] BGHZ 69, 328, 332f.; Stein/Jonas/*Würdinger* § 840 Rn. 30.

[59] BGHZ 91, 126, 131; *BGH* WM 2021, 411 Rn. 13: „Anomalie".

42 c) Der Drittschuldner kann dem Gläubiger über § 1275 BGB analog §§ 412, 404 BGB[60] alle Einreden und Einwendungen entgegenhalten, die ihm z. Z. der Pfändung gegenüber dem Schuldner zustanden. Er kann insbesondere geltend machen, dass die Forderung nicht entstanden oder erloschen sei, z. B. infolge Nichtigkeit des die Forderung begründenden Vertrags, Anfechtung, Zahlung, Aufrechnung mit einer Forderung gegen den Schuldner unter den Voraussetzungen von § 392 BGB,[61] Abtretung, Ablauf einer tarifvertraglichen Verfallfrist.[62]

43 **Beispiel:** In der Einziehungsklage des Gläubigers G, dem die Geldforderung des Schuldners S gegen Drittschuldner D zur Einziehung überwiesen wurde, rechnet D mit einer schon zur Zeit der Pfändung fälligen Geldforderung auf, die ihm schon vor Pfändung gegen S zustand.

I. Die zulässige Klage des G hat Erfolg, wenn er eine Forderung des S gegen D einziehen kann. Die Forderung des S gegen D bestand. G war infolge der Überweisung zur Einziehung auch berechtigt, die Forderung im eigenen Namen geltend zu machen.

II. Die Forderung des S gegen D könnte jedoch durch Aufrechnung gemäß § 389 BGB untergegangen sein. Die Forderungen des S und des D standen sich i. S. d. § 387 BGB aufrechenbar gegenüber. D hat die Aufrechnung auch erklärt (§ 388 BGB). Das Pfändungspfandrecht (§ 804) des G allein hindert entsprechend §§ 1275 Var. 1, 406 BGB die Aufrechnung nicht, denn D konnte beim Erwerb seiner Gegenforderung unmöglich positive Kenntnis von der späteren Pfändung haben; zur Zeit der Kenntniserlangung durch die Pfändung war seine Gegenforderung bereits fällig.

Der Aufrechnung könnte allerdings das Arrestatorium (§ 829 I 1) entgegenstehen. Es nimmt nicht nur einer Zahlung, sondern auch einer Aufrechnung im Verhältnis zu G die Wirkung (§§ 136, 135 I 1 BGB). Indessen schließt gemäß § 392 BGB die Beschlagnahme nur dann die Aufrechnung aus, wenn die Gegenforderung erst nach Beschlagnahme erworben oder nach Beschlagnahme und später als die Hauptforderung fällig wurde. Hier stand D aber schon bei Beschlagnahme seine Gegenforderung zu. Danach war die Aufrechnung trotz des Arrestatoriums möglich.

III. Die Klage des G ist also insoweit unbegründet, als sich die Forderungen gegenüberstanden.

44 Da dem Drittschuldner auch die Einrede des nichterfüllten Vertrags zusteht, wird die Pfändung einer Forderung aus einem gegenseitigen Vertrag, solange die Gegenforderung noch besteht, für den Gläubiger in der Regel wertlos sein; denn der Schuldner wird kein großes Interesse haben, seinerseits zu erfüllen, wenn ihm die Zahlung doch nicht mehr zugutekommt. Der Gläubiger müsste also, um die Einrede zu beseitigen, selbst leisten, wozu er meist weder imstande ist noch Lust haben wird.

45 Der Drittschuldner kann das Nicht(mehr)bestehen dem Gläubiger gemäß § 840 mitteilen und ihn zur Freigabe nach § 843 auffordern. Erst dann besteht für eine Klage des Drittschuldners auf Feststellung des Nichtbestehens der Forderung ein Rechtsschutzinteresse.[63] In jedem Fall kann sich der Drittschuldner im Einziehungsprozess des Gläubigers gegen ihn (vgl. u. *Rn. 51*) auf das Nicht(mehr)bestehen berufen.

46 Außerdem kann der Drittschuldner die *Wirksamkeit der Pfändung und Überweisung bestreiten,*[64] jedoch nicht, dass die *titulierte* Forderung des Gläubigers besteht.[65] Die Unwirksamkeit der Pfändung und Überweisung kann der Drittschuldner entweder gemäß § 766[66] oder im Einziehungsprozess[67] geltend machen. Für eine Klage des Drittschuldners auf Feststellung der Unwirksamkeit fehlt das Rechtsschutzinteresse.[68]

---

60 BGHZ 93, 71, 78; vgl. o. *Rn. 38f.* zu § 407 BGB.
61 Dazu BGHZ 58, 25, 26ff.; *Denck* NJW 1979, 2375ff.
62 Dazu *Schaub* NJW 1965, 2329ff.
63 BGHZ 69, 144, 149ff.
64 BGHZ 66, 79, 80f.
65 BAGE 60, 263, 266ff.
66 BGHZ 69, 144, 148f.
67 BGHZ 66, 79, 80f.; vgl. u. *Rn. 51.*
68 BGHZ 69, 144, 146ff.

Str. ist, ob der Drittschuldner die *Unpfändbarkeit* der gegen ihn gerichteten Forderung auch im Einziehungsprozess dem Vollstreckungsgläubiger gegenüber geltend machen kann oder ob er hierfür auf die Erinnerung angewiesen ist; vgl. u. *§ 32 Rn. 47.* 47

d) Ist das Guthaben einer natürlichen Person bei einer Bank (Sparkasse) gepfändet und überwiesen worden, so darf die Bank (Sparkasse) erst vier Wochen nach der Überweisung an den Gläubiger leisten, § 835 III 2. Zum Grund vgl. u. *§ 32 Rn. 56.* 48

e) Ist über die Forderung eine Urkunde ausgestellt worden (z. B. ein Sparbuch), so ist sie dem Schuldner gemäß § 883 wegzunehmen (sog. Hilfsvollstreckung). Vollstreckungstitel ist der Überweisungsbeschluss, § 836 III 5.[69] 49

f) Der Schuldner hat dem Gläubiger die zur Geltendmachung der Forderung nötigen Informationen zu erteilen und einschlägige Urkunden herauszugeben, § 836 III 1. Auskunfts- und Herausgabeanspruch können vollstreckt werden, § 836 III 4, 5. 50

2. *Der Gläubiger kann gegen den die* **Zahlung verweigernden Drittschuldner** *nicht vollstrecken,* denn er hat keinen Vollstreckungstitel gegen ihn. Der Pfändungs- und Überweisungsbeschluss genügt hierfür nicht, da gepfändet wird, ohne das Bestehen der Forderung zu prüfen (vgl. o. *Rn. 15*) und ohne irgendeine Beteiligung des Drittschuldners. Verweigert er die Zahlung, so muss ihn der Gläubiger im jeweiligen Rechtsweg **verklagen,** sog. *Einziehungsklage.* Ist der gepfändete Anspruch, wie häufig, eine Lohnforderung, so ist das ArbG zuständig.[70] Zur Klage ist er berechtigt: bei der Überweisung zur Einziehung, weil ihm das Einziehungsrecht verliehen ist (vgl. o. *Rn. 33*), bei der Überweisung an Zahlungs statt, weil er Gläubiger der Forderung geworden ist. 51

Der Arbeitgeber als Drittschuldner kann gegen den Arbeitnehmer als Schuldner einen Anspruch auf Ersatz von Lohnpfändungskosten haben.[71] Einen entsprechenden Anspruch kann ein Kreditinstitut gegen seinen Kunden haben, allerdings nicht aufgrund formularmäßiger Vereinbarung.[72] Wegen des Kosten- oder Arbeitsaufwandes bei zahlreichen Lohnpfändungen kann der Drittschuldner (Arbeitgeber) dem Schuldner (Arbeitnehmer) erst kündigen, wenn Ablauf oder Organisation des Betriebs objektiv in erheblichem Umfang gestört ist.[73] Der Aufwand entsteht vor allem dadurch, dass bei der üblichen Blankettpfändung die Berechnung des pfändbaren und damit gepfändeten Arbeitslohnes dem Arbeitgeber (Drittschuldner) aufgebürdet wird (vgl. u. *§ 32 Rn. 44*). 52

H. Verzicht des Gläubigers

Ein Verzicht des Gläubigers auf die Rechte aus Pfändung und Überweisung zur Einziehung ist möglich, und zwar durch eine Erklärung, die dem Schuldner zuzustellen ist, § 843 S. 1, 2 (die Zustellung an den Drittschuldner, § 843 S. 3, dient nur der Information). Der Verzicht kommt in Frage, wenn Pfändung und Überweisung sich als Fehlschlag erweisen, weil z. B. der Drittschuldner zahlungsunfähig ist oder eine Klage gegen ihn dem Gläubiger zu riskant erscheint. Eine förmliche Aufhebung des Pfändungsbeschlusses ist entbehrlich, kann auf Antrag der Beteiligten aber zur Klarstellung erfolgen.[74] – Ein *materiellrechtlicher Verzicht* ist neben dem gemäß § 843 möglich.[75] 53

[69] Stein/Jonas/*Würdinger* § 836 Rn. 14f.

[70] § 3 ArbGG; BGHZ 68, 127, 128ff.

[71] *Brill* DB 1976, 2400ff.; abw. *Brüne/Liebscher* BB 1996, 743.

[72] BGHZ 141, 380; *Rösler* BB 1999, 127ff.

[73] BAGE 37, 64.

[74] *BGH* NJW 2002, 1788, 1789.

[75] Vgl. *BGH* NJW 1983, 886, 887; Stein/Jonas/*Würdinger* § 843 Rn. 3.

I. Praktische Bedeutung

54 Die **praktische Bedeutung** der Pfändung von Forderungen, vor allem von *Geld*forderungen, ist **groß,** zumal die Vollstreckung in bewegliche Sachen angesichts der weiten Ausdehnung der Unpfändbarkeit (§ 811, vgl. u. *§ 32 Rn. 6ff.*) in zahlreichen Fällen aussichtslos geworden ist. Hinzu kommt die schnelle Wertminderung von Konsumgütern – vom Fernsehgerät bis zum Auto –, die einen Zwangszugriff oftmals nicht lohnend erscheinen lässt. Innerhalb der Geldforderungspfändung *überwiegt* bei weitem die *Pfändung von Lohn- und Gehaltsforderungen.* Sie sind heute für einen großen Teil der Bevölkerung „das Vermögen". Bei ihnen ist der Gläubiger regelmäßig leicht in der Lage, die Person des Drittschuldners (des Arbeitgebers, der Behörde) und die ungefähre Höhe der Forderung festzustellen. Wechselt allerdings der Schuldner häufig den Arbeitsplatz, so wird dem Gläubiger die Rechtsverfolgung fast unmöglich gemacht. Bei anderen Forderungen, z. B. bei den Außenständen eines Kaufmanns, kann sich der Gläubiger über Bestand und Höhe der Forderung nur schwer Gewissheit verschaffen. Ohne Kenntnis der Sachlage ist die Pfändung leicht ein Fehlschlag.[76]

J. Die Vorpfändung

55 Hat der Gläubiger einen Vollstreckungstitel, so kann er den Schuldner und den Drittschuldner durch den Gerichtsvollzieher von der bevorstehenden Forderungspfändung benachrichtigen und dabei dem Drittschuldner untersagen, an den Schuldner zu zahlen, und dem Schuldner gebieten, über die Forderung nicht zu verfügen, § 845 I 1. Für diese Vorpfändung bedarf es *keiner Zustellung des Titels* und *keiner vollstreckbaren Ausfertigung.* Die Benachrichtigung des Drittschuldners hat die **Wirkung eines Arrestes,** begründet also die *Pfandverstrickung* und ein *Arrestpfandrecht* (vgl. u. *§ 36 Rn. 10*), unter der Voraussetzung, dass die **Pfändung innerhalb eines Monats** seit Zustellung der Benachrichtigung an den Drittschuldner bewirkt wird, § 845 II. In diesem Fall verwandelt sich das auflösend bedingte bloße Sicherungspfandrecht in ein endgültiges Pfändungspfandrecht, dessen *Rang* sich aber nach dem *Zeitpunkt der Vorpfändung* richtet. Andernfalls verliert die Vorpfändung ihre Wirkung (ebenso bei Einstellung der Vollstreckung aus dem Titel, bei Eröffnung des Insolvenzverfahrens [beachte § 88 InsO: „Rückschlagsperre"], bei Beschlagnahme der Forderung im Wege der Immobiliarvollstreckung, die nach der Vorpfändung, aber vor der Pfändung erfolgen; denn in diesen Fällen ist eine Pfändung nicht mehr möglich, vgl. § 865 II 1, §§ 89, 91 InsO). Daher besteht bis zur Pfändung ein Schwebezustand. Gegen die Vorpfändung sind Erinnerung und Widerspruchsklage gegeben.

56 Die Vorpfändung ist **praktisch bedeutsam** im Wettlauf mit anderen Gläubigern, da sie ohne Klausel und Zustellung des Titels möglich ist. Wichtig ist sie auch, wenn bei einer erfolglosen Sachpfändung vom Gerichtsvollzieher Forderungen des Schuldners festgestellt werden, z. B. durch Auffinden eines Sparbuchs (vgl. o. *§ 17 Rn. 2*), oder wenn der Gerichtsvollzieher sonst Kenntnis erlangt (§ 806a, vgl. o. *§ 17 Rn. 25*). Auch in diesem Fall darf der Gerichtsvollzieher aber nicht – im Rahmen des allgemeinen Vollstreckungsantrags, § 753 I – „von Amts wegen" vorpfänden. Vielmehr bedarf es eines ausdrücklichen – ggf. vorsorglichen – Antrags („Auftrags": § 845 I 2), der den Gerichtsvollzieher ermächtigt, selbst die Benachrichtigung samt den Aufforderungen anzufertigen (sofern ihm nicht schon vom Gläubiger ausgestellte vorliegen). Sodann hat der Gerichtsvollzieher auch hier die Schriftstücke dem Schuldner und dem Drittschuldner zuzustellen.

§ 20. Die Zwangsvollstreckung in andere Forderungen und Vermögensrechte

A. Hypothekarisch gesicherte Forderungen

1 Die durch eine Hypothek gesicherte Forderung ist zwar eine Geldforderung, aber es bedarf einiger **Sondervorschriften,** um die Vollstreckung mit den Bestimmungen des

[76] Instruktiv *OLG Köln* MDR 1970, 150f.

materiellen Rechts (insbesondere § 1154 BGB) in Einklang zu bringen. Daher sind zur Pfändung notwendig: stets ein Pfändungsbeschluss, außerdem bei einer *Buch*hypothek die Eintragung der Pfändung im Grundbuch, bei einer *Brief*hypothek die Übergabe des Briefs an den Gläubiger, § 830. Solange Grundbucheintragung oder Briefübergabe fehlen, liegt (noch) keine wirksame Pfändung vor.[1] Eine Pfändung der Forderung allein ohne Pfändung der Hypothek ist unwirksam (vgl. § 1153 II BGB), ebenso eine Pfändung der Hypothek ohne Pfändung der Forderung (vgl. u. *Rn. 15*).

Wird der Brief vom Schuldner nicht freiwillig herausgegeben, so muss der Gerichtsvollzieher aufgrund des Pfändungsbeschlusses nach §§ 883ff. vorgehen (nicht nach § 808, weil der Brief nicht Befriedigungsobjekt ist), also den Brief dem Schuldner wegnehmen und dem Gläubiger abliefern *(Hilfsvollstreckung)*. Damit ist die Pfändung einerseits erschwert. Andererseits ist die *Zustellung* des Pfändungsbeschlusses *an den Drittschuldner* zur Wirksamkeit der Pfändung *nicht erforderlich* (anders als nach § 829 III), bewirkt aber, wenn sie vor Eintragung oder Briefübergabe erfolgt, bereits, dass die Pfändung ihm gegenüber als bewirkt gilt, § 830 II, vorausgesetzt, es kommt noch zu einer wirksamen Pfändung.[2] 2

Bei der Überweisung ist wiederum die *Zustellung* des Beschlusses *an den Drittschuldner nicht erforderlich,* nur seine Aushändigung an den Gläubiger, falls dieser den Brief aufgrund der Pfändung (§ 830 I 1) schon in seiner Hand hat, § 837. Die Wirkung der Überweisung tritt, wenn sie mit der Pfändung in einem Beschluss verbunden ist, erst ein, wenn die Pfändung (also Eintragung oder Übergabe des Briefes) erfolgt ist.[3] BGHZ 127, 146, 154 hält die Verbindung beider Beschlüsse für unzulässig, weil die Pfändung vor Eintragung oder Übergabe (noch) unwirksam sei und daher auch die Überweisung; doch wird bei Komplettierung der Pfändung (durch Eintragung oder Übergabe) auch die Überweisung wirksam. 3

Die Überweisung muss allein bei Buchhypotheken im Grundbuch eingetragen werden, und auch dann nur, wenn es sich um eine Überweisung an Zahlungs statt handelt, weil dadurch ein neuer Gläubiger eintritt (§ 837 I 2). 4

B. Ansprüche auf Herausgabe oder Leistung von Sachen

Grundsätzlich verweist § 846 für Ansprüche auf Herausgabe von Sachen oder deren Leistung auf die §§ 829ff. Als herauszugebende bzw. zu leistende Sachen kommen bewegliche (§ 847) und unbewegliche (§§ 848, 864) Sachen in Betracht. Die Ansprüche werden durch **Pfändungsbeschluss** gepfändet, dessen Inhalt sich nach § 829 I richtet (§ 846). Eine Überweisung an Zahlungs Statt ist mangels Nennwerts unzulässig (§ 849). Im Übrigen ist nach beweglichen und unbeweglichen Sachen zu unterscheiden. 5

1. Betrifft der gepfändete Anspruch eine **bewegliche Sache,** so bestimmt der Pfändungsbeschluss (neben den Anordnungen nach §§ 846, 829 I), dass die Sache an einen Gerichtsvollzieher herauszugeben ist, § 847 I (diese Anordnung ist für die Pfändung nicht wesentlich). Mit Zustellung des Beschlusses an den Drittschuldner erwirbt der Gläubiger ein Pfandrecht am Anspruch, §§ 846, 829 III. Durch Herausgabe der Sache an den Gerichtsvollzieher erlangt der Gläubiger ohne Weiteres ein Pfandrecht an der Sache selbst, nicht etwa wird er Eigentümer; denn weder hat er hierauf einen Anspruch noch stimmt stets der Wert der Sache mit dem Betrag der Gläubigerforderung überein. Eigentümer bleibt vielmehr der Schuldner, oder er wird es, wenn er es noch nicht ist und einen Anspruch darauf hat (z. B. bei Pfändung eines Anspruchs aus § 433 I BGB). 6

---

[1] BGHZ 127, 146, 150ff.
[2] BGHZ 127, 146, 151.
[3] Abw. *Hollinger* MDR 2019, 520, 524: Überweisungsbeschluss darf nicht vor Briefbesitz erfolgen.

7 Ist die herauszugebende *Sache unpfändbar*, so ist es *auch der Anspruch* auf ihre Herausgabe, weil der Gläubiger die unpfändbare Sache nicht verwerten dürfte.

8 Gibt der Drittschuldner die Sache nicht freiwillig heraus, so darf sie der Gerichtsvollzieher nicht wegnehmen. Vielmehr muss sich der Gläubiger den Anspruch zur Einziehung (vgl. § 849) überweisen lassen[4] und gegen den Drittschuldner Klage auf Herausgabe an den Gerichtsvollzieher erheben. Der Drittschuldner kann alle Einwendungen und Einreden erheben, die ihm gegen den Schuldner zustehen.

9 Ist die Sache freiwillig oder zwangsweise an den Gerichtsvollzieher herausgegeben, so wird sie wie eine gepfändete Sache verwertet, § 847 II, in der Regel also durch Versteigerung. Der Erlös wird an den Gläubiger abgeführt, vgl. o. *§ 18 Rn. 23ff.* Die Verwertung setzt stets voraus, dass der Herausgabeanspruch dem Gläubiger zur Einziehung (vgl. § 849) überwiesen worden ist (arg. § 847 II).[5]

10 Der Gläubiger wird dieses Verfahren wählen, um an Vermögensstücke heranzukommen, die dem Schuldner zwar noch nicht gehören, auf deren Übereignung der Schuldner aber einen Anspruch hat (z. B. aus § 433 I BGB), sofern die Übereignung nicht von einer Gegenleistung abhängt (vgl. u. *Rn. 13 a. E.*). Ferner kommt dieses Verfahren im Fall des § 809 in Betracht, wenn dem Schuldner ein Herausgabeanspruch gegen den Dritten zusteht, z. B. aus Miete (vgl. o. *§ 17 Rn. 16*). Hier wird es freilich häufig zum *Herausgabeprozess zwischen Gläubiger und Drittem* (= Drittschuldner) kommen: War der Dritte schon nach § 809 nicht zur Herausgabe bereit, dann wird er es nur selten aufgrund der Pfändung und Überweisung eines angeblichen Herausgabeanspruchs des Schuldners gegen ihn werden – ein dornenreicher Weg für den Gläubiger, aber unvermeidlich, um unbeteiligte Dritte zu schützen.

11 Ist der Anspruch für mehrere Gläubiger gepfändet und überwiesen und reicht der Erlös nicht für alle aus, so kommt das Verteilungsverfahren in Betracht, § 854 II, vgl. u. *§ 21.*

12 2. Betrifft der Anspruch die Herausgabe einer **unbeweglichen Sache,** so ist im Pfändungsbeschluss (§§ 846, 829 I) auch die Herausgabe an einen Sequester anzuordnen, der auf Antrag des Gläubigers vom AG (Rechtspfleger), in dessen Bezirk die Sache gelegen ist, bestellt wird, § 848 I, § 20 Nr. 17 RPflG. Daran schließt sich die Zwangsvollstreckung in das Grundstück nach den dafür geltenden Vorschriften an, § 848 III.[6]

13 Geht der Anspruch auf Übertragung des Eigentums, so muss die Auflassung an den Sequester als Vertreter des Schuldners, nicht etwa an den Gläubiger erfolgen (aus dem o. zu *Rn. 6* angeführten Grund), § 848 II 1.[7] Weigert sich der Drittschuldner, so muss der Gläubiger (oder der Schuldner[8]) auf Auflassung klagen. Der Gläubiger erwirbt mit dem Eigentumsübergang auf den Schuldner eine Sicherungshypothek an dem Grundstück, und zwar *ohne* (!) Eintragung, § 848 II 2. Diese Vollstreckung hat keine große praktische Bedeutung. Der Übereignungsanspruch ist regelmäßig an eine Gegenleistung (z. B. die Zahlung des Kaufpreises) geknüpft, die der Schuldner meistens noch nicht erbracht hat. Das kann der Drittschuldner dem Gläubiger entgegenhalten (vgl. o. *Rn. 8*). Folglich hat der Gläubiger nur dann Erfolg, wenn er oder der Schuldner den Kaufpreis zahlt. Dazu werden beide in der Regel nicht bereit sein.

C. Andere Rechte

14 1. Eine Vollstreckung in andere Rechte ist unter bestimmten **Voraussetzungen** möglich, nämlich (§ 857 I), *soweit* sie *gesetzlich übertragbar* sind (der Ausschluss der Übertragung durch bloßen Vertrag hindert die Vollstreckung grundsätzlich nicht, §§ 857 I,

---

[4] *Baur/Stürner/Bruns* Rn. 31.9; a. A. Schuschke/Walker/*Schuschke* § 847 Rn. 3, je m. N.; zur praktischen Durchführung *Mock* VE 2019, 049ff.

[5] Vgl. Baumbach/*Nober* § 847 Rn. 9; str.

[6] Dazu *Hoche* NJW 1955, 162ff.

[7] Dazu *Knobloch* NotBZ 2011, 17.

[8] Vgl. *BGH* BB 1968, 397.

851) oder wenigstens die Ausübung des Rechts einem anderen überlassen werden kann, § 857 III. So kann bei einem gepfändeten Nießbrauch der Gläubiger eine ordnungsgemäße Nutzung des Grundstücks nur dadurch erreichen, dass das Gericht nach § 857 IV die Verwaltung in Anlehnung an die Vorschriften der Zwangsverwaltung (§§ 146ff. ZVG; vgl. u. *§ 25*) anordnet;[9] der Gläubiger kann (anders als der Nießbraucher, § 1065 BGB) nicht Herausgabe an sich, sondern nur an den Verwalter verlangen.[10] Kann das unübertragbare Recht *nicht* zur Ausübung überlassen werden, so ist es unpfändbar, § 857 I, 851 I, z. B. das Vorkaufsrecht, sofern nicht ein anderes vereinbart ist (§ 473 BGB).

Nach §§ 857 I, 828ff. gepfändet und verwertet werden Miteigentumsanteile an *im Sammelbestand* gemäß § 6 I DepotG *verwahrten Wertpapieren.*[11]

Ausgeschlossen von selbständiger Vollstreckung sind *akzessorische Rechte,* die nur neben einem Hauptrecht bestehen, wie Pfandrecht, Hypothek, Ansprüche gegen den Bürgen, Ansprüche auf Auskunft, Rechnungslegung,[12] Berichtigung des Grundbuchs. Sie können nur zusammen mit dem Hauptrecht gepfändet werden, wenn sie nicht schon automatisch mit dessen Pfändung zusammen gepfändet werden, wie z. B. Pfandrecht und Hypothek mit der Forderung. 15

Ferner scheiden alle Rechte aus, die *nicht Vermögensrechte* sind, z. B. das Namensrecht, das allgemeine Persönlichkeitsrecht,[13] familienrechtliche Ansprüche (die meist auch unübertragbar sind, vgl. § 860), aber auch *Gestaltungsrechte, wenn* sie *unübertragbar* sind (z. B. Kündigungsrecht). Das *kaufmännische Unternehmen* als Ganzes kann nicht gepfändet werden.[14] Unzulässig ist die *Pfändung öffentlichrechtlicher Befugnisse,* z. B. des Anspruchs gegen das Grundbuchamt auf Eintragung,[15] des Rechts auf Einlegung von Rechtsmitteln im Prozess. 16

Manche Rechte sind zwar übertragbar (und damit grundsätzlich dem Gläubigerzugriff unterworfen, § 851 I), pfändbar aber *nur,* wenn sie *vertraglich anerkannt oder rechtshängig* (§ 261) sind, § 852: Hierzu zählen der Pflichtteilsanspruch (§ 2317 II BGB), der Rückerstattungsanspruch des Schenkers wegen Verarmung (§ 528 BGB; § 852 II) und der Anspruch eines Ehegatten oder Lebenspartners auf Zugewinnausgleich (§ 1378 III BGB; § 852 II). Bei diesen Ansprüchen soll mit Rücksicht auf die Beziehung der Parteien allein der Berechtigte über die Rechtsausübung entscheiden. Allerdings sind diese Rechte als in ihrer „zwangsweisen Verwertbarkeit aufschiebend bedingte" Ansprüche schon vor Anerkennung oder Rechtshängigkeit pfändbar (so zum Pflichtteilsanspruch BGHZ 123, 183, 185ff.; das gilt auch für die Ansprüche des § 852 II[16]). § 852 II ist nicht entsprechend anwendbar auf einen allein vom Willen des Gläubiger-Ehegatten abhängigen Rückauflassungsanspruch bei „ehebezogener Zuwendung".[17] Bei der Gütergemeinschaft ist – solange sie besteht – der Anteil eines Ehegatten oder Lebenspartners am Gesamtgut und an den Einzelgegenständen unpfändbar; nach Beendigung der Gemeinschaft ist der Anteil am Gesamtgut pfändbar (§ 860). 17

Wichtig ist die Pfändbarkeit der *Anteile an einer Personengesellschaft.* Hier ist zu unterscheiden zwischen dem Anteil am Gesellschaftsvermögen und an den einzelnen dazu gehörenden Gegenständen. Über beide kann der Gesellschafter nicht verfügen (§ 719 I BGB, §§ 105 III, 161 II HGB). Nach § 859 I ist der Anteil an einem einzelnen Gegenstand einer Gesellschaft bürgerlichen Rechts unpfändbar, der Anteil am Gesell- 18

9 *BGH* NJW 2007, 149.
10 BGHZ 166, 1; *BGH* NJW 2007, 149.
11 BGHZ 160, 121, 124; *BGH* NJW-RR 2008, 494, 495; *Hollinger* MDR 2019, 520, 524.
12 *BGH* NJW-RR 2003, 1555, 1556 (aus Bankvertrag).
13 Dazu *Sosnitza* JZ 2004, 992.
14 BGHZ 32, 103, 105f.
15 Stein/Jonas/*Würdinger* § 857 Rn. 9.
16 Stein/Jonas/*Würdinger* § 852 Rn. 4; unentschieden BGHZ 169, 320, 327.
17 BGHZ 154, 64, 69ff.

schaftsvermögen pfändbar; über den Wortlaut des § 859 I hinaus sind nach h. M. auch die Anteile an einer OHG und KG gemäß § 859 I pfändbar.[18] Nach § 859 II gilt dasselbe für *den Anteil eines Miterben.*[19]

19 Als Vollstreckungsobjekte kommen ferner in Betracht: Ansprüche auf Bestellung oder Übertragung eines Rechts (z. B. auf Bestellung einer Grundschuld, auf Übertragung einer Forderung[20]), Gemeinschafts-, Gesellschafts- und Miterbenanteile (vgl. *Rn. 14, 37*), Grund- und Rentenschulden (§ 857 VI), ferner Anwartschaftsrechte, z. B. des Käufers bei Verkauf unter Eigentumsvorbehalt (vgl. u. *Rn. 24*) oder des Auflassungsempfängers.[21]

20 Zunehmende Bedeutung erlangt die Zwangsvollstreckung in *Immaterialgüterrechte.* Pfändbar sind alle übertragbaren Rechte, beispielsweise das Patent,[22] das Markenrecht[23] und – mit Einschränkungen (§§ 112ff. UrhG) – das Urheberrecht.[24] Ein Drittschuldner ist nicht vorhanden (§ 857 II). Pfändbar sind grundsätzlich auch Lizenz- und Nutzungsrechte an immateriellen Gütern. Der Lizenzgeber ist regelmäßig Drittschuldner.

21 Bei *Internet-Domains* war lange umstritten, ob sie – ähnlich wie eine Marke – als solche übertragen und daher gepfändet werden können.[25] Dies ist zu verneinen, denn der Domain liegt kein absolutes Recht zugrunde.[26] Pfändbar sind nur die dem Domain-Inhaber aus dem Domain-Vergabevertrag gegen die Domain-Registrierungsstelle (DENIC eG) zustehenden Ansprüche.[27] Die Vergabestelle ist Drittschuldnerin.[28] Die Verwertung erfolgt durch Überweisung zum Schätzwert an Zahlungs statt. Der Gläubiger übernimmt dann sämtliche Ansprüche aus dem Registrierungsvertrag mit der DENIC; zu diesen gehört insbesondere auch die vertragliche Position als zu registrierender Domaininhaber.[29] Häufig enthält die Domain-Bezeichnung auch eine Marke; dann sollte zusätzlich das Markenrecht gepfändet werden.

22 2. Für das **Verfahren** gelten einige Besonderheiten.

Die *Pfändung* geschieht durch Zustellung des Pfändungsbeschlusses an den Drittschuldner (§§ 857 I, 829), das ist hier jeder neben dem Schuldner irgendwie am Recht Beteiligte (z. B. Miteigentümer, Miterbe[30]). Gegenüber dem Drittschuldner ist das Arrestatorium (§ 829 I 1) mit Blick auf die Besonderheiten des Pfändungsgegenstandes auszusprechen; für ihn muss erkennbar sein, dass er keine Erfüllungshandlungen mehr gegenüber dem Vollstreckungsschuldner als seinem Gläubiger vornehmen darf, die das Pfändungspfandrecht des Vollstreckungsgläubigers beeinträchtigen könnten.[31] Wer Drittschuldner bei Pfändung eines Anteils an einer Personengesellschaft ist, ist

[18] Stein/Jonas/*Würdinger* § 859 Rn. 12 m. N. Vgl. zu Anteilen an einer Personengesellschaft auch u. *Rn. 37.*

[19] Vgl. *BayObLG* Rpfleger 1983, 112f.; der Anteil am Nachlass ist auch übertragbar, § 2033 I 1, II BGB.

[20] Vgl. *BGH* NJW 1998, 2969, 2970.

[21] Vgl. BGHZ 49, 197, 203ff.

[22] BGHZ 125, 334, 337; s. aber auch *BPatG* Beschl. v. 7.2.2000 – 10 W (pat) 113/99, BeckRS 2011, 28339.

[23] Dazu *Tunze* MarkenR 2020, 254.

[24] Dazu *Skauradszun,* Das Urheberrecht in der Zwangsvollstreckung, 2009.

[25] Eingehend *Birner,* Die Internet-Domain als Vermögensrecht, 2005.

[26] *Chr. Berger* Rpfleger 2002, 181.

[27] *BGH* NJW 2005, 3353; BGHZ 220, 68 Rn. 19.

[28] BGHZ 220, 68 Rn. 16; BFHE 258, 223 Rn. 10ff.; *Stadler* MMR 2007, 71; *Boecker* MDR 2007, 1234, 1237.

[29] BGHZ 220, 68 Rn. 15, 21, 23.

[30] Dazu BGHZ 49, 197, 204f.

[31] *BGH* NJW 2021, 637 Rn. 23f.

umstritten; in Betracht kommen die Gesellschaft und alle übrigen Mitgesellschafter.[32] Bei der Pfändung von GmbH-Anteilen ist Drittschuldner jedenfalls (nur) die GmbH.[33] Ist kein Drittschuldner vorhanden, wie z. B. beim Urheberrecht, so ist durch Zustellung an den Schuldner zu pfänden, § 857 II.

Die *Verwertung* geschieht grundsätzlich durch Überweisung des Rechts (§§ 857 I, 835), sofern der Gläubiger das Recht anstelle des Schuldners ausüben kann. Das Gericht kann besondere Anordnungen über die Verwertung treffen (§ 857 IV, V).[34] Anteile an einer juristischen Person sind regelmäßig nach § 844 durch Versteigerung zu verwerten.[35] 23

3. Bevorzugter Gegenstand theoretischer Erörterungen ist die Pfändung des **Anwartschaftsrechts** eines Käufers *aus aufschiebend bedingter Übereignung* (vgl. § 449 I BGB). Die Pfändung und Überweisung zur Einziehung (vgl. § 849) des Anwartschaftsrechts allein kommt schon deshalb nicht vor, weil seine Verwertung wohl niemals einen befriedigenden Erlös bringt. Der Gläubiger muss daher auf die Sache selbst, d. h. auf das Eigentum, zugreifen. Das bringt Schwierigkeiten mit sich, weil das Eigentum bis zum Bedingungseintritt noch dem Verkäufer zusteht. 24

Sie lösen sich meistens problemlos. Das hat folgende Gründe: 25

Der Gläubiger wird in der Regel nicht wissen, ob dem Schuldner nur ein Anwartschaftsrecht zusteht. Der Gerichtsvollzieher weiß es ebenfalls nicht. Für ihn ist die materielle Rechtslage in der Regel belanglos, denn bei der Pfändung kommt es nur auf den Gewahrsam, nicht auf das Eigentum des Schuldners an (vgl. o. *§ 17 Rn. 7*). Weist der Schuldner auf sein fehlendes Eigentum hin, so kann der Gerichtsvollzieher andere Sachen pfänden;[36] besteht diese Möglichkeit nicht, so muss er die Anwartschaftssache beschlagnahmen. Erfährt der Vorbehaltsverkäufer von der Pfändung (z. B. weil der Schuldner zur Benachrichtigung vertraglich verpflichtet ist), so wird er sich im eigenen Interesse schnellstens an den Gläubiger wenden, sein Eigentum dartun (dazu vgl. o. *§ 13 Rn. 35 a. E.*) und die Höhe der (Rest-)Forderung gegen den Schuldner mitteilen. Liegt diese deutlich unter dem Wert der Pfandsache, so wird sie der Gläubiger bezahlen (§ 267 I BGB), damit wird der Schuldner Eigentümer, und die Vollstreckung kann ungehindert fortgesetzt werden (auf diese Weise ist dem Gläubigerinteresse gedient, und der Vorbehaltsverkäufer wird froh sein, Geld zu bekommen; was der Schuldner dazu meint, ist belanglos). Andernfalls wird der Gläubiger die Sache freigeben (vgl. o. *§ 13 Rn. 32*), weil die Vollstreckung für ihn nutzlos ist.

Dieser einfache Ablauf wird in der Theorie kompliziert, weil man den Beteiligten ein rechtlich zwar mögliches, praktisch aber unsinniges Verhalten unterstellt. 26

Ausgangspunkt der h. M. ist zu Recht, dass der Verkäufer nach § 771 widersprechen kann, wenn ein Gläubiger des Käufers die Kaufsache pfändet (vgl. o. *§ 13 Rn. 14ff.*). Will der Gläubiger erfolgreich vollstrecken, so muss er versuchen, einer Widerspruchsklage des Verkäufers die Grundlage zu entziehen. Das gelingt, wenn er den Kaufpreisrest an den Verkäufer zahlt (§ 267 I BGB) und damit den Käufer zum Eigentümer der Sache macht. Der Versuch kann jedoch theoretisch wegen § 267 II BGB scheitern (aber welcher Verkäufer lehnt die Annahme von Geld ab?); auch kann der Gläubiger theoretisch Schwierigkeiten haben, vom Verkäufer die Höhe der (Rest-)Forderung zu erfahren (aber welcher Verkäufer wird nicht bereitwillig Auskunft geben in der Hoffnung, Geld zu erhalten?). Wegen dieser Hindernisse, die praktisch keine Rolle spielen, verlangt die h. M., dass der Gläubiger neben der Sache (d. h. neben dem Eigentum) auch das Anwartschaftsrecht pfändet (nach § 857; Drittschuldner ist der Vorbehaltsverkäufer = Eigentümer), sog. **Doppelpfändung.** Damit ist der Verkäufer gemäß § 840 zur Auskunft verpflichtet und das Wi- 27

[32] MünchKomm-ZPO/*Smid* § 859 Rn. 7; Musielak/Voit/*Flockenhaus* § 859 Rn. 3: die Gesamthand; a. A. Stein/Jonas/*Würdinger* § 859 Rn. 3; Zöller/*Herget* § 788 Rn. 13: alle Mitgesellschafter.

[33] *BGH* NJW 2021, 637 Rn. 30ff.

[34] Vgl. BGHZ 62, 133, 136f.; *BGH* NJW 2007, 149 zum Nießbrauch.

[35] *BGH* NJW 2021, 637 Rn. 32.

[36] Vgl. *LG Berlin* MDR 1977, 146.

derspruchsrecht des Schuldners (§ 267 II BGB) ausgeschaltet. Weist der Verkäufer trotzdem das Geld zurück, so gilt die Bedingung des § 449 BGB als eingetreten (§ 162 BGB): Der Schuldner (Käufer) ist Eigentümer geworden, und somit braucht der Gläubiger eine Widerspruchsklage des Verkäufers nach § 771 nicht mehr zu befürchten. In welcher Reihenfolge Anwartschaftsrecht und Sache gepfändet wurden, ist nach h. M. gleichgültig.[37]

28 Nach der **Theorie der reinen Rechtspfändung** setzt sich das am Anwartschaftsrecht bestehende Pfändungspfandrecht nach Bedingungseintritt ohne weiteres an der Sache (d. h. am Eigentum) fort, so dass deren Pfändung überflüssig ist, um sie nach Bedingungseintritt verwerten zu können (nötig nur eine Wegnahme der Sache durch den Gerichtsvollzieher analog § 847).[38]

29 Nach der **Theorie der reinen Sachpfändung** wird nur die Sache (nach § 808) und damit das Anwartschaftsrecht gepfändet. Daher kann ohne weiteres (auch schon vor Bedingungseintritt, vgl. u.) in die Sache vollstreckt werden.[39]

30 Eine vierte Ansicht will nur das Anwartschaftsrecht pfänden, aber nicht in der Form der Rechts-, sondern der Sachpfändung (§ 808). Der Gerichtsvollzieher habe im Pfändungsprotokoll zu vermerken, dass bis zur Zahlung des Restkaufpreises *nur* das Anwartschaftsrecht gepfändet sei. Daraus folge, dass die Sache erst nach der Zahlung (d. h. nach Bedingungseintritt, vgl. § 449 I BGB) verwertet werden dürfe; denn erst in diesem Augenblick werde das Pfandrecht am Anwartschaftsrecht zum Pfandrecht an der Sache. Da diese Lehre § 808 auf die Rechtspfändung anwendet, kann man sie als **Theorie der analogen Sachpfändung** bezeichnen.[40]

31 Die zuletzt genannten drei Theorien begegnen Bedenken.

Die *Theorie der reinen Sachpfändung* beruht auf der Annahme, der Verkäufer könne einer Pfändung der Sache (d. h. des Eigentums) nicht als Eigentümer nach § 771 widersprechen, sondern nur gemäß § 805 auf vorzugsweise Befriedigung klagen (vgl. o. *§ 13 Rn. 17*). Daher ist diese Auffassung abzulehnen.

32 Die *Theorie der analogen Sachpfändung* vermeidet diesen Einwand. Da nur das Anwartschaftsrecht gepfändet ist, wird das Eigentum nicht berührt. Es ist deshalb in Bezug auf das Anwartschaftsrecht kein die Veräußerung hinderndes Recht, § 771 ist nicht gegeben.[41] Dennoch ist diese Lehre abzulehnen. Sie vermischt Sach- und Rechtspfändung, die vom Gesetz genau unterschieden werden (andere Form, anderes Vollstreckungsorgan[42]), wobei zu bedenken ist, dass auch die Sachpfändung ein Recht (das Eigentum) zum Gegenstand hat. An dieser Unterscheidung ändern auch die §§ 821, 831 nichts,[43] da bei den dort genannten Wertpapieren Gläubiger- und Eigentümerstellung notwendig verbunden sind, so dass der Gesetzgeber entscheiden muss (und entschieden hat), ob und wieweit die Regeln der Sach- oder Forderungspfändung samt Verwertung eingreifen sollen.[44] Demgegenüber ist das Anwartschaftsrecht gerade nicht mit dem Eigentum in einer Person verbunden. Daher muss es bei der scharfen Trennung von Eigentumspfändung und Pfändung sonstiger Rechte bleiben, so dass im Vollstreckungsrecht eine Gleichbehandlung von Eigentum und Anwartschaftsrecht, wie sie im materiellen Recht weithin (wenn auch mit Schwierigkeiten) praktiziert wird, ausscheidet.

33 Auch die *Theorie der reinen Rechtspfändung* begegnet Bedenken. Um in die Sache selbst vollstrecken zu können, bedarf es einer Pfändung der Sache (d. h. des Eigentums) selbst. Auch wenn man annimmt, dass sich das am Anwartschaftsrecht bestehende Pfändungspfandrecht nach Bedingungseintritt an der Sache fortsetzt, ist die Sache doch wohl nicht verstrickt. Dann fehlt eine Voraussetzung für das Entstehen eines Pfändungspfandrechts (vgl. o. *§ 16 Rn. 13*) und für eine Verwertung der Sache selbst.

---

[37] Einzelheiten bei *Serick,* Bd. 1, S. 303 ff., 314 ff.

[38] So *Baur/Stürner/Bruns* Rn. 32.17 m. N.; ähnlich *Flume* AcP 161 (1962), 385, 404; *G. Reinicke* NJW 1964, 21.

[39] *Raiser,* Dingliche Anwartschaften, 1961, S. 91 ff.; im Ergebnis auch *Hübner* NJW 1980, 733.

[40] Dafür *Brox/Walker* Rn. 812–814; Stein/Jonas/*Würdinger* § 857 Rn. 88 befürwortet sie nur de lege ferenda.

[41] Vgl. *Brox/Walker* Rn. 812.

[42] BGHZ 125, 334, 341.

[43] S. aber *Brox/Walker* Rn. 814, auch Stein/Jonas/*Würdinger* § 857 Rn. 88.

[44] Insoweit zutr. *Brox/Walker* Rn. 691.

Die herrschende *Theorie der Doppelpfändung* nimmt demgegenüber an, dass sich das Pfandrecht am Anwartschaftsrecht nach Bedingungseintritt nicht an der Sache fortsetzt.[45] Doch ist es nicht bedeutungslos, da sich der Rang des Sachpfandrechts (§ 804 III) nach dem Rang des Pfandrechts am Anwartschaftsrecht richtet.[46] Das ist von Belang, wenn – was praktisch kaum vorkommt – zuerst das Anwartschaftsrecht und dann die Sache von mehreren Gläubigern gepfändet worden ist: Sie werden in der Reihenfolge ihrer Pfandrechte am Anwartschaftsrecht befriedigt. In der Rangwahrung liegt die einzige praktische Bedeutung der Pfändung des Anwartschaftsrechts. 34

Hat der Gläubiger den Restkaufpreis an den Verkäufer gezahlt, so sind seine Aufwendungen Kosten der Zwangsvollstreckung nach § 788.[47] 35

4. Streitig ist, ob eine **Eigentümergrundschuld** mangels Drittschuldners nach § 857 II zu pfänden ist oder – weil es sich bei ihr um eine Art Grundschuld handelt – nach § 857 VI. Die h. M. folgt der zweiten Auffassung.[48] Zutreffend erscheint aber die erste,[49] die nicht auf die Bezeichnung als Grundschuld abstellt, sondern auf die wahre Natur dieses schuldnerlosen Rechts. Für die Pfändung genügt die Zustellung des Pfändungsbeschlusses an den Schuldner, § 857 II. Wegnahme des Briefs oder Eintragung im Grundbuch (wie bei Pfändung einer Grundschuld, §§ 857 VI, 830) ist nicht erforderlich. Daher besteht die Gefahr, dass der Schuldner das Recht an einen Redlichen veräußert (§§ 892, 1155 BGB); nur um das zu verhindern, ist Wegnahme des Briefs oder Eintragung im Grundbuch notwendig. Die h. M. führt zu Komplikationen, insbesondere bei einem Briefgrundpfandrecht, das zum Teil Fremdhypothek, zum Teil Eigentümergrundschuld ist (z. B. infolge teilweiser Tilgung).[50] Auch wenn die Eigentümergrundschuld nur zur Einziehung überwiesen ist, kann aus ihr vollstreckt werden; § 1197 I BGB steht nicht entgegen.[51] 36

5. Bei Pfändung des **Anteils** *am Vermögen* einer **BGB-Gesellschaft** erhält der Gläubiger insbesondere das Recht auf den *Gewinnanteil,* kann aber nicht die Übrigen aus dem Gesellschaftsverhältnis fließenden Rechte des Gesellschafters geltend machen, wie Stimmrecht, Büchereinsicht; § 725 II BGB. Ferner kann der Gläubiger *kündigen,* um die Auseinandersetzung zu erreichen, § 725 I BGB. Die Pfändung des Anteils erstreckt sich dann ohne weiteres auf das Auseinandersetzungsguthaben des Schuldners, wie es sich bei der Auseinandersetzung ergibt; Zahlung kann er erst nach Überweisung fordern.[52] Nach h. M. ist eine Anteilspfändung gemäß § 859 I 1 auch bei der **OHG** und **KG** möglich (vgl. o. *Rn. 18*). Für sie gilt das eben Gesagte entsprechend, doch ist das Kündigungsrecht ebenso eingeschränkt wie bei unmittelbarer Vollstreckung in das Auseinandersetzungsguthaben gemäß §§ 135, 161 II HGB.[53] Die Pfändung des Anteils des Gesellschafters an einzelnen zum Gesellschaftsvermögen gehörenden Gegenständen ist bei allen Gesellschaften unzulässig, § 859 I 2.[54] 37

3. Kapitel. Das Verteilungsverfahren

Literatur: *Martin,* Pfändungspfandrecht und Widerspruchsklage im Verteilungsverfahren, 1963 (dazu *Pieper* AcP 166 [1966], 532ff.); *Wieser,* Das Verteilungsverfahren als Zwangsvollstreckung, ZZP 103 (1990), 171.

45 *BGH* NJW 1954, 1325, 1327f.
46 Im Ergebnis ebenso *G. Reinicke* MDR 1959, 616f.; Stein/Jonas/*Würdinger* § 857 Rn. 89; a. A. BGHZ 125, 334, 341.
47 Zöller/*Geimer* § 788 Rn. 13.2 „Anwartschaft"; MünchKomm-ZPO/*Smid* § 857 Rn. 23; a. A. Stein/Jonas/*Würdinger* § 857 Rn. 87, je m. w. N.).
48 *BGH* NJW-RR 1989, 636, 637.
49 *Baur/Stürner/Bruns* Rn. 32.20; Stein/Jonas/*Würdinger* § 857 Rn. 62.
50 Vgl. Stein/Jonas/*Würdinger* § 857 Rn. 64.
51 BGHZ 103, 30, 37 m. N.
52 BGHZ 116, 222, 224, 229.
53 Dazu *Schönle* NJW 1966, 1797f.; *BGH* NJW 1982, 2773.
54 Vgl. BGHZ 116, 222, 224; vgl. auch o. *Rn. 18*.

§ 21. Übersicht

A. Erlösverteilung im Mangelfall

1 Eine bewegliche Sache oder ein Recht kann für mehrere Gläubiger oder wegen mehrerer Forderungen desselben Gläubigers gepfändet werden. Durch mehrere Pfändungen entstehen dann **mehrere Pfandrechte,** von denen das früher entstandene dem später entstandenen vorgeht, § 804 III. Die Verwertung erfolgt gemeinsam für alle beteiligten Gläubiger.

2 *Reicht der Erlös für alle* aus, so entstehen keine Schwierigkeiten, selbst wenn über die Rangordnung gestritten werden sollte. Ist der *Erlös unzureichend,* dann muss der vorrangige Gläubiger voll befriedigt sein, ehe der nachrangige etwas bekommt. Unter mehreren Gläubigern gleichen Ranges wird der Erlös nach der Höhe ihrer Forderungen verteilt.

3 Reicht bei der *Sachpfändung* der Verwertungserlös nicht aus, und *streiten die Gläubiger* über eine andere Verteilung, als sie der Rangfolge der Pfändungen entspricht, so soll dem *Gerichtsvollzieher* die Entscheidung des Streits abgenommen werden. Er hat daher beim Vollstreckungsgericht den Sachverhalt anzuzeigen und zugleich den **Erlös zu hinterlegen,** § 827 II, III.

4 In derselben Lage befindet sich der Gerichtsvollzieher, wenn ein *Anspruch auf Herausgabe einer beweglichen Sache* für mehrere Gläubiger gepfändet und die Sache verwertet ist, aber die Gläubiger über die Verteilung des unzulänglichen Erlöses *streiten.* Wiederum hat er den **Erlös zu hinterlegen** und den Sachverhalt dem Vollstreckungsgericht anzuzeigen, dessen Pfändungsbeschluss dem Drittschuldner zuerst zugestellt ist, § 854 II, III.

5 Aber auch der *Drittschuldner* kann in eine unsichere Lage kommen, wenn eine Geldforderung für mehrere Gläubiger gepfändet ist, besonders wenn der Betrag der gepfändeten Forderung nicht zur Befriedigung aller Gläubiger ausreicht, aber nicht nur dann. Es ist angemessen, ihn von der Verteilung und dem damit verbundenen Risiko zu entlasten. Daher hat er das Recht – auf Verlangen eines Gläubigers, dem die Forderung überwiesen ist, auch die Pflicht –, den **Forderungsbetrag** bei dem Vollstreckungsgericht, dessen Pfändungsbeschluss ihm zuerst zugestellt ist, unter Anzeige des Sachverhalts und Aushändigung aller ihm zugestellten Beschlüsse **zu hinterlegen,** § 853. Eine ähnliche Berechtigung und Verpflichtung hat auch der Drittschuldner, der eine bewegliche Sache **herauszugeben** hat, gegenüber dem Gerichtsvollzieher nach § 854 I (bei unbeweglichen Sachen gegenüber dem Sequester nach § 855).

6 Auf die Erfüllung dieser Verpflichtung des Drittschuldners (§§ 853–855) kann jeder Gläubiger, dem der Anspruch überwiesen ist, gegen den Drittschuldner Klage erheben, § 856 I. Jeder Pfandgläubiger kann sich als Streitgenosse anschließen, § 856 II. Der Drittschuldner hat bei dem Prozessgericht zu beantragen, dass die Gläubiger, welche die Klage nicht erhoben und sich auch nicht angeschlossen haben, zur mündlichen Verhandlung geladen werden, § 856 III. Die dann ergehende Entscheidung wirkt *zugunsten* sämtlicher Gläubiger, § 856 IV, *gegen* sie aber nur bei Beteiligung oder bei Ladung, § 856 V.

7 Die Streitgenossenschaft ist keine materiellrechtlich notwendige, da jeder Gläubiger allein Klage erheben kann, aber ein typischer Fall prozessrechtlich notwendiger Streitgenossenschaft, weil die Entscheidung wegen der im § 856 IV angeordneten Erstreckung der Rechtskraft nur eine einheitliche sein kann.[1]

B. Verfahren nach Hinterlegung

8 Ist ein Geldbetrag hinterlegt worden, so hat das Vollstreckungsgericht ihn unter die Gläubiger zu verteilen. Reicht der Geldbetrag für alle Gläubiger aus (möglich bei einer Hinterlegung nach § 853), so ist ohne besonderes Verfahren zu verteilen. Reicht er nicht aus, dann kommt kraft Gesetzes ein **Verteilungsverfahren,** §§ 872 ff., in Gang.

[1] Vgl. § 62 und *Zivilprozessrecht* § 82 II.

Voraussetzungen hierfür sind: eine Zwangsvollstreckung in das bewegliche Vermögen, bei der ein Gegenstand mehrfach gepfändet worden ist, an der also mehrere Gläubiger beteiligt sind, und die Hinterlegung eines Geldbetrags, der für die Befriedigung aller nicht reicht, § 872 (also die Fälle der §§ 827, 854, auch 853, sofern der Betrag nicht ausreicht). Das ist der einzige Weg für die Gläubiger, an das hinterlegte Geld zu kommen; eine Klage ist ausgeschlossen.

Sachlich ausschließlich zuständig ist stets das AG als Verteilungsgericht, es entscheidet durch den Rechtspfleger, § 20 Nr. 17 RPflG; die örtliche Zuständigkeit ist in den einzelnen Fällen verschieden, § 873. Das Verfahren beginnt mit der Aufforderung an alle Gläubiger, binnen zwei Wochen eine Berechnung ihrer Forderungen einzureichen, § 873. Nach Ablauf der Frist fertigt das Gericht einen *Teilungsplan* an aufgrund der Berechnungen, welche die Gläubiger eingereicht haben (sonst gemäß § 874 III), ohne Rücksicht darauf, ob sie auf Befriedigung rechnen können oder nicht. Eine mündliche Verhandlung findet nicht statt. Eine Prüfung der Ansprüche erfolgt nicht, dagegen – und das ist die Hauptaufgabe des Verfahrens – die Prüfung der Rangordnung. 9

Danach bestimmt das Gericht von Amts wegen einen *Termin* zur Erklärung der Gläubiger über den Teilungsplan und zur Ausführung der Verteilung, § 875. Alle Gläubiger und der Schuldner werden von Amts wegen geladen. Der Plan wird zur Einsicht auf der Geschäftsstelle niedergelegt, damit sich jeder Beteiligte informieren kann, ob sein Rang im Plan mit dem von ihm beanspruchten übereinstimmt. 10

Gegen den Plan können die Gläubiger *Widerspruch* einlegen. Er ist vor dem Termin schriftlich oder zu Protokoll der Geschäftsstelle oder im Termin mündlich zu erheben. Eine Begründung ist nicht erforderlich. Er muss aber erkennen lassen, welche Änderung des Plans verlangt wird. Er stellt den einzigen Rechtsbehelf des Gläubigers dar, mit dem er seinen besseren Rang gegenüber einem nach dem Teilungsplan ihm vorgehenden Gläubiger durchsetzen kann. 11

Erfolgt kein Widerspruch, dann wird der Plan ausgeführt: Die Beträge werden gemäß dem Plan ausgezahlt, § 876 S. 1. Wird widersprochen, so haben sich im Termin diejenigen Gläubiger zu erklären, deren Befriedigung durch den Widerspruch in Frage gestellt wird, § 876 S. 2. Gelingt eine Einigung unter den Gläubigern, so wird der Plan berichtigt und ausgeführt, § 876 S. 3. Scheitert sie, so wird der Plan nur insoweit ausgeführt, als er von dem Widerspruch nicht berührt ist (z. B. für den ersten Gläubiger, wenn der zweite und dritte über ihren Rang streiten), § 876 S. 4. Erscheint ein Gläubiger im Termin nicht oder erhebt er keinen Widerspruch, so gilt er als mit dem Plan einverstanden, § 877 I; das ist eine Art von Versäumnisfolge. 12

C. Entscheidung über den Widerspruch

Über den Widerspruch wird *außerhalb des Verteilungsverfahrens* entschieden. Der widersprechende Gläubiger muss gegen alle beteiligten, seinen Widerspruch nicht anerkennenden Gläubiger eine **Widerspruchsklage** erheben, § 878. Nur auf diesem Weg kann der Gläubiger die Ausführung des Plans verhindern.[2] Er wird also in die Angreiferrolle und zu den entsprechenden Beweisen gezwungen. Die Klage ist zwar nicht in dem Sinn befristet, dass sie nach Fristablauf unzulässig würde; aber wenn der Gläubiger binnen der Frist von einem Monat nach dem Terminstag nicht die Klageerhebung nachweist,[3] so wird der Teilungsplan ohne Rücksicht auf den Widerspruch ausgeführt, und mit der beendeten Auszahlung, also der Verteilung der Masse, wird die Klage unzulässig. Ausschließlich zuständig ist das AG, bei dem das Verteilungsverfahren schwebt, bei höherem Streitwert das übergeordnete LG, §§ 879 I, 802. 13

Die Begründung der Klage muss dartun, dass der Kläger ein *besseres Recht auf den Erlös* als der Beklagte hat. Diese Behauptung kann gestützt werden auf das Fehlen einer wirksamen Pfändung für den vorstehenden Gläubiger, auf einen Vorrang des Klägers aufgrund eines älteren, z. B. eines gesetzlichen Pfandrechts, auf die Anfechtbarkeit der Pfändung des Gegners nach dem AnfG,[4] ferner auf materielle Einwendungen gegen 14

[2] Vgl. *OLG Koblenz* DGVZ 1984, 59: Vollstreckungserinnerung unzulässig.

[3] Dazu *OLG Hamm* NJW 1965, 825f.

[4] Vgl. *Bötticher* ZZP 77 (1964), 483, 489 und u. *§ 33*.

das Pfändungspfandrecht des Widerspruchsgegners,[5] nach BGHZ 57, 108, 111 (m. Anm. *Münzberg*) auch auf Rechtsmissbrauch, z. B. das Erschleichen der öffentlichen Zustellung. Besteht das behauptete Recht nicht, so ist die Klage unbegründet.[6]

15 Ob es sich um eine prozessuale Feststellungs- oder um eine Gestaltungsklage handelt, ist umstritten. Keinesfalls ist die Forderung Gegenstand der Feststellung (sie kann ja unbestritten sein), sondern das bessere Recht zur Teilnahme an der Verteilung.

16 Das *Urteil* weist entweder die Klage ab – dann bleibt der Teilungsplan unverändert und wird ausgeführt –, oder es gibt ihr statt – dann wird entweder bereits im Urteil die Änderung des Planes bestimmt oder lediglich die Anfertigung eines neuen Plans und ein neues Verteilungsverfahren angeordnet –, § 880 (zum Inhalt eines Versäumnisurteils siehe § 881). Nach Rechtskraft des Urteils wird die Auszahlung oder das neue Verteilungsverfahren von dem Verteilungsgericht angeordnet, § 882.

17 Hat der widersprechende Gläubiger versäumt, vor Verteilung der Masse Widerspruchsklage zu erheben, so hat er einen **Bereicherungsanspruch** gegen den unberechtigt vor ihm befriedigten Gläubiger, § 878 II. Der Anspruch steht auch dem Gläubiger zu, der weder widersprochen hat noch im Verteilungstermin erschienen ist.[7]

2. Titel. Die Zwangsvollstreckung in das unbewegliche Vermögen

§ 22. Übersicht

Literatur: *Mohrbutter/Drischler/Radtke/Tiedemann,* Die Zwangsversteigerungs- und Zwangsverwaltungspraxis, 7. Aufl. Bd. 1 (1986), Bd. 2 (1990); *Stöber,* Zwangsvollstreckung in das unbewegliche Vermögen, 9. Aufl. 2010; *Eickmann,* Zwangsversteigerungs- und Zwangsverwaltungsrecht, 3. Aufl. 2013; *Schöner/Stöber,* Grundbuchrecht, 16. Aufl. 2020; *Storz/Kiderlen,* Praxis des Zwangsversteigerungsverfahrens, 13. Aufl. 2021; sowie die Kommentare zum ZVG: *Steiner,* 9. Aufl. (bearbeitet von *Eickmann, Hagemann, Storz, Teufel*), Bd. 1 (1984), Bd. 2 (1986); *Böttcher,* 6. Aufl. 2016; *Dassler/Schiffhauer/Hintzen/Engels/Rellermeyer,* 15. Aufl. 2016; *Stöber,* 22. Aufl. 2019.

A. Rechtsquellen

1 Die Zwangsvollstreckung wegen Geldforderungen in das unbewegliche Vermögen ist nur zum kleinen Teil in der **ZPO** geregelt, weil es bei ihrer Abfassung noch kein einheitliches reichsrechtliches Liegenschaftsrecht gab. Als dies mit dem BGB geschaffen wurde, nahm man die neue Regelung der Zwangsvollstreckung nicht in die ZPO auf, sondern in ein besonderes *Gesetz über die Zwangsversteigerung und die Zwangsverwaltung* **(ZVG)** vom 24.3.1897. Das ZVG beruht auf dem preußischen Gesetz betr. die Zwangsvollstreckung in das unbewegliche Vermögen v. 13.7.1883; es ist häufig geändert worden. Die Verteilung auf ZPO und ZVG erfolgt nach den Vollstreckungsarten bzw. -mitteln: In der ZPO geregelt ist allein die Zwangshypothek. Die Regeln zu Zwangsversteigerung und Zwangsverwaltung finden sich im ZVG. Über sie soll in diesem Buch nur ein einführender Überblick gegeben werden (vgl. u. *§§ 24, 25*).

B. Unbewegliches Vermögen

2 Die ZPO regelt zunächst, welche **Gegenstände der Zwangsvollstreckung in das unbewegliche Vermögen** unterliegen, § 864. Es sind in erster Linie natürlich die **Grundstücke** im Sinne des Grundbuchrechts (vgl. §§ 3, 4 GBO, § 890 BGB) mit al-

[5] Vgl. o. *§ 16 Rn. 30.*
[6] *BGH* NJW 1969, 1428.
[7] BGHZ 39, 242, 243.

len wesentlichen und unwesentlichen Bestandteilen, z. B. Gebäuden (§ 94 BGB); zu den Bestandteilen gehören auch Rechte, die mit dem Eigentum am Grundstück verbunden sind, § 96 BGB, z. B. Grunddienstbarkeiten, § 1018 BGB. Hierher gehört auch das Wohnungseigentum nach dem WEG (es ist Miteigentumsanteil; vgl. auch § 864 II). Der Immobiliarzwangsvollstreckung unterliegen ferner Rechte, für welche die sich auf Grundstücke beziehenden Vorschriften gelten, sog. **grundstücksgleiche Rechte** (hierher gehört das Erbbaurecht nach dem ErbbauRG), weiter die *Gegenstände, auf die sich die Hypothek erstreckt* (§ 865, §§ 1120ff. BGB), weil die wirtschaftliche Einheit auch bei der Vollstreckung nicht zerrissen werden soll, schließlich die im Schiffsregister *eingetragenen Schiffe* und die in der Luftfahrzeugrolle eingetragenen *Luftfahrzeuge* (§§ 162ff. ZVG).

Besonderes gilt für die Länder *Brandenburg, Mecklenburg-Vorpommern, Sachsen, Sachsen-Anhalt und Thüringen sowie* für *Berlin-Ost.* Hier gibt es Gebäudeeigentum, das vom Eigentum am Grundstück getrennt ist (§§ 288 IV, 292 III ZGB; Art. 231 § 5 I 1 EGBGB). Dieses isolierte Gebäudeeigentum ist gleichfalls Gegenstand der Zwangsvollstreckung in das unbewegliche Vermögen (arg. Art. 233 § 4 IV EGBGB). Es soll allmählich verschwinden (Art. 231 § 5 III, IV EGBGB). 3

Manche Gegenstände, die der Immobiliarzwangsvollstreckung unterliegen, können aber **auch Gegenstand einer Mobiliarzwangsvollstreckung** sein, so dass sich eine Konkurrenz zwischen beiden Formen der Vollstreckung ergeben kann: 4

1. **Früchte,** die vom Boden noch nicht getrennt sind, können gepfändet werden, solange ihre Beschlagnahme im Wege der Immobiliarvollstreckung (durch Anordnung der Zwangsversteigerung oder Zwangsverwaltung) noch nicht erfolgt ist, § 810. Dies ist bemerkenswert, denn sie sind wesentliche Bestandteile des Grundstücks (§ 94 BGB) und können als solche nicht Gegenstand besonderer Rechte sein (§ 93 BGB). Die Versteigerung ist erst nach der Reife zulässig, § 824. 5

Die Pfändung richtet sich nach §§ 808, 809, so dass der unmittelbare Besitzer entweder selbst Schuldner oder zur Herausgabe bereit sein muss. Ist noch keine Beschlagnahme erfolgt, so können die dinglichen Gläubiger durch Klage nach § 771 der Pfändung widersprechen, § 810 II (was sie nur tun werden, wenn ihre Sicherheit bedroht ist). Eine Ausnahme besteht, wenn der pfändende Gläubiger dem dinglichen vorgeht, weil er selbst dinglicher Gläubiger mit besserem Rang ist, oder wenn die Vollstreckung sich gegen den Pächter richtet, weil dann die Beschlagnahme zur Zwangsversteigerung oder Zwangsverwaltung die Früchte gar nicht erfasst, §§ 21 III, 146 I, 148 ZVG. 6

2. Alle **Gegenstände, auf die sich die Hypothek erstreckt,** mit **Ausnahme** des **Zubehörs** (vgl. u. *Rn. 8*), können gepfändet werden, solange die Beschlagnahme im Wege der Immobiliarzwangsvollstreckung (durch Anordnung der Zwangsversteigerung oder Zwangsverwaltung) noch nicht erfolgt ist, § 865 II (beachte: Miet- und Pachtzinsforderungen werden durch die Anordnung der Zwangsversteigerung nicht beschlagnahmt, § 21 II ZVG). Daher können Gläubiger (auch persönliche) statt der zeitraubenden und für den Schuldner besonders nachteiligen Vollstreckung ins Grundstück den Weg der Mobiliarvollstreckung wählen, besonders wenn es sich nur um kleinere Beträge handelt. 7

3. Das **Zubehör** (§§ 97, 98 BGB) dagegen unterliegt einer **Mobiliarvollstreckung** überhaupt **nicht,** § 865 II 1, solange es der hypothekarischen Haftung unterfällt (§ 865 I). Daher ist es praktisch sehr wichtig zu wissen, ob eine Sache zum Zubehör zählt. § 865 II 1 gilt auch, wenn das Grundstück nicht mit einem Grundpfandrecht 8

belastet ist,[1] weil sonst die Zulässigkeit der Pfändung von einem Umstand abhinge, den der Gerichtsvollzieher nicht „vor Ort" feststellen kann; so ist möglicherweise die von ihm eingeholte Auskunft des Grundbuchamts („lastenfrei") z. Z. der Pfändung überholt.

9 Haftfrei ist Zubehör, das dem Grundstückseigentümer nicht gehört (§ 1120 BGB), also z. B. im Eigentum des Mieters oder Pächters steht; weitere Fälle §§ 1121 I, 1122 II BGB. Steht dem Grundstückseigentümer ein Anwartschaftsrecht auf Erwerb des Eigentums am Zubehörstück zu (z. B. im Fall des § 449 I BGB), so haftet dieses Recht.[2]

10 Ist die Pfändung nach § 865 II unzulässig, so ist sie nicht nichtig,[3] aber anfechtbar mit der Erinnerung (§ 766) durch den Schuldner, den Zwangsverwalter oder einen dinglichen Gläubiger. Den dinglichen Gläubigern steht mangels eines die Veräußerung hindernden Rechts die Klage aus § 771 nicht zu.[4]

C. Mittel der Immobiliarvollstreckung

11 **Drei Mittel der Zwangsvollstreckung** sind vorgesehen: **Zwangsversteigerung, Zwangsverwaltung, Zwangshypothek,** § 866 I. Unter ihnen hat der Gläubiger die *freie Wahl,* er kann auch mehrere nebeneinander beantragen, § 866 II. Sie stehen nicht nur dem dinglichen Gläubiger zu Gebote, sondern auch einem persönlichen, der eine Geldforderung hat.

12 Jedes dieser Mittel hat einen besonderen *Zweck.* Die **Zwangsversteigerung** greift auf die *Substanz* des Grundstücks zu: Sie führt zur Veräußerung des Grundstücks; der dabei erzielte Erlös ist der „versilberte" Substanzwert des Grundstücks. Die Versteigerung ist für den Schuldner die einschneidendste Maßnahme, denn sie entzieht ihm das Eigentum am Grundstück. Sie ist das geeignete Mittel für die Kapitalforderungen der dinglichen Gläubiger und für große Forderungen persönlicher Gläubiger. Der ausgedehnte Schuldnerschutz in der Mobiliarvollstreckung (vgl. u. *§ 32*) und die Mindestsumme bei der Zwangshypothek von 750,01 Euro (vgl. u. *§ 23 Rn. 4*) zwingen aber auch Gläubiger von „Bagatellforderungen", zur Zwangsversteigerung zu greifen. Die **Zwangsverwaltung** soll den Gläubiger aus dem *Ertrag* des Grundstücks befriedigen, ist daher für laufende Verpflichtungen, insbesondere Zinsen von Hypotheken und Grundschulden, geeignet. Auch neben einer Anordnung der Zwangsversteigerung hat sie Sinn, weil bis zur Versteigerung selbst oft geraume Zeit vergeht und der Gläubiger bis dahin (nur) bei angeordneter Zwangsverwaltung die Miet- und Pachterträgnisse erhält (vgl. §§ 148 I, 21 II ZVG und u. *§ 25 Rn. 1*[5]). Mit der **Zwangshypothek,** d. h. der zwangsweise eingetragenen Sicherungshypothek, erreicht der Gläubiger unmittelbar keine Befriedigung, sondern nur eine *Sicherung durch Erwerb eines dinglichen Rechts* am Grundstück; erst aus einem dinglichen Titel kann er dann mit dem

---

[1] H. M.; a. A. *Bruns/Peters* S. 213f.

[2] BGHZ 35, 85, 88ff.; *Möschel* BB 1970, 237ff.; BeckOGK/*Kern* § 1120 BGB Rn. 48.

[3] *Gaul/Schilken/Becker-Eberhard* § 24 II 2; MünchKomm-ZPO/*Dörndofer* § 865 Rn. 63; Musielak/Voit/*Flockenhaus* § 865 Rn. 10; Schuschke/Walker/Kessen/Thole/*Schuschke* § 865 Rn. 5; Staudinger/*Wolfsteiner* § 1120, Rn. 43; Thomas/Putzo/*Seiler* § 865 Rn. 5; Zöller/*Seibel* § 865 Rn. 11 – aber str.: Grds. wirksam, aber nichtig, wenn §§ 93, 94 BGB offensichtlich zutreffen: Stein/Jonas/*Bartels* § 865 Rn. 36; a. A. RGZ 135, 197, 206; 153, 257, 259; *OLG München* MDR 1957, 428; *Geib,* Die Pfandverstrickung, S. 50ff.; unentschieden BGHZ 104, 298, 302; *BGH* WM 1987, 74, 76.

[4] MünchKomm-ZPO/*Dörndofer* § 865 Rn. 65; Stein/Jonas/*Bartels* § 865 Rn. 36; a. A. *BGH* WM 1987, 74, 76; Musielak/Voit/*Flockenhaus* § 865 Rn. 11; Schuschke/Walker/Kessen/Thole/*Schuschke* § 865 Rn. 10; Staudinger/*Wolfsteiner* § 1120, Rn. 43; Thomas/Putzo/*Seiler* § 856 Rn. 7.

[5] Weitere Gründe für die Zweigleisigkeit bei *Storz/Kiderlen* a. a. O. S. 14–17.

Rang seiner Zwangshypothek die Vollstreckung in den beiden anderen Arten betreiben.[6] Dieser Weg hat keine Bedeutung für dingliche Gläubiger, die ja schon ein Recht mit besserem Rang haben, wohl aber für persönliche, die damit ein dingliches Recht mit festem Rang (§ 10 I Nr. 4 ZVG) erwerben und daher in Ruhe auf bessere Zeiten für eine Grundstücksversteigerung warten können (weitere Vorteile: §§ 147, 174, 175 ZVG, ferner der Gewinn eines Löschungsanspruchs gemäß § 1179a BGB[7]). Die Zwangshypothek ist die einzige zulässige Art der Immobiliarvollstreckung bei der Sicherungsvollstreckung (§ 720a, vgl. o. *§ 2 Rn. 27*) und aus einem Arrestbefehl (vgl. § 932 und u. *§ 36 Rn. 11*).

Beim **Vergleich der Immobiliarvollstreckung mit der Mobiliarvollstreckung** fällt 13
auf, dass bei Zwangsversteigerung und Zwangsverwaltung der „Dreischritt" der Mobiliarvollstreckung – Pfändung, Verwertung und Verteilung (vgl. o. *§ 16 Rn. 1*) – eine Parallele hat: (1) Beschlagnahme (§§ 15ff., insbesondere §§ 20, 23 ZVG und bei der Zwangsverwaltung neben dem Verweis in § 146 I noch §§ 147ff. ZVG), (2) Zwangsversteigerung (§§ 35ff. ZVG) oder Zwangsverwaltung (§§ 152ff. ZVG) und (3) Verteilung (§§ 105ff.; 155 II, 156 II, 157ff. ZVG). Die Zwangshypothek fällt nur scheinbar aus dem Rahmen; denn sie entspricht, was ihre rangsichernde Wirkung angeht, funktional in gewisser Weise dem Pfändungspfandrecht (§ 804), das es nur in der Mobiliarvollstreckung, nicht in der Immobiliarvollstreckung gibt.

D. Zuständigkeit und Verfahren

1. **Vollstreckungsorgan** ist für die *Zwangsversteigerung und Zwangsverwaltung* das *AG* 14
als Vollstreckungsgericht, örtlich zuständig das AG der belegenen Sache, § 1 I ZVG. Das AG handelt durch den Rechtspfleger (§ 3 Nr. 1 Buchst. i RPflG). Für die Eintragung einer *Zwangshypothek* ist Vollstreckungsorgan das *Grundbuchamt,* § 867 I. Auch hier wird der Rechtspfleger tätig (§ 3 Nr. 1 Buchst. h RPflG).

2. Zwangsversteigerung und Zwangsverwaltung werden nur auf **Antrag** eines ding- 15
lichen oder persönlichen Gläubigers, der einen vollstreckbaren Titel besitzt, angeordnet (§§ 15f., 146 ZVG); die Zwangshypothek wird nur auf Antrag des Gläubigers im Grundbuch eingetragen, § 867 I.

Im Verfahren herrscht **Amtsbetrieb,** Zustellungen erfolgen von Amts wegen, § 3 ZVG.

3. *Zwangsversteigerung und Zwangsverwaltung* greifen stets in die Rechte einer Mehr- 16
heit von Personen ein. Aus ihnen hat § 9 ZVG einen Kreis von besonders stark betroffenen ausgewählt. Das sind die **Beteiligten.** Sie haben das Recht, bestimmte Anträge zu stellen (§§ 59, 72, 97, 106, 150a, 159 ZVG) und von allen gerichtlichen Handlungen benachrichtigt zu werden (§§ 41, 103, 105, 156 ZVG).

Beteiligt sind ohne weiteres der betreibende und die beigetretenen *Gläubiger* (dazu 17
§ 27 ZVG) und der *Schuldner* (dazu §§ 17, 147 ZVG), dann die *Realgläubiger,* das sind diejenigen, für welche z. Z. der Eintragung des Vollstreckungsvermerks ein Recht im Grundbuch eingetragen oder durch Eintragung (Widerspruch, Vormerkung, Verfügungsverbot, Pfändungsvermerk) gesichert ist, § 9 Nr. 1 ZVG.

[6] *BGH* NJW 2008, 1599, 1600.

[7] Vgl. *Stöber* Rpfleger 1977, 426.

18 *Aufgrund einer Anmeldung* und, wenn verlangt, Glaubhaftmachung sind beteiligt (§ 9 Nr. 2 ZVG): der Inhaber eines der Zwangsvollstreckung entgegenstehenden Rechts (z. B. der wirkliche, im Grundbuch zu Unrecht nicht eingetragene Eigentümer); der Inhaber eines nicht oder erst nach Eintragung des Vollstreckungsvermerks eingetragenen Rechts am Grundstück, das der Zwangsvollstreckung nicht entgegensteht (hierher gehören die zu Unrecht gelöschten oder ohne Eintragung entstandenen Rechte, wie nach § 848 II 2; § 1287 S. 2 BGB); der Inhaber eines Anspruchs mit dem Recht auf Befriedigung aus dem Grundstück (dazu vor allem § 10 I Nr. 1–3 ZVG) oder eines Miet- oder Pachtrechts, aufgrund dessen ihm das Grundstück überlassen ist.

19 4. Die **Zwangsversteigerung** dient der Befriedigung nicht nur des betreibenden Gläubigers, sondern auch anderer Gläubiger, die ihm sogar vorgehen können. Für die Befriedigung besteht daher eine bestimmte **Rangordnung** unter den Gläubigerrechten, § 10 ZVG. Die wichtigste Gruppe bilden die dinglichen Rechte am Grundstück (mit den laufenden und bis zu zwei Jahren rückständigen Zinsen) in der aus dem Grundbuch ersichtlichen Rangordnung, § 10 I Nr. 4 ZVG.

20 Ihnen gehen aber u. a. vor bei Vollstreckung in ein Wohnungseigentum nach WEG laufende und rückständige Lasten und Kosten des gemeinschaftlichen und des Sondereigentums, § 10 I Nr. 2, III ZVG, in jedem Fall die öffentlichen Lasten des Grundstücks, § 10 I Nr. 3 ZVG. Hinter den dinglichen Gläubigern (§ 10 I Nr. 4 ZVG) kommt der betreibende Gläubiger, § 10 I Nr. 5 ZVG, natürlich nur, wenn er nicht einer der vorgehenden Klassen angehört, dahinter die erst nach der Beschlagnahme begründeten dinglichen Rechte, § 10 I Nr. 6 ZVG, und die weiter zurückliegenden Rückstände, § 10 I Nr. 7, 8 ZVG. Unter den dinglichen Gläubigern entscheidet die materiellrechtliche Rangordnung, unter mehreren betreibenden Gläubigern im Übrigen die frühere Beschlagnahme, § 11 ZVG.

Für die **Zwangsverwaltung** enthält § 155 ZVG eine Sonderregelung (vgl. u. *§ 25 Rn. 1, 10*).

21 5. Die **Zwangsversteigerung entzieht** dem Schuldner das **Eigentum** am Grundstück. Sie ergreift also ein von der Verfassung (Art. 14 I 1 GG) geschütztes Recht, wobei zu bedenken ist, dass das Grundstück vielfach die Existenzgrundlage (Wohnung, Arbeitsplatz) des Schuldners darstellt und Grundstücke nicht zu den reproduzierbaren Wirtschaftsgütern gehören. Daher müssen die Vorschriften zum Schutz des Schuldners genau beachtet, Überraschungsentscheidungen verhindert und eine Verschleuderung des Grundstücks vermieden werden. Geschieht das nicht, so liegt eine Verletzung des Art. 14 I 1 GG nahe. Dementsprechend hat sich das BVerfG wiederholt mit der verfassungskonformen Handhabung des ZVG befasst.[8] Leitgedanke ist die „Notwendigkeit einer rechtsstaatlichen Verfahrensgestaltung bei der Versteigerung eines Grundstücks".[9] Das führt dazu, dass in der Fallprüfung des Verfassungsgerichts die (zumindest im Ganzen gesehen rechtsstaatliche) Verfahrensgestaltung des ZVG und deren vertretbare Handhabung in den Hintergrund treten. Stattdessen untersucht das BVerfG den Ablauf des konkreten Verfahrens anhand des GG,[10] womit es stark in die Rolle einer „Super-Beschwerdeinstanz" gerät. In der Sache selbst geht das BVerfG beim Schuldnerschutz sehr weit; die ebenfalls eigentumsrechtlich garantierte Position des Gläubigers tritt stark in den Hintergrund.

[8] BVerfGE 42, 64; 46, 325; 49, 220; 49, 252; 51, 150; *BVerfG* NJW 1993, 1699; 2009, 1259; 2012, 2500.

[9] BVerfGE 51, 150, 156.

[10] Beispiel: *BVerfG* NJW 1993, 1699.

E. Bedeutung der Immobiliarvollstreckung

Die Immobiliarvollstreckung kommt *vor allem für die dinglichen Gläubiger* in Betracht, die ihre Befriedigung im Wege der Vollstreckung suchen müssen (§ 1147 BGB), ist aber *auch für persönliche Gläubiger* zulässig, doch wegen der Rangfolge (§ 10 I Nr. 4, 5 ZVG) meist nicht aussichtsreich. Stets geht es um die Zwangsvollstreckung wegen Geldforderungen, zu denen auch die Ansprüche auf Haftung für Geldleistungen (z. B. §§ 1147, 1192 BGB) zählen.[11] 22

§ 23. Die Zwangshypothek

Literatur: *Habermeier,* Die Zwangshypotheken der Zivilprozessordnung, 1989 (dazu *Brehm* ZZP 103 ([1990], 372 ff.); *Fischinger,* Aktuelle Fragen der Zwangshypothek, §§ 867 f. ZPO, WM 2009, 637; *Mylich,* Die Einordnung der gepfändeten Eigentümergrundschuld als Zwangshypothek, ZZP 126 (2013), 203; *Becker,* Die Zwangshypothek in der Insolvenz des Grundstückseigentümers, ZfIR 2015, 81; *Böhringer,* Rechtsprobleme bei der Eintragung von Zwangshypotheken, ZfIR 2018, 373.

A. Allgemeines

Die Zwangshypothek[1] ist ihrem Wesen nach **Sicherungshypothek,** § 866 I, also Buchhypothek (§ 1185 I BGB) und streng akzessorisch, so dass der gute Glaube „in Ansehung der Forderung" (§ 1138 BGB) nicht geschützt wird (§§ 1184 I, 1185 II BGB). Sie ist die einzige Form der Sicherungsvollstreckung und der Arrestvollziehung in unbewegliches Vermögen, §§ 720 a, 932. Ab Eintragung unterscheidet sie sich grundsätzlich nicht von einer rechtsgeschäftlich bestellten Sicherungshypothek.[2] 1

Sie wird auf Antrag vom *Grundbuchamt* eingetragen (§ 867 I). Grundbuchamt ist das AG (§ 1 GBO). Das Grundbuchamt handelt als Vollstreckungsorgan und prüft daher alle Vollstreckungsvoraussetzungen. Es prüft auch die grundbuchrechtlichen Voraussetzungen; dazu gehört insbesondere ein *formloser Antrag* des Gläubigers (nicht die Bewilligung, sie ist durch den Titel „ersetzt"). Insoweit handelt es sich um eine Angelegenheit der freiwilligen Gerichtsbarkeit. Die Eintragung ist also ein gemischtes Verfahren aus Zwangsvollstreckung und freiwilliger Gerichtsbarkeit. 2

Ist der Schuldner bloßer Bucheigentümer, so erwirbt der Gläubiger keine Zwangshypothek.[3] 3

B. Mindestsumme

Die Eintragung ist nur für einen Betrag von **über 750 Euro** zulässig, § 866 III. 4

Das Grundbuch soll nicht durch eine Fülle kleiner Hypotheken unübersichtlich werden. Ein (unbeabsichtigter) Nebeneffekt ist, dass kleine Forderungen aus alltäglichen Geschäften nicht das Grundeigentum gefährden. Mehrere Schuldtitel desselben Gläubigers können zusammengerechnet werden. Gehören dem Schuldner mehrere Grundstücke, so ist die Eintragung einer Gesamthypothek unzulässig („Verbot der Gesamthypothek"), es muss eine Verteilung auf die einzelnen Grundstücke stattfinden, § 867 II;[4] die einzelne Hypothek muss auch in diesem Fall über 750 Euro liegen. Hat der Gläubiger bereits ein rechtsgeschäftlich bestelltes Grundpfandrecht, so kann er wegen derselben Forderung an einem anderen Grundstück eine Zwangshypothek erwirken; eine Verteilung gemäß § 867 II ist nicht notwendig.[5] 5

---

[11] Vgl. Stein/Jonas/*Würdinger* vor § 803 Rn. 3 und o. *§ 15 Rn. 4.*

[1] Zu ihrem Zweck o. *§ 22 Rn. 12.*

[2] *BayObLG* NJW-RR 1998, 951.

[3] BGHZ 64, 194, 197.

[4] Dazu BeckOGK/*Kern* BGB § 1113 Rn. 71 f.

[5] RGZ 98, 106, 109; Stein/Jonas/*Bartels* § 867 Rn. 54.

6 Die §§ 866 III, 867f. betreffen nur die Vollstreckung wegen einer Geldforderung, kommen also nicht in Betracht bei Vollstreckung wegen eines Anspruchs auf Einräumung einer Hypothek, z. B. aus § 650e BGB (Sicherungshypothek des Bauunternehmers).

C. Rechtsbehelfe

7 Die Entscheidungen des Grundbuchamts (Eintragung oder Zurückweisung des Antrags) ergehen nach h. M. formell innerhalb des Grundbuchverfahrens und sind daher nicht mit den Rechtsbehelfen des Vollstreckungsverfahrens (§§ 766, 793; § 11 RPflG) angreifbar. Diese Begründung ist schief, weil das Grundbuchamt in der Regel sowohl als Organ der freiwilligen Gerichtsbarkeit als auch als Vollstreckungsorgan tätig wird. Entscheidend für die h. M. spricht, dass sie Zweifel über den zulässigen Rechtsbehelf und ein Nebeneinander von befristetem (§ 793) und unbefristetem Rechtsmittel (§§ 71ff. GBO) vermeidet.[6] Somit sind folgende Rechtsbehelfe möglich: Gegen die Ablehnung des Antrags hat der Gläubiger die Beschwerde nach § 71 I GBO; gegen die Eintragung steht dem Schuldner nur die Beschwerde nach § 71 II GBO zu (weder Beschwerde nach § 71 I GBO noch Erinnerung, § 11 III 1 RPflG).

8 Wird das vorläufig vollstreckbare Urteil (oder seine Vollstreckbarkeit) aufgehoben oder die Zwangsvollstreckung für unzulässig erklärt oder endgültig eingestellt, so geht die Zwangshypothek kraft Gesetzes auf den Eigentümer über, § 868, und wird Eigentümergrundschuld, ebenso wenn die Forderung nicht besteht oder untergeht (§§ 1163, 1177 BGB).[7] Gleich- und nachrangige Grundpfandgläubiger können Löschung verlangen, § 1179a BGB.

D. Vollstreckung aus der Zwangshypothek

9 Will der Gläubiger mit dem Rang der Zwangshypothek in das Grundstück vollstrecken, so genügt der vollstreckbare Titel, auf dem die Eintragung vermerkt ist, § 867 III. Im Übrigen ergeben sich keine Besonderheiten gegenüber einer gewöhnlichen Hypothek.

§ 24. Die Zwangsversteigerung

A. Verfahrenseinleitung

1 Die Zwangsversteigerung wird vom Vollstreckungsgericht (durch den Rechtspfleger, § 3 Nr. 1 Buchst. i RPflG) auf formlosen (also schriftlich oder zu Protokoll der Geschäftsstelle erklärten) Antrag angeordnet (§ 15 ZVG; vgl. o. *§ 22 Rn. 15*), sofern die Voraussetzungen für die Zwangsvollstreckung im Allgemeinen und für die Zwangsversteigerung im Besonderen vorliegen.

2 Der **Antrag** soll Grundstück, Eigentümer, Anspruch und Titel identifizieren; beizufügen sind insbesondere der Vollstreckungstitel mit Klausel, Zustellungsnachweise, der Nachweis über die Eintragung des Schuldners als Eigentümer (§ 17 ZVG, s. u.), Vollmachten und Vertretungsnachweise (vgl. § 16 ZVG).

Der **Anordnungsbeschluss** muss die Namen von Gläubiger und Schuldner sowie die in § 16 ZVG für den Antrag vorgeschriebenen Angaben enthalten. Er darf nur ergehen, wenn der Schuldner als Eigentümer eingetragen oder Erbe des eingetragenen Eigentümers ist, § 17 ZVG. Ist der Schuldner nicht eingetragen, so kann der dingliche und muss der persönliche Gläubiger die Berichtigung des Grundbuchs erwirken (für den dinglichen Gläubiger vgl. § 1148 BGB[1]).

---

[6] Vgl. *KG* NJW-RR 1987, 592; abw. *Habermeier* a. a. O. S. 101ff.
[7] Vgl. *G. Lüke* NJW 1954, 1669ff.; *BGH* NJW 1977, 48.
[1] Zu dieser Vorschrift RGZ 94, 55, 57.

Der Anordnungsbeschluss wird *wirksam* mit Zustellung an den Schuldner (§ 8 ZVG) oder mit Zugang des Ersuchens um Eintragung des Versteigerungsvermerks beim Grundbuchamt (sofern demnächst eingetragen wird), wobei der frühere von beiden Zeitpunkten entscheidet, § 22 I ZVG. Daraus ergibt sich: Der Beschluss ist dem Schuldner stets zuzustellen (§ 22 I ZVG!), dem Gläubiger nur bei Abweichung vom Antrag (sonst genügt Übersendung); außerdem ist das Grundbuchamt um Eintragung der Anordnung der Zwangsversteigerung (des *„Versteigerungsvermerks"*) zu ersuchen, § 19 I ZVG. Dieses hat dem Ersuchen stattzugeben, ohne die Vollstreckungsvoraussetzungen zu prüfen, und dem Vollstreckungsgericht eine beglaubigte Abschrift des Grundbuchblatts und bestimmte sachdienliche Auskünfte als Grundlage für das weitere Verfahren zu übersenden, § 19 II ZVG. 3

Gegen die *Ablehnung* des Antrags gibt es die sofortige Beschwerde, § 793, § 95 ZVG, § 11 I RPflG (vgl. o. *§ 11 Rn. 15*). 4

Der wirksam gewordene Beschluss gilt zugunsten des Gläubigers als *Beschlagnahme* des Grundstücks, § 20 I ZVG (z. T. auch der Gegenstände, auf die sich die Hypothek erstreckt, §§ 20 II, 21 ZVG). Sie hat die Wirkung eines relativen Veräußerungsverbots für den Schuldner, § 23 I ZVG, §§ 135, 136 BGB, so dass seine Verfügungen (Veräußerungen oder Belastungen) dem betreibenden Gläubiger gegenüber unwirksam sind und auf dessen Verlangen im Verfahren unberücksichtigt bleiben. Der Gläubiger erhält ein Recht auf Befriedigung mit dem Rang von § 10 I Nr. 5 ZVG und ein Absonderungsrecht im Insolvenzverfahren (§ 49 InsO), aber kein Pfandrecht (vgl. o. *§ 16 Rn. 13*). 5

Erwerb kraft „guten Glaubens" (in Bezug auf die Beschlagnahme) ist erschwert, weil die Kenntnis des Versteigerungsantrags derjenigen der Beschlagnahme gleichsteht, § 23 II ZVG. Erfolgt die Versteigerung wegen eines eingetragenen (dinglichen) Rechts, so bleibt selbst ein gutgläubiger Erwerb des Grundstücks nach der Beschlagnahme ohne Einfluss auf das Verfahren, § 26 ZVG (vgl. u. *Rn. 10*). 6

Nur über bewegliche Sachen, z. B. Inventar, Ernte, kann der *Schuldner* noch in den *Grenzen einer ordnungsmäßigen Wirtschaft* wirksam verfügen, § 23 I 2 ZVG. Innerhalb dieser Grenzen verbleiben ihm auch Verwaltung und Benutzung des Grundstücks, § 24 ZVG, damit keine Stockung im Betrieb einsetzt, die den Gläubiger nur gefährden könnte. 7

Ein anderer antragsberechtigter Gläubiger kann sich dem Verfahren durch weiteren Antrag auf Zwangsversteigerung anschließen. Es wird dann die Zulassung des Beitritts angeordnet (ohne Eintragung im Grundbuch), und hiermit erwirbt der Beitretende die gleichen Rechte im Verfahren, wie wenn er den ersten (erfolgreichen) Antrag gestellt hätte, § 27 ZVG. 8

B. Rechte Dritter

Während bei der Mobiliarvollstreckung ein **die Veräußerung hinderndes Recht** eines Dritten die Vollstreckung nicht hindert, sondern nur zur Widerspruchsklage berechtigt (vgl. o. *§ 13*), werden hier Rechte dieser Art von Amts wegen beachtet, wenn sie aus dem Grundbuch ersichtlich sind, § 28 ZVG. Hier kommt vor allem das Eigentum eines Dritten in Betracht (z. B. bei Erwerb aufgrund einer vor der Beschlagnahme eingetragenen Eigentumsvormerkung oder bei Grundbuchberichtigung nach der Beschlagnahme), ferner ein Veräußerungsverbot. Den eingetragenen Rechten gleichgestellt sind Verfügungsbeschränkungen und Vollstreckungsmängel, die dem Vollstreckungsgericht bekannt sind, § 28 II ZVG. 9

Die Veräußerung des Grundstücks nach dem Wirksamwerden der Beschlagnahme (vgl. o. *Rn. 6*) hat auf den Fortgang des Verfahrens keinen Einfluss, wenn die Zwangsversteigerung wegen eines eingetragenen Rechts angeordnet ist, also von einem *dinglichen Gläubiger* betrieben wird, § 26 ZVG; damit ist ein an sich noch möglicher Erwerb kraft des öffentlichen Glaubens des Grundbuchs (§§ 136, 135 II, 892 BGB) für das weitere Verfahren bedeutungslos. Ist hingegen der betreibende Gläubiger ein *persönlicher* Gläubiger, so kommt es darauf an, ob der Versteigerungsvermerk schon eingetragen ist oder der Erwerber die Beschlagnahme oder den Versteigerungsantrag kennt, § 23 II ZVG, oder die Voraussetzungen von § 878 10

BGB vorliegen. Trifft das nicht zu, so kann der redliche Erwerber die Aufhebung des Verfahrens verlangen, § 771.[2]

11 Ein weiterer Grund für die Aufhebung ist die Zurücknahme des Versteigerungsantrags durch den Gläubiger, § 29 ZVG, für die Einstellung des Verfahrens die Bewilligung des Gläubigers, § 30 ZVG. Aufhebung und Einstellung der Versteigerung erfolgen durch Beschluss, der dem Schuldner, dem Gläubiger und dem Antragsteller zuzustellen ist, § 32 ZVG. Nach § 30a ZVG kann das Gericht das Verfahren bis zu sechs Monaten einstweilen einstellen, wenn Aussicht besteht, dass die Versteigerung vermieden wird, und nach den persönlichen und wirtschaftlichen Verhältnissen des Schuldners sowie nach der Art der Schuld eine Einstellung der Billigkeit entspricht. Nach BVerfGE 49, 220, 225ff. muss die Ablehnung des Einstellungsantrags so zeitig vor dem Zuschlag erfolgen, dass der Schuldner sein weiteres Verhalten überdenken kann. Das wird aus Art. 14 I 1 GG (wirksamer Rechtsschutz gegen Eingriffe in das Eigentum) gefolgert (vgl. o. *§ 22 Rn. 21*). Sonderregelungen gelten für die Einstellung im Insolvenzverfahren, s. §§ 30d–30f ZVG.[3]

C. Terminsbestimmung und Funktionsweise

12 1. Nicht nur die Anordnung (o. *Rn. 1*), sondern auch die Ausführung der Zwangsversteigerung obliegt dem **Vollstreckungsgericht,** § 35 ZVG.

13 Der erste Schritt ist die *Bestimmung des Versteigerungstermins,* § 36 ZVG. Sie ist öffentlich bekanntzumachen und den Beteiligten zuzustellen, §§ 39, 40, 41 ZVG.

14 Ihr *Inhalt* ist gesetzlich vorgeschrieben, §§ 37, 145a Nr. 1 ZVG. Bemerkenswert ist die Aufforderung zur Anmeldung und Glaubhaftmachung noch nicht eingetragener Rechte (z. B. zu Unrecht gelöschte Rechte, Zinsrückstände), um ihre Berücksichtigung beim geringsten Gebot und bei Verteilung des Erlöses zu sichern (§ 37 Nr. 4 ZVG), und die Aufforderung an den Inhaber eines der Versteigerung entgegenstehenden Rechtes, die Aufhebung des Verfahrens herbeizuführen (§ 37 Nr. 5 ZVG, vgl. o. *Rn. 10ff.*), widrigenfalls er sich mit dem Recht am Versteigerungserlös begnügen muss.

15 2. Der wichtigste Grundsatz ist folgender: Die Zwangsversteigerung darf nicht Rechte beeinträchtigen, die dem Recht des mit dem besten Rang betreibenden Gläubigers vorgehen. Das Recht des bestrangig betreibenden Gläubigers selbst bleibt unberücksichtigt, ihm kommt die Zwangsversteigerung ja auch nicht ohne seinen Willen über den Kopf. Dieser **Sicherung der vorgehenden Gläubiger** dient die Einrichtung des **geringsten Gebots.** Es ist rein formaler Natur, orientiert sich nicht am Grundstückswert und bezweckt daher auch nicht die Erzielung eines wirtschaftlich angemessenen Versteigerungserlöses. Maßgebend für die Höhe des „geringsten“ Gebots ist allein, dass die Rechte (und die Verfahrenskosten) gedeckt werden, die dem Recht des bestrangig betreibenden Gläubigers vorgehen, § 44 I ZVG. Diesen Ansatz bezeichnet man als **Deckungsprinzip.**

16 Das Deckungsprinzip besagt nur, dass die vorgehenden Rechte in das geringste Gebot aufzunehmen sind. Damit ist noch nicht entschieden, ob das geringste Gebot vom Ersteher „bar“ zu berichtigen ist, die vorgehenden Rechte daraus befriedigt werden und damit erlöschen *(Löschungsprinzip),* oder ob diese Rechte einfach bestehen bleiben und unverändert gegen den Ersteher fortwirken, von ihm „übernommen“ werden *(Übernahmeprinzip).* Das Gesetz hat sich für das **Übernahmeprinzip** entschieden, § 52 I ZVG: **Die im geringsten Gebot berücksichtigten Rechte bleiben bestehen,** sofern sie nicht „bar“ zu decken sind (vgl. § 49 I, III ZVG); die „bar“ zu deckenden Rechte erlöschen ebenso wie die nicht im geringsten Gebot berücksichtigten Rechte.

---

[2] Nicht gemäß § 28 ZVG: Stöber/*Nicht* § 28 Rn. 4.

[3] Dazu MünchKomm-InsO/*Kern* § 165 Rn. 94ff.

Das Übernahmeprinzip hat den Vorteil, dass der Ersteher weniger „bar“ (§ 49 III ZVG) bezahlen muss. Das erhöht den Anreiz mitzubieten. 17

Anders als der Begriff „Bargebot“ noch immer andeutet, darf das Gebot seit 1.2.2007 aus Sicherheitsgründen nicht mehr bar, sondern muss durch rechtzeitige Überweisung oder Einzahlung auf ein Konto der Gerichtskasse (Nachweis im Verteilungstermin) entrichtet werden, § 49 III ZVG. **Zu zahlen sind das Mindestbargebot,** nämlich die Kosten des Verfahrens sowie die Ansprüche nach § 10 I Nr. 1–3 ZVG (praktisch wichtig Nr. 2 – fällige WEG-Beiträge – und Nr. 3 – rückständige öffentliche Lasten), § 12 Nr. 1, 2, **und das Mehrgebot,** nämlich der über das geringste Gebot hinausgehende Teil des Gebots, § 49 I ZVG. Die Summe dieser Beträge bildet das *Bargebot.* 18

Das geringste Gebot setzt sich also aus bestehenbleibenden Rechten und Mindestbargebot zusammen, das Bargebot aus dem Mindestbargebot und dem Mehrgebot. 19

Nach dieser Regelung kann einem vorrangigen Gläubiger niemals eine Gefahr aus dem Vorgehen eines nachrangigen Gläubigers drohen; hier erweist sich die Rangordnung unter den dinglichen Rechten als praktisch sehr bedeutsam. 20

Betreibt der erste Hypothekengläubiger selbst die Zwangsversteigerung, so kann er allerdings sein Recht verlieren. Er ist jedoch in der Lage, durch eigenes Mitbieten andere Interessenten zu so hohen Geboten zu treiben, dass seine Hypothek durch das Mehrgebot gedeckt wird. Er kann auch versuchen, dass das Grundstück ihm zugeschlagen wird. Gelingt das, büßt er zwar seine Hypothek ein, wird dafür aber Eigentümer des hypothekenfreien (§§ 10 I, 44 I, 52 I 2 ZVG) Grundstücks. 21

Auf das Interesse des Eigentümers wird mit dem geringsten Gebot keine Rücksicht genommen. Käme es nur auf das geringste Gebot an, so könnte ein Grundstück in der Zwangsversteigerung, wenn sie vom Gläubiger der ersten Hypothek betrieben wird, zu einem lächerlich geringen Gebot zugeschlagen werden, das nur die Kosten des Verfahrens und die öffentlichen Lasten deckt. Eine Verschleuderung wirtschaftlicher Werte, besonders in Krisenzeiten, wird durch das geringste Gebot nicht vermieden, weil das, wie o. *Rn. 15* ausgeführt, nicht seine Aufgabe ist. 22

Um eine Verschleuderung möglichst zu vermeiden, muss das Meistgebot mindestens den halben Grundstückswert erreichen **(Mindestgebot),** andernfalls ist der Zuschlag von Amts wegen zu versagen, doch gilt das nur für den ersten Versteigerungstermin (§ 85a ZVG; ähnlich § 817a für die Mobiliarvollstreckung, vgl. o. *§ 18 Rn. 11*). Auf Antrag bestimmter Berechtigter kann der Zuschlag versagt werden, wenn das Meistgebot unter 7/10 des Grundstückswerts bleibt, § 74a ZVG mit Modifizierung und Ergänzung in §§ 74b, 114a ZVG.[4] Dieser Schutz vor Verschleuderung dient – anders als § 85a ZVG – nicht dem Schuldner, sondern denjenigen Berechtigten, die bei Erteilung des Zuschlags leer ausgehen würden (daher u. U. Hinweispflicht des Rechtspflegers auf Antragsrecht aus § 74a ZVG[5]). Der Schutz nach § 74a I ZVG gilt ebenfalls nur im ersten Versteigerungstermin (§ 74a IV ZVG). Um den gezielten Gebrauch der Versagungsgründe aus §§ 74a, 85a ZVG zu verhindern, ist nach dem BGH der Zuschlag auch dann zu versagen, wenn ein Gläubiger ohne (nachweisbares?) Interesse am Erwerb des Grundstücks ein Gebot nur abgibt, damit in einem weiteren Versteigerungstermin einem anderen Bieter der Zuschlag auf ein vom Grundstückswert unabhängiges Gebot erteilt werden kann.[6] 23

Ob § 85a ZVG (insbesondere Abs. 2) den Vorstellungen des BVerfG von Ausmaß und Durchsetzung der *verfassungsrechtlichen Eigentumsgarantie* in der Zwangsversteigerung entspricht,[7] ist nach wie vor eine 24

[4] Zu § 174a ZVG BGHZ 117, 8, 11; *BGH* NJW-RR 2005, 1359.
[5] *BVerfG* NJW 1993, 1699.
[6] *BGH* NJW 2006, 1355, 1356; BGHZ 172, 218; krit. *Storz/Kiderlen* NJW 2007, 1846, 1847 m. N.; MünchKomm-InsO/*Kern* § 165 Rn. 85.
[7] Vgl. BVerfGE 46, 325, 333ff.

offene Frage.[8] Einmal mehr gilt, dass nicht einseitig auf die Position des Eigentümer-Schuldners abgestellt werden darf,[9] sondern auch die ebenfalls verfassungsmäßig geschützte und schützenswerte Position des Gläubigers Berücksichtigung finden muss. Eine Entwertung materiellrechtlicher Positionen in der Zwangsvollstreckung ist aus dogmatischen, aber auch sozial-ökonomischen Gründen zu vermeiden:[10] Wo Recht nicht realisiert werden kann, verliert es seinen Wert und seine ordnende Funktion. Eine Vermögensposition, auf die nicht zwangsweise zugegriffen werden kann, verliert ihre Funktion als Kreditsicherheit, was zu einer Unterversorgung der Privatwirtschaft mit Krediten führen kann, die Unternehmen die Investitions- und Innovationsfähigkeit, Privaten den Zugang zum Eigenheim und den Vermögensaufbau unmöglich macht.

D. Der Versteigerungstermin

25 Der **Versteigerungstermin** zerfällt in **mehrere Abschnitte.**

Im *ersten Abschnitt* werden nach Aufruf der Sache die betreibenden Gläubiger und ihre Ansprüche, ferner die Zeit der Beschlagnahme, die erfolgten Anmeldungen von Rechten, der Grundstückswert (wichtig wegen §§ 85a, 74a, 74b ZVG, vgl. o. *Rn. 23f.*) sowie der Wert bestimmter Fremdwährungsgrundpfandrechte (§ 145a Nr. 2 ZVG) bekanntgemacht, hierauf unter Anhörung der Beteiligten das geringste Gebot und die Versteigerungsbedingungen festgestellt, § 66 I ZVG.

26 Im *zweiten Abschnitt* erfolgt die eigentliche Versteigerung. Nach gerichtlicher Aufforderung sind die Gebote abzugeben, § 66 II ZVG. Das Gebot ist als öffentlichrechtliche Erklärung zu qualifizieren (str.).

Nach verbreiteter Ansicht soll das Gebot mit dem Zuschlag einen öffentlichrechtlichen Kaufvertrag bilden.[11] Gegen diese Parallele zur Mobiliarvollstreckung (vgl. o. *§ 18 Rn. 15*)[12] spricht, dass der Zuschlag nur in der Immobiliarvollstreckung das (Grundstücks-)Eigentum überträgt (§ 90 ZVG) und an ihn allein der Übergang von Gefahr, Nutzungen und Lasten geknüpft ist (§ 56 ZVG), während den Meistbietenden Rechte und Pflichten (nur) aus dem Meistgebot treffen (§ 81 ZVG). Daneben besteht für die Konstruktion eines öffentlichrechtlichen Kaufvertrags, die eine „Doppelnatur" des Zuschlags voraussetzen würde (Vertragsannahme und hoheitliche Eigentumsübertragung), kein wirkliches Bedürfnis.[13] Eine Anfechtung des Gebots entsprechend den §§ 119ff. BGB[14] ist auch ohne vertragliche Einordnung denkbar, da die Erwägungen, die gegen eine Anfechtung von Prozesshandlungen im Erkenntnisverfahren sprechen,[15] hier nicht in gleicher Weise einschlägig sind.

Ein unwirksames Gebot wird zurückgewiesen und erlischt dadurch, §§ 71, 72 II–IV ZVG. Ein Beteiligter, dessen Recht durch Nichterfüllung des Gebots beeinträchtigt werden würde, kann verlangen, dass der Bieter Sicherheit leistet („Bieterkaution"); hierüber entscheidet das Gericht (näher §§ 67–70 ZVG). Jedes Gebot erlischt durch Zulassung eines Übergebots, § 72 I ZVG. Zwischen Beginn und Abschluss dieses Abschnittes müssen mindestens 30 Minuten liegen, § 73 I 1 ZVG (das Wort „mindes-

[8] So BVerfGE 51, 150, 160 für die Teilungsversteigerung, § 180 ZVG.

[9] In diese Richtung aber BVerfGE 52, 214, 219ff. (zu § 765a); Sondervotum *Böhmer* in BVerfGE 49, 220, 228ff.

[10] Vgl. dazu schon o. *§ 1 Rn. 41ff.* sowie u. *§ 26 Rn. 13; Gerhardt* ZZP 95 (1982), 467, 489f. und allgemein schon *Henckel,* Prozessrecht und materielles Recht, 1970, S. 349ff., insbes. S. 351f., 358f.; *Gaul* JZ 1974, 279ff.; *Gerhardt,* FS Weber, S. 191.

[11] *Baur/Stürner/Bruns* Rn. 36.15.

[12] S. insbes. *Peters,* FS Henckel, S. 662ff.

[13] Im Ergebnis gegen die Annahme eines Vertrags *Gaul,* GS Arens, 1993, S. 115ff.; vgl. auch BGHZ 112, 59, 61.

[14] Dazu *BGH* NJW 1984, 1950f.; dagegen *Gaul* a. a. O. S. 123ff.

[15] Stein/Jonas/*Kern* vor § 128 Rn. 318ff.

tens" ist durch Redaktionsversehen entfallen, s. BGBl. 1997 I 867). Dieser Zeitraum ist der für Bieter wichtigste Teil des ganzen Verfahrens.[16]

Als *dritter Abschnitt* folgt die Anhörung der Beteiligten über den Zuschlag, § 74 ZVG („Zuschlagsverhandlung"). Sie soll Gehör gewähren, insbesondere aber auch eine spätere Zuschlagsanfechtung vermeiden, indem eventuelle Verfahrensmängel aufgedeckt und durch Genehmigung geheilt werden (vgl. §§ 83 Nr. 1–5, 84, 87 ZVG).[17] 27

E. Der Zuschlagsbeschluss

Nach der Versteigerung erfolgt die **Entscheidung** des Gerichts **über den Zuschlag** *durch Beschluss,* §§ 82, 87 ZVG. Wird der Zuschlag erteilt, so sind im Beschluss Grundstück, Ersteher, Gebot und Versteigerungsbedingungen zu bezeichnen, § 82 ZVG. 28

Der Zuschlag ist zu *versagen* aus den in §§ 83, 85 ZVG aufgezählten Gründen, ferner, wenn das Meistgebot unwirksam[18] oder das Mindestgebot nicht erreicht ist (§ 85a ZVG: Versagung von Amts wegen; § 74a ZVG: Versagung auf Antrag, dazu auch § 74b ZVG; vgl. o. *Rn. 23*). 29

Sonst wird der Zuschlag dem Meistbietenden *erteilt* (oder dem, welchem er das Recht aus dem Meistgebot abgetreten hat), § 81 ZVG. 30

Der Beschluss ist im Versteigerungstermin oder in einem sofort zu bestimmenden Termin zu verkünden, § 87 ZVG, und dem Ersteher sowie nicht erschienenen Beteiligten zuzustellen, § 88 ZVG. 31

Der Zuschlag wird mit der Verkündung wirksam, § 89 ZVG, nicht erst mit seiner Rechtskraft, und selbst wenn er angefochten wird. 32

Die **Wirkungen des Zuschlags** sind folgende: 33

1. Der Zuschlag macht den **Ersteher zum Eigentümer** des Grundstücks und der Gegenstände, auf die sich die Versteigerung nach § 55 ZVG erstreckt hat, z. B. des Zubehörs, § 90 ZVG. Dieser Erwerb tritt *ohne Eintragung im Grundbuch* ein. Das Grundbuchamt wird um Eintragung des Erstehers ersucht, sobald der Teilungsplan ausgeführt (vgl. u. *Rn. 47*) und der Zuschlagsbeschluss rechtskräftig ist, § 130 ZVG. Die Eintragung ist bloße Berichtigung des Grundbuchs. Der Ersteher erwirbt das Eigentum *originär* kraft gerichtlichen Gestaltungsakts, daher auch dann, wenn der Schuldner nicht Eigentümer war; guter Glaube ist nicht erforderlich.[19]

Die rechtskräftige Aufhebung des Zuschlagsbeschlusses beseitigt ihn rückwirkend (arg. § 90 I ZVG: „sofern nicht"); daher ist im Falle der Aufhebung davon auszugehen, dass der Ersteher nie Eigentümer geworden sei. 34

Über den Umfang des Grundstücks entscheiden das Grundbuch und die dort angeführten amtlichen Verzeichnisse; auf sie ist bereits in der Bekanntmachung des Versteigerungstermins Bezug zu nehmen (vgl. § 37 Nr. 1 ZVG). 35

Der Zuschlag verpflichtet den Ersteher zur Zahlung des Bargebots an das Vollstreckungsgericht (vgl. o. *Rn. 18*); der Zahlungsanspruch gehört zum Schuldnervermögen.[20] 36

---

16 Vgl. *Storz* ZIP 1981, 16, 17.
17 Vgl. BGH NJW 2010, 2217; *Böttcher* § 74 Rn. 1.
18 Stöber/*Becker* § 83 Rn. 7.
19 Vgl. *BGH* NJW-RR 1986, 1115, 1116 und u. *Rn. 48.*
20 BGHZ 68, 276, 278.

37 2. **Die nicht** nach den Versteigerungsbedingungen **bestehenbleibenden Rechte erlöschen,** wiederum *ohne Löschung im Grundbuch,* auch wenn sie durch das Mehrgebot gedeckt sind, § 91 I ZVG. Auch hier wird das Grundbuchamt um Löschung ersucht, § 130 ZVG; sie ist bloße Grundbuchberichtigung. Der mit einem gelöschten Grundpfandrecht verbundene gesetzliche Löschungsanspruch (§ 1179a BGB) bleibt bis zur Befriedigung des Berechtigten bestehen (§§ 91 IV, 130a ZVG).

38 Der Ersteher kann aber mit dem Berechtigten das *Bestehenbleiben des Rechts vereinbaren* (das kommt insbesondere bei Hypotheken in Betracht). Die entsprechenden Erklärungen sind im Verteilungstermin (vgl. u. *Rn. 45*) abzugeben oder dem Grundbuchamt, bevor es um Berichtigung des Grundbuchs ersucht ist, durch öffentlich beglaubigte Urkunden nachzuweisen, § 91 II ZVG. Das Bargebot ermäßigt sich entsprechend, § 91 III ZVG.

39 Für die nicht bestehenbleibenden, aber durch das Meistgebot gedeckten Hypotheken und Grundschulden tritt der Versteigerungserlös als Surrogat an die Stelle des Grundstücks.[21] Die erloschenen Grundpfandrechte gewähren ein Recht auf Befriedigung aus dem Erlös nach denselben Vorschriften, die für das ehemalige, erloschene Grundpfandrecht gelten, sofern sich nicht aus dem Fehlen eines Grundstücks und aus §§ 105ff. ZVG etwas anderes ergibt.[22] Bei anderen dinglichen Rechten, die erlöschen, z. B. Nießbrauch, Dienstbarkeiten, tritt eine Umwandlung in einen Anspruch auf Wertersatz aus dem Erlös ein, § 92 ZVG. Bei mangelnder Befriedigung verbleibt in Höhe des Ausfalls dem Berechtigten der persönliche Anspruch gegen den Schuldner, so besonders für den Hypothekengläubiger die persönliche Forderung.

40 3. *Aus dem Zuschlagsbeschluss* kann **gegen den in der Vollstreckungsklausel genannten Besitzer** (insbesondere den bisherigen Eigentümer) auf *Räumung* des Grundstücks (§ 885) und *Herausgabe* der mitversteigerten beweglichen Sachen (§ 883) **vollstreckt** werden, § 93 ZVG, jedoch nicht gegen Mieter oder Pächter, denen das Grundstück schon übergeben ist, weil ihre Rechte erhalten bleiben, § 57 ZVG (der Ersteher hat in diesem Fall nur ein Kündigungsrecht, § 57a ZVG, eingeschränkt durch den mietrechtlichen Kündigungsschutz (§§ 573ff. BGB; dazu BGHZ 84, 90, 100 [zu §§ 556a, 564b BGB a. F.]). Ob die Räumung eine richterliche Durchsuchungsanordnung (Art. 13 II GG) erfordert, ist str.[23]

41 4. Mit dem Zuschlag gehen gemäß § 56 ZVG **Nutzungen und Lasten** des Grundstücks auf den Ersteher über, ebenso die Gefahr des zufälligen Untergangs des Grundstücks (teilweiser Untergang z. B. bei Brand des Mietshauses), ein Gewährleistungsanspruch steht dem Ersteher nicht zu.

42 5. Gegen die Entscheidung über den Zuschlag gibt es als **Rechtsbehelfe** die sofortige Beschwerde (§§ 95ff. ZVG), die auf die besonderen Gründe von § 100 ZVG beschränkt ist.[24] Der Rechtsbehelf steht im Fall der Erteilung des Zuschlags dem Ersteher und jedem Beteiligten zu, im Fall der Versagung dem Gläubiger, in beiden Fällen jedem Bieter, dessen Gebot nicht erloschen ist, § 97 ZVG. Das Beschwerdegericht hat

---

[21] *BGH* KTS 1992, 155, 158.

[22] Vgl. BGHZ 60, 226, 228; 68, 276, 279 (allgemein) und BGHZ 58, 298, 301f. (zur Pfändung des Ersatzrechts auf Befriedigung), BGHZ 108, 237, 239f. (zur Bedeutung eines gemäß § 1179a BGB gesicherten Löschungsanspruchs).

[23] Bejahend *OLG Bremen* Rpfleger 1994, 77, wenn der Zuschlagsbeschluss vom Rechtspfleger stammt; aber auch dann ist die „Räumung" keine „Durchsuchung" i. S. v. Art. 13 II GG und folgerichtig bedarf auch die Vollstreckung eines nichtrichterlichen Räumungstitels keiner Durchsuchungsanordnung, LG Aachen DGVZ 1996, 10; Stöber/*Becker* § 93 Rn. 104; vgl. § 758a II und o. *§ 8 Rn. 18.*

[24] Dazu BGHZ 44, 138, 144; BVerfGE 46, 325, 327f., 335f.

bei Aufhebung des Beschlusses selbst in der Sache zu entscheiden, also den Zuschlag zu versagen oder zu erteilen, § 101 I ZVG. Zur Rechtsbeschwerde § 101 II, 102 ZVG.

6. Der Zuschlagsbeschluss des Rechtspflegers hat die Bedeutung eines rechtsändernden Hoheitsakts und ist einem richterlichen Urteil (nur) vergleichbar.[25] 43

Unrichtigkeiten des rechtskräftigen Beschlusses berühren nicht seine Wirksamkeit. 44
Die Berufung auf den rechtskräftigen Zuschlagsbeschluss kann aber bei Vorliegen bestimmter Umstände nach § 826 BGB unbeachtlich sein.[26]

F. Die Verteilung des Versteigerungserlöses

Nach Erteilung des Zuschlags wird ein Termin zur **Verteilung des Versteigerungserlöses** bestimmt, § 105 45
ZVG; zur Vorbereitung kann ein vorläufiger *Teilungsplan* aufgestellt werden, § 106 ZVG. In dem Termin ist die Teilungsmasse festzustellen, § 107 ZVG, die in der Hauptsache aus dem Bargebot besteht, das an das Gericht zu zahlen ist. Dann wird unter Anhörung der Beteiligten ein Teilungsplan aufgestellt, § 113 ZVG. Die Berücksichtigung der Rechte erfolgt nach dem Grundbuch, sonst nach Anmeldung, die spätestens im Termin zu erfolgen hat, § 114 ZVG. Auf die Verhandlung über den Teilungsplan finden die Vorschriften über das Verteilungsverfahren bei der Mobiliarvollstreckung (§§ 876ff. ZPO) Anwendung, § 115 I 2 ZVG (vgl. o. *§ 21*). Eine Aussetzung soll auf Antrag bis zur Rechtskraft des Zuschlagsbeschlusses, z. B. wegen eingelegter Beschwerde, erfolgen, § 116 ZVG. Die Ausführung des Teilungsplans erfolgt durch bargeldlose Auszahlung der Beträge, § 117 ZVG.

Soweit der Ersteher das Bargebot nicht bezahlt, wird die Forderung gegen den Ersteher auf die Berechtig- 46
ten durch gerichtliche Anordnung übertragen, § 118 I ZVG; sie wirkt wie eine Befriedigung aus dem Grundstück, § 118 II ZVG.[27] Für die Forderungen wird eine Sicherungshypothek mit dem alten Rang des erloschenen Rechts eingetragen, § 128 ZVG. Der Anspruch aus dieser ist aufgrund des Zuschlagsbeschlusses nach Ausführung des Teilungsplans vollstreckbar, § 132 ZVG.

Ist der Teilungsplan ausgeführt und der Zuschlag rechtskräftig, so ersucht das Vollstre- 47
ckungsgericht von sich aus das Grundbuchamt, den Ersteher als Eigentümer sowie die Sicherungshypothek des § 128 ZVG einzutragen, ferner den Versteigerungsvermerk und die durch den Zuschlag erloschenen Rechte zu löschen, § 130 ZVG. Die Eintragung des Erstehers und die Löschung der Rechte sind eine bloße Grundbuchberichtigung; die Rechtsänderung ist schon durch den Zuschlag eingetreten (§§ 89–91 ZVG), vgl. o. *Rn. 33, 37.*

G. Der Zuschlag als Hoheitsakt

Der Zuschlag ist ein Hoheitsakt, der dem Ersteher das **Eigentum verschafft,** auch 48
dann, wenn das Grundstück nicht dem Schuldner gehört. Weiß der Ersteher das, so kann die Berufung auf den rechtskräftigen Zuschlagsbeschluss bei Hinzutreten besonderer Umstände gemäß § 826 BGB unbeachtlich sein (vgl. o. *Rn. 44*).

§ 25. Die Zwangsverwaltung

A. Grundlagen

Die Zwangsverwaltung soll den Gläubiger *aus den Erträgnissen* eines Grundstücks *be-* 1
friedigen. Sie ist besonders für eine Vollstreckung wegen Zinsen und anderer laufender

---

[25] *BGH* NJW-RR 1986, 115, 1116.
[26] Vgl. *BGH* NJW-RR 1986, 1115, 1116 m. N.; Stöber/*Becker* § 81 Rn. 49 und u. *Rn. 48.*
[27] Dazu BGHZ 99, 292, 295f.

Ansprüche geeignet. Werden dingliche Gläubiger durch den Schuldner nicht befriedigt, so beruht dies entweder auf einer Verteilung der Erträge, die nicht der Rangordnung der Rechte entspricht, oder auf unzureichendem Ertrag des Grundstücks, was an mangelhafter Wirtschaftsführung des Schuldners liegen kann. Zumindest dem ersten Fehler, oft auch beiden Mängeln kann durch Einsetzung eines amtlichen Verwalters abgeholfen werden. Die Verteilung erfolgt in der durch § 155 II ZVG geregelten Rangordnung; dabei werden im Wesentlichen nur die Ansprüche auf laufende wiederkehrende Leistungen und von den Hauptansprüchen allein der des betreibenden Gläubigers berücksichtigt. Die Zwangsverwaltung hat selbständig eine praktische Bedeutung nur bei landwirtschaftlichen Grundstücken und bei Mietshäusern. Häufig werden Zwangsverwaltung und Zwangsversteigerung nebeneinander beantragt (zulässig, § 866 II; zur Bedeutung vgl. o. *§ 22 Rn. 12*).

2 Für die Zwangsverwaltung gelten §§ 1–14 ZVG, ferner grundsätzlich die Vorschriften über die Zwangsversteigerung (z. B. über die Anordnung nur auf Antrag, vgl. o. *§ 24 Rn. 1*), § 146 I ZVG.

3 Die mit der Anordnung der Zwangsverwaltung eintretende **Beschlagnahme** geht in Einzelheiten weiter als bei der Zwangsversteigerung, §§ 148 I, 21 ZVG. Auch die Wirkung der Zwangsverwaltung ist insofern größer als die der Zwangsversteigerung, als dem Schuldner die Verwaltung und Benutzung des Grundstücks entzogen wird, § 148 II ZVG; dagegen werden ihm das Eigentum und in der Regel die unentbehrlichen Wohnräume unentgeltlich belassen, § 149 ZVG. Gewerberäume darf der Schuldner jedoch nicht nutzen; insoweit geht die Verwaltungsbefugnis auf den Zwangsverwalter über; er kann sie jedoch an den Schuldner vermieten.

B. Der Zwangsverwalter

4 Über den Erfolg der Zwangsverwaltung entscheidet der Zwangsverwalter. Das Vollstreckungsgericht *bestellt* den Zwangsverwalter (§ 150 I ZVG) regelmäßig schon *im Anordnungsbeschluss.* Ausgewählt werden kann nur eine natürliche geschäftskundige Person (§ 1 II ZwVwV), also keine GmbH. Der Zwangsverwalter muss von den Beteiligten unabhängig sein. Der Zwangsverwalter erhält eine Bestallungsurkunde (§ 2 ZwVwV), die aber keinen öffentlichen Glauben genießt.

5 Die Rechtsstellung des Zwangsverwalters ist in §§ 152ff. ZVG geregelt; zu beachten ist ferner die auf der Grundlage von § 152a ZVG ergangene **Zwangsverwalterverordnung** v. 19.12.2003 (ZwVwV), die Einzelheiten der Aufgaben, der Geschäftsführung und der Vergütung regelt.

6 Der Zwangsverwalter hat die Gläubiger aus den Erträgen des Grundstücks bestmöglich zu befriedigen; zugleich hat er das Grundstück des Schuldners (der Eigentümer bleibt!) in seinem wirtschaftlichen Bestand zu erhalten (§ 152 I ZVG). Nach § 150 II ZVG hat das Gericht dem Verwalter durch einen Gerichtsvollzieher das Grundstück zu übergeben oder ihm die Ermächtigung zu erteilen, sich selbst den Besitz zu verschaffen. Der Anordnungsbeschluss bildet zusammen mit der Ermächtigung des Gerichts einen Vollstreckungstitel.[1] Insbesondere hat der Zwangsverwalter beschlagnahmte Forderungen einzuziehen; in diesem Rahmen ist er auch prozessführungsbefugt.[2] Umstritten ist, ob der Zwangsverwalter zur Fortführung des Betriebs des

[1] *BGH* NJW-RR 2005, 1032, 1033.
[2] *BGH* NJW 1992, 2487.

Schuldners berechtigt und verpflichtet ist. Für *grundstücksbezogene* Betriebe wie Hotels und Tankstellen ist dies zu bejahen,[3] nicht aber für sonstige Unternehmen, denn die Verwaltungsbefugnis des Zwangsverwalters erstreckt sich – anders als die des Insolvenzverwalters – nicht auf das gesamte Vermögen des Schuldners.[4]

Nach § 152 II ZVG ist ein **Miet- oder Pachtvertrag** dem Zwangsverwalter gegenüber 7
wirksam. An andere Verträge ist der Verwalter nicht gebunden; er kann aber in bestehende Verträge eintreten.[5] Der Zwangsverwalter hat die Mietzinsforderungen einzuziehen, die Nebenkostenabrechnungen durchzuführen und die gesetzlich zulässigen Mietzinserhöhungen vorzunehmen.

Die vom Mieter an den Schuldner geleistete *Kaution* kann der *Verwalter vom Schuldner herausverlangen;*[6] 8
Entsprechendes gilt für eine vom Mieter an den WEG-Verwalter geleistete Kaution.[7] Schwierigkeiten bereitet dies, wenn nicht Bargeld geleistet wurde, sondern etwa eine Bürgschaft gestellt oder eine Guthabenforderung des Mieters gegen ein Kreditinstitut an den Vermieter verpfändet worden ist. Da der Verwalter nach § 152 II ZVG an den Mietvertrag gebunden ist, erstreckt sich das Verwaltungsrecht auch auf eine Bürgschaftsurkunde bzw. das Pfandrecht. Hatte der Mieter eine Barkaution geleistet, ist der *Zwangsverwalter* nach Beendigung des Mietverhältnisses *zu deren Rückzahlung* auch dann *verpflichtet,* wenn er sie vom Schuldner nicht erhalten hatte.[8] Vor Ende des Mietverhältnisses kann der Mieter vom Verwalter die Anlage des Kautionsbetrags nach den Grundsätzen von § 551 III BGB verlangen.[9] Er hat sogar ein Zurückbehaltungsrecht hinsichtlich der Mietzinszahlung, und zwar auch in der Insolvenz des Vermieters.[10] Im Ergebnis führt dies dazu, dass der Verwalter zunächst einmal die Kautionskonten der Mieter auffüllen muss, bevor er Erträge an die Gläubiger verteilen kann.

Der Zwangsverwalter steht unter der Aufsicht des Vollstreckungsgerichts (§ 153 9
ZVG), das ihm auch Weisungen erteilen kann; hier kommt es wesentlich auf die wirtschaftliche Einsicht auch des Rechtspflegers an. Nach § 154 S. 2 ZVG hat der Zwangsverwalter Rechnung zu legen; Einzelheiten vgl. §§ 14, 15 ZwVwV. Das Gericht hat die Rechnungslegung zu prüfen. Der Zwangsverwalter ist gemäß § 154 S. 1 ZVG allen Beteiligten gegenüber verantwortlich: Das sind alle Personen, denen gegenüber das ZVG ihm besondere Pflichten auferlegt, und nicht nur die Beteiligten im Sinne von § 9 ZVG.[11] Der Zwangsverwalter haftet mit seinem Privatvermögen, ist aber zum Abschluss einer Haftpflichtversicherung verpflichtet (§ 1 IV ZwVwV). Er hat Anspruch auf eine angemessene Vergütung, § 152a ZVG, §§ 17–22 ZwVwV.

C. Teilungsplan und Auszahlung

Die Verteilung der Nutzungen erfolgt nach einem für die ganze Dauer des Verfahrens aufgestellten **Teilungsplan,** § 156 II ZVG. Die Ausgaben für die Verwaltung und die Kosten sind abzuziehen, der Überschuss nach der Rangordnung der Gläubiger zu verteilen, vgl. § 155 ZVG und o. *Rn. 1.* Die Auszahlung wird angeordnet durch das Gericht und ausgeführt durch den Verwalter, § 157 ZVG. 10

[3] BGHZ 163, 9; MünchKomm-InsO/*Kern* § 165 Rn. 30.

[4] Zu den Aufgaben des Zwangsverwalters *Drasdo* NJW 2009, 1648; zur Frage des Beitritts zur Zwangsverwaltung in der Insolvenz MünchKomm-InsO/*Kern* § 165 Rn. 137ff.

[5] *Böttcher* § 152 Rn. 51.

[6] *BGH* NJW-RR 2005, 1029, 1031.

[7] *BGH* NJW-RR 2015, 1493.

[8] *BGH* NJW 2003, 3342; NJW-RR 2005, 1029; s. aber auch *BGH* NJW-RR 2010, 1237: kein Anspruch, wenn das Mietverhältnis dadurch beendet wird, dass der Mieter das Eigentum an der Wohnung durch Zuschlag in der Zwangsversteigerung selbst erwirbt.

[9] *BGH* NJW 2009, 1673.

[10] *BGH* NJW 2009, 3505.

[11] BGHZ 179, 336.

D. Verfahrensaufhebung

11 Die Aufhebung des Verfahrens erfolgt durch Beschluss, § 161 ZVG, insbesondere nach Befriedigung des betreibenden Gläubigers oder – im Gesetz nicht erwähnt – nach Zuschlag in der Zwangsversteigerung, wobei der Verwalter trotz Zuschlags bis zur Aufhebung weiter tätig zu sein hat.[12] Führt der Verwalter im Rahmen seiner Aufgaben (vgl. o. *Rn. 6*) einen Prozess, so besteht seine Prozessführungsbefugnis trotz Aufhebung der Zwangsverwaltung fort.[13]

E. Zusammentreffen von Zwangsverwaltung und Insolvenz

12 Ist über das Vermögen des Schuldners das Insolvenzverfahren eröffnet und erschwert die Fortsetzung der Zwangsverwaltung eine wirtschaftlich sinnvolle Nutzung der Insolvenzmasse wesentlich, kann der Insolvenzverwalter die **Einstellung der Zwangsverwaltung** beantragen, § 153b ZVG. Eine Kooperation von Insolvenzverwalter und Zwangsverwalter ist allerdings sinnvoller.[14]

5. Abschnitt. Die Zwangsvollstreckung wegen anderer Ansprüche

§ 26. Die Zwangsvollstreckung zur Erwirkung der Herausgabe

A. Einordnung

1 Die praktisch größte Bedeutung hat die im vorangehenden 4. Kapitel behandelte Zwangsvollstreckung wegen Geldforderungen, also die Durchsetzung von Titeln, die auf Geldleistung gerichtet sind (näher o. *§ 15 Rn. 4f.*). *Neben den Geldforderungen* kommen **drei andere Gruppen zu vollstreckender Forderungen** in Betracht: 1. Ansprüche auf Herausgabe oder Leistung von Sachen (vgl. u. *Rn. 2–24*), 2. Ansprüche auf Handlungen oder Unterlassungen (vgl. u. *§ 27*), 3. Ansprüche auf Abgabe einer Willenserklärung (vgl. u. *§ 28*).

B. Grundlagen der Herausgabevollstreckung

2 Bei der **Erwirkung der Herausgabe von Sachen** sind *drei Fälle* zu unterscheiden.[1]

3 1. Der Schuldner hat eine **bestimmte bewegliche Sache** herauszugeben.

Die Vollstreckung erfolgt in der Weise, dass der *Gerichtsvollzieher* die Sache dem Schuldner *wegnimmt und* dem *Gläubiger übergibt* (in der Regel an Ort und Stelle, also auch bei Bring- oder Schickschuld[2]), § 883 I. Es handelt sich um einen Fall des direkten Zwangs. Hier gelten die Pfändungsbeschränkungen aus §§ 811 ff. nicht, denn *bei der Herausgabevollstreckung wird nicht gepfändet* (vgl. die Stellung der §§ 811 ff. im Abschnitt über die Zwangsvollstreckung wegen Geldforderungen, nicht wegen Herausgabe).

4 In gleicher Weise ist zu vollstrecken, wenn eine *Mehrheit individuell bestimmter Einzelsachen* oder eine bestimmte *Sachgesamtheit* (z. B. eine Bibliothek) herauszugeben ist, ferner, wenn von einer individuell be-

---

[12] BGHZ 39, 235, 236 ff.

[13] *BGH* WM 2020, 1552; NJW-RR 1993, 442 f., h. M.

[14] MünchKomm-InsO/*Kern* § 165 Rn. 256.

[1] Dazu *Schilken* DGVZ 1988, 49 ff.

[2] *OLG Koblenz* NJW-RR 1990, 1152.

stimmten Gesamtheit (nur) ein Teil weggenommen werden soll (z. B. aus einem bestimmten Getreidelager 50 Säcke Weizen).

Ob es sich um einen dinglichen oder obligatorischen Anspruch handelt, macht keinen Unterschied. Ist aber auch das Eigentum zu übertragen, so liegt eine doppelte Vollstreckung vor (vgl. u. *Rn. 21* und *§ 28 Rn. 12*). 5

Muss der Gerichtsvollzieher Räume durchsuchen, so bedarf es in der Regel einer richterlichen Durchsuchungsanordnung, § 758a I (II trifft nicht zu); vgl. o. *§ 8 Rn. 18.* 6

Die Wegnahme setzt voraus, dass die Sache vom Gerichtsvollzieher beim Schuldner vorgefunden wird. Besteht Ungewissheit über den Verbleib der Sache, so kann der Gläubiger die Abgabe einer eidesstattlichen Offenbarungsversicherung verlangen, § 883 II (vgl. u. *§ 30*); außerdem verbleibt ihm der Schadensersatzanspruch, § 893 I (vgl. u. *§ 27 Rn. 39*). 7

In derselben Weise wird auch eine Verpflichtung zur *Vorlegung einer Sache* sowie ein *Einsichtsrecht* vollstreckt, nur erfolgt hier keine Ablieferung an den Gläubiger, sondern lediglich die Vorlegung zur Einsichtnahme.[3] Effektiver Rechtsschutz ist dadurch gesichert, dass der Gläubiger auch hier die Räume des Schuldners durch den Gerichtsvollzieher durchsuchen lassen (vgl. o. *Rn. 6*) und den Schuldner zur Abgabe der eidesstattlichen Offenbarungsversicherung zwingen kann, falls der Gerichtsvollzieher die Unterlagen nicht vorfindet (vgl. o. *Rn. 7*). 8

§§ 88–94 FamFG, nicht § 883, gelten (entsprechend), wenn das Familiengericht durch einstweilige Anordnung (§ 49 FamFG) die *Herausgabe eines Kindes* an den anderen Elternteil bestimmt hat. 9

2. Der Schuldner hat eine **bestimmte Quantität vertretbarer Sachen** oder Wertpapiere zu leisten. 10

Auch in diesem Fall hat der *Gerichtsvollzieher* die Sachen dem Schuldner *wegzunehmen und* dem *Gläubiger abzuliefern,* § 884.[4] Die Durchsuchung von Räumen erfordert wiederum in der Regel eine richterliche Durchsuchungsanordnung, § 758a I (II greift auch hier nicht ein); vgl. o. *§ 8 Rn. 18.*

Mit der Wegnahme konzentriert sich die bisherige Gattungsschuld auf die weggenommenen Sachen gemäß § 243 II BGB. Eine eidesstattliche Offenbarungsversicherung ist hier nicht vorgesehen (kein Verweis auf § 883 II, III). Findet der Gerichtsvollzieher die Sachen nicht, so bleibt nur der Schadensersatzanspruch, vgl. § 893 und u. *§ 27 Rn. 39.* 11

3. Der Schuldner hat eine **unbewegliche Sache** herauszugeben, zu überlassen oder zu räumen. 12

Dann hat der Gerichtsvollzieher den *Schuldner aus dem Besitz* zu setzen und den *Gläubiger in den Besitz* einzuweisen, § 885, nötigenfalls mit Gewalt (§ 758 III). Für die Räumung bedarf es keiner richterlichen Durchsuchungsanordnung, § 758a II; vgl. o. *§ 8 Rn. 18.* Ist eine Räumung, etwa bei einer brachliegenden Fläche, nicht erforderlich, kann der Gerichtsvollzieher den Gläubiger durch Protokollerklärung in den Besitz einweisen.[5]

Das Maß der anzuwendenden Gewalt wird durch die Stärke des (erwarteten) Widerstands bestimmt, der zu brechen ist, um das titulierte Gläubigerrecht gegen den Schuldner durchzusetzen. Das hat, soweit das Verhältnis zwischen Gläubiger und Schuldner betroffen ist, mit dem Verhältnismäßigkeitsgrundsatz, der im Verhältnis des Einzelnen zum Staat gilt, richtigerweise nichts zu tun. 13

[3] *OLG Frankfurt a. M.* NJW-RR 1992, 171; 2002, 823, 824; 2018, 765.

[4] Zur Abgrenzung von § 883 *Schilken* DGVZ 1988, 49, 51 ff.

[5] *BGH* NJW-RR 2009, 445.

14 Von praktischer Bedeutung ist besonders die *Räumung von gemieteten Wohnungen* und (Gewerbe-)Räumen. Hier treten Schwierigkeiten auf, wenn die Räume von mehreren Personen gemeinschaftlich genutzt werden und daher zweifelhaft ist, wer als „Besitzer" und damit als Vollstreckungsschuldner in Betracht kommt. Im Ausgangspunkt ist nach § 750 I ein Titel gegen alle Besitzer erforderlich. Daher kann die Räumungsvollstreckung gegen einen Untermieter nur aufgrund eines gegen diesen gerichteten Titels erfolgen; der Titel gegen den Mieter genügt nicht.[6] Im Übrigen kommt es nicht darauf an, ob ein Gewahrsamsinhaber einen Mietvertrag geschlossen und damit als Mieter ein eigenes Besitzrecht begründet hat, denn materielle Rechte prüft der Gerichtsvollzieher im formalisierten Vollstreckungsverfahren nicht.[7] Bewohnen *Ehegatten oder Lebenspartner* Mieträume, sind sie Mitbesitzer; daher ist ein Titel gegen beide Ehegatten erforderlich.[8] § 739 findet keine Anwendung.[9] Ob der Ehemann oder die Ehefrau den Mietvertrag geschlossen haben, ist in der Vollstreckung unbeachtlich. Nach der Gegenansicht ist Schuldner nur der Mieter.[10] Kein gesonderter Titel ist erforderlich gegen Besitzdiener wie Kinder, Besucher, Gäste und Hausangestellte des Schuldners, wohl aber gegen den in nichtehelicher Lebensgemeinschaft mitwohnenden Partner des Mieters.

15 Bei *Wohngemeinschaften* ist ein Titel gegen alle Mitbewohner erforderlich, die neben dem Teilbesitz an „eigenen" Räumen Mitbesitz an gemeinschaftlich genutzten Räumen haben;[11] auf die materiellrechtliche Frage des Mietvertrags ist in der formalisierten Vollstreckung nicht abzustellen.

16 Bei einer *Hausbesetzung* kennt der Berechtigte häufig die Namen der Räumungspflichtigen nicht. Daher soll ein Titel gegen „Unbekannt"[12] oder gegen die „Besetzer des Hauses Berlin, … straße 25" zulässig sein.[13] Das ist mit §§ 182 II Nr. 1, 253 II Nr. 1, 750 I 1, 929 I, 936 unvereinbar und daher abzulehnen.

17 Lehnt man einen Räumungstitel gegen „Unbekannt" ab, so können unbekannte und erfahrungsgemäß häufig wechselnde *Hausbesetzer* nur durch die Polizei, nicht gemäß § 885 aus dem Besitz gesetzt werden. Ob die Polizei eingreift, liegt grundsätzlich in ihrem pflichtgemäßen Ermessen.[14] Die von Art. 14 GG geschützte Position des Gläubigers sollte allerdings regelmäßig polizeiliche Hilfe gebieten; freilich kann dies zu einer Eskalation führen, an der auch der Gläubiger oftmals kein Interesse haben wird.

18 Bei der Räumung von Wohnungen hat *Vollstreckungsschutz* besonderes Gewicht; in die Überlegungen einzubeziehen ist die Möglichkeit einer polizeilichen Zwangseinweisung (hierzu u. *§ 31 Rn. 14*).

19 Bei einer Vollstreckung nach § 885 kann es dazu kommen, dass *bewegliche Sachen,* die nicht selbst Gegenstand der Vollstreckung sind, z. B. Möbel des Räumungsschuldners, entfernt werden müssen. Dies erlaubt § 885 II. Dabei sind im Grundsatz sämtliche, nicht nur einzelne Sachen wegzuschaffen.[15] Einzelheiten (Verwahrung, Abforderung bzw. Herausgabe, Veräußerung, Vernichtung) regeln § 885 II–V; sie gelten für Tiere entsprechend (§ 90 a BGB); eine Vernichtung bei fehlgeschlagenem Verkauf scheidet allerdings aus.[16] Der Gerichtsvollzieher schließt Lager- und Verwahrungsverträge im Rahmen von § 885 III unabhängig von der Person des Gläubigers regelmäßig nicht im eigenen Namen, sondern als Vertreter des Justizfiskus.[17]

---

6 *BGH* NJW-RR 2003, 1450; zweifelhaft *AG Hamburg-St. Georg* DGVZ 2007, 63: Ausnahme bei besonderer Treuwidrigkeit.

7 *BGH* NJW-RR 2003, 1450, 1451; BGHZ 159, 383, 385; dazu allgemein o. *§ 17 Rn. 17.*

8 BGHZ 159, 383, 385; Stein/Jonas/*Bartels* § 885 Rn. 15; *Becker-Eberhard* FamRZ 1994, 1296, 1297 ff.

9 Stein/Jonas/*Bartels* § 885 Rn. 10.

10 So unter Hinweis auf § 885 II *Jauernig* in der 21. Aufl. dieses Lehrbuchs; Thomas/Putzo/*Seiler* § 885 Rn. 5; *Schuschke* NZM 2004, 206, 207 m. w. N.

11 Zöller/*Seibel* § 885 Rn. 12.

12 *Bruns/Peters* S. 287.

13 *Baur/Stürner/Bruns* Rn. 39.10. Vorschläge für die Durchführung der Vollstreckung (private oder polizeiliche Einkreisungsmaßnahmen; Aushändigen des Titels an die illegalen Hausbesetzer) bei *Geißler* DGVZ 2011, 37; *Schladebach* ZMR 2000, 72.

14 Vgl. *VG Berlin* NJW 1981, 1749.

15 Keine „symbolische" Räumung: *OLG Frankfurt a. M.* MDR 1969, 852 f.; *LG Heilbronn* MDR 1992, 910; vgl. auch u. *§ 31 Rn. 14 a. E.*

16 *BGH* NJW 2012, 2889 Rn. 8 ff.

17 BGHZ 142, 77; dazu Anm. *Chr. Berger* JZ 2000, 361.

§ 885a I erlaubt jedoch in erweiternder Kodifizierung des sog. *„Berliner Modells"*,[18] den Vollstreckungsauftrag auf die Maßnahmen nach § 885 I zu beschränken. In diesem Fall kann der Gläubiger die beweglichen Sachen nach Dokumentation durch den Gerichtsvollzieher wegschaffen, verwahren, verwerten oder vernichten, § 885a II–V – er muss dies aber nicht tun, was ihm bei nicht zahlungsfähigen Schuldnern hohe Verwahrungskosten bzw. einen Kostenvorschuss erspart.

C. Besitz eines nicht herausgabebereiten Dritten

Ist die herauszugebende Sache in unmittelbarem Besitz eines nicht zur Herausgabe bereiten Dritten, so muss der Gläubiger den Anspruch seines Schuldners gegen den Dritten auf Herausgabe pfänden und sich zur Einziehung überweisen lassen, § 886.[19] Die Sache ist dann an den Gläubiger abzuliefern (keine Verwertung nach § 846, dort wird wegen einer Geldforderung in einen Herausgabeanspruch vollstreckt, vgl. o. *§ 20 Rn. 6*). Weigert sich der Dritte herauszugeben, so muss der Gläubiger gegen ihn klagen. 20

D. Übereignungstitel

Bei der Herausgabe *beweglicher Sachen* unterscheiden die §§ 883ff. nicht danach, ob der Schuldner nur zur Herausgabe, also lediglich zur Besitzverschaffung, oder auch zur **Übereignung** verurteilt worden ist. Hat die Übereignung gemäß § 929 S. 1 BGB zu erfolgen, so ist die Sache zu übergeben, d. h. im Sinn der §§ 883f. herauszugeben oder zu leisten; außerdem hat der Schuldner seine Einigung zu erklären. Ist also der Schuldner zur Übereignung verurteilt (vgl. § 897 I), so liegt bei beweglichen Sachen eine doppelte Verurteilung vor, nämlich erstens zur Herausgabe und zweitens zur Einigung; dem entspricht die zweigleisige Vollstreckung, vgl. §§ 883, 884, 897 einerseits, § 894 andererseits (dazu u. *§ 28 Rn. 12*). 21

Bei *unbeweglichen Sachen* vollzieht sich der Eigentumsübergang unabhängig von der Übergabe; daher ist hier eine besondere Verurteilung zur Herausgabe neben der zur Übereignung erforderlich, wenn auf Herausgabe vollstreckt werden soll. 22

E. Praktische Bedeutung

Die Vollstreckung zur Erwirkung der Herausgabe hat praktische Bedeutung vor allem bei der Verurteilung zur Übereignung *bestimmter* Sachen, weniger dagegen bei Gattungsschulden; denn bei ihnen wird der Gläubiger in der Regel schon vor Beginn oder während des Prozesses von der Erfüllungsklage zur Schadensersatzklage (z. B. nach § 283 BGB) übergehen. Ist ein Schuldner zur Herausgabe verurteilt, so wird er, wenn er die Sache besitzt, aber die Vollstreckung nicht abwenden kann, meist bereit sein, sie ohne Vollstreckung herauszugeben; tut er es nicht, so lässt das darauf schließen, dass er die Sache nicht besitzt und die Vollstreckung ergebnislos bleiben wird. 23

F. Kein Zwangsgeld, keine Zwangshaft

Ist Gegenstand der Zwangsvollstreckung ausschließlich die Herausgabe einer Sache, richtet sich die Zwangsvollstreckung nur nach §§ 883, 885f. und nicht (ergänzend) nach § 888.[20] Zwangsgeld darf daher zur Erzwingung der Räumung nicht festgesetzt werden. Zu § 893 vgl. u. *§ 27 Rn. 39.* 24

---

[18] BT-Drs. 17/10485, S. 31 re. Sp.

[19] Dazu BGHZ 53, 29, 31f.

[20] Für unbewegliche Sachen *BGH* NJW-RR 2007, 1091; NJW 2012, 2889 Rn. 16f.; für die „Herausgabe ordnungsgemäß ausgefüllter Lohnsteuerbescheinigungen und Sozialversicherungsnachweise" *LAG Baden-Württemberg* Beschl. v. 7.12.2017 – 4 Ta 12/17, BeckRS 2017, 137441 Rn. 25f.; ähnlich *LAG Nürnberg* Beschl. v. 9.6.2011 – 7 Ta 15/11, BeckRS 2011, 73470 Rn. 18.

§ 27. Die Zwangsvollstreckung zur Erwirkung von Handlungen und Unterlassungen

A. Überblick

1 Die §§ 887–890 betreffen nur Handlungen, deren Erzwingung nicht anderweitig besonders geregelt ist. Sonderregeln bestehen für Zahlungen (Vollstreckung wegen Geldforderungen, §§ 803–882i),[1] Herausgabe oder Leistung von Sachen (§§ 883–886, vgl. o. *§ 26*) und die Abgabe von Willenserklärungen (§ 894, vgl. u. *§ 28*).

2 Die Vollstreckung nach §§ 887ff. ist verschieden gestaltet je nachdem, ob die Handlung nur vom Schuldner oder an seiner Stelle auch von einem Dritten vorgenommen werden kann. Kann ein Dritter den Schuldner bei der Vornahme „vertreten", so spricht man von *„vertretbarer"* Handlung; sonst liegen *„unvertretbare"* Handlungen vor (mit vertretbaren Sachen oder Stellvertretung – §§ 91, 164 BGB – hat diese Terminologie nichts zu tun). Ist die Handlung unvertretbar, so ist zu unterscheiden, ob die Vornahme der Handlung ausschließlich vom Willen des Schuldners abhängt oder ob andere Umstände hinzukommen müssen, z. B. besondere künstlerische oder wissenschaftliche Fähigkeiten (vgl. u. *Rn. 12ff.*).

B. Vertretbare Handlungen

3 1. Eine Handlung ist vertretbar, wenn es für den Gläubiger rechtlich und tatsächlich gleichgültig ist, ob sie der Schuldner oder ein Dritter vornimmt, weil wirtschaftlich und rechtlich der Erfolg gleich ist. Das ist vor allem der Fall, wenn der Schuldner nach dem zugrunde liegenden Rechtsverhältnis berechtigt ist, die Handlung durch andere Personen vornehmen zu lassen.

4 *Vertretbar* sind z. B. die Reparatur eines Kraftfahrzeugs, die Beförderung von Sachen, der Betrieb einer Zentralheizung, und zwar auch dann, wenn die Verpflichtung auf einem Dienstvertrag beruht (§ 888 III bezieht sich nur auf unvertretbare Handlungen, vgl. § 888 I und u. *Rn. 17*). Die aus einem *Arbeitsvertrag* geschuldeten Handlungen sind nach der im Zwangsvollstreckungsrecht h. M. unter den genannten Voraussetzungen ebenfalls vertretbar;[2] anderer Ansicht ist allerdings die h. M. im Arbeitsrecht, die den personenrechtlichen Charakter des Arbeitsvertrags überspannt.[3]

5 Vertretbar ist ferner die Lohn-[4] oder Provisionsabrechnung,[5] die Nachbesserung von Baumängeln,[6] die Entfernung eines Werbeschildes,[7] auch die Befreiung von einer Schuld,[8] z. B. von einer Bürgschaft nach § 775 BGB, weil sie jeder Dritte vornehmen kann. Von solchen Fällen abgesehen, ist die Abgabe (oder

---

[1] *LAG Hessen* JurBüro 2009, 212; Beschl. v. 6.9.2018 – 8 Ta 275/18, BeckRS 2018, 26440 Rn. 15.

[2] *M. Wolf* JZ 1963, 434; *G. Lüke,* FS E. Wolf, 1985, S. 459, 462ff.; *Baur/Stürner/Bruns* Rn. 40.16; MünchKomm-ZPO/*Gruber* § 887 Rn. 15.

[3] BAGE 129, 257 Rn. 12 („Schutz der Menschenwürde"); MünchKomm-BGB/*Spinner* § 611a Rn. 949.

[4] *LAG Hamm* DB 1983, 2257; *LAG Rheinland-Pfalz* MDR 2006, 55; a. A. *BAG* NZA 2010, 61 Rn. 7, 17ff.; *LAG Nürnberg* Beschl. v. 9.6.2011 – 7 Ta 15/11, BeckRS 2011, 73470 Rn. 23; *LAG Hessen* Beschl. v. 23.7.2010 – 12 Ta 151/10, BeckRS 2010, 75259.

[5] *BGH* NJW-RR 2007, 1475 Rn. 15; 2010, 279 Rn. 21ff.; 2011, 470 Rn. 10; vgl. auch BGHZ 216, 21.

[6] BGHZ 90, 354, 360; *BGH* NJW 1993, 1394.

[7] *BGH* IBRRS 2013, 4283 Rn. 10.

[8] *BGH* NJW 1996, 2725, 2726.

Entgegennahme) einer Willenserklärung keine vertretbare Handlung; auch dann nicht, wenn sie in Vollmacht des Schuldners geschehen könnte.[9]

2. Die vertretbare Handlung kann statt vom Schuldner auch von einem Dritten vorgenommen werden. Daher ist ihre Erzwingung einfach: Der Gläubiger kann sie auf Kosten des Schuldners durch einen Dritten vornehmen lassen **(Ersatzvornahme),** sofern der Schuldner seiner Verpflichtung nicht nachkommt. Hierzu bedarf der Gläubiger einer gerichtlichen Ermächtigung, die ihm auf Antrag[10] vom Prozessgericht erster Instanz – nicht vom Vollstreckungsgericht – erteilt wird, § 887 I; zugleich ist auf Antrag des Gläubigers der Schuldner zur **Vorauszahlung der Kosten** zu „verurteilen", § 887 II. Vor dem LG besteht Anwaltszwang.[11] Das Gericht entscheidet nach Anhörung des Schuldners durch Beschluss, § 891 S. 1, 2. 6

Die Ermächtigung darf *nicht schon im Urteil* ausgesprochen werden. Das Prozessgericht wird nach § 887 als Vollstreckungsorgan tätig. 7

Die vorzunehmende Handlung muss im Beschluss regelmäßig genau bezeichnet werden. Hat aber der Schuldner unter mehreren Handlungsmöglichkeiten die Wahl (häufig bei Beseitigung von Immissionen), so ist eine genaue Bezeichnung im Ermächtigungsbeschluss – wie schon im Urteil[12] – entbehrlich.[13] Ein bestimmter Dritter, der die Handlung vorzunehmen hat, muss nicht genannt werden. Auch der Gläubiger selbst kann die Handlung vornehmen. Ist zur Ersatzvornahme das Einverständnis eines Dritten nötig (z. B. des Grundstücksnachbarn für das Betreten seines Grundstücks), so muss es schon bei Erlass des Ermächtigungsbeschlusses vorliegen.[14] 8

Herrscht Streit zwischen Gläubiger und Schuldner, ob dieser erfüllt hat, so kann der Schuldner, der Erfüllung behauptet, die Vollstreckungsgegenklage erheben (§ 767) oder (str.) bei der Anhörung im Vollstreckungsverfahren (§ 891) die Einwendung geltend machen.[15] 9

Der Schuldner hat die Vornahme der Handlung zu dulden, daher auch das Betreten seiner Räume, soweit dies für die Vornahme der Ersatzhandlung erforderlich ist (Widerstand kann gebrochen werden, § 892).[16] 10

Diese Art Vollstreckung ist einfacher und schneller, als wenn man den Schuldner durch Strafe zwingen würde, selbst die Handlung vorzunehmen, zumal nicht sicher wäre, ob er sie auch ordnungsmäßig ausführen würde. 11

C. Unvertretbare Handlungen

Ihre Vornahme durch einen Dritten ist rechtlich unzulässig oder hat für den Gläubiger nicht den gleichen rechtlichen oder wirtschaftlichen Erfolg, zu dessen Herbeiführung der Schuldner nach dem Titel verpflichtet ist. 12

[9] Str., vgl. Stein/Jonas/*Bartels* § 887 Rn. 13; *BGH* NJW 1995, 463, 464 für Prozessvollmacht; s. aber *LG Düsseldorf* Beschl. v. 23.8.2016 – 1 O 430/15, BeckRS 2016, 112959 für Beauftragung eines Notars und *AG Bremen* Beschl. v. 28.11.2006 – 9 C 0122/05, BeckRS 2007, 12452 für Verpflichtung zur Einigung auf einen Handwerker: § 887; allgemein zum Verhältnis von §§ 887f. und § 894 BGHZ 98, 127ff.; *OLG Rostock* Beschl. v. 15.5.2018 – 14 W XV 3/18, BeckRS 2018, 12714.

[10] Dazu *OLG Koblenz* NJW-RR 1998, 1771f.

[11] *OLG Köln* NJW-RR 1995, 644, 645 m. N.; *OLG Celle* Beschl. v. 18.2.1999 – 4 W 15/99, BeckRS 1999, 08528 Rn. 6; h. M.

[12] *BGH* NJW 1993, 1394, 1395.

[13] *OLG Hamm* JurBüro 1984, 1260f.; str., vgl. *BGH* NJW 1995, 3189, 3190.

[14] *OLG Zweibrücken* NJW-RR 1998, 1767f.

[15] BGHZ 161, 67; *BGH* IBRRS 2005, 3149; Stein/Jonas/*Bartels* § 887 Rn. 25–27; *Schilken,* FS Gaul, 1997, S. 667ff.

[16] Dazu *OLG Hamm* NJW 1985, 274f. sowie *BGH* NJW 2006, 3352: keine Durchsuchung.

13 1. Eine *Vollstreckung* kommt *nur* in Betracht, *wenn* die **Handlung ausschließlich vom Willen des Schuldners abhängt.** Die Handlung darf also keinen besonderen Aufwand erfordern.

14 **Beispiele:** Auskunftserteilung,[17] Rechnungslegung,[18] Aufstellung eines Inventars oder einer Bilanz, Erteilung eines Zeugnisses (vgl. § 630 BGB), Abgabe einer eidesstattlichen Offenbarungsversicherung aufgrund bürgerlich-rechtlicher Vorschriften (§ 889, dazu vgl. u. *§ 30 Rn. 5*) oder einer Willenserklärung (soweit nicht § 894 eingreift, vgl. o. *Rn. 5* und u. *§ 28 Rn. 1*), Widerruf (die von manchen befürwortete Vollstreckung analog § 894 beachtet nicht die Differenziertheit des Widerrufsanspruchs, der auch besagt, wann, wie, gegenüber wem zu widerrufen ist[19]).[20]

15 *Mit besonderem Aufwand* ist die Handlung verbunden und daher die *Vollstreckung ausgeschlossen,* wenn ein Dritter mitwirken muss (z. B. ein bestimmter Architekt bei der im Prozessvergleich versprochenen Errichtung einer Garage), aber der Dritte (im Beispiel: der Architekt) mit Sicherheit nicht mitwirken wird[21] oder die Vornahme der Handlung eine dem Schuldner eigentümliche künstlerische oder wissenschaftliche Fähigkeit erfordert (z. B. Anfertigung eines Gutachtens, einer Komposition) oder der Schuldner Geldbeträge aufwenden müsste, über die er weder verfügt noch sich auf Kredit beschaffen kann und die der Gläubiger auch nicht vorschießt.[22]

16 *Unzulässig* ist die Vollstreckung auch dann, wenn die Vornahme der Handlung dem Schuldner *dauernd unmöglich* (geworden) ist, weil er z. B. schuldhaft oder schuldlos sämtliche Unterlagen für die Aufstellung der im Urteil geforderten Bilanz vernichtet hat. Der Schuldner kann nicht gezwungen werden, etwas Unmögliches vorzunehmen. Der dauernden Unmöglichkeit einer Handlung sollte die bloß *vorübergehende* dann gleichgestellt werden, wenn sie vom Schuldner *nicht verschuldet* ist; unterbleibt die Zeugniserteilung z. B. wegen Krankheit des Schuldners, so ist eine Vollstreckung einstweilen unzulässig.[23]

17 Eine Vollstreckung ist ferner *unzulässig* aus einer Verurteilung zur Leistung von *unvertretbaren Diensten* aus einem Dienstvertrag (wenn vertretbar: § 887), § 888 III.

18 Die Vornahme der Handlung durch den Schuldner wird mit *Zwangsgeld* (ersatzweise Zwangshaft) *oder Zwangshaft* erzwungen, § 888 I 1. Zwangsgeld und Zwangshaft sind in der Terminologie des Gesetzgebers nicht als „repressive Rechtsfolge für einen vorausgegangenen Ordnungsverstoß" anzusehen, sondern als Zwangs- oder **Beugemaß-**

---

[17] *BGH* NJW 2019, 231 Rn. 12ff. (zur Aufnahme eines Verzeichnisses der Nachlassgegenstände durch einen Notar); *OLG Köln* MDR 2002, 294 (persönliche Mitwirkung, um Steuerberater die Erteilung eines Testats zu ermöglichen).

[18] *BGH* NJW 2016, 3536 Rn. 10ff. (Jahresabrechnung durch WEG-Verwalter).

[19] Dafür beispielhaft *OLG Frankfurt a. M.* NJW 1982, 113; *OLG Saarbrücken* JurBüro 1988, 1251, 1252f.; auch *OLG Zweibrücken* NJW 1991, 304f.

[20] Vgl. *OLG Celle* Beschl. v. 29.11.2001 – 13 W 86/01, BeckRS 2001, 30223421: § 888 jedenfalls bei ins Einzelne gehender Handlungsanweisung; aber auch BGHZ 68, 336: „nach bisher noch herrsch. Ansicht" greife § 888 ein.

[21] Zum Problem *OLG Frankfurt a. M.* NJW-RR 1992, 171, 172 m. N.; *OLG Düsseldorf* NJW-RR 2017, 524.

[22] Vgl. *E. Peters,* GS Bruns, 1980, S. 285, 294.

[23] *KG* Beschl. v. 17.11.1997 – 25 W 5329/97, BeckRS 1997, 09189; *Baumann/Brehm* S. 397; *Baur/Stürner/Bruns* Rn. 40.18; Stein/Jonas/*Bartels* § 888 Rn. 11; ebenso bei verschuldeter Unmöglichkeit *Gaul/Schilken/Becker-Eberhard* § 71 I 3d bb.

nahme.[24] Ihre Verhängung setzt daher *kein Verschulden* des Schuldners voraus. Der Schuldner kann dem Zwang entgehen, wenn er die Handlung vornimmt. Ein hierauf gestützter Erfüllungseinwand des Schuldners ist zu beachten.[25] Der Schuldner ist daher nach Vornahme der Handlung sofort aus der Zwangshaft zu entlassen, die (weitere) Beitreibung eines Zwangsgeldes unterbleibt.[26]

Zwangsgeld und Zwangshaft stehen richtigerweise nicht zur freien Wahl des Gerichts; denn die Zwangshaft ist als primäres Zwangsmittel nur zulässig, wenn die Festsetzung von Zwangsgeld nicht als ausreichende *primäre* Beugemaßnahme erscheint (Grund: Art. 2 II 2, 19 II GG).[27] Beide Maßnahmen sind nicht nebeneinander, sondern nur nacheinander zulässig, auch wiederholt (arg. § 888 I 2).[28] Für den Fall, dass das Zwangsgeld nicht beizutreiben ist, hat das Gericht ersatzweise Zwangshaft anzuordnen (§ 888 I 1). Das einzelne Zwangsgeld beträgt mindestens 5 Euro (Art. 6 I EGStGB) und ist auf 25 000 Euro begrenzt (§ 888 I 2), die Zwangshaft auf sechs Monate befristet (§§ 888 I 3, 802j I 1). Eine Androhung der Zwangsmaßnahme ist ausgeschlossen, § 888 II (anders § 890 II für die dort in Rede stehenden *Ordnungs*maßnahmen). Eine Festsetzung von Zwangsmaßnahmen bereits im Urteil ist unwirksam (vgl. aber auch §§ 510b, 888a). Der Gläubiger hat die Festsetzung im Vollstreckungsverfahren zu beantragen. Über den Antrag entscheidet das *Prozessgericht erster Instanz,* § 888 I (dagegen: sofortige Beschwerde, vgl. o. *§ 11 Rn. 4*). Vor dem LG besteht Anwaltszwang.[29] § 891 gilt auch hier. Eine angeordnete Zwangsmaßnahme wird aufgrund einer vollstreckbaren Ausfertigung des Beschlusses (§ 794 I Nr. 3, §§ 795, 724) und nur auf Antrag des Gläubigers, nicht von Amts wegen[30] vollstreckt. Das Geld fällt an den Staat. Beigetriebenes Geld ist nach Verzicht auf die Rechte aus dem Zwangsgeldbeschluss oder nach Aufhebung des Titels an den Schuldner zurückzuzahlen.[31] 19

Ist der *Schuldner prozessunfähig,* so ist das *Zwangsgeld* dennoch gegen ihn festzusetzen, denn sein Vermögen haftet. Die *Zwangshaft* dagegen wird gegen den gesetzlichen Vertreter verhängt, weil sie die Beugung des Willens bezweckt und der rechtlich erhebliche Wille nur beim gesetzlichen Vertreter liegt.[32] 20

Gegen *juristische Personen* sind Zwangsgeld und -haft möglich; die Zwangshaft wird an denjenigen verfassungsmäßig berufenen Vertretern vollstreckt, auf deren Willen es für die Vornahme der Handlung ankommt (denn ihr Wille erscheint rechtlich als Wille der juristischen Person).[33] 21

Bei Streit zwischen Gläubiger und Schuldner, ob erfüllt ist, kann dieser nach § 767 klagen oder (str.) sich bei der Anhörung (§ 891) auf Erfüllung berufen.[34] 22

2. Bei **unvertretbaren Handlungen, die nicht ausschließlich vom Willen des Schuldners abhängen,** ist eine *Vollstreckung ausgeschlossen* (Beispiele: vgl. o. *Rn. 15ff.*). Hier ist der Gläubiger auf einen materiellrechtlichen Schadensersatzanspruch angewiesen. 23

[24] *OLG Düsseldorf* NJW-RR 2017, 524 Rn. 18; *OLG Frankfurt a. M.* GRUR-RR 2015, 408 Rn. 13; *Göhler* NJW 1974, 825, 826.
[25] *BGH* NJW-RR 2013, 1336 Rn. 9 m. w. N.; NJW 2019, 231 Rn. 22.
[26] *BGH* NJW 2019, 231 (vgl. o. *§ 1 Rn. 37*).
[27] Vgl. auch BVerfGE 61, 126, 134, 135; zustimm. *Baur/Stürner/Bruns* Rn. 40.18; *Brox/Walker* Rn. 1087; *Gerhardt* S. 188; *Gaul/Schilken/Becker-Eberhard* § 71 II 2; Stein/Jonas/*Bartels* § 888 Rn. 23.
[28] *BGH* NJW 2019, 231 Rn. 17ff.; vgl. auch *BGH* NJW 2020, 2196: keine erneute Gebühr.
[29] *OLG Frankfurt a. M.* Beschl. v. 10. 8. 1994 – 17 W 22/94, BeckRS 1994, 06912; *OLG Köln* NJW-RR 1995, 645 m. N.; h. M.
[30] *BGH* NJW 1983, 1859f.
[31] *BAG* NJW 1990, 2579, 2580; *OLG Köln* JZ 1967, 762f. m. Anm. *Baur.*
[32] *OLG Karlsruhe* JurBüro 2013, 661; *OLG Zweibrücken* Beschl. v. 23. 4. 2003 – 3 W 78/03, BeckRS 2003, 30316478; a. A. *Brox/Walker* Rn. 1088.
[33] *AG München* IBRRS 2019, 1356.
[34] Vgl. zu § 887 o. *Rn. 9;* für eine Übertragung von BGHZ 161, 67 auf § 888 *OLG Hamm* ErbR 2020, 511; dagegen *OLG Bremen* DGVZ 2020, 146 Rn. 11: ausschließlich § 767 jedenfalls bei streitigen Tatsachen.

D. Unterlassung oder Duldung einer Handlung

Literatur: *Brehm,* Die Vollstreckung der Beseitigungspflicht nach § 890 ZPO, ZZP 89 (1976), 178; *Ruess,* Vollstreckung aus Unterlassungstiteln bei Erledigung des Verfahrens – das Ende einer endlosen Diskussion, NJW 2004, 485; *Lehmann-Richter,* Die Vollstreckung des Duldungsanspruchs aus § 554 BGB, WuM 2010, 729; *Breun-Goerke,* Was tun? Beseitigungs- und Handlungspflichten des Unterlassungsschuldners, WRP 2019, 1539; *Hofmann,* Ordnungsmittel bei Mehrfachverstößen gegen Unterlassungstitel, NJW 2019, 2126; *Teplitzky/Bacher/Büch,* Wettbewerbsrechtliche Ansprüche und Verfahren, 12. Aufl. 2019.

24 Nicht selten ist der Schuldner nach dem Vollstreckungstitel verpflichtet, eine Handlung zu dulden oder zu unterlassen. Die Vollstreckung bestimmt sich nach § 890. Ob der Schuldner zur Unterlassung oder zur Vornahme einer Handlung verurteilt ist, ergibt sich aus der **Urteilsformel;** danach richtet sich die Vollstreckungsart (§ 890 *oder* §§ 887 f., 894).[35]

25 Die **Abgrenzung von Unterlassungs-, Duldungs- und Handlungsvollstreckung** setzt im Vollstreckungsrecht die Unterscheidung von Anspruch und Klage auf Unterlassung, Duldung und Handlung, insbesondere Beseitigung, fort. Dabei ist Folgendes zu beachten: Der *Unterlassungsanspruch* zielt auf Vermeidung *künftiger* Beeinträchtigungen und setzt folglich die Gefahr künftiger Beeinträchtigung voraus.[36] Er erfasst daher bereits *bestehende* Beeinträchtigungen, z. B. wettbewerbswidrige Reklame, nur, wenn deren Aufrechterhaltung zu befürchten ist (wofür eine tatsächliche Vermutung sprechen kann[37]); andernfalls kann lediglich Beseitigung der Beeinträchtigung verlangt werden.[38] Dieser Unterschied schließt nicht aus, dass Unterlassungs- und Beseitigungsanspruch nebeneinander bestehen und faktisch auf denselben Erfolg gerichtet sind (eine bestehende Beeinträchtigung begründet einen Beseitigungs- und bei Wiederholungsgefahr auch einen Unterlassungsanspruch).[39] Gleichwohl ist zwischen beiden Ansprüchen auch in diesem Fall zu unterscheiden.[40] Deshalb kann ein Kläger schon nach materiellem Recht nicht offenlassen, ob er Unterlassung oder Beseitigung fordert; aber auch das Prozessrecht verlangt hier Klarheit, denn der Klageantrag muss gemäß § 253 II Nr. 2 „bestimmt" sein;[41] folglich ist der Wechsel vom Beseitigungs- zum Unterlassungsbegehren oder umgekehrt eine Klageänderung.[42] Hat der Kläger einen Unterlassungstitel erstritten, so kann er ihn erst vollstrecken, wenn der Schuldner dem Urteil zuwidergehandelt, z. B. die wettbewerbswidrige Reklame wiederholt oder (vgl. o.) aufrechterhalten hat. Dann mag zwar oft eine „Beseitigung" nötig sein, z. B. Entfernung der Reklame, doch kann sie aufgrund des Unterlassungstitels nicht, auch nicht über §§ 887, 888 unmittelbar erzwungen werden.[43] Vielmehr ist nur nach § 890 zu vollstrecken (anders bloß, wenn gleichzeitig zu Beseitigung und Unterlassung verurteilt ist, vgl. o.). Die Vollstreckung gemäß § 890 kann auch dann noch erfolgen, wenn vor Festsetzung der Ordnungsmaßnahme die Reklame beseitigt worden ist;[44] das wäre bei einer Vollstreckung nach §§ 887 f. ausgeschlossen.

---

[35] So *Henckel* AcP 174 (1974) 97, 99 ff.; *Jauernig* NJW 1973, 1672 f.; *Teplitzky* S. 6 f., 322; *OLG München* OLGZ 1982, 101 f.; *OLG Karlsruhe* NJW-RR 1989, 189, 190; a. A. *Brehm* ZZP 106 (1993), 266, 270.

[36] BGHZ 81, 222, 225.

[37] Vgl. BGHZ 81, 222, 225 f.

[38] *BGH* NJW 1957, 1676; NJW-RR 1994, 1404 f.; *Henckel* AcP 174 (1974), 97, 100; übergangen von *Brehm* ZZP 89 (1976), 178, 179; *Lindacher* GRUR 1985, 423, 426.

[39] Vgl. *Jauernig* NJW 1973, 1671, 1673; Schuschke/Walker/Kessen/Thole/*Sturhahn* § 890 Rn. 2; BGHZ 120, 73, 76 ff.; *BGH* MDR 2017, 351; BGHZ 206, 347 Rn. 32.

[40] Zustimm. *Teplitzky* S. 7 ff., 325.

[41] Dagegen helfen keine „praktischen Erwägungen", wie *Brehm* ZZP 89 (1976), 178, 188, 189 ohne Begründung meint; s. ferner Stein/Jonas/*Bartels* § 890 Rn. 5.

[42] *BGH* NJW-RR 1994, 1404 f.

[43] Zustimm. *Baur/Stürner/Bruns* Rn. 40.21; *Teplitzky* S. 901 f.

[44] Str., vgl. *OLG Hamburg* MDR 1973, 323 f.; auch *BayObLG* NJW-RR 1995, 1040; *LG Hamburg* Beschl. v. 29. 2. 2012 – 318 T 9/12, BeckRS 2012, 15104.

Wichtige Unterlassungspflichten ergeben sich aus dem Namensrecht (§ 12 BGB), Besitz und Eigentum (§§ 862, 1004 BGB), hier vor allem im Nachbarrecht (§§ 906ff. BGB), aus dem Firmenrecht (§ 37 II HGB), aufgrund eines Konkurrenzverbots (z. B. §§ 74ff., 112 HGB), im Bereich des Urheberrechts und des gewerblichen Rechtsschutzes (Wettbewerbs-, Patentrecht usw.). 26

Die Urteilsformel muss klar aussprechen, welche Handlung unterlassen oder geduldet werden soll. Inwieweit die verbotene Handlung zu spezifizieren ist, richtet sich nach den Besonderheiten des Einzelfalls.[45] Dabei ist darauf zu achten, dass durch eine (zu) enge **Spezifizierung** dem Schuldner nicht ermöglicht werden darf, eine im Ergebnis gleichwertige Handlung ungeahndet vorzunehmen und damit den Vollstreckungstitel praktisch wirkungslos zu machen. Ist das Unterlassungsgebot zwar weit, aber bestimmt genug gefasst (z. B. Unterlassung von vermeidbarem ruhestörendem Lärm[46]), so ist im Vollstreckungsverfahren nach § 890 I 1 zu prüfen, ob die konkrete Handlung des Schuldners von dem Unterlassungsgebot erfasst wird. Nach der **„Kerntheorie"** sind auch solche Handlungen vom Unterlassungstitel umfasst, die den Kern der Verletzungsform unberührt lassen.[47] Der Kern der Verletzungshandlung wird durch die Merkmale bestimmt, die die Verletzungshandlung prägen.[48] Wird beispielsweise der Schuldner zur Unterlassung der Nutzung eines farblichen Kennzeichens verurteilt, so kann die Nutzung in einem ähnlichen Farbton gegen den Titel verstoßen.[49] Ob eine Handlung noch unter den Titel fällt, ist eine Frage der Auslegung[50] und im Beschlussverfahren (§ 891) zu bestimmen. 27

Nach der pragmatischen Rechtsprechung des Bundesgerichtshofs kann *nach § 890* mit der titulierten Duldungs- oder Unterlassungsverpflichtung *zugleich auch eine Verpflichtung zur Handlung* vollstreckt werden, „wenn der Schuldner der Pflicht zur Duldung oder Unterlassung nur genügen kann, indem er die hierfür erforderliche positive Handlung vornimmt".[51] Ob ein Handlungs- oder Unterlassungstitel vorliegt, ist eine Frage der Auslegung; dabei entscheidet der Schwerpunkt der jeweils in Rede stehenden Verpflichtung. Muss der Schuldner eines Besichtigungsanspruchs die Inaugenscheinnahme durch einen Sachverständigen, Eingriffe in die Substanz der untersuchten Sache oder ihre Stilllegung dulden und zudem einem Sachverständigen sowie etwaigen anderen Personen Zutritt zu seinen Geschäftsräumen zu gewähren hat, liegt der Schwerpunt in der Duldung des gesamten Besichtigungs- und Untersuchungsvorgangs.[52] 28

Dem Schuldner müssen **Ordnungsmaßnahmen** für den Fall **angedroht** werden, dass er dem Unterlassungsgebot zuwiderhandelt. Die Androhung wird in der Regel schon in der Klage beantragt und steht dann bereits im Urteil, sonst wird sie nachträglich auf Antrag des Gläubigers und nach Anhörung des Schuldners vom Prozessgericht erster Instanz ausgesprochen (§§ 890 II, 891); vor dem LG besteht Anwaltszwang.[53] Art und Höchstmaß der Ordnungsmaßnahmen sind vom Gericht anzugeben.[54] Die Androhung von Ordnungsmaßnahmen dient primär der Durchsetzung des gerichtlichen Befehls, sie ist also vor allem ein Mittel der Zwangsvollstreckung. Daher können nur 29

[45] BGHZ 121, 248, 251.
[46] BGHZ 121, 248, 250f.
[47] *BVerfG* NJW-RR 2007, 860, 862; BGHZ 5, 189, 193f.; 126, 287, 296; *KG* NZM 2020, 612 Rn. 3.
[48] Stein/Jonas/*Bartels* § 890 Rn. 34.
[49] Stein/Jonas/*Bartels* § 890 Rn. 34.
[50] *BGH* GRUR 2013, 1071 Rn. 14.
[51] *BGH* GRUR 2020, 1346 Rn. 20; 1977, 614, 616 – Gebäudefassade; 2018, 292 Rn. 2.
[52] *BGH* GRUR 2020, 1346 Rn. 20; vgl. *Grabinski,* FS Mes, 2009, S. 129, 135f.
[53] *OLG Köln* NJW-RR 95, 644, 645 m. N.; *OLG Frankfurt a. M.* NJW-RR 2020, 384 Rn. 4; h. M.
[54] *OLG Hamm* NJW 1980, 1289.

solche Zuwiderhandlungen geahndet werden, die erst nach Ausspruch der Androhung und der Vollstreckbarkeit des Urteils[55] begangen worden sind.

30 **Handelt der Schuldner** der im Titel bestimmten Verpflichtung **zuwider,** so wird er **zu** einer der zuvor **angedrohten Ordnungsmaßnahmen verurteilt.** Der Gesetzgeber hat durch die Neufassung des § 890 (in Kraft seit 1. 1. 1975) klargestellt, dass die Verurteilung nicht als Beugemaßnahme, sondern als „repressive Rechtsfolge für einen vorausgegangenen Ordnungsverstoß"[56] anzusehen ist.[57]

31 Die Verurteilung zu einer Ordnungsmaßnahme bezweckt – als repressive Rechtsfolge – in erster Linie, den Ungehorsam des Schuldners gegen den gerichtlichen Befehl zu ahnden. „Daß § 890 I auch nach seiner Novellierung strafrechtliche Elemente enthält",[58] d. h. auf *Repression* zielt, hat *praktische Konsequenzen.*[59] Zum einen ist auch dann eine Ordnungsmaßnahme zu treffen, wenn keine weitere Zuwiderhandlung zu erwarten ist. Zum anderen setzt die Verurteilung eine *schuldhafte* Zuwiderhandlung des Schuldners voraus; denn die strafrechtsähnliche Ahndung einer Tat ohne Schuld wäre rechtsstaatswidrig.[60] § 278 BGB ist unanwendbar, aber prima-facie-Beweis zulässig.[61] Bei juristischen Personen kommt es auf das Verschulden desjenigen verfassungsmäßig berufenen Vertreters an, in dessen Zuständigkeitsbereich die Zuwiderhandlung fällt (vgl. auch u. *Rn. 34*).

32 **Beispiel (nach *LG Köln* GRUR-RS 2020, 11246):** Gegen die Schuldnerin S, eine Influencerin, war am 26.11.2018 eine Unterlassungsverfügung ergangen, die es ihr untersagte, im geschäftlichen Verkehr auf Instagram kommerzielle Inhalte vorzustellen, ohne den kommerziellen Zweck der Veröffentlichung zu verdeutlichen, wenn dies geschieht durch Verlinkungen auf die Instagramseiten der jeweiligen Unternehmen. Der Unterlassungsverfügung lagen Fälle zugrunde, in denen der S von den Unternehmen unmittelbar Geld zugewandt wurde. Im Januar 2020 veröffentlichte S eine Abbildung einer weiblichen Person an einem Strand. Beim Klick auf die Abbildung erschien der Name eines Reisebüros. Klickte man hierauf, folgte eine Weiterleitung auf dessen Instagram-Profil. S hatte den Teil der Reise, der der Veröffentlichung zugrunde lag, bei dem Reisebüro selbst gebucht und gezahlt. In der Rechnung findet sich folgender Passus: „5 Nächte dieser Reise sind kostenfrei. Im Gegenzug wird wie vereinbart ein regelmäßiges Posting auf Instagram stattfinden. Die weiteren 2 Zusatznächte liegen bei 1.260 $ pro Villa und werden vor Ort gezahlt." S meinte, da sie kein Geld erhalten habe, falle das Posting nicht unter die Unterlassungsverfügung. Kann Ordnungsgeld festgesetzt werden?

Ordnungsgeld kann festgesetzt werden, wenn ein schuldhafter Verstoß gegen die Unterlassungsverfügung vom 26.11.2018 vorliegt.

I. Dazu müsste die Veröffentlichung zunächst einen kommerziellen Inhalt und Zweck aufweisen. Hier diente die Verlinkung der Werbung für das Reisebüro. Dass von diesem keine Zahlung an S floss, sondern auf den üblichen Preis für die gebuchte Villa für 5 Nächte verzichtet wurde, ändert nichts an der Entgeltlichkeit. Kommerzieller Inhalt und Zweck sind also zu bejahen.

II. Weiter müsste S Verschulden treffen. Hier kommt ein verschuldensausschließender Rechtsirrtum in Betracht. Jedoch musste sich S wie jeder verständigen Person aufdrängen, dass es für die Frage eines „kom-

[55] BGHZ 131, 233, 235 f.

[56] *Göhler* NJW 1974, 825, 826.

[57] Unter der alten Fassung des § 890 war lebhaft umstritten, ob die Strafen des § 890 echte Kriminal- oder bloße Beugestrafen waren (vgl. *§ 27 IV* der 12. Aufl. dieses Buches). Der terminologische Streit ist vom Gesetzgeber entschieden, die Sachprobleme sind geblieben (vgl. auch BVerfGE 58, 159, 162 f.).

[58] BVerfGE 58, 159, 163.

[59] *BGH* NJW 1994, 45, 46; s. auch *BGH* GRUR 2012, 541 Rn. 8.

[60] BVerfGE 84, 82, 87; *BVerfG* NJW-RR 2007, 860; a. A. nur Baumbach/*Schmidt* § 890 Rn. 21–24.

[61] BVerfGE 84, 82, 87.

merziellen Zwecks" nicht darauf ankommt, ob die Werbung gegen die unmittelbare Auszahlung eines Geldbetrags erfolgt oder stattdessen aufgrund von Nachlässen eigene Aufwendungen erspart werden.

III. Ordnungsgeld kann also festgesetzt werden.

Die Verurteilung erfolgt auf Antrag des Gläubigers durch das Prozessgericht erster Instanz. Der Schuldner ist vorher zu hören (§ 891). Vor dem LG besteht Anwaltszwang.[62] Gegen die Verurteilung steht dem Schuldner die sofortige Beschwerde zu, § 793, ebenso dem Gläubiger wegen zu geringfügiger Maßnahmen.[63] 33

Das Gericht hat – entgegen der wohl h. M. – keine freie Wahl zwischen den Ordnungsmaßnahmen. Primär ist Ordnungsgeld (ersatzweise Ordnungshaft) zu verhängen; nur wenn diese Maßnahme als unzulänglich erscheint, kann von vornherein zu Ordnungshaft verurteilt werden.[64] – Die Ordnungsmaßnahme kann mehrfach verhängt werden (Höchstgrenzen in § 890 I, Mindestgrenzen in Art. 6 EGStGB). Die Vollstreckung erfolgt von Amts wegen.[65] Die Verjährung des Anspruchs schließt die Festsetzung und die Vollstreckung von Ordnungsgeld und Ordnungshaft aus (Art. 9 EGStGB).[66] 34

Str. ist, gegen wen die Ordnungsmaßnahme sich richten muss, wenn der Schuldner eine juristische Person oder prozessunfähig, z. B. minderjährig, ist. Ordnungsgeld ist stets gegen den Schuldner selbst festzusetzen. Ordnungshaft, auch die ersatzweise, ist gegen den gesetzlichen Vertreter z. Z. der Zuwiderhandlung anzuordnen (es sei denn, der Unterlassungstitel betrifft das persönliche Verhalten des Prozessunfähigen; dann wird er verhaftet, wenn er strafmündig und schuldig ist). Bei juristischen Personen wird derjenige verfassungsmäßig berufene Vertreter verhaftet, der für die Zuwiderhandlung verantwortlich ist.[67] Im Einzelnen herrscht viel Streit.[68] 35

Das Ordnungsgeld fällt an die Staatskasse.[69] Die Ordnungshaft wird nicht nach §§ 802a ff. durchgeführt, da eine dem § 888 I 3 entsprechende Vorschrift in § 890 fehlt.[70] Ist dem Verbot zuwidergehandelt worden und entfällt danach der Titel mit oder ohne Rückwirkung, so kann eine Ordnungsmaßnahme nicht mehr festgesetzt oder vollstreckt werden; das folgt zwingend aus §§ 775, 776.[71] 36

Diese Art der Vollstreckung erreicht ihren Zweck im Grunde nur, wenn der Schuldner von sich aus jede Zuwiderhandlung unterlässt.[72] Wird das nicht erreicht, so ist der Unterlassungsanspruch praktisch nicht durchsetzbar, da das Gesetz keine vorbeugenden Maßnahmen zur Rechtsdurchsetzung kennt. Das nimmt dem Gläubiger nicht selten jeden wirksamen Rechtsschutz: Die Festsetzung von Ordnungsmaßnahmen nützt ihm nichts (das Geld fließt in die Staatskasse; die Haft des Schuldners bietet nur immaterielle Genugtuung); Ersatzansprüche gegen den Schuldner können höchstens eingetretene Schäden abdecken und selbst das nicht immer. Daran ändert auch die Sicherheitsleistung gemäß § 890 III für Zukunftsschäden nichts. 37

---

62 *OLG Köln* NJW-RR 1995, 645 m. N.; h. M.

63 Schon in der Androhung: *OLG Hamm* NJW-RR 1988, 960; a. A. Zöller/*Seibel* § 890 Rn. 28.

64 *Brox/Walker* Rn. 1105; *Gaul/Schilken/Becker-Eberhard* § 73 II 3; *Teplitzky* S. 921; zum Grund für die Subsidiarität der Haft vgl. o. *Rn. 19.*

65 *BGH* NJW 1983, 1860.

66 Dazu *BGH* NJW-RR 2019, 822.

67 Vgl. BVerfGE 20, 323, 335 f.; *BGH* GRUR 2012, 541 Rn. 7; NJW-RR 2019, 822; auch o. *Rn. 21.*

68 Vgl. *BGH* GRUR 2012, 541 Rn. 6 ff.; *Blomeyer* II § 92 III 2a, § 95 I 7; *Schumann* FamRZ 1976, 574 f.

69 Zur Frage, ob das Geld u. U., insbesondere nach Aufhebung des Titels, an den Schuldner zurückzuzahlen ist, vgl. *BGH* NJW-RR 1988, 1530; *OLG Koblenz* WRP 1983, 575 m. N.

70 H. M.; a. A. *Brox/Walker* Rn. 1109 m. N.

71 Stein/Jonas/*Bartels* § 890 Rn. 27 (Rn. 28 auch zu Abhilfen im Erkenntnisverfahren), 46; *Teplitzky* S. 915, 925 ff., je m. N., auch zur Gegenansicht.

72 BGHZ 120, 73, 78.

38 Besser als bei gewöhnlichen Unterlassungstiteln steht der Gläubiger bei der Durchsetzung einer Unterlassungsanordnung, die aufgrund § 1 GewSchG ergangen ist, beispielsweise das Verbot, eine Wohnung zu betreten (§ 1 I 3 Nr. 1 GewSchG). Nach § 96 I FamFG kann der Berechtigte den Gerichtsvollzieher zuziehen, der den Verpflichteten der Wohnung verweisen und das Verbot durch Anwendung von Gewalt (§§ 96 I 2 FamFG, 758 III) durchsetzen kann. Voraussetzung ist, dass die Zuwiderhandlung andauert. Bei drohenden Beeinträchtigungen kann der Berechtigte den Gerichtsvollzieher nicht nach § 96 I FamFG beiziehen.[73] Vorbeugend bleibt § 890 anwendbar, § 96 I 3 FamFG. Die Erforderlichkeit einer Durchsuchungsanordnung richtet sich nach § 758 a.

E. Vollstreckung und materiellrechtlicher Schadensersatzanspruch

39 Auch wenn die Vollstreckung nach den §§ 883–892 möglich ist, verliert der Gläubiger dadurch nicht einen nach materiellem Recht bestehenden Schadensersatzanspruch (z. B. nach §§ 280, 281, 283 BGB), § 893 I. Er kann ihn geltend machen, ohne vorher vollstrecken zu müssen. Für die Schadensersatzklage ist ausschließlich das Prozessgericht erster Instanz zuständig wegen des engen Zusammenhangs mit dem Rechtsstreit, der mit der Verurteilung zur Primärleistung geendet hatte, §§ 893 II, 802.

§ 28. Die Verurteilung zur Abgabe einer Willenserklärung

A. Fiktion der Abgabe

1 Ist der Schuldner zur Abgabe einer Willenserklärung verurteilt worden, so wird er nicht etwa gemäß § 888 zur Abgabe gezwungen. Vielmehr greift das Gesetz zu einer *Fiktion,* die viel einfacher und sicherer zum Ziele führt: Die **Erklärung,** zu welcher der Schuldner verurteilt ist, **gilt als abgegeben, sobald** das **Urteil formell rechtskräftig** geworden ist, § 894 S. 1. Die Fiktion beruht auf der Vollstreckungswirkung des zur Abgabe der Willenserklärung verpflichtenden Urteils; es wirkt nicht rechtsgestaltend, sondern ist *Leistungsurteil.* Praktische Bedeutung hat vor allem die Verurteilung zu Erklärungen im Grundbuchverkehr (z. B. zur Bewilligung) oder für das Handelsregister, ferner zu Angebot oder Annahme (z. B. bei der Auflassung oder der Einigung gemäß §§ 925, 929 BGB nach einem Kaufvertrag, vgl. u. *Rn. 4, 10*). Keine Anwendung findet § 894 richtigerweise auf eine Verurteilung zum Widerruf, vgl. o. *§ 27 Rn. 14.*

2 **Beispiel (nach *BGH* NJW 2012, 530):** Schuldner S war dazu verurteilt worden, Gläubiger G „die Eintragung eines Nutzungsrechts betreffend die untere Wohnung … an bereitester Stelle zu bewilligen", wobei das Gericht davon ausging, dass G das Recht nur bis zu seinem Tod zustehen sollte. Wird das Grundbuchamt dem auf diese Entscheidung gestützten Eintragungsantrag des G nachkommen?

Das Grundbuchamt wird eintragen, wenn das Urteil den Anforderungen an eine Bewilligung i. S. d. § 19 GBO genügt.

I. Zunächst müsste in dem Urteil nach seinem Inhalt überhaupt die Verurteilung zur Abgabe einer grundbuchverfahrensrechtlichen Erklärung liegen. Der Inhalt des Urteils ist im Wege der Auslegung zu bestimmen. Dementsprechend ist hier – zumal angesichts des Wortlauts – davon auszugehen, dass S nicht nur zur dinglichen Einigung, sondern auch zur grundbuchverfahrensrechtlichen Bewilligung verurteilt wurde.

II. Eine Eintragung kommt aber nur in Betracht, wenn die fingierte Erklärung den inhaltlichen Anforderungen an eine Bewilligung genügt. Auch insoweit ist das Urteil auszulegen.

1. Der Urteilstenor lässt nicht eindeutig erkennen, welches Nutzungsrecht bewilligt werden soll. Ein Wohnungsrecht nach § 1093 BGB erlaubt nur eine Wohnnutzung, nicht eine – hier nicht auszuschließende –

[73] *Schulte-Bunert* FPR 2012, 491, 494.

Nutzung für Kleingewerbe oder freien Beruf. Jede Art der Nutzung kann hingegen Gegenstand einer beschränkten persönlichen Dienstbarkeit oder eines Nießbrauchs sein.

2. Der Urteilstenor kann grundsätzlich mithilfe der Urteilsgründe näher ausgelegt werden. Den Gründen ist im vorliegenden Fall zu entnehmen, dass G das Recht nur bis zu seinem Tod zustehen sollte. Dies hilft allerdings nicht weiter, da alle in Betracht kommenden Rechte mit dem Tod erlöschen (Nießbrauch: § 1061 S. 1 BGB; beschränkte persönliche Dienstbarkeit: § 1092 i. V. m. § 1061 S. 1 BGB; Wohnungsrecht: §§ 1093, 1090 II i. V. m. § 1061 S. 1 BGB).

3. Vor einer Zurückweisung des Antrags könnte das Grundbuchamt gehalten sein, dass Gewollte selbst zu ermitteln. Das Grundbuchamt ist jedoch zu Ermittlungen zur Aufklärung des Sachverhalts weder berechtigt noch verpflichtet.

III. Demnach wird das Grundbuchamt dem Eintragungsantrag nicht nachkommen, sondern ihn zurückweisen.

Die Fiktionswirkung hat aber *nur* das *Urteil,* nicht ein Prozessvergleich.[1] Hat der Schuldner die Willenserklärung schon im Vergleich abgegeben, erübrigt sich jede Zwangsvollstreckung; hat er sich im Vergleich nur zur Abgabe verpflichtet, ist nach §§ 887, 888 zu vollstrecken (vgl. o. *§§ 3 Rn. 4, 27 Rn. 5, 14*). 3

B. Reichweite der Fiktion

Das rechtskräftige Urteil ersetzt auch die **Form,** in der die Abgabe der Willenserklärung nach bürgerlichem Recht erfolgen muss, z. B. Beglaubigung oder Beurkundung. Gleichgültig ist, vor wem oder wem gegenüber die fingierte Erklärung nach materiellem Recht abzugeben ist (wichtig z. B. für die Auflassungserklärung, § 925 BGB). Die Verurteilung macht eine behördliche oder gerichtliche Genehmigung (z. B. des Vormundschaftsgerichts) nicht entbehrlich.[2] 4

Ist für die Abgabe der Erklärung die *Ausstellung einer Urkunde* erforderlich, in der sich die Erklärung verkörpert, z. B. eines Wechsels, so hilft die Fiktion nichts, denn durch sie kann das Wertpapier nicht geschaffen oder ersetzt werden; es ist vielmehr *nach § 888 zu verfahren,*[3] aber analog § 894 erst nach Rechtskraft des Urteils, wenn dort zugleich zur Abgabe der Erklärung verurteilt worden ist.[4] 5

Mit Rechtskraft des Urteils gilt die Erklärung als **abgegeben.** Streitig ist, ob das Urteil dem Erklärungsgegner mitgeteilt oder vorgelegt werden muss, um so den nach bürgerlichem Recht erforderlichen *Zugang* der Erklärung zu ersetzen. Das ist zu verneinen, wenn die Erklärung nach bürgerlichem Recht dem *Gläubiger* zugehen müsste;[5] denn er hat Gelegenheit zur Kenntnisnahme bereits mit dem Erlass des Urteils erhalten, das genügt. Ist die Erklärung jedoch nach bürgerlichem Recht vor oder gegenüber einem Dritten, insbesondere einer Behörde, abzugeben, so muss der Gläubiger diesem Dritten das rechtskräftige Urteil vorlegen oder mitteilen (vgl. u. *Rn. 10*). 6

Die *Wirkung des Urteils* ist die gleiche wie die einer wirklich vom Schuldner abgegebenen Erklärung. Daraus folgt, dass materiellrechtliche Wirksamkeitsvoraussetzungen der Willenserklärung durch das Urteil nicht ersetzt werden.[6] Ist der Schuldner daher 7

---

[1] RGZ 55, 57, 58; BGHZ 98, 127.

[2] Str.; vgl. *BGH* NJW-RR 2018, 1007 Rn. 22 f. (wie hier für Genehmigung des vorläufigen Insolvenzverwalters, offenlassend für familien- oder betreuungsgerichtliche Genehmigung); Stein/Jonas/*Bartels* § 894 Rn. 24.

[3] Vgl. *Baur/Stürner/Bruns* Rn. 41.5.

[4] Vgl. auch RGZ 156, 164, 170 f.

[5] Vgl. Stein/Jonas/*Bartels* § 894 Rn. 23.

[6] Stein/Jonas/*Bartels* § 894 Rn. 24; a. A. *Jauernig* bis zur 21. Aufl. dieses Lehrbuchs.

nicht voll geschäftsfähig oder fehlt ihm die Verfügungsmacht, so ist die Erklärung nicht voll wirksam, kann aber ggf. genehmigt werden.

8 Die Fiktion tritt erst mit der formellen Rechtskraft ein, so dass die vorläufige Vollstreckbarkeit in der Regel nicht in Betracht kommt (vgl. u. *Rn. 11*).

9 Einer vollstreckbaren Ausfertigung bedarf es nicht,[7] außer wenn die Vollstreckung von einer Gegenleistung abhängig ist, z. B. Abgabe der Auflassungserklärung gegen Zahlung des Kaufpreises; dann wird die Ausfertigung nur gemäß § 726 II erteilt, § 894 S. 2. Hierin liegt zwar eine gewisse Vorleistungspflicht für den Gläubiger, aber keine Gefährdung, da ja die ihm gebührende Leistung – Abgabe der Erklärung – durch die Fiktion gesichert ist.

C. Vertragschluss mithilfe der Fiktion

10 Bei Verträgen muss man beachten, dass nur die Erklärung des Schuldners durch das Urteil ersetzt wird, nicht auch die des Vertragsgegners, des Gläubigers. Diese muss daher nach den Vorschriften des bürgerlichen Rechts und in der dort vorgeschriebenen Form abgegeben werden. Ist z. B. der Schuldner als Verkäufer eines Grundstücks zur Abgabe der Auflassungserklärung verurteilt, so muss der Gläubiger das rechtskräftige Urteil der zuständigen Stelle (meist Notar) vorlegen (str.) und seine Vertragserklärung abgeben (§ 925 I BGB; Ausnahme vom Grundsatz gleichzeitiger Anwesenheit[8]); erst damit ist die Auflassung vollendet.

D. Vorläufige Vollstreckbarkeit

11 Die vorläufige Vollstreckbarkeit des Urteils hat nur dann Bedeutung, wenn eine **Eintragung im Grundbuch** erfolgen soll. Dann gilt die Eintragung einer Vormerkung oder eines Widerspruchs als bewilligt, § 895.[9] Der vorläufigen Vollstreckbarkeit entspricht die vorläufige Eintragung.[10]

E. Verurteilung zur Übereignung einer beweglichen Sache

12 Bei Verurteilung zur Übereignung einer beweglichen Sache darf die Verurteilung korrekterweise nicht auf „Herausgabe" allein lauten, sondern auf Abgabe der Einigungserklärung und Herausgabe. Doch wird auch bei ungenauer Fassung des Urteils eine solche doppelte Verurteilung anzunehmen sein, wenn nur dem Urteil zu entnehmen ist, dass der Schuldner zur Übereignung gemäß § 929 S. 1 BGB verurteilt ist. Die Fiktion nach § 894 ersetzt nur die Erklärung, nicht die Übergabe. Diese muss nach §§ 883, 884 durchgesetzt werden; dabei gilt die Übergabe bereits mit der Wegnahme durch den Gerichtsvollzieher als erfolgt, § 897 I (überflüssige Fiktion, da die Übergabe an den Gerichtsvollzieher als Besitzmittler des Gläubigers erfolgt; das genügt für § 929 S. 1 BGB). Ebenso wird verfahren, wenn der Schuldner zur Bestellung oder Übertragung eines Briefgrundpfandrechts verurteilt ist, § 897 II; dann ist die Übergabe des Briefes erforderlich, die nach § 883 erzwungen wird.

---

[7] Str., vgl. *Wieser,* FS Söllner, S. 631, 633 ff.

[8] Jauernig/*Berger* § 925 Rn. 13; Soergel/*Kern* § 925 Rn. 40.

[9] Dazu *BayObLG* NJW-RR 1997, 1445, 1446.

[10] Hierzu *Furtner* JZ 1964, 19 f.

F. Erwerb vom Nichtberechtigten

Da eine Willenserklärung des Schuldners fingiert wird, finden auf den Erwerb auch die Vorschriften über den *Erwerb vom Nichtberechtigten* Anwendung, § 898. Maßgebend ist der Zeitpunkt der Rechtskraft des Urteils und bei beweglichen Sachen auch derjenige der Wegnahme durch den Gerichtsvollzieher. Auf die Kenntnis des Gläubigers kommt es an, nicht auf die des Gerichtsvollziehers, da er nicht Vertreter des Gläubigers ist (vgl. o. *§ 8 Rn. 9*). 13

6. Abschnitt. Die Sachaufklärung in der Zwangsvollstreckung

Literatur: Vor der Reform der Sachaufklärung *Fr. Weber,* Sachaufklärung und Offenbarungseid in der Zwangsvollstreckung, 1939; *Wieser,* Das Offenbarungsverfahren als Zwangsvollstreckung, Rpfleger 1990, 97; *Gaul,* Grundüberlegungen zur Neukonzipierung und Verbesserung der Sachaufklärung in der Zwangsvollstreckung, ZZP 108 (1995), 3.
Zum neuen Recht *Hess,* Rechtspolitische Perspektiven der Zwangsvollstreckung, JZ 2009, 662; *Würdinger,* Die Sachaufklärung in der Einzelzwangsvollstreckung. Informationsgewinnung des Vollstreckungsgläubigers de lege lata et ferenda, JZ 2011, 177; *Jungbauer,* Zentrale Vollstreckungsgerichte und Auskunft aus dem Schuldnerverzeichnis ab 1.1.2013, JurBüro 2012, 629; *Mroß,* Sachaufklärung in der Zwangsvollstreckung: Ecken und Kanten der Reform – Vorschläge für runde Verfahrensabläufe, DGVZ 2012, 169; *Neugebauer,* Reform der Sachaufklärung – Die Auskunftspflicht des Schuldners über sein Vermögen, MDR 2012, 1440; *Vollkommer,* Die Reform der Sachaufklärung in der Zwangsvollstreckung – Ein Überblick, NJW 2012, 3681; *Sturm,* Die Voraussetzungen der Vermögensauskunft in der Zwangsvollstreckung und deren Folgen bei Nichtabgabe der Vermögensauskunft, FPR 2013, 547; *Weiß,* Selbstbezichtigungsfreiheit und vollstreckungsrechtliche Vermögensauskunft, NJW 2014, 503; *Ulrici,* Der vereinfachte Vollstreckungsauftrag an den Gerichtsvollzieher, NJW 2017, 1142.

§ 29. Grundlagen

A. Notwendigkeit

Der Gläubiger kann die *Vollstreckung wegen einer Geldforderung* nach seiner Wahl auf bestimmte Vermögensstücke seines Schuldners richten; er muss sich zwischen der Vollstreckung in bewegliche und unbewegliche Sachen, in Forderungen und andere Rechte entscheiden und mit Ausnahme der beweglichen Sachen auch das Vollstreckungsobjekt näher bestimmen. Aber je weniger er über das Vermögen des Schuldners unterrichtet ist, desto unsicherer ist sein Vorgehen und desto eher kann die Vollstreckung fehlschlagen, auch wenn in Wahrheit pfändbare Vermögensstücke vorhanden sind. Wie soll z. B. der Gerichtsvollzieher oder der Gläubiger herausbekommen, welche Sachen des Schuldners sich im Besitz eines Dritten befinden? Lohn- oder Gehaltsforderungen des Schuldners lassen sich in der Regel leichter feststellen (vorausgesetzt, der Schuldner wechselt nicht häufig seinen Arbeitsplatz); andere Forderungen, z. B. geschäftliche Außenstände, kann der Gläubiger kaum feststellen. Es gibt auch Schuldner, die ihre wahre Lage verschleiern und Vermögensstücke verheimlichen wollen. Deshalb muss der Gläubiger in der Lage sein, das **Schuldnervermögen festzustellen.** Auch bei der *Herausgabevollstreckung* besteht Informationsbedarf. So muss der vom Gläubiger mit der Vollstreckung betraute Gerichtsvollzieher die herauszugebende Sache auffinden. Trifft er sie beim Schuldner nicht an, kann dies vielfältige Ursachen haben; nicht zuletzt kann der Schuldner die Sache versteckt haben. 1

B. Lösungsansätze

2 Wichtigste **Erkenntnisquelle** zur Feststellung des Schuldnervermögens ist der **Schuldner selbst.** Dem Schuldner wird daher eine Offenbarungspflicht auferlegt: Er muss bei der *Vollstreckung wegen einer Geldforderung* eine Vermögensauskunft vorlegen und deren Vollständigkeit und Richtigkeit an Eides statt versichern – wobei diese eidesstattliche Versicherung nicht das in § 294 ZPO genannte Beweismittel meint, weshalb sie hier zur Unterscheidung (eidesstattliche) „Offenbarungsversicherung" genannt wird. Bei der *Herausgabevollstreckung* muss sich der Schuldner über den Verbleib der Sache erklären. Kommt der Schuldner dieser Pflicht nicht nach, kann er in Haft genommen werden.

3 Neben dem Schuldner verfügen aber auch **Dritte** über Informationen, die zwar kaum je das gesamte Schuldnervermögen betreffen, aber doch wichtige Teile. Deshalb kann der Gläubiger mithilfe des Gerichtsvollziehers Auskünfte bestimmter Dritter über das Vermögen des Schuldners einholen, etwa über das Bundeszentralamt für Steuern Kontoinformationen von Kreditinstituten abrufen oder über das Kraftfahrt-Bundesamt Fahrzeug- und Halterdaten erheben.

C. Entwicklung

4 Bis Ende 2012 musste der Schuldner bei der Vollstreckung wegen einer Geldforderung erst dann auf Antrag des Gläubigers ein Vermögensverzeichnis vorlegen und dessen Vollständigkeit und Richtigkeit eidesstattlich versichern, wenn die Pfändung beweglicher Sachen den Gläubiger nicht vollständig befriedigt oder dieser glaubhaft (§ 294) gemacht hatte, dass eine Pfändung dazu nicht führen werde. Auskunftsrechte des Gerichtsvollziehers bestanden nicht. Diese Rechtslage war für den Gläubiger unbefriedigend. Vorschläge zur Verbesserung der Sachaufklärung im Offenbarungsverfahren[1] blieben zunächst ungehört.

5 Durch das **Gesetz zur Reform der Sachaufklärung in der Zwangsvollstreckung** vom 29.7.2009[2] hat der Gesetzgeber mit Wirkung zum 1.1.2013 schließlich die Informationsmöglichkeiten erweitert, insbesondere die früher in §§ 807, 836 III, 883, 899–915h geregelten Vorschriften zu eidesstattlicher Offenbarungsversicherung, Haft und Schuldnerverzeichnis neu geordnet. Zwar kann auch weiterhin nach einem erfolglosen Pfändungsversuch die Offenbarungsversicherung verlangt werden (§ 807). Nach neuem Recht kann der Gläubiger aber schon zuvor, insbesondere zu Beginn der Vollstreckung, die Abgabe einer Vermögensauskunft verlangen (§ 802c). Der Gerichtsvollzieher hat nunmehr Auskunftsrechte (§ 802l).

D. Inhalt und Form der Vermögensauskunft des Schuldners

6 Der Schuldner hat gemäß § 802c II 1 alle ihm gehörenden Vermögensgegenstände, also sein **gesamtes Aktivvermögen,** anzugeben.

7 Hierzu gehören in einzelner Aufführung bewegliche Sachen, Grundstücke, Forderungen, Anteilsrechte, Lebensversicherungen usw. Unpfändbare Gegenstände sind in der Regel ebenfalls anzugeben (Ausnahme für Sachen, die offensichtlich unter § 811 I Nr. 1, 2 fallen, in § 802c II 4), da der Schuldner grundsätzlich nicht selbst darüber entscheiden soll, ob sie pfändbar sind. Bei beweglichen Sachen ist auch deren Aufbewahrungsort bzw. Standort oder Verbleib mitzuteilen. Zum Vermögen gehören nicht nur Gegenstände, an denen dem Schuldner das alleinige Vollrecht (z. B. Eigentum) zusteht, sondern auch Bruchteilsberechtigungen, beschränkte dingliche Rechte und Anwartschaftsrechte.[3] Gegenstände, die der Schuldner einem Dritten zur Sicherheit übereignet hat, sind auch dann unter Darlegung der Sicherungsabrede aufzuführen, wenn – wie üblicherweise – die Übereignung nicht auflösend bedingt ist, sondern eine Pflicht zur Rück-

[1] Vgl. *Gaul* JZ 1973, 481; *Zeiss* JZ 1974, 566; gegen sie *Brehm* DGVZ 1983, 101; ferner *Gaul* ZZP 108 (1995), 3, 25; *Stamm* ZRP 2003, 95.

[2] BGBl. 2009 I 2258.

[3] Vgl. BGHSt 15, 128.

übereignung aus der Sicherungsabrede besteht.[4] Bei Forderungen (auch zweifelhaften) sind der (Dritt-) Schuldner, der Grund und die Beweismittel (§ 802c II 2) sowie Hilfsrechte, z. B. Pfandrechte, anzugeben. Zu nennen sind auch künftige Forderungen, sofern Rechtsgrund und Drittschuldner bereits hinreichend bestimmt sind, was vor allem bei laufender Geschäftsbeziehung der Fall ist.[5]

Der Schuldner hat ferner die in den letzten zwei Jahren vorgenommenen **entgeltlichen Veräußerungen** an nahestehende Personen (§ 138 InsO), ferner **unentgeltliche Verfügungen** der letzten vier Jahre anzugeben (§ 802c II 3). Damit soll das Verschieben von Schuldnervermögen offengelegt und dem Gläubiger die Anfechtung (vgl. u. *§ 33*) ermöglicht werden. 8

Der Schuldner ist auch dann zu Auskunft und Offenbarungsversicherung verpflichtet, wenn er bei wahrheitsgemäßer Beantwortung eine strafbare Handlung offenbaren muss, sodass er sich der **Gefahr der Strafverfolgung** aussetzt. § 802c kennt kein Auskunftsverweigerungsrecht. In einem nachfolgenden Strafverfahren gilt allerdings ein strafprozessuales Verwertungsverbot für seine Aussage.[6] 9

In der Praxis verwendet der Gerichtsvollzieher für die Vermögensauskunft die **Formulare** ZP 325ff., die der Schuldner im Vorfeld des Termins ausfüllen soll. Der Gerichtsvollzieher ist aber nicht daran gehindert, **ergänzende Fragen** zu stellen. Ob auch der Gläubiger ein eigenes Fragerecht hat, ist umstritten. Da die Auskunft dem Gerichtsvollzieher gegeben werden muss, wird man zwar ein echtes Fragerecht des Gläubigers verneinen müssen; der Gerichtsvollzieher muss aber auf eine korrekte Vermögensauskunft bedacht sein und kann sich eine Frage des Gläubigers zu eigen machen oder diese erlauben (vgl. § 397).[7] 10

Macht der Gläubiger geltend, der Gerichtsvollzieher habe ein *unvollständiges, ungenaues oder widersprüchliches Vermögensverzeichnis* aufgenommen, muss er zunächst beim Gerichtsvollzieher eine **Ergänzung oder Berichtigung** des Verzeichnisses durch den Schuldner beantragen; lehnt der Gerichtsvollzieher den Antrag ab, ist dagegen die Erinnerung nach § 766 statthaft.[8] 11

Das Ergebnis der Vermögensauskunft des Schuldners – das Vermögensverzeichnis – wird vom Gerichtsvollzieher als **elektronisches Dokument** aufgenommen (§ 802f V 1) und in ein **als Datenbank geführtes Verzeichnis** eingestellt, für dessen Verwaltung in jedem Bundesland ein zentrales Vollstreckungsgericht zuständig ist (§§ 802f VI 1, 802k I 1). Hier können die Daten über eine Internetanfrage durch staatliche Stellen und alle Gerichtsvollzieher eingesehen, im Fall eines berechtigten Interesses aber auch Dritten, etwa anderen Titelgläubigern zugänglich gemacht werden, (§§ 802k I 2, II, 802d I 2). Jedes Vermögensverzeichnis ist bei Eingang eines neueren Verzeichnisses, ansonsten nach Ablauf von zwei Jahren seit Abgabe der Auskunft, zu löschen (§ 802k I 4). Bei im Wesentlichen unveränderten Vermögensverhältnissen muss der Schuldner erst nach Ablauf von zwei Jahren seit der letzten Vermögensauskunft erneut eine Vermögensauskunft abgeben. Will der Gläubiger schon zuvor eine erneute Vermögens- 12

---

[4] Vgl. *BGH* NJW 1952, 1023f. (§ 163 StGB im konkreten Fall verneinend, da der Sicherungsnehmer bereits auf das Sicherungsgut zugegriffen hatte).

[5] *BGH* NJW-RR 2011, 851 Rn. 9f.

[6] BVerfGE 56, 37; *BVerfG* WM 2008, 989; BGHSt 37, 340; *LG Hamburg* JurBüro 2008, 495.

[7] Musielak/Voit/*Voit* § 802c Rn. 8 m. N.

[8] *BGH* NJW 2004, 2979, 2980; NJW-RR 2008, 1163; s. a. *AG Pankow-Weißensee* JurBüro 2016, 610 m. Anm. *Schmidt.*

auskunft erlangen, muss er Tatsachen glaubhaft machen, die auf eine wesentliche Veränderung in den Vermögensverhältnissen des Schuldners schließen lassen (§ 802d I 1). Solche Tatsachen können beispielsweise der Erwerb neuen Vermögens, aber auch die Auflösung eines Arbeitsverhältnisses oder die Begründung eines neuen Arbeitsverhältnisses sein; dem Erwerb neuen Vermögens ist Vermögen gleichzustellen, das der Schuldner bei der früheren Vermögensauskunft verschwiegen hatte.[9]

E. Das Schuldnerverzeichnis

13 Von der zentralen Verwaltung der Vermögensverzeichnisse ist das Schuldnerverzeichnis **(„schwarze Liste")** zu unterscheiden. Das Schuldnerverzeichnis wird ebenfalls vom zentralen Vollstreckungsgericht geführt (§ 882b). Die in diesem Verzeichnis enthaltenen **Angaben** sind jedoch deutlich weniger umfangreich; sie identifizieren nur die Person des Schuldners, geben aber keine Auskunft über dessen Vermögen (§ 882b II, III).

14 Hingegen ist der **Kreis der Einsichtsberechtigten** deutlich größer: Einsicht nehmen kann jedermann, der Angaben über die Eintragung ins Schuldnerverzeichnis für bestimmte, in § 882f I aufgelistete Zwecke benötigt. Zwar bringt die Zweckbindung gegenüber der bis 1994 geltenden Regelung (§ 915 a. F.), wonach jedermann auf Antrag über das Bestehen oder Nichtbestehen einer Eintragung Auskunft zu erteilen war, eine Einschränkung. Allerdings sind diese Zwecke teils recht weit. Dies gilt insbesondere für Nr. 4: Eine Einsicht ist danach gestattet, um wirtschaftliche Nachteile abzuwenden, die aus der Nichterfüllung von Zahlungsverpflichtungen durch Schuldner folgen können. Es reicht daher aus, dass ein Vertragsabschluss beabsichtigt ist, bei dem kein Leistungsaustausch Zug um Zug erfolgt. Zur Einsicht berechtigt ist also nicht nur eine Bank, die mit einem Kunden über einen Darlehensvertrag verhandelt, sondern auch ein Verkäufer, der auf Raten verkauft oder sonst vorleistet, ein Vermieter, ein Leasinggeber oder ein Mobilfunkunternehmen, wenn das Netz nicht nur bei vorheriger „Aufladung" eines Gutachtens zur Verfügung steht; selbst vor der Eingehung eines Arbeitsvertrags kommt eine Abfrage in Betracht.

15 Die **Einsicht** erfolgt über ein zentrales elektronisches Informations- und Kommunikationssystem im Internet. Möglich sind Einzelabfragen, aber auch der laufende Bezug von „Abdrucken". Rechtsgrundlage ist § 882g sowie die auf der Grundlage von § 882g VIII erlassene Schuldnerverzeichnisabdruckverordnung.

16 Die **Eintragung** in das Schuldnerverzeichnis findet statt auf Anordnung des Gerichtsvollziehers (§ 882b I Nr. 1), der abgabenrechtlichen Vollstreckungsbehörde, also insbesondere des Finanzamts (§ 882b I Nr. 2), oder des Insolvenzgerichts (§ 882b I Nr. 3). Die Eintragungsanordnung des Gerichtsvollziehers (§ 882c) knüpft nun an die Vermögensauskunft an: Er ordnet die Eintragung von Amts wegen an, wenn der Schuldner die Vermögensauskunft verweigert hat (Nr. 1), wenn angesichts des geringen Vermögens, das das Vermögensverzeichnis ausweist, eine Vollstreckung zugunsten des die Auskunft begehrenden Gläubigers offensichtlich ungeeignet wäre (Nr. 2) oder wenn der Schuldner nicht binnen eines Monats nach Abgabe oder Zuleitung der Vermögensauskunft die Befriedigung des Gläubigers nachweist (Nr. 3).

[9] Musielak/Voit/*Voit* § 802d Rn. 9f.

Eine Eintragung wird spätestens nach drei Jahren gelöscht; eine frühere **Löschung** erfolgt insbesondere dann, wenn die vollständige Befriedigung des Gläubigers nachgewiesen wurde (§ 882e). 17

§ 30. Offenbarungsversicherung und Haft

A. Situationen und Voraussetzungen

1. Seit der Reform der Sachaufklärung (vgl. o. *§ 29 Rn. 5*) kann der Gläubiger, der wegen einer Geldforderung vollstreckt, den Gerichtsvollzieher **unmittelbar** damit beauftragen, eine Vermögensauskunft des Schuldners einzuholen, deren Richtigkeit und Vollständigkeit der Schuldner eidesstattlich zu versichern hat (§ 802a II 1 Nr. 2). Besondere Voraussetzungen dieser Offenbarungsversicherung sind ein ausdrückliches dahingehendes Verlangen im Vollstreckungsauftrag (§ 802a II 2), die Übergabe einer vollstreckbaren Ausfertigung (§ 802a II 1), der fruchtlose Ablauf einer zweiwöchigen Frist für die Begleichung der Forderung sowie eine vorherige Bestimmung des Termins, in dem die Vermögensauskunft abgegeben werden soll (§ 802f I). 1

2. Daneben kann der Gerichtsvollzieher – im Wesentlichen wie schon vor der Reform – eine Vermögensauskunft dann verlangen, wenn der Schuldner die **Durchsuchung** durch den Gerichtsvollzieher (§ 758) **verweigert** hat oder ein **Pfändungsversuch** ergeben hat, dass eine Pfändung voraussichtlich nicht zu einer vollständigen Befriedigung des Gläubigers führen wird (§ 807 I 1). Weitere besondere Voraussetzung ist ein Antrag des Gläubigers an den Gerichtsvollzieher, so zu verfahren. Hat der Schuldner schon früher eine Vermögensauskunft abgegeben, muss grundsätzlich die zweijährige Sperrfrist des § 802d abgelaufen sein. Gegenüber einem Vorgehen nach § 802f hat der Weg des § 807 den Vorteil, dass die Vermögensauskunft sofort nach dem Pfändungsversuch abgenommen werden kann; Fristsetzung und Terminsbestimmung entfallen also. Da auch die Pfändung bzw. der Pfändungsversuch sofort stattfinden kann, lässt sich so eine Vermögensauskunft schneller und ohne „Vorwarnung" erlangen. § 807 ist auch nach erfolgloser Sicherungsvollstreckung (§ 720a), etwa aus einem nur vorläufig vollstreckbaren Urteil, anwendbar.[1] 2

3. Ist eine Forderung gepfändet und dem Gläubiger überwiesen, so muss der Schuldner die **Auskünfte** geben, die der Gläubiger **für die Geltendmachung der Forderung** benötigt. Weigert sich der Schuldner (oder ist die Auskunft unzulänglich), so muss er gemäß § 836 III 2 die Auskunft auf Antrag des Gläubigers zu Protokoll geben und deren Richtigkeit und Vollständigkeit „an Eides statt versichern". 3

4. Ein besonderer, seltenerer Fall der Offenbarungsversicherung ergibt sich in der Herausgabevollstreckung aus § 883 II (vgl. o. *§ 26 Rn. 7*). Voraussetzung ist hier, dass der Gerichtsvollzieher die bestimmte herauszugebende **Sache nicht im Besitz des Schuldners** vorfindet. Der Schuldner hat dann bei einem entsprechenden Antrag des Gläubigers an Eides statt zu versichern, dass er weder die Sache besitze noch Kenntnis davon habe, wo sie sich befinde. 4

5. Eine **Pflicht zur eidesstattlichen Offenbarungsversicherung** kennt nicht nur das Vollstreckungsrecht, sondern auch das bürgerliche Recht. **Nach bürgerlichem Recht** besteht eine solche Pflicht insbesondere zur Bekräftigung von Auskunft und Rech- 5

[1] *BGH* NJW-RR 2007, 416; vgl. o. *§ 2 Rn. 28.*

nungslegung nach §§ 259, 260, 2028, 2057 BGB. Gibt der Schuldner freiwillig die Offenbarungsversicherung ab, so handelt es sich um eine Angelegenheit der freiwilligen Gerichtsbarkeit nach §§ 361, 410 Nr. 1 FamFG, § 3 Nr. 1 Buchst. b RPflG. Ist der Schuldner zur Abgabe der Offenbarungsversicherung verurteilt, so wird sie vor dem Vollstreckungsgericht (Rechtspfleger: § 20 Nr. 17 RPflG) abgegeben, § 889 I; erzwungen wird die Abgabe durch Zwangsmaßnahmen nach §§ 889 II, 888 (Anordnung der Zwangshaft nur durch den Richter, § 4 II Nr. 2, III RPflG).

B. Zuständigkeit

6 Zuständig für die Abnahme der Offenbarungsversicherung nach §§ 802c II, 807, 836 III, 883 II ist der **Gerichtsvollzieher** bei dem AG (Vollstreckungsgericht), in dessen Bezirk der Schuldner z. Z. der Auftragserteilung seinen Wohnsitz (hilfsweise: Aufenthaltsort) hat, § 802e I (der „Auftrag" ist wie immer ein „Antrag", vgl. o. *§ 8 Rn. 6*). Bei juristischen Personen entscheidet ihr Sitz, nicht der Wohnsitz des Organs, das die Offenbarungsversicherung abzugeben hat (dazu sogleich *Rn. 8*).

7 Bei Unzuständigkeit des AG kann der Gläubiger beantragen, dass das AG (durch den Gerichtsvollzieher) die Sache an das zuständige AG (Gerichtsvollzieher) abgibt (keine Bindung), § 802e II; andernfalls wird der „Auftrag" (§ 802e I) abgelehnt.

C. Verpflichteter

8 Die Offenbarungsversicherung hat der Schuldner abzugeben. Ist der Schuldner nicht prozessfähig, so hat der **gesetzliche Vertreter** die Verpflichtung zur Offenbarung; wurde ohne Einwilligungsvorbehalt nach § 1903 BGB ein Betreuer bestellt, entscheidet das Vollstreckungsgericht nach pflichtgemäßem Ermessen, ob der Betreuer oder der betreute Schuldner offenbarungspflichtig ist.[2] Bei juristischen Personen haben alle Mitglieder des Leitungsorgans die Verpflichtung zur Offenbarungsversicherung.

D. Das Verfahren

9 Das Verfahren beginnt mit dem „Auftrag", richtig (vgl. o. *§ 8 Rn. 6*): **Antrag des Gläubigers** auf Einholung der Vermögensauskunft (§§ 802a II 1 Nr. 2, 807 I 1) bzw. auf Erteilung der Auskunft über die Forderung (§ 836 III 2) oder über den unbekannten Verbleib der Sache (§ 883 II 1) zu Protokoll.

10 Der Gerichtsvollzieher prüft von Amts wegen, ob die Vollstreckungsvoraussetzungen und die (weiteren) Voraussetzungen nach §§ 807, 836 III, 883 II vorliegen, ferner, ob der Schuldner im Fall des § 802d von der Verpflichtung befreit ist, weil er bereits in den vergangenen zwei Jahren eine Offenbarungsversicherung abgegeben hat.

11 Ist die Offenbarungsversicherung auf eine **Vermögensauskunft** gerichtet, setzt der Gerichtsvollzieher dem Schuldner zunächst eine zweiwöchige **Frist** (§ 802f I 1). Begleicht der Schuldner innerhalb dieser Frist die Forderung, so hat er die Vermögensauskunft abgewendet. Für den Fall, dass dies nicht geschieht, bestimmt der Gerichtsvollzieher jedoch zugleich mit der Fristsetzung einen Termin für die Abgabe der Vermögensauskunft (§ 802f I 2). Die Fristsetzung ist entbehrlich im Falle einer früheren Zahlungsaufforderung durch den Gerichtsvollzieher (§ 802f I 4) und bei verwei-

[2] *BGH* NJW-RR 2009, 1.

gerter Durchsuchung oder fruchtlosem Pfändungsversuch (§ 807), zudem auch dann, wenn der Schuldner auf sie verzichtet.

Nach erfolglosem Fristablauf lädt der Gerichtsvollzieher den Schuldner zur Vermögensauskunft. Der **Ladung** sind eine **Belehrung** über die Angaben, die der Schuldner wird machen müssen (§ 302f III 1), sowie über seine Rechte und Pflichten im Verfahren, die Folgen einer Pflichtverletzung, die Möglichkeiten des Gerichtsvollziehers, Auskünfte einzuholen, und die drohende Eintragung ins Schuldnerverzeichnis (§ 802f III 2) beizufügen. In der Praxis geschieht dies durch Übersendung von Formularen und Merkblättern. 12

Der **Termin** findet grundsätzlich in den Amtsräumen des Gerichtsvollziehers, bei entsprechender Bestimmung durch den Gerichtsvollzieher auch in der Wohnung des Schuldners statt, sofern der Schuldner dem nicht widerspricht (§ 802f I 2, II). Der Termin ist *nicht öffentlich.* Er gestaltet sich verschieden nach dem Verhalten des Schuldners. 13

1. *Der Schuldner erscheint und gibt die Vermögensauskunft ab* (Regelfall). Der Schuldner überreicht dem Gerichtsvollzieher das vorausgefüllte Formular, das mit ihm erörtert wird, und gibt die Offenbarungsversicherung ab. 14

2. *Der Schuldner erscheint, gibt aber keine Vermögensauskunft ab.* Auf Antrag des Gläubigers wird vom Gericht (Richter, § 4 II Nr. 2, III RPflG) Haftbefehl erlassen, § 802g I 1. 15

3. *Der Schuldner erscheint nicht.* Auch in diesem Fall wird auf Antrag des Gläubigers vom Gericht (Richter, § 4 II Nr. 2, III RPflG) Haftbefehl erlassen, § 802g I 1. Schriftliche Einwendungen sind unbeachtlich. Rechtsmittel gegen Ablehnung oder Erlass des Haftbefehls ist die sofortige Beschwerde, § 793 I.[3] 16

E. Die Erzwingungshaft

Die **Verhaftung** – zur Erzwingung der Vermögensauskunft, zur Erzwingung der Auskunft über eine Forderung (vgl. § 836 III 4) oder zur Erzwingung der Auskunft über den Verbleib der herauszugebenden Sache (vgl. § 883 II 3) – erfolgt durch einen Gerichtsvollzieher, § 802g II 1; einer besonderen richterlichen Durchsuchungsanordnung gemäß Art. 13 II GG bedarf es nicht, § 758a II (vgl. o. *§ 8 Rn. 18*). 17

Die **Vollziehung** des Haftbefehls ist nur innerhalb von zwei Jahren nach seinem Erlass zulässig, § 802h I. Die Vollstreckung der Haft ist unzulässig bei erheblicher Gesundheitsgefährdung, § 802h II. Die Haft besteht nur in Freiheitsentziehung, daher gibt es keinen Arbeitszwang, das Zusammensein mit anderen Gefangenen ist nur bei Einwilligung des Häftlings zulässig (§§ 172, 175 StVollzG). 18

Die **Dauer der Haft** ist auf sechs Monate begrenzt, § 802j I 1. Nach deren Ablauf wird der Schuldner aus der Haft entlassen, auch wenn er die Vermögensauskunft nicht abgegeben hat, § 802j I 2; er ist dann für die Dauer von zwei Jahren vor einer weiteren Erzwingungshaft geschützt, sofern der Gläubiger keine wesentliche Änderung in den Vermögensverhältnissen glaubhaft machen kann, §§ 802j III, 802d. Der Schuldner kann sich jederzeit zur Abgabe der Offenbarungsversicherung erbieten und durch sie die Haft beenden, § 802i. Schon deshalb bestehen gegen Erlass und Vollstreckung eines Haftbefehls auch bei Minimalforderungen keine verfassungsrechtlichen Bedenken.[4] 19

[3] *LG Tübingen* Urt. v. 10.7.1995 – 30 U 135/95, BeckRS 2015, 119.
[4] Vgl. BVerfGE 48, 396, 400f.; 61, 126, 135f.

7. Abschnitt. Schuldnerschutz und Gläubigeranfechtung

§ 31. Die Grundlagen des Schuldnerschutzes

Literatur: *Henckel,* Prozessrecht und materielles Recht, 1970, S. 349ff. (dazu *Arens* AcP 173 [1973], 250ff., 271; *Bötticher* ZZP 85 [1972], 1ff.); *Lippross,* Grundlagen und System des Vollstreckungsschutzes, 1983.

A. Einordnung

1 Zu den schwierigsten praktischen Problemen des Vollstreckungsrechts gehört die Ausbalancierung der widerstreitenden Interessen von Gläubiger und Schuldner. Für den Gläubiger geht es um die Durchsetzung seines Rechts. Es ist „Eigentum" im Sinne von Art. 14 I 1 GG; zu seiner Durchsetzung verdient der Gläubiger effektiven Rechtsschutz (Art. 19 IV GG). Im Zuge der zwangsweisen Verwirklichung des Gläubigerrechts muss in Schuldnerrechte, insbesondere Schuldnereigentum, eingegriffen werden. Auch diese Rechte stehen als „allgemeine Handlungsfreiheit", „allgemeines Persönlichkeitsrecht", „Eigentum" und eventuell „Menschenwürde" unter dem Schutz der Verfassung. Beim Schuldnerschutz geht es – entgegen verbreiteter Ansicht – nicht in erster Linie darum, Ausmaß und Grenzen des Eingriffs in Schuldnergrundrechte, vor allem das Eigentumsgrundrecht, abzustecken, auch nicht unter dem Blickwinkel der Verhältnismäßigkeit staatlichen Handelns.[1] Vielmehr steht die **Abgrenzung von privaten Gläubiger- und Schuldnerrechten** im Zentrum.[2] In diesem privatrechtlichen Verhältnis geht es um die Frage, ob und wieweit das im Titel verbriefte materielle Recht des Gläubigers dadurch beeinträchtigt werden darf oder soll, dass der Zugriff auf Schuldnerrechte verweigert wird. Dieses Problem ist im Rahmen der Privatrechtsordnung unter Berücksichtigung der Wertentscheidungen des GG zu lösen.[3] Auch von diesem Standpunkt aus ist es möglich und geboten, „öffentliche" – d. h. über den einzelnen Schuldner hinausreichende – Interessen zu berücksichtigen (wie das z. B. auch im BGB geschieht, vgl. etwa §§ 138, 242, 826; 137, 1136; 817 S. 2; Verjährung).

2 Die Anerkennung der **Menschenwürde des Schuldners** hat schon lange vor Art. 1 I GG dazu geführt, dass die ursprünglichen Härten der Zwangsvollstreckung erheblich abgeschwächt wurden. Der wichtigste Schritt war der Übergang von der Vollstreckung gegen die *Person* des Schuldners zur Vollstreckung in sein *Vermögen* (vgl. o. *§ 1 Rn. 25*). Auch diese hat dann im Laufe der Zeit weitgehende Milderungen erfahren. So wurde die *Kahlpfändung ausgeschlossen,* d. h. die Wegnahme allen Vermögens, auch soweit es für den Schuldner und seine Familie unentbehrlich ist, wie Möbel und Kleidung. Da Lohn- und Gehaltsempfänger die Mehrheit der Bevölkerung bilden, wurde dafür gesorgt, dass dem Schuldner nicht sein gesamtes Einkommen weggepfändet werden kann. Denn wer arbeitet noch, wenn ihm von seinem (künftigen) Verdienst doch nichts verbleibt? Aber nicht nur dem Schuldner, auch dem Gläubiger nützt der Vollstreckungsschutz. Denn die Schonung eines vertrauenswürdigen Schuldners liegt im **wohlverstandenen Interesse des Gläubigers.** Ein Schuldner, der trotz der Vollstreckung wirtschaftlich lebensfähig bleibt, wird den Gläubiger eher befriedigen können

---

[1] A. A. BVerfGE 52, 214, 219ff.

[2] *Henckel* S. 357; verkannt in BVerfGE 52, 214, 219f.

[3] *Henckel* S. 358f.; insoweit zutr. BVerfGE 52, 214, 219f.; s. ferner Stein/Jonas/*Würdinger* § 811 Rn. 1–3.

als einer, der durch hartes Zupacken ruiniert ist. Nicht zuletzt liegt in einer Gesellschaftsordnung, die Menschenwürde und Sozialstaat als Grundwerte anerkennt, ein gewisses Maß an Schuldnerschutz auch im **Interesse der Allgemeinheit.** Könnte ein einzelner Gläubiger den Schuldner in eine wirtschaftlich – und auch psychisch – völlig ausweglose Situation bringen, aus der ihm die Allgemeinheit heraushelfen muss, so würde der Gläubiger die Folgen seiner Fehlentscheidung, dem Schuldner Kredit zu gewähren oder anderweitig mit ihm in Kontakt zu treten, teilweise der Allgemeinheit aufbürden. Damit wäre der Anreiz zu einer gewissenhaften Prüfung der Kreditwürdigkeit und vorsichtigem Alltagsverhalten reduziert; im Umfang der Differenz zwischen dem, was der Gläubiger ohne und mit Schuldnerschutz erlangt, wäre letztlich eine Spekulation auf Kosten der Allgemeinheit möglich.

B. Entwicklungslinien

Eine ideale, ein für alle Mal gültige Austarierung der widerstreitenden Interessen ist 3
nicht möglich. Das Maß des Schuldnerschutzes unterliegt in Gesetzgebung und Rechtsprechung denn auch gewissen **Schwankungen** entsprechend der allgemeinen wirtschaftlichen Lage. Ist die Wirtschaft gesund, dann verdienen erfüllungsunwillige oder erfüllungsunfähige Schuldner in der Regel keine Schonung, sondern Misstrauen; denn in ruhigen Zeiten kennzeichnen zumeist wirtschaftliche Unfähigkeit oder Leichtsinn den Vollstreckungsschuldner. Das Bild ändert sich in Wirtschaftskrisen, insbesondere bei hoher Arbeitslosigkeit. Erheblich mehr Schuldner geraten in Schwierigkeiten. Viele kommen unverschuldet in eine bedrängte Lage, so dass sie Schonung ihrer wirtschaftlichen Existenz verdienen, um sich (und ihre Betriebe) über die Krise hinweg in eine bessere Zukunft zu retten. Das erklärt, warum die Weltwirtschaftskrise nach 1929 (auch) in Deutschland einen verstärkten Schuldnerschutz zur Folge hatte. Im Laufe der Jahre entstand ein umfangreiches **Vollstreckungsnotrecht.** Dadurch wurde die Rechtslage außerordentlich unübersichtlich. Das änderte sich durch das Gesetz v. 20.8.1953: Die Änderungen und Ergänzungen des Vollstreckungsrechts wurden, soweit sie zeitbedingt waren, aufgehoben, im Übrigen in die ZPO und das ZVG eingefügt. Die im Jahr 2008 ausgelöste Finanz- und Staatsschuldenkrise hat zwar zu einer Reihe gesetzgeberischer Maßnahmen geführt, die auch den Schuldnerschutz verbessern sollen.[4] Diese Maßnahmen setzen aber im Vorfeld der Vollstreckung an; der *Vollstreckungsschutz* selbst wurde nicht erweitert. Für die Corona-Pandemie gilt bislang dasselbe. Änderungen der letzten Jahre beruhen im Recht der Einzelzwangsvollstreckung durchweg auf früheren Vorarbeiten. Anders stellt sich das Bild freilich dar, wenn man auf das Insolvenz- und Restrukturierungsrecht blickt.[5]

[4] S. etwa die Wohnimmobilienkreditrichtlinie (Richtlinie 2014/17/EU des Europäischen Parlaments und des Rates vom 4. Februar 2014 über Wohnimmobilienkreditverträge für Verbraucher und zur Änderung der Richtlinien 2008/48/EG und 2013/36/EU und der Verordnung (EU) Nr. 1093/2010, ABl. L 60 S. 34, ber. ABl. 2015 L 47 S. 34 und L 246 S. 11); dazu *Schürnbrand,* Die Richtlinie über Wohnimmobilienkreditverträge für Verbraucher, ZBB 2014, 168.

[5] Dazu für die Erhaltung und Unternehmen: ESUG, BGBl. 2011 I 2528, ber. S. 2800; StaRUG, BGBl. 2020 I 3256; für die Restschuldbefreiung: Gesetz zur Verkündung des Restschuldbefreiungsverfahrens und zur Stärkung der Gläubigerrechte, BGBl. 2013 I 2379; Gesetz zur weiteren Verkürzung des Restschuldbefreiungsverfahrens und zur Anpassung pandemiebedingter Vorschriften im Gesellschafts-, Genossenschafts-, Vereins- und Stiftungsrecht sowie im Miet- und Pachtrecht, BGBl. 2020 I 3328.

C. Grenzen des Schuldnerschutzes

4 Dem Schuldnerschutz sind Grenzen gesetzt. Er darf nicht so weit ausgedehnt werden, dass die Vollstreckung für den Regelfall aussichtslos wird. Denn fühlt sich ein Schuldner vor jeder Vollstreckung sicher, so leidet darunter seine wirtschaftliche Moral. Das liegt keineswegs im Interesse der Gesamtheit aller Schuldner. Steigt das Risiko der Gläubiger, weil sie wegen des Schuldnerschutzes in der Zwangsvollstreckung häufiger leer ausgehen, so investieren sie zum einen mehr in die Erstellung einer zuverlässigen Kreditwürdigkeitsprognose, zum anderen verlangen sie wegen der verbleibenden Unsicherheit einen Risikozuschlag. Hierdurch wird es für den Schuldner schwieriger, überhaupt einen Kredit zu bekommen, was wiederum seine Investitions- und damit auch seine Innovationsfähigkeit beeinträchtigt. In jedem Fall aber wird der Kredit und damit jedes moderne Wirtschaften, bei dem Investition und Ertrag zeitlich versetzt stattfinden, teurer; Rückwirkungen auf das gesamte Preisniveau und die Wirtschaftsleistung sind unvermeidlich. Die Kosten werden damit der Allgemeinheit auferlegt. Außerdem darf nicht übersehen werden, dass jeder, der im Wirtschaftsleben steht, zugleich Schuldner des einen und Gläubiger des anderen ist, so dass ein übertriebener Schuldnerschutz für ihn auch seine eigene Gläubigerstellung beeinträchtigen kann. Überzogener Schutz entfaltet für den Geschützten – hier wie auch sonst – sehr schnell einen „Bumerang-Effekt".

5 Man hat im Hinblick auf den weiten Bereich des Schuldnerschutzes nicht zu Unrecht von einer *Gläubigernot* gesprochen; der gegenwärtige Schuldnerschutz erreicht sicherlich die Grenze des Vertretbaren. Mit Recht hat sich der Gesetzgeber bemüht, auch den Gläubigerschutz zu verstärken – nicht zuletzt im Interesse der redlichen Schuldner. Es ist daher zu begrüßen, wenn es Schuldnern erschwert wird, sich durch zweifelhafte Manöver der Vollstreckung zu entziehen (vgl. u. *§ 32 Rn. 48ff.*) oder die Furcht des Gläubigers vor hohen Vollstreckungskosten auszunutzen (vgl. o. *§ 26 Rn. 19* – „Berliner Räumung"). Freilich sind auch manche Geschäftsmodelle darauf angelegt, andere – Verbraucher wie Unternehmen – rücksichtslos auszunutzen. Hier sind Gewerberecht und Gewerbeaufsicht, aber auch Strafrecht und Strafverfolgung in der Pflicht, gegen solche Geschäftsmodelle einzuschreiten und schon präventiv Überschuldungssituationen zu verhindern.

D. Die allgemeine Härteklausel des § 765a

6 In Anlehnung an frühere Vorschriften des Vollstreckungsnotrechts bringt § 765a eine allgemeine – für jede Art von Vollstreckung geltende[6] – Härteklausel zum Schutz des Schuldners. Danach kann das Vollstreckungsgericht auf Antrag des Schuldners eine Vollstreckungsmaßnahme ganz oder teilweise aufheben, untersagen oder einstweilen einstellen – aber nur dann, wenn die Vollstreckungsmaßnahme unter voller Würdigung des Schutzbedürfnisses des Gläubigers den Schuldner aus besonderen Gründen sittenwidrig hart belasten würde. Soziale Gesichtspunkte allein genügen nicht. Gegenstand einer Anordnung nach § 765a ist nur eine **einzelne Vollstreckungsmaßnahme,** nicht geht es um die „Untersagung der Zwangsvollstreckung".[7] Seinem Wortlaut nach gestattet § 765a I die Untersagung einer bestimmten Vollstreckungsmaßnahme *auf*

---

[6] Zum Anwendungsbereich vgl. auch *Baur/Stürner/Bruns* Rn. 47.3; *Gaul* Rpfleger 1971, 81, 92f.; *Henckel* ZZP 76 (1963), 478, 480 sowie in: Prozessrecht und materielles Recht, 1970, S. 378ff.

[7] So aber häufig die Rechtsprechung, etwa BVerfGE 52, 214, 219; *BVerfG* NJW 1992, 1155.

Dauer. Ist der Titel nur durch Vornahme dieser Maßnahme zu vollstrecken (Hauptfall: Wohnungsräumung zwecks Durchsetzung eines Räumungstitels), so bedeutet deren dauernde Blockierung nach § 765a aber praktisch die Beseitigung des Titels. Zur Wahrung des Respekts vor dem Titel, vor allem aber zur Gewährleistung der Grundrechte des Gläubigers auf Schutz seines Eigentums (Art. 14 I 1 GG) und auf effektiven Rechtsschutz (Art. 19 IV GG), ist die Untersagung daher grundsätzlich zu *befristen.*[8] Lediglich in „absoluten Ausnahmefällen" kommt eine Einstellung auf unbestimmte Zeit in Betracht.[9] Allerdings sind hohe Anforderungen an Darlegung und Beweis der zugrunde liegenden Tatsachen zu stellen. Auch trifft den Schuldner die Obliegenheit, alles ihm Mögliche und Zumutbare zu unternehmen, um Gefahren auszuschließen.[10]

Die Handhabung des § 765a durch das **BVerfG** geht teilweise am klaren Wortlaut dieser Vorschrift vorbei und wird der ebenfalls grundrechtlich geschützten Position des Gläubigers nicht immer voll gerecht. Nach Äußerungen des BVerfG „ist die Zwangsvollstreckung (!) zumindest (!) zeitweilig einzustellen", wenn „die der Zwangsvollstreckung entgegenstehenden Interessen (!) des Schuldners wesentlich schwerer [wiegen] als die Belange (!), deren Wahrung die staatliche Vollstreckungsmaßnahme dienen soll".[11] Besser gelungen ist die Formulierung, dass nur „in besonders gelagerten Einzelfällen … die Vollstreckung für einen längeren Zeitraum und – in absoluten Ausnahmefällen – auf unbestimmte Zeit einzustellen sei";[12] störend ist allerdings noch immer die sprachliche Abwertung der Grundrechte des Gläubigers zu „Belangen, deren Wahrung die Vollstreckungsmaßnahme dienen soll".[13] Die Auslegung, die das BVerfG vorgibt, beruht offenbar darauf, dass die Problemlage des § 765a allein als eine Frage der Verhältnismäßigkeit staatlicher Zwangsmaßnahmen gegenüber Schuldnerinteressen angesehen wird, ohne zu erkennen oder ausreichend zu würdigen, dass hinter ihr das Spannungsverhältnis zwischen Gläubiger und Schuldner, also das Hauptthema des ganzen Vollstreckungsrechts, steht.[14] 7

Zustimmung verdient demgegenüber die Rechtsprechung des **BGH,** der die Grundrechtspositionen des Gläubigers ausdrücklich nennt und zu Recht ausführt, dem Gläubiger dürften keine Aufgaben überbürdet werden, die nach dem Sozialstaatsprinzip dem Staat und damit der Allgemeinheit obliegen;[15] richtig ist es daher auch, dem Schuldner Anstrengungen abzuverlangen.[16] 8

§ 765a ist mit **größter Zurückhaltung** anzuwenden. Dies verlangen der klare Wortlaut und die schädlichen Konsequenzen einer großzügigen Anwendung für Durchsetzung und Respektierung titulierter Rechte. Freilich müssen Anträge nach § 765a ernst genommen und intensiv geprüft werden, insbesondere wenn eine Gefahr für Leib und Leben des Schuldners behauptet wird.[17] 9

---

[8] Verkannt von BVerfGE 52, 214, 219; *BVerfG* NJW 1992, 1155.

[9] Vgl. *BVerfG* NZM 2005, 657, 658; NJW 2016, 3090.

[10] *BGH* NJW-RR 2017, 1420 Rn. 21, 26.

[11] *BVerfG* NJW 1991, 3207; 1994, 1272; kaum anders NJW 1994, 1719; 1998, 296.

[12] *BVerfG* NJW 2019, 2012 Rn. 19; 2995 Rn. 32.

[13] *BVerfG* NJW 2019, 2012 Rn. 19; 2995 Rn. 32.

[14] Vgl. o. *Rn. 1;* ferner *Gaul,* FS Baumgärtel, 1990, S. 97 f., der allerdings keine Aufweichung von § 765a durch die Rspr. des BVerfG feststellt; kritisch hinsichtlich der Anwendung des Grundsatzes der Verhältnismäßigkeit im Zwangsvollstreckungsrecht *Gaul* JZ 1971, 279, 282, 284 f.; *Gerhardt* ZZP 95 (1982), 467,487 ff., der den Hauptkonflikt zwischen den Interessen des Schuldners und des Gläubigers sieht; vgl. dazu o. *§ 1 Rn. 41 ff.*

[15] BGHZ 163, 66, 73 ff.; *BGH* NJW-RR 2017, 1420 Rn. 20.

[16] *BGH* NJW-RR 2017, 1420 Rn. 26.

[17] *Lissner* DGVZ 2020, 90, 92.

10 Das Vollstreckungsgericht wird *nur auf Antrag* des Schuldners[18] tätig, § 765a I 1. In Räumungssachen ist grundsätzlich eine Zweiwochenfrist vor dem Räumungstermin einzuhalten, § 765a III. Ob das Vollstreckungsgericht die angegriffene Vollstreckungsmaßnahme ganz oder teilweise aufhebt, untersagt oder einstweilen einstellt, hängt von der Abwägung von Schuldner- und Gläubigerinteressen im Einzelfall ab; bei Aufhebung und Untersagung gilt § 775 Nr. 1, bei einstweiliger Einstellung § 775 Nr. 2. Da dem Gläubiger im Falle der Aufhebung sein bisheriger Rang verlorengeht, darf diese erst nach Rechtskraft erfolgen; er bleibt also ggf. bis zur Rechtskraft der Entscheidung über eine sofortige Beschwerde erhalten. Vor der Entscheidung sind nach § 765a I 2 in Verbindung mit § 732 II einstweilige Anordnungen möglich, die auch eine Sicherheitsleistung durch Schuldner oder Gläubiger vorsehen können. Funktionell zuständig ist der Rechtspfleger, § 20 Nr. 17 RPflG; bei der Herausgabevollstreckung (§§ 883ff.) kann auch der Gerichtsvollzieher unter engen Umständen die Vollstreckung bis zu einer Woche aufschieben, § 765a II. Bei Änderung der Sachlage hat das Vollstreckungsgericht seinen Beschluss auf Antrag des Gläubigers oder des Schuldners aufzuheben oder abzuändern, § 765a IV.

11 § 765a gilt zwar für jede Art von Vollstreckung. Er erlangt jedoch besondere Bedeutung, wenn die Zwangsverwaltung,[19] die Zwangsversteigerung[20] oder die Räumungsvollstreckung den Schuldner oder einen bei ihm wohnenden nahen Angehörigen[21] in *Suizidgefahr* bringt.[22] In diesem Fall soll der Schuldner sogar nach Eröffnung des Insolvenzverfahrens über sein Vermögen berechtigt sein, Vollstreckungsschutz nach § 765a zu beantragen, obwohl er ab diesem Zeitpunkt nicht mehr Beteiligter des Vollstreckungsverfahrens ist.[23] Der Schuldner kann sich auf Art. 2 II GG berufen, der Gläubiger auf Art. 14, 19 IV GG (Eigentum und effektiver Rechtsschutz). Keinesfalls darf die Zwangsvollstreckung einfach eingestellt werden. Es ist vielmehr zu prüfen, ob der Suizidgefahr nicht auf andere Weise zu begegnen ist. Dem Schuldner kann zugemutet werden, ärztliche Hilfe in Anspruch zu nehmen.[24] Führt dies nicht zum Erfolg, kommen Auflagen in Betracht, wie etwa die Durchführung in Anwesenheit eines Facharztes für Neurologie und Psychiatrie;[25] allerdings muss das Vollstreckungsgericht zudem dafür Sorge tragen, dass die getroffenen Maßnahmen die Suizidgefahr ausschließen oder die in Betracht kommenden, für den Lebensschutz zuständigen Stellen in dieser Lage rechtzeitig tätig werden.[26] Als letztes Mittel steht die Ingewahrsamnahme und zwangsweise Unterbringung der gefährdeten Person in einer Heilanstalt zur Verfügung.[27]

12 Ist von der Vollstreckungsmaßnahme ein *Tier* betroffen, hat das Vollstreckungsgericht nach § 765a I 3 bei der Abwägung von Gläubigerrecht und Schuldnerinteresse auch die Belange des Tierschutzes zu berücksichtigen – was zugunsten wie zulasten des Gläubigers wirken kann. An das Tierschutzgesetz sind freilich ohnehin alle Vollstreckungsorgane (auch ohne Antrag) gebunden. Die besondere emotionale Beziehung des Schuldners zum Tier spielt in § 765a I 3 keine Rolle, sondern allein nach § 811c.[28] Praktische Bedeutung kann § 765a I 3 vor allem bei der Vollstreckung von Herausgabeansprüchen (§§ 883, 885) sowie von Handlungen und Unterlassungen (§§ 887–890) erlangen.

E. Verhältnis zu anderen Schuldnerschutzvorschriften

13 Grundsätzlich gilt § 765a bei jeder Art von Vollstreckung. Allerdings existieren bei den einzelnen Vollstreckungsarten vielfach besondere Schuldnerschutzvorschriften,

[18] Dies ist verfassungsgemäß, s. BVerfGE 61, 126, 137f.
[19] Dazu *BGH* NJW 2009, 444.
[20] Dazu *BGH* NJW 2006, 505.
[21] BGHZ 163, 66.
[22] Übersichtsaufsätze *Schuschke* NJW 2006, 874; *Zschieschack* WuM 2018, 267.
[23] *BGH* NJW 2009, 78; 1283.
[24] *BVerfG* NZM 2005, 657, 659.
[25] BGHZ 163, 66, 76; *BGH* NJW 2006, 508 Rn. 15.
[26] *BGH* WuM 2020, 47 Rn. 5; WuM 2020, 364 Rn. 8; NJW-RR 2020, 1141 Rn. 12.
[27] Zu den einzelnen Auflagen *Becker-Eberhard* LMK 2005, 50.
[28] Str.; gegen Einbeziehung der emotionalen Bindung im Rahmen des § 765a I 3: Musielak/Voit/*Lackmann* § 765a Rn. 12; *Münzberg* ZRP 1990, 215, 216f.; dafür: *Meller-Hannich* MDR 2019, 713, 714; zumindest bei emotionaler Bindung des Tieres: *Dietz* DGVZ 2003, 81, 82; Thomas/Putzo/*Seiler* § 765a Rn. 12; nur im Rahmen der widerstreitenden Interessen nach I 1: Zöller/*Seibel* § 765a Rn. 10; *Mühe* NJW 1990, 2238, 2239.

neben denen für eine Anwendung des § 765a wenig Raum bleibt. Dies gilt in besonderem Maße für die Zwangsvollstreckung wegen einer Geldforderung in das bewegliche Vermögen (vgl. u. *§ 32*). Dass hier Schuldnerschutz eine große Bedeutung erlangt, liegt auf der Hand; denn bei leistungsschwachen Schuldnern, für die Schuldnerschutz relevant wird, ist heutzutage zumindest in den Städten selten Grundstücks- oder Wohnungseigentum vorhanden. Auch in der Immobiliarvollstreckung finden sich spezielle Schuldnerschutzvorschriften (vgl. o. *§ 24 Rn. 11, 23f. a. E.*). Allerdings kommt hier § 765a wegen der psychischen Belastung, die in Suizidgefahr umschlagen kann, häufiger zur Anwendung (vgl. o. *Rn. 11* und u. *Rn. 14*). Für die zwangsweise Räumung einer Mietwohnung gelten vorrangig §§ 721, 794a (Räumungsfrist von bis zu einem Jahr); für § 765a ist daneben nur in Ausnahmefällen Raum (vgl. o. *Rn. 6ff.*).

Nicht vorrangig dem Schuldnerschutz, sondern der Abwehr einer Gefahr für die öffentliche Sicherheit dient es, wenn die Polizeibehörde einen Räumungsschuldner, der kein anderweites Unterkommen findet, wegen drohender Obdachlosigkeit kurzerhand befristet in die an sich zu räumende Wohnung zwangsweise einweist.[29] Darin liegt nicht nur ein Übergriff in zivilgerichtliche Kompetenzen, sondern zugleich ein Überrollen des Vollstreckungsschutzes der ZPO. Über die Gewährung von Räumungsfristen entscheidet das Prozessgericht (§§ 721, 794a); die Nothilfe gemäß § 765a ist Sache des Vollstreckungsgerichts. Auch eine eng befristete Zwangseinweisung, um eine Entscheidung des Prozess- oder Vollstreckungsgerichts zu erreichen,[30] scheidet aus; hier ist einstweiliger Vollstreckungsaufschub gemäß § 794a I 5 (mit § 732), § 765a II möglich. – Die h. M. hält die Zwangseinweisung jedoch für unbedenklich.[31] Jedenfalls verbraucht eine Zwangseinweisung nicht den Räumungstitel,[32] ebenso wenig eine – in Erwartung der Zwangseinweisung vorgenommene – „symbolische" Räumung. Nach h. M. kann der Vermieter nach Ablauf der Einweisungsfrist die Zwangsausweisung des Mieters verlangen (öffentlichrechtlicher Folgenbeseitigungsanspruch).[33] 14

§ 32. Der Schuldnerschutz bei der Zwangsvollstreckung in das bewegliche Vermögen

A. Zwangsvollstreckung in bewegliche Sachen

1. Ein selbstverständlicher Grundsatz besagt: Die Vollstreckung darf nicht weiter ausgedehnt werden, als zur Befriedigung des Gläubigers und zur Deckung der Kosten erforderlich ist, § 803 I 2, **Verbot der „Überpfändung".** Daher dürfen nicht mehr Sachen[1] gepfändet werden als (vermutlich) notwendig ist, um einen forderungs- und kostendeckenden Erlös zu erzielen. 1

Ferner ist die *zwecklose Pfändung* verboten, d. h. jede Pfändung einer beweglichen Sache (oder Forderung), wenn von der Verwertung ein Überschuss über die Kosten nicht zu erwarten ist, der Schuldner also nur Nachteile erleiden, der Gläubiger keinen Vorteil erreichen würde, § 803 II. 2

---

[29] Vgl. *OVG Lüneburg* NJW 2010, 1094, 1095; *Drasdo* NJW-Spezial 2012, 609; *Schlink* NJW 1988, 1689f.; *Schuschke* NZM 2015, 233, 243; *VG Köln* Beschl. v. 29.5.2008 – 20 L 595/08, BeckRS 2008, 36758 Rn. 11f.

[30] Dafür *Schlink* NJW 1988, 1689, 1694.

[31] *OVG Lüneburg* NJW 2010, 1094; 1095; *Ewer/Detten* NJW 1995, 353, 357ff. Vgl. auch *VGH Mannheim* DGVZ 1988, 190f.; NJW 1997, 2833; *Schuschke* NZM 2015, 233, 244; den Ausnahmecharakter betonend *VG München* Beschl. v. 21.1.2009 – 22 S 08.5826, BeckRS 2009, 31165; krit. *Schlink* NJW 1988, 1689; *Kingreen/Poscher* Polizei- und Ordnungsrecht, 11. Aufl. 2020, § 9 Rn. 86.

[32] BGHZ 130, 332, 340; a. A. *Pawlowski* ZZP 102 (1989), 440ff.

[33] BGHZ 130, 332, 334 m. N.; *VGH Mannheim* NJW 1997, 2833f.

[1] Zur Pfändung einer Forderung vgl. o. *§ 19 Rn. 16ff.*

3 Schließlich sollen auch Gegenstände, die zum gewöhnlichen *Hausrat* gehören und im Haushalt des Schuldners gebraucht werden, nicht gepfändet werden, wenn ohne weiteres ersichtlich ist, dass nur ein Erlös erzielt würde, der in gar keinem Verhältnis zum Wert der Sache für den Schuldner steht, § 812. Hierunter fallen nicht nur Möbel und Küchengeräte, sondern auch Sachen des persönlichen Gebrauchs wie Wäsche und Kleidungsstücke.[2] Geringwertigkeit folgt oft aus längerem Gebrauch, da dann nur ein geringer Versteigerungserlös erzielbar ist.

4 Diese Begrenzungen, insbesondere § 803 I 2, ferner § 818, wonach die Versteigerung eingestellt wird, sobald ein ausreichender Erlös erzielt wurde, sind nicht Ausdruck des verfassungsrechtlichen „Verhältnismäßigkeitsprinzips", sondern ergeben sich aus dem Zweck der Zwangsvollstreckung (vgl. o. *§ 1 Rn. 44*).

5 Verstöße gegen § 803 I 2, II, §§ 812, 818 machen den Vollstreckungsakt nicht nichtig, aber anfechtbar mit der Erinnerung, § 766 (vgl. o. *§§ 7 Rn. 11, 11 Rn. 1*).

6 2. Der älteste Schuldnerschutz besteht in der **Unpfändbarkeit** einzelner Arten **von beweglichen Sachen,** § 811. Damit soll dem Schuldner die Erhaltung seiner wirtschaftlichen Existenz und einer bescheidenen Lebensführung gesichert werden.

7 a) Dieser Schutz gilt nur für die Vollstreckung wegen Geldforderungen, nicht für die Vollstreckung wegen eines Anspruchs auf Herausgabe (vgl. o. *§ 26 Rn. 3*). Die *Pfändungsbeschränkungen* sind **von Amts wegen** *zu beachten,* da sie nicht nur im Interesse des einzelnen Schuldners gegeben sind (vgl. o. *§ 31 Rn. 1*) und auch seine Unkenntnis der Vorschriften zu berücksichtigen ist. Ein *Verstoß* gegen die Unpfändbarkeitsvorschriften macht weder die Pfändung insgesamt noch allein das Pfändungspfandrecht unwirksam, sondern gibt nur die Erinnerung nach § 766 (vgl. o. *§ 16 Rn. 4f., 13, 36, 38*).[3] *Erinnerungsberechtigt* sind der Schuldner sowie Dritte, zu deren unmittelbaren Gunsten die Unpfändbarkeit wirkt, z. B. Familienangehörige des Schuldners im Falle des § 811 I Nr. 1–5.[4] Ist Erinnerung nicht eingelegt und die Sache verwertet worden, so steht dem Schuldner kein Bereicherungsanspruch gegen den Gläubiger zu.[5]

8 Umstritten ist, ob der Schuldner **auf** den **Pfändungsschutz verzichten** kann. *Vor* der *Pfändung* ist ein Verzicht *nichtig,* weil sonst die Unpfändbarkeit dem starken Gläubiger gegenüber auf dem Papier stünde (die Verzichtserklärung wäre sicher in vielen AGB aufgetaucht). Ein bloßes Dulden der Vollstreckung kann für einen Verzicht nicht genügen, da es auf Unkenntnis der gesetzlichen Bestimmungen beruhen kann. Daher muss der Schuldner *ausdrücklich und in Kenntnis der Rechtslage* verzichten, sei es *bei,* sei es *nach* der *Pfändung.* Unter dieser Voraussetzung ist ein Verzicht als wirksam anzusehen, weil der Schuldner über die unpfändbaren Sachen frei verfügen, sie also auch verpfänden kann.[6] In dieser Begründung liegt kein Widerspruch zu der Annahme, ein Verzicht vor der Pfändung sei nichtig; denn die Rechtslage vor und nach Eintritt des „Ernstfalls" kann verschieden zu beurteilen sein (das ist nichts Neues, vgl. z. B. §§ 1149, 1229 BGB; Art. 14 I 1 Buchst. a Rom II-VO). Die Rechtsprechung schwankt.[7]

9 § 811 I setzt für die Unpfändbarkeit nicht voraus, dass die Sachen im **Eigentum** des Schuldners stehen, auch wenn dies nach den verschiedenen Zweckbestimmungen na-

[2] Stein/Jonas/*Würdinger* § 812 Rn. 1; str.

[3] Stein/Jonas/*Würdinger* § 811 Rn. 22.

[4] *OLG Hamm* WM 1984, 672.

[5] Stein/Jonas/*Würdinger* § 811 Rn. 22; h. M.

[6] Ebenso *Gaul/Schilken/Becker-Eberhard* § 52 III 1 m. N.; a. A. Stein/Jonas/*Würdinger* § 811 Rn. 8: Verzicht ausnahmslos nichtig.

[7] Gegen Verzicht BGHZ 137, 193, 197; *BGH* WM 2012, 1489 Rn. 13; NJW 2015, 3029 Rn. 10; RGZ 72, 182ff.; *BayObLG* NJW 1950, 697; *OLG Frankfurt a. M.* NJW 1953, 1835; OLG Köln JW 1933, 535 dafür *RG* JW 1895, 239f.; *KG* NJW 1960, 682; *KG (West)* JR 1952, 281f.; *AG Essen* DGVZ 1978, 175.

heliegen mag. Nach allgemeiner Meinung unerheblich ist es, ob die Sachen dem *Schuldner* oder einem *Dritten* gehören. Demgegenüber ist umstritten, ob § 811 auch bei Pfändung einer Sache gilt, die im Eigentum des *Gläubigers* steht.

Beispiel: G pfändet die ihm zur Sicherung seiner Klageforderung übereignete, noch bei S stehende Maschine. 10

Sicher ist: Lautete der Titel auf Herausgabe der (jetzt gepfändeten) Sache, so wäre § 811 nicht anwendbar (vgl. o. *§ 26 Rn. 3*). Diese Vorschrift soll nach verbreiteter Auffassung aber auch dann nicht gelten, wenn der Titel über eine Geldforderung geht und der Gläubiger aufgrund seines Eigentums unbestritten oder offenkundig Herausgabe vom Schuldner verlangen könnte; denn hier wäre die Berufung des Schuldners auf § 811 treuwidrig. Diese Ansicht bedeutet praktisch, dass der Schuldner durch die Sicherungsübereignung von vornherein auf die Unpfändbarkeit verzichtet hat. Das ist aber auch hier nicht möglich (vgl. o. *Rn. 8*).[8]

Im praktisch wichtigeren Fall des vorbehaltenen Eigentums (vgl. § 449 I BGB) besteht kein Pfändungsschutz nach § 811 I. Der Vorbehaltsverkäufer kann wegen der (Rest-) Kaufpreisforderung seine Vorbehaltssache pfänden, auch wenn sie „an sich" nach der genannten Vorschrift unpfändbar wäre, § 811 II 1; der **Eigentumsvorbehalt** ist durch Urkunden (z. B. über den Kaufvertrag) nachzuweisen, § 811 II 2.[9] § 811 II legt bei wertvollen Wirtschaftsgütern die Errichtung einer vollstreckbaren Urkunde (§ 794 I Nr. 5) nahe (vgl. o. *§ 3 Rn. 6*). 11

b) Für die Unpfändbarkeit ist der **Wert der Sache** *bedeutungslos.* 12

Umgekehrt kann ein nach § 811 c I unpfändbares Tier wegen seines hohen Wertes auf Antrag des Gläubigers vom Vollstreckungsgericht für pfändbar erklärt werden.

Das einzige Bettgestell des Schuldners ist unpfändbar (§ 811 Nr. 1), auch wenn es aus purem Gold besteht, obwohl ein Holzgestell den Zweck genauso gut erfüllen könnte. Um Nachteile des Gläubigers zu vermeiden, ist hier eine **Austauschpfändung** zulässig, §§ 811 a, 811 b. 13

Die Pfändung einer nach *§ 811 I Nr. 1, 5 oder 6* unpfändbaren Sache kann auf Antrag des Gläubigers vom Vollstreckungsgericht (Rechtspfleger, § 20 Nr. 17 RPflG) zugelassen werden, wenn der Gläubiger dem Schuldner vor der Wegnahme der Sache ein Ersatzstück, das dem geschützten Verwendungszweck genügt, oder den zur Anschaffung nötigen Geldbetrag überlässt, § 811 a I, II 1. Der Gläubiger bietet dem Schuldner z. B. für eine wertvolle Schmuckuhr eine einfache, aber gut gehende an. Eigentum an der Ersatzsache erwirbt der Schuldner nach §§ 929 ff. BGB; von dem Erwerb hängt die Zulässigkeit der Pfändung jedoch nicht ab, für diese ist der (konstitutive) Beschluss des Vollstreckungsgerichts maßgebend.[10] Die Austauschpfändung soll nur zugelassen werden, wenn sie angemessen ist, insbesondere wenn der Vollstreckungserlös voraussichtlich den Wert des Ersatzstücks erheblich übersteigen wird. Die Angemessenheit fehlt, wenn der Schuldner ausreichend pfändbares Vermögen besitzt. Zur Beschleunigung ist vor der Entscheidung des Gerichts eine *vorläufige Austauschpfändung* durch den Gerichtsvollzieher möglich, § 811 b. 14

Umstritten ist, ob die §§ 811 a, 811 b auf solche Sachen analog anwendbar sind, die – nur oder auch – nach anderen als den in § 811 a I genannten Vorschriften unpfändbar sind (*Bsp.:* der Rolls-Royce eines Landarztes, unpfändbar nach § 811 I Nr. 5 *und* 7, vgl. u. *Rn. 19*). Das ist entgegen der h. M.[11] bei kumulierter Unpfändbarkeit (wie im Bsp. des Landarztes) zu bejahen. 15

---

[8] Zustimm. Stein/Jonas/*Würdinger* § 811 Rn. 13 f.; *Münzberg* DGVZ 1998, 81 f. m. N.

[9] Zu § 811 II eingehend *Münzberg* DGVZ 1998, 81 ff.; *Hornung* RPfleger 1998, 381, 393 f.; außerdem MünchKomm-ZPO/*Gruber* § 811 Rn. 53 ff.; Musielak/Voit/*Flockenhaus* § 811 Rn. 29 f.

[10] *Hartmann* ZZP 67 (1954), 199 ff.

[11] Stein/Jonas/*Würdinger* § 811 a Rn. 2.

16 c) Schon jetzt kann eine Sache gepfändet – aber nicht verwertet – werden, die erst *demnächst pfändbar* wird, § 811d. Damit kann sich der Gläubiger gegen eine Veräußerung durch den Schuldner oder einen Zugriff anderer Gläubiger nach Eintritt der Pfändbarkeit absichern.

17 d) Der Katalog **unpfändbarer Sachen** in § 811 I bereitet dort praktische Schwierigkeiten, wo die Unpfändbarkeit von der Erfüllung unbestimmter Rechtsbegriffe abhängt. Was „angemessen", „bescheiden", „erforderlich" ist, liegt nicht für alle Zeiten unabänderlich fest.

18 (1) Bei *§ 811 I Nr. 1* ist unproblematisch, welche Sachen dem persönlichen Gebrauch oder dem Haushalt dienen. Ob sie unpfändbar sind, hängt nach dem Gesetz vom Einzelfall ab: Die Lebens- und Haushaltsführung des Schuldners muss im Blick auf seine Berufstätigkeit *und* seine Verschuldung sowohl „angemessen" als auch „bescheiden" sein. Das ermöglicht eine individuelle Abstufung. Daher kann einerseits einem Schuldner in gehobener beruflicher Stellung mehr verbleiben als einem, der ohnehin in dürftigen Verhältnissen lebt. Andererseits können die Vermögenslage des Gläubigers und seine Beziehung zum Schuldner berücksichtigt werden; denn es kann unangemessen sein, dass der Schuldnerschutz den Gläubiger zwingt, (noch) bescheidener als sein Schuldner zu leben. Deshalb ist Zurückhaltung geboten bei der Annahme genereller Unpfändbarkeit (z. B. von Wasch- oder Spülmaschine, Tiefkühltruhe), da sonst der Vollstreckungsschutz es dem Schuldner gestatten würde, über *seine* Verhältnisse zu leben. Generell unpfändbar sind heute z. B. Kühlschrank, Radio- und Fernsehgerät;[12] besonders wertvolle Geräte unterliegen der Austauschpfändung (vgl. o. *Rn. 13*). Länger genutzte „Luxusgüter", z. B. eine teure Kaffeemaschine, können nach § 812 unpfändbar sein (vgl. o. *Rn. 3*), wenn nicht im Einzelfall § 811 I Nr. 1 eingreift.

19 (2) Neben Nr. 1 hat auch *§ 811 I Nr. 5* große praktische Bedeutung. Zu dem dort umschriebenen Personenkreis gehören z. B. Auszubildende und Lehrlinge, Gesellen, Arbeiter, kaufmännische Angestellte, Künstler, Schriftsteller, Privatgelehrte. Stets muss der Schuldner durch *persönliche Tätigkeit* seinen Erwerb finden (Gegensatz: „kapitalistische Arbeitsweise"). Das kann, muss aber nicht der Fall sein bei Handwerkern und kleineren Kaufleuten. Der Zimmervermieter gehört nur dann hierher, wenn seine persönlichen Leistungen für den Mieter die sächlichen überwiegen; die Sportgeräte des Physiotherapeuten, der jeden Patienten persönlich behandelt, sind geschützt, nicht aber die Sportgeräte in einem Fitnessstudio, an denen die Kunden „für sich" trainieren. Unpfändbar sind z. B. der Laptop eines Schriftstellers oder Journalisten (aber Austauschpfändung gegen einfaches Modell – heute wohl nicht mehr Schreibmaschine[13] – denkbar, vgl. o. *Rn. 13*), das Taxi eines Taxifahrers, das Kraftfahrzeug eines Handelsvertreters, die Staffelei eines Malers. § 811 I Nr. 5 gilt nicht für juristische Personen, u. U. aber für eine Personengesellschaft, etwa eine OHG.[14] Für Ärzte und Rechtsanwälte gilt – auch – *Nr. 7* (erfasst z. B. Handbibliothek, u. U. auch Kraftfahrzeug, so bei einem Landarzt; vgl. o. *Rn. 15*).

20 (3) Der Unpfändbarkeit von Lohn- und Gehaltsforderungen (vgl. u. *Rn. 25ff.*) entspricht diejenige eines gleich hohen *Geldbetrags* bis zum nächsten Zahlungstermin, *§ 811 I Nr. 8*. Sonst würde zwar ein Teil des Lohns oder Gehalts, solange er nicht ausgezahlt ist, unpfändbar sein, aber sofort mit Auszahlung pfändbar werden; das wäre widersinnig.[15]

21 e) Über die Eigenschaft einer Sache als unentbehrlich usw. entscheidet nach h. M. der **Zeitpunkt** der Pfändung (Ausnahme § 811d). Ist die Unpfändbarkeit **nachträglich entfallen,** so kommt es auf den Zeitpunkt der Entscheidung gemäß §§ 766, 793 an (allg. M.). Bei **nachträglichem Eintritt** der Unpfändbarkeit gibt es keinen Pfändungsschutz nach § 811 I (h. M.); in Ausnahmefällen hilft § 765a.[16]

---

[12] BFHE 159, 421, 421.

[13] So noch die Voraufl.

[14] Vgl. *OLG Oldenburg* NJW 1964, 505; Stein/Jonas/*Würdinger* § 811 Rn. 43.

[15] Zum Pfändungsschutz eines auf Arbeitseinkommen beruhenden Bankguthabens vgl. u. *Rn. 27;* zum Pfändungsschutzkonto vgl. u. *Rn. 56ff.*

[16] Stein/Jonas/*Würdinger* § 811 Rn. 17 sowie *Brox/Walker* Rn. 295 wollen nachträgliche Veränderungen berücksichtigen, die nicht auf Rechtsmissbrauch beruhen (ähnlich MünchKomm-ZPO/*Gruber* § 811 Rn. 19: die nicht vom Schuldner herbeigeführt sind), was vom Schuldner zu beweisen sei. Das wird einem geschickten Schuldner jedoch unschwer gelingen.

f) Die Pfändungsverbote des § 811 I sichern gegenstandsbezogen das **Existenzminimum** des Schuldners, in das im Wege der Zwangsvollstreckung nicht eingegriffen werden darf. Wertungen aus dem Verhältnis zwischen Gläubiger und Schuldner sind daher – anders als bei § 765 a – ohne Bedeutung für die Unpfändbarkeit. 22

Beispiel (nach *BGH* NJW-RR 2011, 1367): Schuldner S ist gehbehindert. Gläubiger G beauftragte den Gerichtsvollzieher GV damit, den Pkw des S zu pfänden. GV lehnte dies mit Verweis auf die Behinderung des S ab. G meint, S sei nicht außergewöhnlich gehbehindert; ihm sei zuzumuten, öffentliche Verkehrsmittel zu benutzen, zumal der Titel aus einer Straftat gegen ihn, G, beruhe. Hat die Erinnerung des G Erfolg? 23

I. Zunächst müsste es sich bei dem Pkw um ein Hilfsmittel i. S. d. § 811 I Nr. 12 handeln. Bei der Auslegung dieser Vorschrift ist das gewandelte Verständnis über die soziale Stellung behinderter Menschen zentral; hieraus folgt, dass Hilfsmittel solche sind, die der Integration dienen und die Nachteile ausgleichen oder verringern, die der Betroffene im Alltag hinnehmen muss. Damit ist der Pkw unpfändbar, wenn er die Gehbehinderung des S teilweise kompensiert und seine Eingliederung in das öffentliche Leben wesentlich erleichtert; jedenfalls bei ungewöhnlich langen Fahr- und Wartezeiten scheidet ein Verweis auf öffentliche Verkehrsmittel aus.

II. Zu prüfen bleibt, ob es eine Rolle spielt, dass der Titel auf einer vorsätzlich gegenüber dem G begangenen unerlaubten Handlung beruht. Dies ist zu verneinen, da § 811 I unabhängig vom Verhältnis von Gläubiger und Schuldner dazu dient, den Schuldner vor der Pfändung solcher Gegenstände zu schützen, die für seine Existenz von zentraler Bedeutung sind.

3. Die Verwertung einer gepfändeten Sache trifft den Schuldner häufig härter als die Zahlung seiner Schuld, denn in der Regel ist der Vollstreckungserlös erheblich geringer als der Anschaffungswert der Pfandsache, was der Gerichtsvollzieher schon beim Ausmaß der Pfändung berücksichtigt. Umgekehrt ist dem Gläubiger oft nur daran gelegen, in absehbarer Zeit befriedigt zu werden; seine eigene Vermögenslage fordert vielfach keine alsbaldige Verwertung. In der Regel zahlt der Schuldner angesichts der Pfändung „freiwillig", so dass es nicht zur Verwertung der Pfandsache kommt (vgl. o. *§ 18 Rn. 2*). Davon abgesehen, versucht das Gesetz auch hier, einen Ausgleich zwischen Schuldner- und Gläubigerinteressen zu finden: Der Gerichtsvollzieher kann gemäß § 802 b II dem Schuldner eine **Zahlungsfrist** einräumen oder **Ratenzahlung** bewilligen, soweit der Gläubiger nicht dagegen ist, vgl. o. *§ 18 Rn. 2.* Dann ist die gesamte Vollstreckung aufgeschoben (§ 802 b II 2); auch eine Vermögensauskunft (§ 802 c) kann also nicht mehr verlangt werden.[17] 24

B. Die Unpfändbarkeit des Arbeitseinkommens

1. Der weitaus größte Teil der Bevölkerung bestreitet seinen Lebensunterhalt aus dem Arbeitseinkommen, also nicht aus einem selbsterworbenen oder ererbten Vermögen. Ist nennenswertes Vermögen nicht vorhanden, so bleibt dem Gläubiger praktisch nur der Zugriff auf das Arbeitseinkommen und damit auf die Lebensgrundlage des Schuldners. Diese Situation stellt den Gesetzgeber vor schwere Probleme. Auf der einen Seite muss es dem Gläubiger gestattet sein, auf den Arbeitsverdienst seines Schuldners zuzugreifen, weil der zahlungsunwillige Schuldner nicht besser leben darf als sein Gläubiger. Auf der anderen Seite müssen Arbeitswilligkeit und berufliche Existenz des Schuldners möglichst erhalten bleiben. Daher muss dem Schuldner ein **Teil seines Einkommens verbleiben.** 25

Nach welchen Maßstäben sich dieser unpfändbare Betrag des Einkommens **errechnen** soll, ist das eigentliche Problem. Es handelt sich um eine rechtspolitische Frage von 26

[17] Die frühere Möglichkeit des Vollstreckungsgerichts, auch gegen den Willen des Gläubigers auf fristgerecht gestellten Antrag des Schuldners unter Anordnung von Zahlungsfristen die Verwertung gepfändeter Sachen zeitweilig auszusetzen (§ 813 b I, II), wurde wegen geringer Bedeutung und hinreichenden anderen Schuldnerschutzes aufgehoben. Dazu BT-Drs. 16/10069, 34.

Rang. Ungangbar ist der Weg, einen festen Betrag für alle denkbaren Fälle festzusetzen; dann verbliebe einem Schuldner, der nur für sich zu sorgen hat, genauso viel wie einer kinderreichen Mutter oder einem kinderreichen Vater. Unterhaltspflichten müssen also berücksichtigt werden. Die Festlegung des unpfändbaren Betrags auf eine bestimmte unverrückbare Summe verbietet sich noch aus einem weiteren Grund. Angenommen, dem Schuldner verblieben von seinem Einkommen stets und nur 350 Euro, so fiele der pfändbare Betrag bei einem Nettoverdienst von 400 Euro kaum ins Gewicht, bei einem Nettoverdienst von 1250 Euro bedeutete die Pfändbarkeit von 900 Euro den völligen sozialen Abstieg. Daher ist die Fixierung der Pfändungsfreigrenze auf eine bestimmte Summe nur als Ausgangspunkt brauchbar. So verfährt die ZPO und lockert die Fixierung zugleich in mehrere Richtungen hin auf, um dem konkreten Fall gerecht werden zu können. Doch verhindert das Gesetz schon für mittlere Einkommen diese Flexibilität: Der Teil des monatlichen Nettoeinkommens, der derzeit[18] 3613,08 Euro übersteigt, ist ohne Rücksicht auf den Einzelfall voll pfändbar, § 850c III n. F.[19] (§ 850c II 2 a. F.). Derartige starre Pfändungsgrenzen sind gefährlich, da sie besondere Umstände unberücksichtigt lassen. Dass der Schuldner nicht schutzbedürftig ist, lässt sich nicht allein an der Höhe seines Arbeitsverdienstes ablesen.

27 Die *Unpfändbarkeit des Arbeitseinkommens,* das *in Geld* zahlbar ist, regeln die **§§ 850–850i.** Es handelt sich also nur um Geld*forderungen* des Schuldners. Ist das Geld bar ausgezahlt oder vom Konto abgehoben, so richtet sich die Unpfändbarkeit nach § 811 I Nr. 8 (vgl. o. *Rn. 20*). Ob und inwieweit Geld auf dem Konto – also die Forderung gegen das Kreditinstitut – pfändbar ist, hängt von der Art des Kontos ab. Bei einem **gewöhnlichen Girokonto** ist das Guthaben auch insoweit pfändbar, als es sich aus Zahlungen von Arbeitseinkommen speist, die unpfändbar sind; die Möglichkeit, auf Antrag die Pfändung aufzuheben oder das Guthaben von einer Pfändung freizustellen (bis 30.6.2010 § 850k I a. F., dann bis 31.12.2011 § 833a II a. F.), besteht seit 1.1.2012 nicht mehr. Durch das Gesetz zur Reform des Kontopfändungsschutzes vom 7.7.2009[20] hat der Gesetzgeber mit Wirkung zum 1.7.2010 die Möglichkeit geschaffen, für Kontoguthaben aus jeder Art von Einkünften Pfändungsschutz dadurch zu erreichen, dass der Schuldner das Konto als **Pfändungsschutzkonto** führt, §§ 850k, 899ff. n. F. (vgl. u. *Rn. 56ff.*).

28 2. Grundsätzlich **unpfändbar** sind die in **§ 850a** genannten Bezüge, z. B. Überstundenvergütungen, Urlaubs- und Weihnachtsgeld sowie Stipendien (für Zahlungen nach BAföG gelten §§ 18 I, 54 SGB I, nicht § 850a Nr. 6), nicht aber Referendarbezüge.[21] Einige von ihnen sind aber zugunsten bestimmter Unterhaltsberechtigter pfändbar, § 850d I (vgl. u. *Rn. 37*).

29 **Bedingt pfändbar** sind die in **§ 850b I** aufgeführten Bezüge, z. B. die auf Gesetz beruhenden Unterhaltsrenten, zu denen nach h. M. auch der „Taschengeldanspruch" des in ehelicher Gemeinschaft lebenden nicht erwerbstätigen Ehegatten gehört.[22] Hier wird der *Schuldner* als Unterhaltsberechtigter geschützt (damit ist nicht zu verwechseln der Schutz des *Gläubigers* als Unterhaltsberechtigter, vgl. u. *Rn. 37*). Diese Bezüge sind grundsätzlich unpfändbar. Sie können aber wie Arbeitseinkommen gepfändet werden, wenn die Vollstreckung in das sonstige bewegliche Vermögen des Schuldners den Gläubiger weder voll befriedigt hat noch voraussichtlich voll befriedigen wird und die Pfändung der Billigkeit entspricht, insbesondere nach der Art des beizutreibenden Anspruchs (z. B. ein Schadensersatzanspruch wegen vorsätzlicher unerlaubter

[18] Seit Pfändungsfreigrenzenbekanntmachung 2019, BGBl. 2019 I 443.

[19] Mit n. F. sind hier und im Folgenden die Vorschriften in der Fassung gemeint, die sie durch das Gesetz zur Fortentwicklung des Rechts des Pfändungsschutzkontos und zur Änderung von Vorschriften des Pfändungsschutzes (BGBl. 2020 I 2466) erhalten.

[20] BGBl. 2009 I 1707; dazu *Ahrens* NJW 2010, 2001.

[21] Stein/Jonas/*Würdinger* § 850a Rn. 32.

[22] *KG* NJW 2000, 149; *BGH* NJW 2004, 2452. Gegen diesen, allein Gläubigerinteressen dienenden Anspruch überzeugend *Braun* AcP 195 (1995), 311ff., insbesondere S. 317ff. zur materiellrechtlichen, S. 335ff. zur Pfändungsproblematik.

Handlung des Schuldners), § 850b II. Hier ist also der Schuldnerschutz zugunsten des Gläubigers eingeschränkt. Die Pfändbarkeit wird erst durch eine Entscheidung des Vollstreckungsgerichts begründet.[23]

3. *Arbeitseinkommen* im Sinne des § 850 II ist ein **wiederkehrend zahlbares Entgelt für persönliche Arbeits- und Dienstleistungen** (für nicht wiederkehrend zahlbare Vergütungen vgl. § 850i und u. *Rn. 40*). 30

§ 850 II nennt als Arbeitseinkommen beispielhaft die Dienst- und Versorgungsbezüge der Beamten, Arbeits- und Dienstlöhne, Ruhegelder, Hinterbliebenenbezüge, ferner sonstige wiederkehrend zahlbare Vergütungen für Dienstleistungen aller Art, die die Existenzgrundlage des Schuldners bilden, weil sie seine Erwerbstätigkeit ganz oder zu einem wesentlichen Teil in Anspruch nehmen (z. B. das Entgelt eines Lizenzfußballspielers).[24] Arbeits- und Dienstlohn sind das Entgelt aus einem ständigen Rechtsverhältnis mit persönlicher und wirtschaftlicher Abhängigkeit des Dienstpflichtigen. Die „sonstigen Vergütungen" müssen nicht an einen Abhängigen gezahlt werden.[25] Gleichgültig ist, ob es sich um körperliche oder geistige, gewöhnliche oder höhere Arbeiten oder Dienste handelt. Unerheblich ist die Benennung des Entgelts, § 850 IV. Karenzentschädigungen und bestimmte Versicherungsrenten sind ebenfalls Arbeitseinkommen (§ 850 III); beantragtes Insolvenzgeld ist ihm gleichgestellt; Einkünfte gemäß §§ 18–29 SGB I werden grundsätzlich gleichbehandelt (§ 54 IV SGB I, einschränkend III). 31

4. **Die Berechnung des pfändbaren Arbeitseinkommens** geht vom Nettoeinkommen aus, § 850e Nr. 1, mit Recht, denn nur aus ihm kann der Schuldner seinen Unterhalt bestreiten und seine Schulden bezahlen. 32

Das Arbeitseinkommen des Ehegatten oder sonstiger Familienangehöriger wird in das Einkommen des Schuldners nicht eingerechnet; mehrere Arbeitseinkommen des Schuldners sind auf Antrag zusammenzurechnen, § 850e Nr. 2, weil der Schuldner nicht stärker geschützt sein darf, wenn er seine Einnahmen nicht nur von einer, sondern von mehreren Stellen erhält.[26] Ansprüche auf Naturalleistungen werden bei der Berechnung des pfändbaren Arbeitseinkommens mitgezählt, § 850e Nr. 3. Mit dem Arbeitseinkommen werden auf Antrag auch pfändbare laufende Sozialleistungen in Geld zusammengerechnet, § 850e Nr. 2a. 33

5. Das **Arbeitseinkommen** ist nach Maßgabe des § 850c **beschränkt pfändbar.** Dem Schuldner soll das Existenzminimum belassen werden. Mit Wirkung zum 1.1.2002 wurden die Pfändungsfreigrenzen deutlich erhöht und dynamisiert: Nach § 850c IV 2 n. F. (§ 850c IIa a. F.) erhöhen oder vermindern sich die Beträge jeweils zum 1. Juli jedes (bis 2021: jedes zweiten) Jahres in Anpassung an die Entwicklung des steuerlichen Grundfreibetrags nach § 32a I Nr. 1 EStG. Auf diesem Wege soll sichergestellt werden, dass dem Schuldner der sozialhilferechtliche Mindestbedarf verbleibt und er nicht wegen der Pfändung aus dem allgemeinen Steueraufkommen Sozialhilfe beanspruchen kann. Die maßgebenden Beträge sind vom Bundesjustizministerium bekannt zu geben, § 850c IV 1 n. F. (§ 850c IIa 2 a. F.), was in Form der Pfändungsfreigrenzenbekanntmachungen geschieht. Die Pfändungsfreigrenzen sind gestaffelt nach der Höhe des Einkommens. Sie sind höher, wenn der Schuldner an bestimmte Dritte Unterhalt leistet (vgl. u. *Rn. 36*); sie sind niedriger, wenn der Unterhaltsberechtigte selbst als Gläubiger vollstreckt (vgl. u. *Rn. 37*). 34

a) Im **Normalfall** beträgt die Pfändungsfreigrenze derzeit 1178,59 Euro monatlich, 271,24 Euro wöchentlich oder 54,25 Euro täglich, § 850c I n. F. (§ 850c I 1 a. F. in Verbindung mit der Pfändungsfreigrenzenbekanntmachung 2019). Verdient der 35

[23] *BGH* NJW 1970, 282, 283.
[24] BGHZ 96, 324, 327.
[25] *BGH* NJW 1978, 756 für Vorstandsmitglied einer AG.
[26] Dazu *Grunsky* ZIP 1983, 908ff.; *Mertes* Rpfleger 1984, 453ff.; *Kuleisa* ZVI 2018, 219ff.

Schuldner mehr, so erhöht sich auch der Pfändungsfreibetrag, vgl. § 850c III n. F. (§ 850c II a. F.). Arbeitseinkommen, das 3613,08 Euro monatlich übersteigt, ist insoweit voll pfändbar, § 850c III n. F. (§ 850c II 2 a. F.; vgl. o. *Rn. 26*).

36 b) Der Pfändungsfreibetrag erhöht sich, wenn der Schuldner seinem jetzigen oder früheren Ehegatten, einem Verwandten oder nach §§ 1615l, 1615n BGB einem Elternteil **Unterhalt** gewährt. Es gelten Höchstfreibeträge, § 850c II n. F. (§ 850c I 2 a. F.), die sich ebenfalls erhöhen, wenn der Schuldner mehr verdient, § 850c III 2 n. F. (§ 850c II a. F.). Hat der kraft Gesetzes Unterhaltsberechtigte eigene Einkünfte, so kann das Vollstreckungsgericht auf Antrag des Gläubigers nach billigem Ermessen bestimmen, dass diese Person bei Berechnung des Pfändungsfreibetrags ganz oder teilweise nicht berücksichtigt, der pfändungsfreie Zuschlag also vermindert wird, § 850c VI n. F. (§ 850c IV a. F.).

37 c) Die **Pfändungsbeschränkungen** des § 850c (für Arbeitseinkommen) **entfallen,** wenn **wegen gesetzlicher Unterhaltsansprüche,** die dem jetzigen oder früheren Ehegatten, einem Verwandten oder nach §§ 1615l, 1615n BGB einem Elternteil zustehen, vollstreckt wird; ebenso sind gewisse in § 850a genannte Bezüge in diesem Falle pfändbar (§ 850d I 1). Damit wird der besonderen Bedürftigkeit der Unterhaltsberechtigten und der besonderen Verantwortung des Unterhaltsverpflichteten Rechnung getragen. Eine Kahlpfändung ist auch hier ausgeschlossen, da dem Schuldner so viel zu belassen ist, wie er für seinen notwendigen Unterhalt und zur vollen oder gleichmäßigen Befriedigung seiner dem Vollstreckungsgläubiger vorgehenden oder gleichstehenden gesetzlichen Unterhaltsgläubiger benötigt, § 850d I 2. Mehr als nach § 850c darf dem Schuldner nicht verbleiben, § 850d I 3.

38 Sonstige Einnahmen des Schuldners neben seinem regulären Arbeitseinkommen sind zu berücksichtigen (z. B. übliche Trinkgelder), so dass möglicherweise das ganze reguläre Arbeitseinkommen pfändbar wird. Die Pfändungsbeschränkungen entfallen nur für laufende Unterhaltsforderungen sowie für Rückstände des letzten Jahres, für eine frühere Zeit nur, wenn anzunehmen ist, dass sich der Schuldner seiner Zahlungspflicht absichtlich entzogen hat, § 850d I 4. Die genannten Unterhaltsansprüche sind auch dadurch begünstigt, dass bei ihnen eine *Vorratspfändung* möglich ist, § 850d III.

39 d) Wird wegen einer *Forderung aus vorsätzlicher unerlaubter Handlung*[27] oder gegen einen Schuldner, der mehr als derzeit 3571,14 Euro netto monatlich verdient, vollstreckt, so kann das Vollstreckungsgericht die Pfändungsgrenze – abweichend von den gesetzlichen Grenzen des § 850c – in einem bestimmten Rahmen selbst festsetzen, § 850f II, III. Durch § 850f II, III soll der Schuldnerschutz zugunsten des Gläubigers eingeengt werden. Umstritten ist, ob und ggf. wann der Schuldner – ungeachtet des § 834 – anzuhören ist. Einiges spricht für eine Unterscheidung danach, ob die Vollstreckung im Rahmen des § 850c bleibt oder hierüber hinausgeht: Wird der Rahmen des § 850c gewahrt, ist der Schuldner vorher nicht zu hören (vgl. o. *§ 19 Rn. 13*); soweit dieser Rahmen gemäß § 850f II, III erweitert werden soll, handelt es sich um eine „Entscheidung" des Vollstreckungsgerichts, vor deren Erlass der Schuldner zu hören ist (str., vgl. o. *§ 11 Rn. 16*).

40 6. Arbeitseinkommen im Sinne von § 850 II ist nur ein *wiederkehrend* zahlbares Entgelt für persönliche Arbeits- und Dienstleistungen (vgl. o. *Rn. 30*). Daher bedurfte der Schuldnerschutz einer Ergänzung zugunsten der Personen, die nicht laufende Bezüge, sondern **einmalige Vergütungen** erhalten oder von sonstigen Einkünften leben. Diese Ergänzung bringt § 850i I. Dadurch sind insbesondere auch die freiberuflich Tätigen geschützt, z. B. Rechtsanwälte, Ärzte, Schriftsteller, Künstler. Unter § 850i I fallen fer-

[27] Dazu BGHZ 109, 275, 276ff.

ner einmalige Zahlungen für Arbeits- oder Dienstleistungen aus unselbständiger Arbeit, z. B. die Arbeitnehmerabfindung gemäß §§ 9, 10 KSchG.[28]

Der Schutz wird hier **nur auf Antrag des Schuldners** gewährt. Das Gesetz nennt keine feste Pfändungsgrenze; sie wird erst vom Gericht bestimmt. Dem Schuldner ist so viel zu belassen, dass er eine angemessene Zeit lang den notwendigen Unterhalt für sich, seinen jetzigen oder früheren Ehegatten, einen unterhaltsberechtigten Verwandten oder nach §§ 1615l, 1615n BGB einen Elternteil bestreiten kann. Ihm darf nur so viel belassen werden, wie ihm bei Pfändung eines seinen Einnahmen entsprechenden laufenden Einkommens verbliebe. 41

7. Das Vollstreckungsgericht kann dem Schuldner auf Antrag einen Teil des pfändbaren Arbeitseinkommens belassen, wenn er nachweist, dass der ihm verbleibende pfändungsfreie Betrag unter dem Sozialhilfesatz liegt (dazu vgl. o. *Rn. 34*), oder wenn **besondere Bedürfnisse des Schuldners** aus persönlichen oder beruflichen Gründen (z. B. schwere Krankheit) oder besonders umfangreiche gesetzliche Unterhaltspflichten (große Familie) dies erfordern und überwiegende Belange des Gläubigers (z. B. eigene Notlage) nicht entgegenstehen, § 850f I. 42

8. *Ändern sich die Voraussetzungen* in der Bemessung des unpfändbaren Teils des Arbeitseinkommens (z. B. heiratet der Schuldner), so kann der Pfändungsbeschluss auf Antrag geändert werden. Antragsberechtigt sind der Gläubiger, der Schuldner und ein Dritter, dem der Schuldner kraft Gesetzes Unterhalt zu leisten hat (vorausgesetzt, dem Dritten kommt die Änderung zugute), § 850g. 43

9. Die behandelten **Pfändungsbeschränkungen** sind zum Schutz des Schuldners, aber auch im allgemeinen Interesse angeordnet worden (vgl. o. *Rn. 25*). Sie sind daher **von Amts wegen zu beachten.**[29] *Ausnahmen* finden sich in §§ 850f, 850g, 850i, 850k; dort ist ein Antrag des Schuldners erforderlich. Daraus folgt jedoch keine Pflicht zur Amtsermittlung der Pfändungsgrenze. Vielmehr lehnt das Gericht die Pfändung (nur) ab, wenn die Unpfändbarkeit sich aus den Angaben des Gläubigers ergibt. Sonst genügt es (und ist üblich), dass im Pfändungsbeschluss auf die Tabelle zu § 850c verwiesen wird (§ 850c V 3 n. F. bzw. § 850c III 2 a. F.), sog. *Blankettbeschluss.* Dann hat der Drittschuldner die Pfändungsgrenze zu ermitteln.[30] Ein Pfändungsbeschluss, der die Vorschriften über die Unpfändbarkeit verletzt, ist nach § 766 anfechtbar (vgl. o. *§ 11 Rn. 6*), aber nicht unwirksam;[31] Verstrickung (str.)[32] und Pfändungspfandrecht (str.)[33] entstehen (vgl. o. *§ 16 Rn. 5, 13ff.*). 44

a) Nach durchgeführter Vollstreckung steht, wenn man von der Entstehung eines Pfändungspfandrechts ausgeht, dem Schuldner **kein Bereicherungsanspruch** gegen den Gläubiger zu (str.). 45

b) Der Schuldner kann, anders als bei beweglichen Sachen (vgl. o. *§ 32 Rn. 8*), auch **nicht** bei oder nach der Pfändung **auf** die **Unpfändbarkeit** der Forderung **verzichten;** denn unpfändbare Forderungen sind nach materiellem Recht weder abtretbar noch verpfändbar (§§ 400, 1274 II BGB). 46

c) Umstritten ist, ob der Drittschuldner die Unpfändbarkeit nur durch Erinnerung (nach § 766, vgl. o. *§ 11 Rn. 8*) geltend machen kann oder nach seiner Wahl auch einredeweise im Einziehungsprozess mit dem Vollstreckungsgläubiger. 47

---

28 *BAG* NJW 1997, 1868, 1869.

29 Vgl. RGZ 151, 285.

30 Zur Problematik *BGH* NJW-RR 2005, 869; *OLG Karlsruhe* FamRZ 2010, 56, 57ff.; *Rixecker* JurBüro 1982, 1761ff.; vgl. auch o. *§ 19 Rn. 52* und u. *Rn. 51ff.*

31 Vgl. *BGH* NJW 1979, 2045, 2046.

32 A. A. Stein/Jonas/*Würdinger* § 850 Rn. 18.

33 A. A. Musielak/Voit/*Flockenhaus* § 850 Rn. 18.

Ist die Unpfändbarkeit *im materiellen Recht* begründet (z. B. gemäß § 851 mit § 399 BGB), so ist sie im Einziehungsprozess geltend zu machen.[34] Ist hingegen die Unpfändbarkeit *im Vollstreckungsrecht* begründet, so ist die Erinnerung (§ 766) der richtige Weg; denn das Vollstreckungsgericht ist am sachverständigsten, und eine Konzentration der Entscheidungen bei ihm dient der widerspruchsfreien rechtlichen Beurteilung. Der Vorrang der Erinnerung gilt auch im Fall eines Blankettbeschlusses (vgl. o. *Rn. 44*), da hier der Drittschuldner über § 766 eine klarstellende Entscheidung über die Pfändungsgrenzen erreichen kann.[35]

48 10. Manche **Schuldner versuchen,** den **Pfändungsschutz zu erschleichen.** Sie „richten sich gesetzlich ein", indem sie entweder unentgeltlich arbeiten, obwohl ihre Tätigkeit normalerweise bezahlt wird, oder sie vereinbaren, dass ihnen lediglich der unpfändbare Teil ihres Lohnes zusteht, der „Rest" aber einem Dritten (Strohmann). Gegen solche Machenschaften muss der Gläubiger geschützt werden.

49 a) *Beispiele für verschleiertes Arbeitseinkommen* lassen sich unschwer bilden: Der eine Ehegatte führt das Geschäft des anderen angeblich ohne Entgelt, nur von diesem unterhalten und daher formell ohne pfändbares Einkommen (ob er das Geschäft dem anderen Ehegatten auch übertragen hat, ist gleichgültig), oder ein Kind arbeitet im Betrieb der Eltern nur gegen Taschengeld, also ebenfalls ohne pfändbares Einkommen.[36] Auf diese Weise wird versucht, die wahre Vergütung zu verschleiern. Das Gesetz hilft hier dem Gläubiger mit der *Fiktion einer Vergütung* in **§ 850h II,** wenn der Schuldner einem Dritten ständig geldwerte Arbeit ohne oder gegen unverhältnismäßig geringe Vergütung leistet. Der Gläubiger kann den fingierten Vergütungsanspruch des Schuldners pfänden und sich überweisen lassen. Bei der Prüfung, ob und in welcher Höhe ein solcher Anspruch besteht, sind verwandtschaftliche Beziehungen des Schuldners zum Empfänger zu berücksichtigen, weil eine Mithilfe im Haushalt oder Geschäft für den Ehegatten oder jüngere unverheiratete Kinder in gewissen sozialen Verhältnissen auch ohne Geldvergütung üblich, nach Wegfall des § 1356 II a. F. BGB freilich für den Ehegatten nur noch in seltenen Ausnahmefällen gemäß § 1353 I 2 Pflicht ist;[37] für Kinder vgl. § 1619 BGB. Zu beachten ist ferner die Art der Arbeits- und Dienstleistung (insbesondere ob der Schuldner dem Dritten eine vollbezahlte Arbeitskraft erspart), die wirtschaftliche Leistungsfähigkeit des Leistungsempfängers (Kleinbauer, Handwerker) und die Art der zu vollstreckenden Forderung (z. B. Unterhaltsanspruch eines Kindes). Der Streit, ob und in welcher Höhe der fingierte Anspruch besteht, muss wie stets im Prozess zwischen Gläubiger und Drittschuldner (Leistungsempfänger) ausgetragen werden. Prozessgericht ist zumeist das ArbG (vgl. § 2 I Nr. 3 Buchst. a, §§ 3, 5 ArbGG). Das ArbG setzt auch den unpfändbaren Teil des Vergütungsanspruchs fest (vgl. o. *Rn. 44ff.*). Ist das verschleierte Einkommen *mehrfach gepfändet,* so gilt § 804 III; über die Bedeutung besteht Streit. Die Rechtsprechung will im Einziehungsprozess eines nachrangigen Gläubigers die vorrangigen bloß rechnerisch berücksichtigen;[38] überzeugender erscheint es aber, nur eine Klage gemäß §§ 856, 853 auf Hinterlegung (vgl. o. *§ 21 Rn. 6*) zuzulassen.[39]

50 b) Noch wichtiger ist die Bekämpfung der **Lohnschiebungsverträge,** die in Erinnerung an die frühere Pfändbarkeitsgrenze beim Jahresarbeitseinkommen „1500-Mark-Verträge" (vgl. *Brehm,* FS Henckel, S. 43, 47) genannt wurden.

51 Der **Schuldner** vereinbart mit seinem Arbeitgeber, dem **Drittschuldner,** dass dieser die pfändbare Vergütung nicht an ihn, den Schuldner, sondern an einen Dritten, z. B. an den Ehegatten des Schuldners, als **Drittberechtigten** zahlt (§§ 328ff. BGB; möglich ist auch eine gemeinsame Abrede der drei Beteiligten). Pfändet der Gläubiger den

[34] *BGH* LM Nr. 3 zu § 851; *BAG* NJW 1977, 75, 76; *AG Dresden* Schlussurteil v. 25.5.2012 – 141 C 84/12, BeckRS 2013, 11406; *Baur/Stürner/Bruns* Rn. 24.36 lassen wahlweise auch Geltendmachung gemäß § 766 zu.

[35] *Blomeyer* II § 56 X 5; a. A. implizit BAGE 42, 54, 56ff.

[36] Weiteres Beispiel *OLG Düsseldorf* NJW-RR 1989, 390.

[37] Vgl. *BAG* NJW 1978, 343.

[38] BGHZ 113, 27, 29ff.; *BAG* NJW 1995, 414.

[39] *G. Lüke* JuS 1995, 872ff.

Anspruch des Schuldners gegen den Drittschuldner, so ergreift die Pfändung ohne weiteres auch den Anspruch des Drittberechtigten, **§ 850h I 2;** doch kann sich der Gläubiger darauf beschränken, den Anspruch des Drittberechtigten zu pfänden, § 850h I 1. In beiden Fällen ist die Pfändung – trotz § 850h I 3 – schon mit der Zustellung des Pfändungsbeschlusses an den Drittschuldner wirksam, § 829 III.

Vorausgesetzt ist eine Vereinbarung zwischen dem Schuldner und dem Drittschuldner mit oder ohne Be- 52
teiligung des Drittberechtigten, wonach der Drittberechtigte die Vergütung für die Schuldnerdienste ganz oder zum Teil erhält. Der Vergütungsanspruch des Drittberechtigten muss also unter Mitwirkung des Drittschuldners (Dienstherrn) entstanden sein. Im Gegensatz dazu steht die Abtretung des Vergütungsanspruchs vom Schuldner auf einen Dritten. An ihr wirkt der Drittschuldner (Dienstherr) nicht mit. Gegen sie hilft nur das AnfG (vgl. u. *§ 33*).

Nicht erforderlich ist, dass der Schuldner ständig Dienste leistet; einmalige Tätigkeit (z. B. Tapezieren 53
einer Wohnung) genügt.

Der Streit, ob und in welcher Höhe ein Vergütungsanspruch besteht, muss auch hier im Einziehungspro- 54
zess zwischen Gläubiger und Drittschuldner (Dienstherr) ausgetragen werden. Der unpfändbare Betrag des Vergütungsanspruchs wird, zumindest in der Regel, vom Prozessgericht festgesetzt (vgl. o. *Rn. 44*). Prozessgericht ist zumeist das ArbG (§ 2 I Nr. 3 Buchst. a, §§ 3, 5 ArbGG).

11. Die **§§ 850ff.** enthalten **keine abschließende Regelung.** Auch außerhalb der 55
ZPO gibt es gesetzliche Pfändungsbegrenzungen, z. B. § 54 SGB I.

C. Das Pfändungsschutzkonto

1. **Vor Einführung** des Pfändungsschutzkontos durch das Gesetz zur Reform des 56
Kontopfändungsschutzes vom 7.7.2009[40] konnte Pfändungsschutz für ein Kontoguthaben, soweit es sich aus unpfändbarem Arbeitseinkommen speiste, nur durch eine Einzelfallentscheidung des Gerichts erlangt werden (§ 850k I in der bis 30.6.2010 geltenden Fassung). Bis zur Entscheidung durch das Gericht war das Kontoguthaben des Schuldners wegen der Pfändungswirkungen (§ 829 I) vollständig blockiert. Da die Pfändung regelmäßig das gesamte Kontoguthaben, d. h. das am Tag der Zustellung des Pfändungsbeschlusses bei dem Kreditinstitut bestehende Guthaben sowie die künftigen Tagesguthaben erfasst (vgl. § 833a), konnte der Schuldner mit Zustellung des Pfändungsbeschlusses dessen Auszahlung nicht mehr verlangen; darüber hinaus verlor er die im Girovertrag eingeräumte Möglichkeit, am bargeldlosen Zahlungsverkehr (Überweisungen, Lastschriften) teilzunehmen. Um diese als misslich empfundene Situation zu beseitigen, führte der Gesetzgeber **zum 1.7.2010** in einen vereinfachten und teilweise erweiterten Pfändungsschutz für Guthaben auf einem sog. **Pfändungsschutzkonto („P-Konto")** ein.[41] Seither kann jede natürliche Person bei einem Kreditinstitut ein Pfändungsschutzkonto einrichten. Das Gesetz zur Fortentwicklung des Rechts des Pfändungsschutzkontos und zur Änderung von Vorschriften des Pfändungsschutzes (Pfändungsschutzkonto-Fortentwicklungsgesetz – PKoFoG) vom 22.11.2020[42] will Verbesserungen bringen und ändert die Regelungsstruktur: Aus der bisherigen Regelung in § 850k a. F. werden die Wirkungen des Pfändungsschutzkontos ausgegliedert und in einem neuen Abschnitt 4 des achten Buchs ausführlicher geregelt.

---

[40] BGBl. 2009 I 1707.

[41] Dazu *Graf-Schlicker/Linder* ZIP 2009, 989.

[42] BGBl. 2020 I 2466.

57 Ein Pfändungsschutzkonto ist ein Zahlungskonto bei einem Kreditinstitut, das auf *Wunsch des Kunden* als Pfändungsschutzkonto auf Guthabenbasis geführt wird (vgl. § 850k VII a. F. bzw. § 850k I n. F.). Ein bestehendes Zahlungskonto kann *jederzeit* in ein Pfändungsschutzkonto umgewandelt werden. Die Umstellung kann auch noch nach der Pfändung erfolgen, § 850k I 4 a. F. bzw. §§ 850k II, 899 I 2 n. F. Der Pfändungsschutz erfasst dann das Guthaben, das innerhalb von vier Wochen bzw. einem Monat seit der Zustellung des Pfändungsbeschlusses an das Kreditinstitut als Drittschuldner vorhanden war; in dieser Frist findet eine Auszahlung an den Gläubiger nicht statt, § 835 III 2. Nach Antragstellung erfolgt die Umstellung des bereits gepfändeten Kontos binnen vier Bankgeschäftstagen, § 850k VII 3 a. F. bzw. § 850k II n. F.

58 2. Bei der Pfändung des Kontoguthabens wird dem Schuldner ein **automatischer Pfändungsschutz** in Höhe eines monatlichen Pfändungsfreibetrages nach § 850c I 1 gewährt, § 850k I 1 a. F. bzw. § 899 I n. F. Insoweit erfasst die Pfändung das Guthaben nicht; insoweit ist das Guthaben also nicht verstrickt, dem Schuldner nicht nach § 829 I 2 die Verfügung verboten (*inhibitorium,* vgl. o. *§ 19 Rn. 18*). Der Sockelbetrag kann gemäß § 850k II a. F. bzw. § 902 n. F. um Unterhalts- und Sozialleistungen erhöht werden. Das nicht ausgeschöpfte pfändungsfreie Guthaben eines Monats ist übertragbar, bislang nur auf den Folgemonat, unter neuem Recht auf die drei nachfolgenden Kalendermonate, § 850k I 2, II 2 a. F. bzw. § 902 II n. F. Damit soll dem Schuldner in beschränktem Umfang ein Ansparen von Forderungsbeträgen für größere Anschaffung ermöglicht werden.[43] Nach Ablauf dieses Zeitraums endet der Pfändungsschutz; hat der Schuldner nicht über das pfändungsfreie Kontoguthaben verfügt, zahlt die Bank das gepfändete und überwiesene Guthaben an den Gläubiger aus.[44]

59 Auf welchen Gutschriften das Guthaben beruht, ist für den Pfändungsschutz gleichgültig; anders als früher wird deshalb nicht nur Arbeitseinkommen, sondern *jede Art von Einkünften* geschützt. Der Pfändungsschutz besteht nur für den Anspruch auf Auszahlung des Guthabens auf dem P-Konto; andere Ansprüche des Schuldners gegen die Bank, etwa aus einem Überziehungskredit, sind pfändbar (vgl. o. *§ 19 Rn. 6*).

60 Anders als § 850c ordnet § 850k I 1 Hs. 2 a. F. bzw. § 899 I 1 Hs. 2 n. F. nicht die Unpfändbarkeit an, sondern bestimmt lediglich, dass das Guthaben des Pfändungsschutzkontos „nicht von der Pfändung erfasst" wird. Daher kann man fragen, ob *§§ 394, 400 BGB* Anwendung finden. Während dies bislang – vorbehaltlich der Ausnahme für Gutschriften aus Sozialleistungen und Kindergeld, § 850k VI 1, 3 a. F. – zu verneinen war,[45] findet sich in § 901 n. F. nunmehr ein explizites Verbot der Aufrechnung und Verrechnung.

61 3. Der Gläubiger erfährt spätestens durch die Drittschuldnererklärung der Bank (vgl. § 840 I Nr. 5 und o. *§ 19 Rn. 41*), ob es sich bei dem Konto, dessen Guthaben er pfänden ließ, um ein Pfändungsschutzkonto handelt. Jede Person darf nur ein Pfändungsschutzkonto führen, § 850k VIII 1 a. F. bzw. § 850k III 1 n. F. Der Kunde, der ein Pfändungsschutzkonto einrichten will, hat zu versichern, dass er nicht bereits ein solches Konto führt; von den Kreditinstituten kann die Richtigkeit der Versicherung durch Abfrage bei Auskunfteien geprüft werden (näher § 850k VIII 3 a. F. bzw. § 909 n. F.). Führt der Schuldner rechtswidrig mehrere (etwa gleichzeitig errichtete) Pfändungsschutzkonten, ist deren Einrichtung trotz Verstoßes gegen

[43] Vgl. RegE PKoFoG, BT-Drs. 19/19850, 35.
[44] *Graf-Schlicker/Linder* ZIP 2009, 989, 991.
[45] Voraufl. *§ 32 Rn. 60,* aber str., vgl. MünchKomm-ZPO/*Smid* § 850k Rn. 59 einerseits, Musielak/Voit/*Flockenhaus* § 850k Rn. 2 andererseits.

das gesetzliche Verbot nicht gemäß § 134 BGB unwirksam; vielmehr beschränkt das Vollstreckungsgericht den Pfändungsschutz auf das vom Gläubiger bezeichnete Konto, § 850k IX a. F. bzw. § 850k IV n. F.

4. Nach Einführung des Pfändungsschutzkontos war der Kontopfändungsschutz *für eine Übergangszeit zweispurig* ausgestaltet: Es blieb dem Schuldner überlassen, ob er den herkömmlichen gerichtlichen Pfändungsschutz beantragte oder ein Pfändungsschutzkonto einrichtete; geschah letzteres, entfiel die Möglichkeit des gerichtlichen Pfändungsschutzes. Die Möglichkeit, gerichtlichen Pfändungsschutz außerhalb des Pfändungsschutzkontos zu erlangen, ist jedoch zum 1.1.2012 entfallen.[46] 62

§ 33. Die Gläubigeranfechtung

A. Hintergrund

Versucht der Schuldner, sein Vermögen oder Teile davon dem Zugriff des Gläubigers durch **unlautere Machenschaften** zu entziehen, muss der Gesetzgeber bestrebt sein, den Gläubiger zu schützen. Das Mittel hierzu ist die **Gläubigeranfechtung** nach dem Gesetz über die Anfechtung von Rechtshandlungen eines Schuldners **außerhalb des Insolvenzverfahrens** v. 5.10.1994 (Anfechtungsgesetz). Es ersetzt das Anfechtungsgesetz i. d. F. der Bekanntmachung v. 20.5.1898 und trat gemeinsam mit der Insolvenzordnung am 1.1.1999 in Kraft. 1

B. Begriffsklärung

Die Anfechtung nach dem AnfG hat nichts mit derjenigen nach dem BGB zu tun. Ist einer der gesetzlichen Anfechtungstatbestände des AnfG erfüllt, so besteht damit das Anfechtungsrecht, kraft dessen ohne Weiteres – d. h. ohne Anfechtungserklärung – die Vollstreckung auf Vermögensstücke ausgedehnt werden kann, die der Schuldner wirksam, aber „anfechtbar" aus seinem Vermögen weggegeben hat. Der Anfechtungsberechtigte kann also vom Empfänger verlangen, dass dieser die Zwangsvollstreckung in das Vermögensstück so duldet, als gehöre es noch dem Schuldner (vgl. u. *Rn. 17*). Das Anfechtungsrecht ist somit **kein Gestaltungsrecht, sondern ein Anspruch.**[1] 2

Eine ähnliche Anfechtung gibt es im **Insolvenzverfahren.** Allerdings macht dort nicht ein einzelner Gläubiger, sondern der *Insolvenzverwalter* (§ 129 InsO) oder in der Eigenverwaltung der *Sachwalter* (§ 280 InsO) die Anfechtung im Interesse der Gläubigergesamtheit geltend. Auch gibt es im Insolvenzverfahren Anfechtungsgründe, die die Gläubigeranfechtung nicht oder nicht in dieser Breite kennt: die Anfechtung bei kongruenter und inkongruenter Deckung (§§ 130, 131 InsO) sowie die Anfechtung bei unmittelbarer Benachteiligung (§ 132 InsO). Deshalb spricht man für diese Anfechtungsgründe von der „besonderen Insolvenzanfechtung". 3

C. Anfechtungsbefugnis

Formell anfechtungsbefugt ist in der Gläubigeranfechtung der **Gläubiger,** wenn er einen *Vollstreckungstitel* über eine fällige *Geldforderung* besitzt[2] und die Zwangsvollstreckung in das Schuldnervermögen dem Gläubiger *keine volle Befriedigung* verschafft hat oder voraussichtlich verschaffen wird, § 2 AnfG, ferner § 14 AnfG. 4

---

[46] BGBl. 2009 I 1707, Art. 7, 10 II.

[1] BGHZ 98, 6, 9. Zum Streit über die „Rechtsnatur" der Gläubigeranfechtung: *Gaul/Schilken/Becker-Eberhard* § 35 II; MünchKomm-AnfG/*Kirchhof* Einführung Rn. 13ff.

[2] BGHZ 53, 174, 181: der Titel muss auf Zahlung einer Geldsumme lauten; ein Titel auf Rechnungslegung genügt nicht.

5 Die Richtigkeit des Titels kann vom Anfechtungsgegner nur bestritten werden, wenn das auch dem Schuldner möglich wäre; daher kann der Anfechtungsgegner unter anderem Einwendungen, mit denen der Schuldner gemäß § 767 II präkludiert ist, nicht geltend machen.[3]

6 **Anfechtungsgegner** ist der Empfänger der anfechtbaren Leistung, ferner sein Erbe und ein anderer Rechtsnachfolger gemäß § 15 AnfG.

D. Materielle Anfechtungsberechtigung

7 Materiell anfechtungsberechtigt ist der Gläubiger, den eine **Rechtshandlung** (gleichgestellt: Unterlassung) des Schuldners objektiv **benachteiligt** (§ 1 I, II AnfG), welche dem Anfechtungsgegner etwas verschafft hat; außerdem muss ein besonderer **Anfechtungsgrund** vorliegen (§§ 3–6a AnfG).

8 *Rechtshandlung* ist jede Handlung mit rechtlicher Wirkung; dabei ist es gleichgültig, ob die Wirkung gewollt ist oder nicht – daher ist der Begriff weiter als der des Rechtsgeschäfts.[4] Hierzu rechnet auch eine Unterlassung mit rechtlicher Wirkung (§ 1 II AnfG; vgl. o. *Rn. 7*). Nur eine Rechtshandlung, die rechtliche Wirkungen hat (vgl. § 8 AnfG), kann den Gläubiger benachteiligen, d. h. seine Befriedigung verhindern oder beeinträchtigen. Die Handlung kann zeitlich vor der Erlangung des Titels und vor Entstehung des titulierten Anspruchs (vgl. o. *Rn. 4*) liegen.[5]

9 Anfechtungsgründe sind die vorsätzliche Benachteiligung (§ 3 AnfG), die unentgeltliche Leistung (§ 4 AnfG), die Erfüllung von Pflichtteilsansprüchen, Vermächtnissen oder Auflagen aus dem Nachlass durch den Erben (§ 5 AnfG), die Sicherung oder Befriedigung von Gesellschafterdarlehen (§ 6 AnfG) und die Befriedigung eines Darlehens, für das ein Gesellschafter dinglich oder persönlich haftet (§ 6a AnfG).

10 1. Die **Vorsatzanfechtung** (§ 3 AnfG) ist der paradigmatische Anfechtungsgrund, wenn man die Gläubigeranfechtung als Möglichkeit zur Korrektur eines missbilligenswerten Verhaltens des Schuldners sieht (vgl. o. *Rn. 1*). In ihrem Grundtatbestand (§ 3 I 1 AnfG) setzt sie nur den Benachteiligungsvorsatz des Schuldners und die Kenntnis des Anfechtungsgegners von diesem Vorsatz voraus; freilich ist allgemeine Anfechtungsvoraussetzung die Gläubigerbenachteiligung und die fruchtlose Zwangsvollstreckung (§ 1 I, § 2 AnfG). Da dem Anfechtungsgegner Kenntnis vom Benachteiligungsvorsatz des Schuldners nicht leicht nachzuweisen ist, wird diese Kenntnis widerleglich vermutet, wenn der Anfechtungsgegner von einer drohenden Zahlungsunfähigkeit und der Gläubigerbenachteiligung wusste (§ 3 I 2 AnfG). Die mit zehn Jahren lange Anfechtungsfrist reduziert sich bei Deckungsgeschäften auf vier Jahre (§ 3 II AnfG); bei kongruenter Deckung schadet nur Kenntnis von einer eingetreten, nicht bereits einer drohenden Zahlungsunfähigkeit (§ 3 III 1 AnfG); eine Vermutung *gegen* diese Kenntnis gilt, wenn der Anfechtungsgegner dem Schuldner eine Zahlungserleichterung gewährt hatte (§ 3 III 2 AnfG). Nicht eigentlich eine Vorsatzanfechtung ist die Anfechtung *entgeltlicher Verträge* mit *nahestehenden Personen,* sofern hieraus eine *unmittelbare Gläubigerbenachteiligung* resultiert (§ 3 IV AnfG; vgl. den weitergehenden § 132 InsO).

[3] Vgl. auch BGHZ 90, 207, 210; eingehend *Gaul,* FS Schwab, 1990, S. 111ff.; abl. *Gerhardt* ZIP 1984, 398 m. N.

[4] Vgl. *BGH* MDR 1976, 221.

[5] BGHZ 90, 207, 211.

2. Die **Schenkungsanfechtung** (§ 4 AnfG) lässt sich damit rechtfertigen, dass die unentgeltliche Veräußerung von Vermögen im Vorfeld einer wirtschaftlichen Krise zu missbilligen ist; stärker wiegt jedoch der Gedanke, dass dem Empfänger einer unentgeltlichen Leistung die Rückgewähr eher zugemutet werden kann, er sich also seines Erwerbs weniger sicher sein darf – die „Schwäche des unentgeltlichen Erwerbs". Daher lässt § 4 AnfG die unentgeltliche Leistung genügen, ohne irgendein subjektives Element auf Seiten des Schuldners oder des Anfechtungsgegners zu verlangen. 11

3. Ein **Nachlassgläubiger** soll nicht dadurch Nachteile erleiden, dass der Erbe aus dem Nachlass Pflichtteilsansprüche, Vermächtnisse oder Auflagen erfüllt, sofern er in einem Nachlassinsolvenzverfahren dem Anfechtungsgegner im Rang vorgehen oder gleichstehen würde (§ 5 AnfG). Hierin liegt eine Verlängerung der Schenkungsanfechtung über den Tod des Schuldners hinaus.[6] 12

4. **Gesellschafterdarlehen** (§ 6 AnfG) und **Gesellschaftersicherheiten** für Darlehen Dritter an die Gesellschaft (§ 6a AnfG) werden im deutschen Recht kritisch gesehen. Die Gesellschafter sind über die wirtschaftliche Lage der Gesellschaft typischerweise besser informiert als außenstehende Gläubiger. Sie können daher zu deren Nachteil Vermögen „rechtzeitig" abziehen und eigene Darlehensforderungen besichern oder befriedigen (§ 6 AnfG) oder eine von ihnen zur Besicherung eines Darlehens an die Gesellschaft gestellte Real- oder Personalsicherheit durch Rückzahlung des Darlehens eines Dritten freiwerden lassen (§ 6a AnfG). Eine solche Verringerung des Gesellschaftsvermögens kann zugunsten außenstehender Gläubiger rückgängig gemacht werden. 13

E. Geltendmachung

Das Anfechtungsrecht muss zur Fristwahrung gerichtlich geltend gemacht werden (vgl. § 7 AnfG), in der Regel durch **Klage** gegen den Anfechtungsgegner oder seinen Rechtsnachfolger (vgl. o. *Rn. 6*). Der Antrag (dazu § 13 AnfG) muss die befriedigungsbedürftige Forderung bestimmt bezeichnen.[7] Ist der anfechtbar erworbene Gegenstand noch unterscheidbar im Vermögen des Anfechtungsgegners vorhanden, so geht der Antrag auf Duldung der Zwangsvollstreckung in den bestimmt bezeichneten Gegenstand (vgl. u. *Rn. 17*). 14

Das Anfechtungsrecht kann auch durch **Einrede** (oder Gegeneinrede) *gegen eine Klage* geltend gemacht werden (vgl. § 9 AnfG).[8] 15

Beispiel: S hat eine Maschine zur Sicherheit an seine Tochter T übereignet. G pfändet die bei S verbliebene Maschine. Widerspricht die T nach § 771 aufgrund ihres Eigentums, so kann G die Einrede des anfechtbaren Eigentumserwerbs erheben und damit die Abweisung der Klage und den Fortgang der Vollstreckung erreichen.[9] 16

F. Rechtsfolge

Die erfolgreiche Anfechtung **erweitert** den Kreis der **Vollstreckungsobjekte.** Die aus dem Vermögen des Schuldners weggegebenen oder veräußerten Gegenstände sind vom Anfechtungsgegner dem Gläubiger „zur Verfügung zu stellen" (§§ 13, 11 AnfG). 17

[6] MünchKomm-AnfG/*Kirchhof* § 5 Rn. 1.
[7] BGHZ 99, 274, 277ff.
[8] Dazu BGHZ 98, 6, 9ff.; BGHZ 121, 179, 182.
[9] Vgl. BGHZ 98, 6ff. und o. *§ 13 Rn. 30.*

Ist der anfechtbar erworbene Gegenstand noch unterscheidbar im Vermögen des Gegners vorhanden, so ist die Zwangsvollstreckung in den Gegenstand zu dulden, sonst muss er Wertersatz leisten.[10] Entsprechend ist der Klageantrag zu fassen (§ 13 AnfG). Voraussetzung ist, dass der veräußerte Gegenstand beim Schuldner der Zwangsvollstreckung unterlag.[11]

18 Der Anfechtungsgegner kann eine **Gegenleistung,** die er für den angefochtenen Erwerb erbracht hat, nur vom Schuldner zurückverlangen, § 12 AnfG. Ihm steht also gegen den Gläubiger kein Aufrechnungs- oder Zurückbehaltungsrecht zu.

8. Abschnitt. Arrest und einstweilige Verfügung

§ 34. Übersicht

Literatur: *Jauernig,* Der zulässige Inhalt einstweiliger Verfügungen, ZZP 79 (1966), 321; *Baur,* Studien zum einstweiligen Rechtsschutz, 1967; *Hadding,* Zur einstweiligen Verfügung im Recht der Wettbewerbsbeschränkungen, ZHR 130 (1968), 1; *Leipold,* Grundlagen des einstweiligen Rechtsschutzes im zivil-, verfassungs- und verwaltungsgerichtlichen Verfahren, 1971; *Grunsky,* Grundlagen des einstweiligen Rechtsschutzes, JuS 1976, 277; *Schilken,* Die Befriedigungsverfügung, 1976; *Dütz,* Vorläufiger Rechtsschutz im Arbeitskampf, BB 1980, 533; *Faecks,* Die einstweilige Verfügung im Arbeitsrecht, NZA 1985, Beil. 3, S. 6; *Vogg,* Einstweiliger Rechtsschutz und vorläufige Vollstreckbarkeit, 1991; *Walker,* Der einstweilige Rechtsschutz im Zivilprozess und im arbeitsgerichtlichen Verfahren, 1993; *Littbarski,* Einstweiliger Rechtsschutz im Gesellschaftsrecht, 1996; *Thümmel,* Einstweiliger Rechtsschutz im Auslandsrechtsverkehr, NJW 1996, 1930; *Schreiber,* Arrest und einstweilige Verfügung, Jura 2000, 492; *Heuer/Schubert,* Vorläufiger Rechtsschutz durch Eilverfahren: Arrest und einstweilige Verfügung, Jura 2005, 202; *Hinz,* Im Überblick: Einstweiliger Rechtsschutz im Mietprozess, NZM 2005, 841; *Chr. Berger* (Hrsg.), Einstweiliger Rechtsschutz im Zivilrecht, 2006 (Handbuch); *Weinert,* Vollstreckungsbegleitender einstweiliger Rechtsschutz, 2006; *Gaul,* Sicherung der Gläubiger- und Insolvenzanfechtung durch Maßnahmen des einstweiligen Rechtsschutzes, KTS 2007, 133; *Schürmann,* Die einstweilige Anordnung nach dem FamFG, FamRB 2008, 375; *Klein,* Reform des einstweiligen Rechtsschutzes, FuR 2009, 241 und 321; *Cirullies,* Sicherung von Unterhaltsansprüchen durch Arrest und Gläubigeranfechtung, FamRZ 2012, 1017; *M. Stürner,* Zur Rechtskraftfähigkeit von Entscheidungen im einstweiligen Rechtsschutzverfahren, ZZP 125 (2012), 3; *Laukemann,* Effektiver einstweiliger Rechtsschutz an der Schnittstelle von Schiedsverfahren und staatlicher Justiz, ZZP 126 (2013), 175; *Ahrens,* Der Wettbewerbsprozess, 8. Aufl. 2016; *Teplitzky,* Verfahrensgrundrechte im Recht der einstweiligen Verfügung, WRP 2016, 1181; *Berneke/Schüttpelz,* Die einstweilige Verfügung in Wettbewerbssachen, 4. Aufl. 2018; *Regenfus,* Einstweiliger Rechtsschutz und einstweilige Anordnungen in der Zwangsvollstreckung: Parallelen und Unterschiede, Jura 2019, 1225; *Teplitzky/Bacher/Büch,* Wettbewerbsrechtliche Ansprüche und Verfahren, 12. Aufl. 2019.

A. Hintergrund

1 Oft dauert es geraume Zeit, bis der Gläubiger einen Titel in der Hand hat und vollstrecken kann. Bis dahin ist es dem Schuldner möglich, Vollstreckungsobjekte zu veräußern oder zu verschieben. Damit werden sie dem Gläubiger entzogen; eine Vollstreckung wird – mangels Titels – vereitelt, bevor sie beginnen konnte. **Dem Gläubiger** muss es daher **möglich** sein, bei Gefährdung seiner Rechte die **künftige Vollstreckung** zu **sichern.** Das kann schon vor Beginn oder während des Prozesses über die „Hauptsache" (vgl. u. *§ 35 Rn. 16*) geschehen.

[10] BGHZ 124, 298, 301 ff.

[11] BGHZ 123, 183, 185.

B. Sicherungsmittel

Der Gesetzgeber hat **zwei Mittel der Sicherung** ausgebildet, den **Arrest** – er sichert die Vollstreckung wegen einer Geldforderung, § 916 – und die einstweilige Verfügung des § 935, die sog. **Sicherungsverfügung** – sie sichert die künftige Verwirklichung anderer Ansprüche als Geldansprüche. 2

Neben der Sicherungsverfügung gibt es noch zwei weitere Arten der einstweiligen Verfügung: Die eine bezweckt die Regelung eines einstweiligen Zustands (**Regelungsverfügung,** § 940); die andere verurteilt provisorisch zur Leistung und führt folglich zur (vorläufigen) Befriedigung in der Sache selbst **(Leistungsverfügung).** Dementsprechend unterscheidet man drei Fälle einer einstweiligen Verfügung (vgl. u. *§ 37 Rn. 1–25*). Die Unterscheidung ist möglich und auch nötig,[1] um den zulässigen Inhalt einer einstweiligen Verfügung konkret und nicht bloß mit allgemeinen Erwägungen[2] oder mit „Empfindungen"[3] bestimmen zu können.[4] Das ist besonders wichtig für die Frage, ob und wieweit einstweilige Verfügungen schon zur „Befriedigung" führen und damit „die Hauptsache vorwegnehmen" dürfen,[5] ebenso für die Abgrenzung von Sicherungs- und Regelungsverfügung;[6] auch mit Blick auf den Verfügungsgrund lassen sich Unterschiede ausmachen.[7] 3

C. Funktionsweise und Bedeutung

Für Arrest und einstweilige Verfügung ist ein besonderes Verfahren vorgesehen, der **Arrestprozess.** Er steht *neben* dem *normalen Erkenntnisverfahren* und dient der Prüfung, ob die Voraussetzungen für Arrest oder einstweilige Verfügung gegeben sind. Er endet mit einer *Entscheidung,* die entweder den Antrag des Gläubigers abweist oder ihm durch Erlass des Arrestbefehls oder der einstweiligen Verfügung stattgibt. Diese Entscheidung wird dann *vollzogen,* und erst diese Durchführung ist eine *Art der Zwangsvollstreckung* (§§ 928, 936), von der normalen insbesondere dadurch unterschieden, dass sie bei Arrest und Sicherungsverfügung (vgl. o. *Rn. 2*) niemals auf Befriedigung, sondern nur auf Sicherung des Gläubigers abzielt. Die Eingliederung von Arrest und einstweiliger Verfügung in Buch 8 der ZPO (Zwangsvollstreckung!) ist daher irreführend. Das Verfahren gehört zu den besonderen Erkenntnisverfahren. Es handelt sich um eine Art von **summarischem Prozess,** aus dem es sich geschichtlich entwickelt hat. Für den Arrestprozess gelten daher auch die Vorschriften über die Zulässigkeit des Rechtswegs, über Parteifähigkeit, Prozessfähigkeit und Vertretung. 4

Die Bedeutung von Arrest und einstweiliger Verfügung **ist groß,** auch wenn 2018 nur 2,4 % aller erledigten Verfahren vor dem AG und 4,7 % aller erledigten Verfahren vor dem LG auf Arrest und einstweilige Verfügung entfielen.[8] Das Verfahren ist für den Gläubiger (auch Antragsteller, im Urteil [§§ 922 I, 925 I, 936] zumeist Arrest- 5

---

1 A. A. *Bruns/Peters* S. 341, 345 u. a.
2 Z. B. *OLG Stuttgart* NJW 1981, 1914.
3 Vgl. *v. Gerkan* ZGR 1985, 169.
4 Zustimm. *Berneke* Rn. 25 N. 7 m. N.
5 Z. B. *OLG Karlsruhe* MDR 1975, 324; *OLG Frankfurt a. M.* FamRZ 1980, 476, 478.
6 *OLG Karlsruhe* Justiz 1993, 190f.
7 *OLG Frankfurt* NJW-RR 1991, 174, 175.
8 *Statistisches Bundesamt,* Justizstatistik, Rechtspflege Zivilgerichte 2018, S. 18, 48.

oder Verfügungskläger genannt) vorteilhaft, weil er schnell zu einer Entscheidung kommt. Doch die Schnelligkeit geht von Gesetzes wegen auf Kosten der Gründlichkeit: Der Anspruch des Gläubigers wird nur summarisch geprüft (vgl. u. *§ 35 Rn. 12*). Darin liegt eine beträchtliche Gefahr für den Schuldner (auch Antragsgegner, im Urteil [§§ 922 I, 925 I, 936] zumeist Arrest- oder Verfügungsbeklagter genannt). Das Gesetz sucht sie zu mildern: Es gestattet die Anordnung einer Sicherheitsleistung (§ 921); vor allem haftet der Gläubiger auf Schadensersatz, wenn der Arrestbefehl oder die einstweilige Verfügung von Anfang an ungerechtfertigt war (§ 945, dazu u. *§ 35 Rn. 18ff.*).[9] So versucht der Gesetzgeber, einen gerechten Ausgleich zwischen Gläubiger- und Schuldnerinteressen zu finden.

6 Für die Praxis ist wichtig, dass nach § 204 I Nr. 9 BGB die Zustellung des Antrags auf Erlass eines Arrests oder einer einstweiligen Verfügung die **Verjährung** des zu sichernden Anspruchs **hemmt.** Wird der Antrag nicht zugestellt, hemmt schon die Einreichung des Antrags, wenn der Arrestbefehl bzw. die einstweilige Verfügung binnen eines Monats zugestellt wird. Diese Bestimmung wurde durch das Schuldrechtsmodernisierungsgesetz im Jahre 2001 neu eingefügt; mit ihr entfällt der „Zwang", ein Hauptsacheverfahren allein deswegen einzuleiten, um die Verjährung zu hemmen.

§ 35. Der Arrestprozess

A. Die Voraussetzungen des Arrestes

1 1. Es muss ein **Arrestanspruch** vorliegen. Fehlt er, so ist das Gesuch als unbegründet abzuweisen.

2 Als sicherungsfähiger Arrestanspruch kommt *jede Geldforderung* in Betracht. Sie kann von einer Gegenleistung abhängig oder betagt sein, auch bedingt, sofern die Möglichkeit des Bedingungseintritts nicht so vage ist, dass der Anspruch keinen gegenwärtigen Vermögenswert hat (§ 916 II). Der Anspruch muss allerdings (schon jetzt) einklagbar sein, denn nach § 926 kann die Erhebung der Klage in der Hauptsache binnen einer zu bestimmenden Frist angeordnet werden.

3 Sicherungsfähig ist auch ein *Anspruch, der in eine Geldforderung übergehen kann,* was bei jedem vermögensrechtlichen Anspruch im Falle seiner Nicht- oder Schlechterfüllung möglich ist.[1]

4 Hat sich die Umwandlung in einen Geldanspruch (z. B. in einen Schadensersatzanspruch) noch nicht vollzogen, so kommt es darauf an, ob der Gläubiger auf die Sicherung der individuellen Leistung Wert legt – dann einstweilige Verfügung, § 935 – oder auf die künftige Geldforderung als Ersatz – dann Arrest. Liegt schon eine Geldforderung vor, so kommt nur Arrest in Frage.

5 Als Arrestanspruch kommt auch der Anspruch auf *Duldung der Zwangsvollstreckung* in Betracht. Daher ist Arrest möglich z. B. gegen den Testamentsvollstrecker zur Sicherung der Vollstreckung in die seiner Verwaltung unterliegenden Nachlassgegenstände. Bei der Hypothek ist ein Arrest auch lediglich aufgrund der dinglichen Haftung denkbar, doch fehlt regelmäßig der Arrestgrund (vgl. u. *Rn. 7*).

---

[9] S. auch vgl. *R. Bruns* ZZP 65 (1952), 67ff.

[1] Vgl. BGHZ 131, 95, 104f.

2. Weiter muss ein **Arrestgrund** gegeben sein. Fehlt er, so wird das Gesuch als unbegründet[2] – wenn man den Arrestgrund als besondere Form des Rechtsschutzinteresses ansieht, als unzulässig[3] – abgewiesen. Der Arrestgrund ist für die beiden Fälle des Arrestes – den dinglichen und den persönlichen – nicht ganz einheitlich geregelt. 6

a) Für den Hauptfall, den **dinglichen Arrest** (vgl. u. *§ 36 Rn. 7ff.*), ist Arrestgrund die **Besorgnis,** dass ohne Verhängung des Arrestes die **Vollstreckung** des Urteils **vereitelt oder wesentlich erschwert** werden würde, § 917 I. 7

In Betracht kommt vor allem ein *Verhalten des Schuldners,* z. B. Veräußerung (vor allem Verschleuderung) von Vermögensstücken oder deren Belastung, nachlässige Geschäftsführung, Verschwendung, häufiger Aufenthaltswechsel.[4] Verschulden oder böswilliges Handeln des Schuldners ist nicht notwendig,[5] doch wird letzteres häufig einen Arrestgrund nahelegen.[6] Andererseits genügt nicht allein die schlechte Vermögenslage des Schuldners, sein drohender wirtschaftlicher Zusammenbruch, auch nicht die Besorgnis, dass andere Gläubiger zuvorkommen könnten.[7] Freilich bewirkt gerade der Arrest, dass sich ein Gläubiger einen Vorsprung vor anderen verschaffen kann. Die Notwendigkeit, im Ausland zu vollstrecken, ist nach § 917 II zureichender Arrestgrund, wenn und weil hierdurch die Vollstreckung wesentlich erschwert wird. Daher scheidet § 917 II aus, wenn der Gläubiger bereits im Inland oder Ausland[8] z. B. durch Sicherungsübereignung, Besitzpfandrecht,[9] Hypothek, Eigentumsvorbehalt etc. hinreichend gesichert ist; denn der Gläubiger besitzt dann bereits die Sicherung, die ihm der Arrest verschaffen kann. Der Arrestgrund der Auslandsvollstreckung setzt voraus, dass die „Gegenseitigkeit nicht verbürgt" ist, also im Ausland eine dem deutschen Recht vergleichbare, zumindest tatsächliche Vollstreckungsmöglichkeit nicht besteht.[10] Diese kann sich ergeben aufgrund des innerstaatlichen Rechts des Vollstreckungsstaats, völkerrechtlicher Verträge sowie der Zugehörigkeit zu inter- oder supranationalen Organisationen. Insbesondere im Anwendungsbereich der EuGVVO scheidet daher der Arrest nach § 917 II aus.[11] § 917 I bleibt unberührt; daher kann auch wegen tatsächlicher Vollstreckungsschwierigkeiten in Mitgliedstaaten der EU[12] ein Arrest ergehen.[13] 8

Besitzt der Gläubiger bereits einen vorläufig vollstreckbaren Zahlungstitel, so besteht kein Bedürfnis für den Arrest, da er durch Sicherungsvollstreckung (§ 720a) dasselbe wie durch Arrestvollzug erreichen kann (vgl. §§ 930, 932).[14] 9

b) Für den **persönlichen Sicherheitsarrest** (vgl. u. *§ 36 Rn. 13*) ist ebenfalls Voraussetzung, dass die Vollstreckung gefährdet ist, aber obendrein, dass der persönliche Arrest erforderlich ist, um dieser Gefährdung vorzubeugen, § 918.[15] Hier kommt also nur ein Verhalten des Schuldners in Betracht, dem ein Riegel vorgeschoben werden soll, z. B. Verschiebung von Vermögensteilen, Wegbringung ins Ausland, Flucht, um sich der Offenbarungsversicherung zu entziehen.[16] Diese Arrestform dient nur der Ergänzung des dinglichen Arrestes, wenn dieser versagt, z. B. weil es sich um Vermögens- 10

[2] So die h. M., vgl. *Gaul/Schilken/Becker-Eberhard* § 75 II 2 m. N.
[3] So Voraufl. *§ 35 Rn. 6; Teplitzky* DRiZ 1982, 43.
[4] Dazu *Schwerdtner* NJW 1970, 222ff.; BGHZ 131, 95, 105f.
[5] Z.T. abw. *OLG Brandenburg* NJW-RR 2020, 1139 Rn. 8.
[6] *LAG Frankfurt a. M.* NJW 1965, 989; auch *OLG Köln* MDR 1986, 595.
[7] BGHZ 131, 95, 105 m. N., auch zur Gegenansicht; *OLG Brandenburg* NJW-RR 2020, 1139 Rn. 8.
[8] *BGH* NJW 1972, 1044, 1045.
[9] *LG Augsburg* NJW 1975, 2350.
[10] BT-Drs. 15/1062, 8.
[11] Zum Brexit noch optimistisch *OLG Frankfurt a. M.* NJW-RR 2019, 1023.
[12] Dazu *Fohrer/Mattil* WM 2002, 840.
[13] Zöller/*Vollkommer* § 917 Rn. 17.
[14] *Chr. Berger/Skamel* Kap. 4, 35; auch *OLG Hamm* NJW-RR 1990, 1536.
[15] Zur Verfassungsmäßigkeit *Chr. Ritter* ZZP 88 (1975), 126, 155ff.
[16] Stein/Jonas/*Bruns* § 918 Rn. 7.

stücke handelt, die oder deren Verbleib dem Gläubiger nicht bekannt sind;[17] er ist daher nur **subsidiär.**

11 3. Das Vorliegen der beiden Voraussetzungen muss behauptet, aber nicht voll bewiesen werden, Glaubhaftmachung genügt (§ 294, vgl. u. *Rn. 18*).

12 Damit kann sich das Gesetz begnügen; denn der Arrestprozess verfolgt – im Gegensatz zum normalen Erkenntnisverfahren – nicht den Zweck, ein Recht (hier: den zu sichernden Anspruch)[18] endgültig festzustellen. Es wird lediglich geprüft, ob die behaupteten **Voraussetzungen des Arrestes glaubhaft** sind. Dadurch wird das Verfahren, seinem Zweck entsprechend, stark abgekürzt und so zu einer Art von summarischem Prozess (vgl. o. *§ 34 Rn. 4*).

13 Die *Beweislast* folgt im Falle der Gewährung rechtlichen Gehörs vor der Entscheidung den allgemeinen Regeln, sonst liegt sie allein beim Gläubiger.[19]

B. Zuständigkeit

14 **Ausschließlich zuständig** für das Arrestverfahren ist sowohl das Gericht der Hauptsache (vgl. u. *Rn. 16*) als auch das AG, in dessen Bezirk der mit Arrest zu belegende Gegenstand oder die betroffene Person sich befindet, §§ 919, 802 (aber keine Beschränkung des Arrestes auf Gegenstände im Gerichtsbezirk[20]).

15 In dringenden Fällen kann der Vorsitzende allein entscheiden, soweit eine mündliche Verhandlung nicht erforderlich ist, § 944 (denkbar nur bei Kollegialgerichten).

16 *„Hauptsache"* ist das Verfahren über den zu sichernden Anspruch selbst. Ist es bereits anhängig, so ist das Gericht, bei dem der Prozess z. Z. der Anbringung des Arrestgesuchs tatsächlich schwebt, Gericht der Hauptsache, § 943 I. Ob dieses Gericht für die Hauptsache wirklich zuständig ist, ist gleichgültig und wird im Arrestverfahren nicht geprüft. Ist das Verfahren noch nicht anhängig, so ist Gericht der Hauptsache jedes Gericht, das für das künftige Verfahren zuständig ist; hier ist also die Zuständigkeit im Rahmen des Arrestprozesses zu prüfen.

17 Die Zuständigkeit des AG (§ 919) ist unabhängig von der Höhe des Streitwerts und der Anhängigkeit der Hauptsache.

C. Verfahren

18 1. Das **Arrestverfahren beginnt mit** der Anbringung des **Arrestgesuchs.** Es hat den Anspruch nach Gegenstand, Grund und Geldbetrag (Geldwert) zu bezeichnen sowie die Art des Arrestes und den Arrestgrund anzugeben, § 920 I. Die Tatsachen, die den Anspruch und den Arrestgrund begründen und die das Vorliegen der Prozessvoraussetzungen ergeben sollen, sind glaubhaft zu machen (vgl. §§ 920 II, 294 I; beachte aber § 921).[21] Das Gesuch ist schriftlich einzureichen oder zu Protokoll der Geschäftsstelle zu erklären (daher – nur – für das Gesuch kein Anwaltszwang, § 78 III), § 920 III. Damit ist Rechtshängigkeit eingetreten.[22]

---

[17] S. z. B. *OLG Karlsruhe* NJW-RR 1997, 450f.
[18] Vgl. *BGH* NJW 1980, 191.
[19] H. M., vgl. Thomas/Putzo/*Seiler* vor § 916 Rn. 9.
[20] Vgl. *Gaul/Schilken/Becker-Eberhard* § 77 I 1 b und u. *Rn. 27.*
[21] Zur Glaubhaftmachung vgl. *Zivilprozessrecht* § 49 Rn. 5.
[22] *KG* JurBüro 1988, 532.

2. Das **weitere Verfahren** hängt davon ab, ob das Gericht ohne mündliche Verhandlung entscheiden will oder nicht. Darüber kann es nach pflichtgemäßem Ermessen befinden, vgl. §§ 128 IV, 922 I 1. 19

Die Entscheidung ohne mündliche Verhandlung sollte die Regel sein, weil die Überraschung des Gegners oft den Erfolg des Arrestes bestimmt (dadurch und durch die Möglichkeit des Widerspruchs, vgl. u. *Rn. 33,* ist der Verzicht auf vorheriges Gehör des Gegners gerechtfertigt[23]). In schwierigen Fällen und bei zweifelhafter Sachlage wird eine mündliche Verhandlung geboten sein, um Schuldner und Gläubiger (§ 945!) gleichermaßen vor Schaden zu bewahren. 20

a) Ordnet das Gericht **mündliche Verhandlung** an, so gelten für sie die allgemeinen Grundsätze. 21

Es kann auch zu einem *Versäumnisverfahren* kommen: Bei Säumnis des Gläubigers wird das Gesuch durch Versäumnisurteil abgewiesen, § 330; bei Säumnis des Schuldners wird dem Gesuch stattgegeben, wenn das Vorbringen des Gläubigers, das als zugestanden gilt, Anspruch und Arrestgrund schlüssig darlegt (sonst wird das Gesuch durch unechtes Versäumnisurteil zurückgewiesen), § 331. Eine Widerklage hinsichtlich des materiellen Anspruchs ist wegen der besonderen Prozessart unzulässig;[24] eine Zwischenfeststellungsklage nach § 256 II ist unzulässig, weil die Hauptsache nicht rechtshängig ist. 22

Das Gericht entscheidet über das Gesuch durch **Endurteil,** § 922 I; es wird von Amts wegen zugestellt, §§ 317 I, 166 II. Das Urteil heißt **Arrestbefehl,** wenn es dem Gesuch stattgibt. 23

b) **Ohne mündliche Verhandlung** entscheidet das Gericht durch **Beschluss,** § 922 I. Auch er heißt **Arrestbefehl,** wenn er dem Gesuch stattgibt. 24

Der *stattgebende* Beschluss ist von Amts wegen dem Gläubiger zuzustellen, § 329 II 2 (mit § 929 II), III. Dieser hat ihn im Parteibetrieb dem Schuldner zuzustellen (§ 922 II; anders bei Urteilen, vgl. o. *Rn. 23*). Der *zurückweisende* Beschluss ist nur dem Gläubiger (formlos) mitzuteilen, § 329 II 1, aber nicht dem Schuldner, § 922 III. 25

3. Das im Arrestprozess ergehende Urteil stellt nicht das Bestehen oder Nichtbestehen des zu sichernden Rechts materiell rechtskräftig fest, sonst wäre damit bereits zur Hauptsache entschieden. Davon abgesehen kommt ihm **materielle Rechtskraft** zu.[25] Praktisch bedeutsam ist das für die abweisende Entscheidung (vor allem des Berufungsgerichts). Die Wiederholung des Gesuchs ist zulässig, wenn es auf neue Tatsachen,[26] u. U. auch auf bessere Glaubhaftmachung der alten[27] gestützt wird; die materielle Rechtskraft ist hier wie sonst auf einen bestimmten Zeitpunkt bezogen, bei Urteilen auf die letzte mündliche Tatsachenverhandlung.[28] 26

4. Der **Arrestbefehl** muss den gesicherten *Anspruch nach Grund und Betrag* bezeichnen, ferner den Geldbetrag feststellen, durch dessen Hinterlegung die Vollziehung (vgl. u. *§ 36*) gehemmt und der Schuldner zum Antrag auf Aufhebung des vollzogenen Arrestes berechtigt wird *(Lösungssumme),* § 923. Vor allem muss der Arrestbefehl den dinglichen oder persönlichen *Arrest anordnen.* Eine Beschränkung des dinglichen Ar- 27

---

[23] Vgl. BVerfGE 9, 89, 98.
[24] Thomas/Putzo/*Hüßtege* § 33 Rn. 27.
[25] Str.; a. A. *BGH* LM Nr. 1, 2 zu § 926; ausführlich *M. Stürner* ZZP 125 (2012), 3ff.
[26] *KG* MDR 1979, 64.
[27] Vgl. *Baur,* Studien, S. 89f.; str.
[28] *Gaul/Schilken/Becker-Eberhard,* § 74 III. 1. a).

restes auf bestimmte Gegenstände ist unzulässig und unbeachtlich, weil der Arrestbefehl stets in das gesamte Schuldnervermögen vollstreckt werden kann (vgl. o. *Rn. 14* und u. *§ 36 Rn. 7*). Der stattgebende Beschluss bedarf einer Begründung nur, wenn er im Ausland vollzogen werden soll, § 922 I 2; in diesem Fall ist er auf Antrag ggf. zu vervollständigen, § 30 IV AVAG. Das Urteil ist stets zu begründen, § 313 Nr. 6.[29]

28 **Beispiel:** „*Arrestbefehl.* In der Arrestsache des …, Gläubigers, gegen den …, Schuldner, hat der Gläubiger geltend gemacht, dass ihm gegen den Schuldner aus … ein Anspruch auf Zahlung von … Euro zustehe und dass die Vollstreckung gefährdet sei, weil … Er hat diese Behauptungen durch … glaubhaft gemacht. Wegen und in Höhe des bezeichneten Anspruchs sowie der auf … Euro veranschlagten Kosten wird daher der dingliche Arrest in das Vermögen des Schuldners angeordnet. Durch Hinterlegung von … Euro wird die Vollziehung des Arrestes gehemmt und der Schuldner zu dem Antrag auf Aufhebung des vollzogenen Arrestes berechtigt. Die Kosten des Verfahrens trägt der Schuldner."

29 Bei Zahlung der Lösungssumme wird die Vollziehung des Arrestes gehemmt; soweit er bereits vollzogen, d. h. vollstreckt, ist, wird die Vollziehung – nicht der Arrestbefehl selbst! – aufgehoben, § 934 I (vgl. u. *Rn. 43* und *§ 36 Rn. 17*).

D. Rechtsbehelfe

30 Welche **Rechtsbehelfe** gegeben sind, richtet sich nach der Art der Entscheidung.

31 1. **Gegen** ein kontradiktorisches **Endurteil** (vgl. o. *Rn. 23*) des AG oder LG in erster Instanz gibt es die Berufung, nicht die Revision, § 542 II 1; auch nicht, wenn die Berufung als unzulässig verworfen wurde.[30] Kein Rechtsmittel findet statt, wenn über das Arrestgesuch das LG oder OLG als Berufungsgericht des Hauptsacheverfahrens (§ 943 I) entschieden hat[31]. Gegen ein Versäumnisurteil ist der Einspruch statthaft.

32 2. Gegen einen **zurückweisenden Beschluss** steht dem Gläubiger die sofortige Beschwerde zu (§ 567 I Nr. 2). Die Rechtsbeschwerde ist statthaft nach § 574 I 1; gegen einen Beschluss des LG als Berufungsgericht der Hauptsache (§ 943 I) aber ausgeschlossen, §§ 574 I 2, 542 II. Für die Beschwerdeeinlegung besteht nach §§ 569 III, 920 III, 78 III kein Anwaltszwang.[32]

33 3. Gegen den **anordnenden Beschluss** kann der Schuldner unbefristet **Widerspruch** einlegen, § 924 I. Mit ihm erzwingt er die bisher fehlende mündliche Verhandlung, § 924 II 2. Der Widerspruch ist zulässig, solange der Arrestbefehl besteht, und schon vor dessen Zustellung.

34 *Zuständig* ist ausschließlich das Gericht, das den Beschluss erlassen hat. Hat aber das Beschwerdegericht ihn erlassen, so ist doch das Gericht erster Instanz zuständig, um der Partei nicht eine Tatsacheninstanz zu entziehen (Gewohnheitsrecht). Daher kann hier ein unteres Gericht die Entscheidung eines oberen Gerichts aufheben, weil es die Sach- oder Rechtslage anders beurteilt. Das Gericht erster Instanz ist also im Widerspruchsverfahren nicht an die Rechtsansicht des Beschwerdegerichts gebunden.

35 Beim AG wird der Widerspruch durch Schriftsatz oder Erklärung zu Protokoll der Geschäftsstelle erhoben, § 924 II 3, beim LG durch Schriftsatz unter Anwaltszwang.[33]

---

[29] Stein/Jonas/*Bruns* § 922 Rn. 27.
[30] BGHZ 152, 195.
[31] Thomas/Putzo/*Seiler* § 922 Rn. 6.
[32] H. M., etwa Zöller/*Vollkommer* § 922 Rn. 19 m. N.
[33] *OLG Koblenz* NJW 1980, 2589.

Für die mündliche Verhandlung bleibt es bei den Vorschriften über den Arrestprozess, es findet also auch jetzt nur eine Glaubhaftmachung statt. Der Antragsteller kann neue Tatsachen geltend machen und auch den Arrestgrund austauschen (z. B. § 917 II statt § 917 I); nicht jedoch kann der Arrestanspruch ausgetauscht werden.[34] 36

Der Widerspruch hemmt nicht die Vollziehung des Arrestes; doch sind vorläufige Anordnungen im Rahmen von § 707 I 1 zulässig, § 924 III (vgl. o. *§ 14 Rn. 9*). 37

Entschieden wird durch Endurteil, § 925 I. Die Entscheidung kann den Arrest bestätigen, aufheben oder abändern, auch eine Sicherheitsleistung anordnen, § 925 II. Gegen das Urteil ist Berufung oder Einspruch möglich (vgl. o. *Rn. 31*). 38

4. Zwei **weitere Rechtsbehelfe** stehen dem **Schuldner** zur Verfügung. 39

a) Er kann, *wenn* die *Hauptsache noch nicht anhängig ist,* beim Arrestgericht beantragen, dass der *Gläubiger* **binnen** *bestimmter* **Frist Klage** in der Hauptsache zu **erheben** hat.[35] Die Frist wird ohne mündliche Verhandlung vom Rechtspfleger bestimmt (§ 926 I, § 20 Nr. 14 RPflG). Befolgt der Gläubiger die Anordnung nicht, so wird der Arrest auf Antrag und nach mündlicher Verhandlung durch Endurteil aufgehoben, § 926 II. Dagegen ist die Berufung statthaft, nie die Revision, § 542 II (vgl. o. *Rn. 31*).

b) Er kann beantragen, den *Arrest wegen* **veränderter Umstände** *aufzuheben,* § 927. 40

Hiermit bekämpft er nicht die ursprüngliche Rechtmäßigkeit des Arrestbefehls, sondern nur dessen Fortdauer. Z. B. kann der zu sichernde Anspruch fortgefallen sein (etwa durch Erfüllung) oder der Arrestgrund, oder die Vollziehungsfrist (vgl. u. *§ 36 Rn. 14*) ist ungenutzt verstrichen, oder der Schuldner hat sich zur Sicherheitsleistung erboten und sie erbracht (oder der Gläubiger hat sie abgelehnt[36]). 41

Für die *Zuständigkeit* gilt das zu § 924 Gesagte (vgl. o. *Rn. 34*);[37] ist aber die Hauptsache bereits anhängig, so ist nur das Gericht der Hauptsache zuständig, § 927 II. Das *Rechtsschutzinteresse fehlt* während eines Widerspruchs- oder Berufungsverfahrens. Das Gericht entscheidet auch hier durch Endurteil, § 927 II. 42

5. Der Schuldner kann die **Aufhebung des vollzogenen Arrestes** beantragen, sobald er den im Arrestbefehl bestimmten Geldbetrag hinterlegt hat, §§ 934 I, 923. Es wird nur die Vollziehung, nicht der Arrestbefehl selbst aufgehoben (vgl. o. *Rn. 29* und u. *§ 36 Rn. 17*). 43

E. Erledigterklärung

Erfüllt der Antragsgegner den geltend gemachten Arrestanspruch oder leistet er freiwillig Sicherheit, entfällt der Arrestgrund; für die Erledigung des Arrestverfahrens gelten dann die allgemeinen Vorschriften:[38] Erklären die Beteiligten das Eilverfahren übereinstimmend für erledigt, wird der bereits erlassene Arrestbefehl wirkungslos, ohne dass es einer Aufhebung bedarf; es ist nur noch über die Kosten zu entscheiden, § 91 a. Schließt sich der Antragsgegner der Erledigterklärung nicht an, prüft das Gericht das tatsächliche Vorliegen eines erledigenden Ereignisses. Da das Eilverfahren 44

[34] Zöller/*Vollkommer* § 925 Rn. 3; MünchKomm-ZPO/*Drescher* § 925 Rn. 3f.

[35] Zum Rechtsschutzinteresse für diesen Antrag vgl. *OLG Karlsruhe* NJW-RR 198, 251 f. (Ablauf des Datums, für das eine Unterlassungsverfügung beantragt war); *OLG Düsseldorf* NJW-RR 1988, 696 f. (Verzicht und Herausgabe des Titels).

[36] Stein/Jonas/*Bruns* § 927 Rn. 9.

[37] *OLG Hamm* MDR 1987, 593.

[38] *Baur/Stürner/Bruns,* Rn. 51.18.

schon mit Anbringen des Arrestgesuchs rechtshängig wird (vgl. o. *Rn. 18*), kann Erledigung überdies eintreten, bevor der Antragsgegner beteiligt wurde; auch hier aber gelten die Erledigungsgrundsätze, eine Antragsrücknahme nach § 269 III 3 (analog) ist wegen des klaren Wortlauts der Vorschrift ausgeschlossen.[39]

§ 36. Die Vollziehung des Arrestes

A. Einordnung

1 Der Arrestbefehl wird durchgesetzt in einer **Art von Zwangsvollstreckung.** Sie heißt *Vollziehung des Arrestes.* Für sie gelten grundsätzlich die Vorschriften über die Zwangsvollstreckung entsprechend, § 928 (deshalb ist zwischen „Vollzug" und „Vollstreckung" nicht zu trennen[1]). Stets ist zu beachten, dass das Ziel des Arrestes nicht die Befriedigung, sondern *nur die Sicherung* des Gläubigers ist.[2]

2 Die Vollziehung weist einige **Besonderheiten** gegenüber der Zwangsvollstreckung auf.

3 1. Ergeht der Arrestbefehl durch Beschluss, ist er (auch wegen der Kosten) ohne Weiteres vollstreckbar, § 794 I Nr. 3; lediglich das den Arrestantrag zurückweisende Urteil ist für vorläufig vollstreckbar zu erklären, § 708 Nr. 6. Eine *Vollstreckungsklausel* ist nur *ausnahmsweise* nötig, nämlich als titelübertragende Klausel, § 929 I (vgl. § 727 und o. *§ 4 Rn. 7*),[3] oder wenn der Arrestbefehl im Ausland vollzogen werden soll, § 31 AVAG.

4 2. Die Vollziehung ist auch ohne vorherige oder gleichzeitige *Zustellung* des Arrestbefehls an den Schuldner zulässig (Abweichung von § 750 I), § 929 III 1, doch muss die Zustellung – stets im Parteibetrieb (str., vgl. auch u. *§ 37 Rn. 35*) – binnen einer Woche nach Vollziehung erfolgen; dann gelten die getroffenen Vollstreckungsmaßnahmen als von Anfang an voll wirksam, sonst sind sie unwirksam, § 929 III 2 (nicht jedoch der Arrestbefehl, daher kann er innerhalb der Frist des § 929 II erneut vollzogen werden).[4]

5 3. Der Arrest muss innerhalb von einem Monat seit Verkündung des Arrestbefehls oder Zustellung an den Gläubiger *vollzogen* werden, § 929 II; vgl. u. *Rn. 14.*

6 4. Die *Vollstreckungsgegenklage,* § 767, ist *ausgeschlossen,* weil für ihren Bereich die Aufhebung des Arrestes nach § 927 möglich ist. Die sonstigen Einwendungen können auch hier erhoben werden (Erinnerung, § 766; Widerspruchsklage, §§ 771; 805).

B. Die Vollziehung des Arrests

7 1. Der **dingliche Arrest** kann in das gesamte Vermögen vollzogen werden.

8 Die Vollziehung in das **bewegliche Vermögen** geschieht durch *Pfändung,* § 930 I. Hierfür gelten die §§ 803ff., 808ff., 828ff., nur ist für die Forderungspfändung nicht das Vollstreckungsgericht des § 828, sondern ausschließlich das Arrestgericht zuständig (es handelt durch den Rechtspfleger, wenn nicht, wie oft, Arrestbefehl und Pfändungsbeschluss miteinander verbunden werden, § 20 Nr. 16 RPflG). Wegen des bloßen Sicherungszwecks kommen Verwertungsakte nicht in Frage, also nicht die Versteigerung der gepfändeten Sache (Ausnahme § 930 III) und nicht die Überweisung einer Forderung. Gepfändetes Geld wird hinterlegt, § 930 II.

---

39 *Vossler* MDR 2009, 667, 669 m. N., str.

1 *Bennert* Rpfleger 1996, 485.

2 BGHZ 120, 73, 77.

3 Dazu *Loritz* ZZP 106 (1993), 1.

4 Zöller/*Vollkommer* § 929 Rn. 28.

Für den Umfang der Vollstreckung gelten dieselben Grenzen wie bei der normalen Vollstreckung (auch die Offenbarungsversicherung ist zulässig); daher sind die *Pfändungsbeschränkungen* der §§ 811, 850ff. zu beachten. 9

Mit der Pfändung tritt auch hier die Verstrickung ein und entsteht ein *Arrestpfandrecht,* § 930 I 2. Es gewährt Vorrang (§ 804 III) auch gegenüber Gläubigern mit endgültigem Titel. Siegt der Gläubiger in der Hauptsache und wird damit die normale Vollstreckung für ihn möglich, so erfolgt keine erneute Pfändung, sondern das Arrestpfandrecht wird von selbst zum normalen Pfändungspfandrecht, sobald alle Voraussetzungen der Zwangsvollstreckung erfüllt sind.[5] Die Befriedigungsfunktion tritt zur bloßen Sicherungsfunktion hinzu, so dass man etwas ungenau von der Umwandlung in ein Vollstreckungspfandrecht sprechen kann. Der Rang des Pfandrechts richtet sich nach dem Zeitpunkt der Arrestpfändung; darin liegt für den Gläubiger einer der wichtigsten Vorteile des Arrestes. 10

Die Vollziehung in **Grundstücke** und grundstücksgleiche Rechte ist nur beschränkt zulässig. Sie geschieht durch *Eintragung einer Sicherungshypothek,* sog. Arresthypothek, § 932. Die Arresthypothek wird auf Antrag des Gläubigers, wenn er ein rechtskräftiges Urteil erstritten hat, in eine Zwangshypothek umgeschrieben, sofern die 750-Euro-Schwelle des § 866 III überschritten ist.[6] 11

Die Zwangsversteigerung verbietet sich als Verwertungsakt (es fehlt der vollstreckbare Titel über die Hauptforderung und folglich die Möglichkeit der Umschreibung in eine Zwangshypothek, vgl. o.), aber auch die Zwangsverwaltung ist ausgeschlossen. Die Sicherungshypothek hat den Charakter einer Höchstbetragshypothek, wobei die Lösungssumme den Höchstbetrag darstellt. Ein gesetzlicher Löschungsanspruch gemäß §§ 1179a, 1179b BGB steht dem Arrestgläubiger nicht zu, § 932 I 2. 12

2. Die Vollziehung des **persönlichen Arrestes** (§ 933) richtet sich nach der Art der Freiheitsbeschränkung, die im Arrestbefehl angeordnet ist. Als Arten der Freiheitsbeschränkung kommen in erster Linie in Betracht Meldepflicht, Reiseverbot, Entzug des Personalausweises. Nur wenn solche Maßnahmen nicht genügen, darf Haft angeordnet werden (vgl. auch o. *§ 27 Rn. 18f., 34*). Für die Vollziehung der Haft gelten die §§ 802g, 802h und 802j I, II. 13

C. Die Vollziehungsfrist

Der Arrest muss innerhalb der gesetzlichen, unabänderlichen **Frist** *von einem Monat* seit Verkündung des Arrestbefehls (nach mündlicher Verhandlung, vgl. o. *§ 35 Rn. 21*) oder der Zustellung an den Gläubiger **vollzogen** werden, § 929 II. Das ist praktisch sehr wichtig, denn danach ist der Vollzug unzulässig; Vollstreckungsmaßnahmen nach Fristablauf hält die h. M. für unwirksam.[7] In der Vollziehungsfrist kommt der Eilcharakter des Arrestverfahrens zum Ausdruck. 14

Streitig ist, ob in der Frist die Vollziehung beendet sein muss (z. B. durch Zustellung des Pfändungsbeschlusses an den Drittschuldner, § 829 III) oder ob es ausreicht, dass mit ihr begonnen (z. B. der Pfändungsbeschluss verfügt) worden ist oder ob sogar der Antrag des Gläubigers auf Vornahme der Vollstreckungsmaßnahme genügt. 15

---

[5] Stein/Jonas/*Bruns* § 930 Rn. 11.

[6] Zöller/*Vollkommer* § 932 Rn. 4.

[7] BGHZ 112, 356, 360f.; Zöller/*Vollkommer* § 929 Rn. 22 m. N.; vgl. auch o. *§ 7 Rn. 13.*

16 Die erste Auffassung ist für den Gläubiger nachteilig, wenn er innerhalb der Frist kein pfändbares Vermögen findet oder wenn später auf Widerspruch eines Dritten die Pfändung aufgehoben wird. Das Gesetz will aber nicht den Gläubiger schädigen, der ernsthaft die Vollstreckung versucht. Vielmehr soll nur verhindert werden, dass der Gläubiger den Arrestbefehl missbräuchlich ausnützt, indem er den Schuldner ständig mit der Drohung künftiger Arrestvollziehung unter Druck setzt. Dem versucht die zweite Auffassung Rechnung zu tragen.[8] Sie stellt auf den Beginn der Zwangsvollstreckung und damit auf einen Zeitpunkt ab, der zuweilen schwer zu ermitteln ist. Daher ist der dritten, heute herrschenden Auffassung zu folgen: Entsprechend § 932 III muss innerhalb der Frist eine zulässige Vollstreckungsmaßnahme lediglich beantragt sein.[9] Gegen Missbrauch kann sich der Schuldner nach § 927 zur Wehr setzen (z. B. wenn der Gläubiger die Vollziehung unterbricht und sie erst fortsetzt, nachdem der zu sichernde Anspruch erfüllt ist, vgl. o. *§ 35 Rn. 40*).

D. Die Lösungssumme

17 Wird die *Lösungssumme* (§ 923) *hinterlegt,* so ist die Vollziehung des Arrestes (nicht seine Anordnung, d. h. der Arrestbefehl) aufzuheben, § 934 I. Ausschließlich zuständig ist das Vollstreckungsgericht (§§ 764 II, 802), im Fall des § 930 I 3 das Arrestgericht (Rechtspfleger: § 20 Nr. 15 RPflG). Zur Aufhebung vgl. o. *§ 14 Rn. 23.*

E. Der Schadensersatzanspruch des § 945

18 Erweist sich die *Anordnung* des Arrestes als *von Anfang an ungerechtfertigt* (bei Fehlen des Arrestanspruchs oder des Arrestgrundes,[10] nicht aber bei Fehlen der Glaubhaftmachung) oder wird die angeordnete Maßregel nach § 926 II aufgehoben, weil der Gläubiger nicht fristgerecht die Hauptsacheklage erhoben hat, so hat der Schuldner ähnlich wie nach § 717 einen Schadensersatzanspruch gegen den Gläubiger wegen des **Schadens,** der ihm (nicht einem Dritten[11]) **durch die Vollziehung des Arrestes** (oder durch eine Sicherheitsleistung zu deren Abwendung oder Aufhebung), nicht durch die Anordnung des Arrestes,[12] entstanden ist, § 945. Der Anspruch ist **vom Verschulden des Gläubigers unabhängig.** Dem Gläubiger ist die Vollziehung des Arrestes ja gestattet, aber belastet mit dem Risiko der Schadensersatzpflicht.[13] Um eine Gefährdungshaftung handelt es sich nicht,[14] wohl aber um einen Anspruch aus unerlaubter Handlung im weiteren Sinne; daher gilt § 32 für die Zuständigkeit. §§ 249 ff. BGB und insbesondere § 254 BGB sind anwendbar.[15]

19 Der Schadensersatzanspruch kann nicht im Arrestverfahren eingeklagt werden, sondern nur im ordentlichen Verfahren oder durch Widerklage im Prozess über die Hauptsache (dort auch Aufrechnung zulässig).

20 Der Anspruch kann auch dann geltend gemacht werden, wenn kein Widerspruch eingelegt, also über die „Rechtmäßigkeit des Arrestes" (§ 925 I) nicht entschieden worden ist. Das Gericht hat dann selbständig zu prüfen, ob der Arrest von Anfang an ungerechtfertigt war.[16] Ist hingegen im Hauptprozess der Hauptanspruch *schon für die Zeit des Arresterlasses* rechtskräftig verneint worden, so steht damit für den Schadens-

---

[8] *Baur/Stürner/Bruns* Rn. 52.5 Fn. 16 m. w. N.

[9] BGHZ 112, 356, 359; Stein/Jonas/*Bruns* § 929 Rn. 11; Zöller/*Vollkommer* § 929 Rn. 10 m. w. N.; vgl. auch u. *§ 37 Rn. 35.*

[10] Dazu Stein/Jonas/*Bruns* § 945 Rn. 20.

[11] *BGH* NJW 1994, 1413, 1416.

[12] Der schon durch die Anordnung erwachsene Schaden ist nur nach §§ 823, 826 BGB zu ersetzen (setzt also Verschulden voraus), vgl. *BGH* NJW 1988, 3268, 3269.

[13] BGHZ 120, 261, 263.

[14] *Baur* Anm. JZ 1970, 693, abw. BGHZ 85, 110, 113.

[15] *BGH* NJW 2006, 2557 Rn. 23.

[16] *BGH* NJW 1986, 1815; Stein/Jonas/*Bruns* § 945 Rn. 24.

ersatzprozess fest, dass der Arrest von Anfang an ungerechtfertigt war.[17] Ist im Hauptprozess umgekehrt der Hauptanspruch rechtskräftig bejaht worden, so bindet das zwar im Schadensersatzprozess,[18] rechtfertigt aber noch nicht die Arrestanordnung; denn der Arrestgrund kann gefehlt haben, er ist daher zu prüfen.

Schwieriger ist die Frage zu entscheiden, ob eine rechtskräftige Aufhebung oder Bestätigung des Arrestes oder ein rechtskräftiger Arrestbefehl in Urteilsform (§ 922 I) für den Schadensersatzprozess bindend feststellt, dass der Arrest von Anfang an ungerechtfertigt oder zu Recht ergangen war. Lange Zeit hatte die h. M. eine Bindung bejaht,[19] wenn der Arrest wegen Fehlen des Arrestgrundes[20] oder des Arrestanspruchs als von Anfang an ungerechtfertigt aufgehoben wurde. Der BGH ließ die Frage zuletzt offen.[21] In der Literatur hat sich zu Recht die Ansicht durchgesetzt, wonach der Richter im Schadensersatzprozess nicht an Entscheidungen im Arrestverfahren gebunden ist.[22] Es handelt sich in beiden Verfahren um andere Streitgegenstände, und eine Bindung an im summarischen Prozess ergangene Entscheidungen würde die Rechtsschutzmöglichkeiten im Schadensersatzprozess unzulässig verkürzen.[23] Wird der Arrest bestätigt, so ist nur der Arrestgrund rechtskräftig festgestellt, nicht der Arrestanspruch.[24] An eine Aufhebung gemäß § 926 II ist der Schadensersatzrichter gebunden (Tatbestandswirkung).[25] 21

§ 37. Die einstweilige Verfügung

Literatur: Vgl. o. *§ 34.*

A. Die Sicherungsverfügung

Die Sicherungsverfügung als erste Art der einstweiligen Verfügung soll die künftige Verwirklichung eines nicht auf Geld gerichteten Anspruchs sichern, **§ 935** (zu den drei Arten der einstweiligen Verfügung vgl. o. *§ 34 Rn. 2f.*). 1

In Betracht kommen alle Ansprüche auf *individuelle Leistung* (d. h. Ansprüche, die nicht auf Zahlung gerichtet sind – dann Arrest), z. B. der Anspruch des Eigentümers auf Herausgabe oder der des Käufers auf Lieferung einer bestimmten Sache. Zweck der einstweiligen Verfügung ist hier lediglich, die künftige Rechtsverwirklichung zu *sichern,* z. B. durch ein Veräußerungsverbot oder durch Sequestrierung der herauszugebenden Sache (vgl. u. *Rn. 33*). Keinesfalls kann der Gläubiger mithilfe einer Sicherungsverfügung schon die Herausgabe der Sache an sich selbst, also die Erfüllung des zu sichernden Anspruchs, erreichen. 2

Der bloße **Sicherungszweck** dieser Verfügungsart macht sie zu einem Seitenstück des Arrestes (vgl. o. *§ 34 Rn. 2*). Weil der nach § 935 sicherbare Anspruch „in eine Geldforderung übergehen kann", hat der Gläubiger zwischen einer einstweiligen Verfügung und einem Arrest die Wahl: Ist ihm an der Lieferung der gekauften Sache gelegen, so wird er nach § 935 vorgehen; hat er es auf die Sicherung seines künftigen Schadensersatzanspruches statt der Leistung wegen Schlecht- oder Nichterfüllung (§§ 280 I, III, 281, 283 BGB) abgesehen, dann muss er zum Arrest greifen (vgl. o. *§ 35 Rn. 2*). 3

Die Sicherungsverfügung setzt, dem Arrest entsprechend, einen **Verfügungsgrund** voraus: die Gefahr, dass durch eine Veränderung des bestehenden Zustands die *Verwirklichung des Rechts* einer Partei *vereitelt oder wesentlich erschwert* werden könnte, § 935. 4

[17] BGHZ 122, 172, 175.
[18] *BGH* NJW 1989, 106.
[19] *BGH* NJW 1992, 2297, 2298 m. N.
[20] *BGH* VersR 1985, 335.
[21] *BGH* NJW-RR 1998, 1651, 1652 m. N.
[22] Stein/Jonas/*Bruns* § 945 Rn. 29 m. N.
[23] Zöller/*Vollkommer* § 945 Rn. 9.
[24] *BGH* NJW-RR 1992, 733, 736.
[25] Thomas/Putzo/*Seiler* § 945 Rn. 11.

5 In Betracht kommen drohende Zerstörung, Entziehung oder Veräußerung einer Sache, die der Gläubiger beansprucht, die bevorstehende Einziehung einer zur Sicherung abgetretenen Forderung.[1] Die Verschlechterung der Vermögenslage des Schuldners spielt hier keine Rolle, da es sich nur um die Sicherung der einzelnen Leistung handelt. Die einstweilige Verfügung wird auch dadurch nicht ausgeschlossen, dass ein späterer Schadensersatzanspruch des Gläubigers gesichert erscheint. Hat der Antragsteller bereits einen vollstreckbaren Titel, so fehlt regelmäßig der Verfügungsgrund (vgl. o. *§ 35 Rn. 7*).

6 Ein konkreter Verfügungsgrund ist entbehrlich, wenn die Sicherungsverfügung auf Eintragung einer Vormerkung oder eines Widerspruchs im Grundbuch abzielt (vgl. §§ 885 I, 899 II BGB); denn schon die fehlende oder fehlerhafte Eintragung im Grundbuch gefährdet den Berechtigten (Grund: drohender Rechtsverlust, insbesondere durch Erwerb eines Dritten, gemäß §§ 892f. BGB).

B. Die Regelungsverfügung

7 Die Regelungsverfügung als zweite Verfügungsart dient der Regelung eines einstweiligen Zustandes in Bezug auf ein streitiges Rechtsverhältnis, **§ 940.**

8 Zu diesem Zweck kann sie insbesondere *rechtsgestaltende* Maßnahmen treffen, z. B. dem Gesellschafter einer OHG die Geschäftsführungs- und Vertretungsbefugnis entziehen,[2] oder die *Unterlassung* bestimmter Handlungen anordnen, z. B. die Verbreitung bewusst unwahrer Testberichte,[3] die Durchführung eines unzulässigen, weil politischen Streiks,[4] das Aufstellen ehrenrühriger Behauptungen.

9 Die Regelung darf nur eine **einstweilige** sein. Wird die Regelungsverfügung mit Wirkung *ex nunc,* z. B. nach § 927, aufgehoben, so muss der frühere Rechtszustand *automatisch* wieder eintreten.[5]

10 So liegt es z. B. bei Entziehung der Geschäftsführungs- und Vertretungsbefugnis des Gesellschafters einer OHG (vgl. o. *Rn. 8*), weil der Antragsgegner Gesellschafter geblieben ist und daher mit Aufhebung der Entziehungsverfügung die Regeln der §§ 114, 125 HGB wieder anwendbar sind.[6] Hingegen ist der (zeitweilige) Ausschluss des Gesellschafters einer OHG unzulässig. Wird nämlich die Ausschlussverfügung mit Wirkung *ex nunc* aufgehoben, so tritt der frühere Rechtszustand nicht automatisch ein: Der Ausgeschlossene wird nicht ohne Weiteres wieder Gesellschafter, sondern nach allgemeinen Regeln (vgl. § 109 HGB) nur durch Abschluss eines neuen Gesellschaftsvertrags (der alte kann geändert sein). Da der Ausschluss keine nur einstweilige Regelung enthält, ist er ausnahmslos unzulässig.[7]

11 Kein Grund für die Unzulässigkeit einer Regelung ist es, dass sie das Ergebnis der Hauptsache praktisch vorwegnimmt.

12 Das zeigt sich vor allem im *Wettbewerbsrecht.* Hier ist die Regelungsverfügung das wichtigste Mittel, um Unterlassungshauptansprüche schnell und wirksam durchzusetzen. Mit der einstweiligen Verfügung erreicht der Gläubiger im Wesentlichen alles, was ihm zusteht. Oft wird es zum Hauptprozess gar nicht

---

[1] Vgl. *OLG Karlsruhe* NJW 1984, 1905, 1906 mit unzutr. Einordnung der beantragten Verfügung als Leistungsverfügung.

[2] Vgl. BGHZ 33, 105, 107f.; 86, 177, 180; ferner *OLG Karlsruhe* NJW-RR 1993, 1505, 1506 für Gesellschafter-Geschäftsführer einer Zwei-Mann-GmbH.

[3] *OLG Stuttgart* NJW 1964, 48ff.

[4] *LAG München* NJW 1980, 957f.; vgl. auch *LAG Hamm* NZA 1984, 130.

[5] Zustimm. *OLG Düsseldorf* WuW/E S. 3788; *OLG Koblenz* NJW 1991, 1119.

[6] Abw. *Baur,* Studien, S. 54 N. 27; *Leipold* S. 112 N. 54.

[7] *Baur/Stürner/Bruns* Rn. 53.21; *Brox/Walker* Rn. 1602f. [sei eine unzulässige Leistungsverfügung]; *Littbarski* S. 141f.; Stein/Jonas/*Bruns* § 938 Rn. 7. – A. A. *Leipold* S. 125; *v. Gerkan* ZGR 1985, 181f., 187ff.: jede nötige Maßnahme ist zulässig, vgl. auch u. *Rn. 16.* Zur Unterlassungsverfügung vgl. u. *Rn 12.*

mehr kommen.[8] – Zulässig ist ferner eine Unterlassungsverfügung, die einem Gesellschafter verbietet, sein Stimmrecht in einem bestimmten Sinne auszuüben, da bei Aufhebung der Unterlassungsverfügung mit Wirkung *ex nunc* das Verbot automatisch entfällt (eine andere Frage ist es, ob im Einzelfall ein Verfügungsanspruch und Verfügungsgrund besteht; hier herrscht verbreitet Unklarheit[9]).

Die Regelungsverfügung führt also in diesen und ähnlichen Fällen zur *(vorläufigen)* **Befriedigung** des Gläubigers, obwohl nicht sicher ist, dass der Antragsteller wirklich „Gläubiger", der Gegner wirklich „Schuldner" ist. 13

Deshalb hat das Gericht hier die materielle Rechtslage genauer als sonst zu prüfen.[10] 14

Die eingetretene (vorläufige) Befriedigung ist praktisch irreparabel, wie sich bei der auf Unterlassung gerichteten Verfügung deutlich zeigt: Die einmal unterlassene Handlung ist für die Vergangenheit nicht nachholbar. Darin liegt eine erhebliche Gefährdung des angeblichen Schuldners. Sie wird nur zum Teil dadurch ausgeglichen, dass mit Aufhebung der einstweiligen Verfügung ex nunc *automatisch* der frühere Zustand wieder eintritt (die bislang verbotene Handlung kann wieder vorgenommen werden), es also keiner Rückgewähr empfangener Leistungen durch den „Gläubiger" an den „Schuldner" bedarf. 15

Die Einstweiligkeit der Regelung soll sich nach *v. Gerkan* darin zeigen, dass die verfügte Anordnung unter dem Vorbehalt einer endgültigen Entscheidung zur Hauptsache stehe.[11] Das bedeutet: Für die einstweilige Verfügung gibt es *keine inhaltlichen* Grenzen,[12] sondern nur eine – mangels Notwendigkeit einer Hauptsacheentscheidung bloß potenzielle – *zeitliche* Grenze. Damit unterscheidet sich die einstweilige Verfügung nicht von dem im ordentlichen Verfahren ergangenen rechtskräftigen Urteil, dem „auch nur" eine potenzielle Zeitgrenze durch eine Wiedereinsetzungs- oder Wiederaufnahmeentscheidung gesetzt ist.[13] Wird „Einstweiligkeit" der Regelung bloß als Grenze in der Zeit und nicht im Inhalt begriffen, so besteht bei der Regelungsverfügung kein Unterschied mehr zwischen vorläufigem und endgültigem Rechtsschutz. Das ist mit Wortlaut, Sinn und Zweck des § 940 nicht vereinbar.[14] 16

Dass der frühere Zustand automatisch wieder eintreten kann, ist nicht nur der Maßstab für die Einstweiligkeit einer Regelung (vgl. o. *Rn. 9*), sondern auch für die Abgrenzung von Regelungs- und Leistungsverfügung (vgl. u. *Rn. 19*).[15] 17

Ein *Verfügungsgrund* für eine Regelungsverfügung liegt vor, wenn ein Rechtsverhältnis einstweilen durch Richterspruch geregelt werden muss, um z. B. wesentliche Nachteile oder drohende Gewalt abzuwenden (§ 940 Hs. 2). Der Verfügungsgrund gestattet nicht jede erdenkliche Regelung, sondern nur eine solche, die generell zulässig ist (vgl. § 940 Hs. 1 und o. *§ 34 Rn. 2f.*). 18

---

[8] Vgl. BGHZ 181, 373: Kein Rechtsschutzbedürfnis bei Abschlusserklärung mit Verzicht auf die Rechte aus §§ 924, 926, 927 auch dann, wenn Vorbehalt für Änderung der Gesetzeslage oder der Rechtsprechung.

[9] Vgl. *OLG Koblenz* NJW 1991, 1119; *OLG Hamburg* NJW 1992, 186f.; *Littbarski* S. 154f.; MünchKomm-ZPO/*Drescher* § 935 Rn. 63ff.

[10] Vgl. *Baur,* Studien, S. 28ff.; auch *Arens,* FS v. Caemmerer, 1978, S. 75ff.; *OLG Koblenz* NJW-RR 1986, 1039; theoretisch, aber kaum praktisch anders *Leipold* S. 83ff., 116f.; *v. Gerkan* ZGR 1985, 175ff.

[11] ZGR 1985, 190.

[12] Konsequent *v. Gerkan* ZGR 1985, 181f., 187ff.

[13] Vgl. *v. Gerkan* ZGR 1985, 182.

[14] Vgl. auch *OLG München* NJW-RR 1987, 761, 762.

[15] Zustimm. *OLG Düsseldorf* WuW/E S. 788f.; andere Abgrenzung bei *Baur/Stürner/Bruns* Rn. 53.20, 53.23; gegen eine Unterscheidung *Schilken* S. 122ff.; Stein/Jonas/*Bruns* vor § 935 Rn. 30; ganz anders *Leipold* S. 113ff.

C. Die Leistungsverfügung

19 Die Leistungsverfügung ist die dritte Art der einstweiligen Verfügung. Sie knüpft an die Regelungsverfügung des § 940 an, die häufig eine (vorläufige) Befriedigung des Gläubigers zur Folge hat (vgl. o. *Rn. 13*). In Weiterführung dieses Gedankens hat die Rechtsprechung auch in anderen Fällen durch einstweilige Verfügung provisorisch zur Leistung verurteilt (daher die Bezeichnung „Leistungsverfügung"). Von der Regelungsverfügung unterscheidet sie sich dadurch, dass bei ihr nicht wie bei jener der frühere Zustand von selbst wieder eintreten kann (vgl. o. *Rn. 17*).

20 Durch Leistungsverfügung kann z. B. verurteilt werden zur Herausgabe einer Sache an den Gläubiger,[16] unter bestimmten, engen Voraussetzungen zur Räumung von Wohnraum (§ 940a), zur Weiterbeschäftigung,[17] zur Entfernung unlauterer Reklameplakate,[18] zur Beseitigung unzulässiger Wahlplakate,[19] zum Abdruck einer Gegendarstellung auch ohne presserechtliche Grundlage (aber nicht zum Widerruf einer Tatsachenbehauptung[20]), zu fortlaufenden Zahlungen (insbesondere von Unterhalt,[21] Renten nach §§ 843 I, 844 II BGB,[22] Lohn[23]), ausnahmsweise zu einmaligen Zahlungen (wie Arzt- und Krankenhauskosten, Zahlung zur Abwendung bedeutender Vermögensschäden),[24] ferner zur Abgabe bloß „einstweiliger" Willenserklärungen.[25]

21 Die Rechtsprechung konnte hinsichtlich der Ansprüche auf fortlaufende Zahlung anknüpfen an die einstweilige Regelung des Unterhalts im Eheprozess, für die bis 1938 die §§ 936–944 galten. Ein gesetzliches Vorbild enthalten § 247 FamFG[26] (vgl. u. *Rn. 36*).

22 Auch bei der Leistungsverfügung ist die materielle Rechtslage strenger als sonst zu prüfen[27] (vgl. o. *Rn. 14*).

23 Ein *Verfügungsgrund* liegt nur vor, wenn die provisorische Verurteilung notwendig ist, um den (angeblichen) Gläubiger vor schweren Nachteilen („akute Notlage") zu schützen.[28] Der schwerste Nachteil ist der (drohende) endgültige Rechtsverlust.[29] Eine sorgfältige Prüfung ist nötig, weil sich im Hauptsacheprozess herausstellen kann, dass der Antragsteller nicht „Gläubiger" und der Gegner nicht „Schuldner" ist. Hat der „Schuldner" aufgrund der Leistungsverfügung geleistet, z. B. Geld gezahlt, so wird sein Rückzahlungsanspruch in der Regel nicht realisierbar sein (vgl. u. *Rn. 25*). Dieses

[16] *OLG Frankfurt* BB 1981, 148: Kraftfahrzeuge.
[17] Vgl. *LAG Mainz* Urt. v. 26.6.2019 – 2 SaGa 4/19, BeckRS 2019, 30917.
[18] *OLG Frankfurt a. M.* BB 1966, 262f.
[19] *OLG Karlsruhe* NJW 72, 1810, 1811.
[20] *Jauernig* ZZP 79 (1966), 321, 343.
[21] *OLG Celle* FamRZ 1979, 802.
[22] *OLG Frankfurt a. M.* NJW 2007, 851.
[23] Vgl. *ArbG Kassel* BB 1971, 1562.
[24] Vgl. *OLG Köln* MDR 1959, 398; *OLG Düsseldorf* MDR 1960, 58f.
[25] Vgl. *LG Frankfurt a. M.* NJW 1983, 761, 763 m. N.: vorläufige Zulassung zum Spielbetrieb der Zweiten Bundesliga; *OLG Hamburg* NJW-RR 1991, 382: keine vorläufige Zustimmung zur Kündigung eines Arbeitsverhältnisses; nicht beachtet von *BGH* NJW-RR 1987, 685; weitergehend auch für „endgültige" Willenserklärungen unter engen Voraussetzungen *OLG Köln* NJW-RR 1997, 60.
[26] „... verfahrensrechtliche[r] Gehalt der Regelungen des bisherigen § 1615o BGB ..." (früher § 1716 a. F.), BT-Drs. 16/6308, 260, und zwar auch hinsichtlich eines Anspruchs auf einmalige Leistung (Entbindungskosten der unverheirateten Mutter).
[27] Vgl. *OLG Bamberg* OLGZ 1971, 439.
[28] *OLG Düsseldorf* NJW-RR 1996, 123, 124.
[29] *LAG München* NJW 1980, 957, 958; auch *LAG Rheinland-Pfalz* NZA 1986, 264f.

missliche Ergebnis muss aber im Hinblick auf die Notlage des Antragstellers in Kauf genommen werden, zumal die materielle Rechtslage mit derjenigen Sorgfalt zu prüfen ist, die in einem summarischen Verfahren möglich erscheint.

Aus dem Verfügungsgrund – Vermeidung schwerer Nachteile: Beseitigung einer akuten Notlage – ergeben sich für die *Leistungsverfügung auf Unterhalt* (Lohn) weitere Beschränkungen: Sie erfasst nur zukünftigen Unterhalt (Lohn) ab Antragstellung und keine Rückstände aus der Zeit davor,[30] berücksichtigt nur den notwendigen Lebensbedarf und ist zeitlich zu befristen, in der Regel auf sechs Monate.[31] Vgl. aber u. *Rn. 36* zu §§ 49ff., 246ff. FamFG.[32] 24

Auch die Leistungsverfügung greift der Entscheidung über den Anspruch im Hauptprozess nicht vor. Ergibt sich, dass der Anspruch nicht besteht, so hat der Schuldner einen *Schadensersatzanspruch,* zumindest einen *Bereicherungsanspruch* gegen den Gläubiger. Der Anspruch wird bei Leistungsverfügungen, die auf Zahlung gehen, selten durchzusetzen sein; denn ein zahlungskräftiger Gläubiger erlangt die Verfügung nicht, weil er keinen Verfügungsgrund (akute Notlage!) vorweisen kann. 25

D. Verfahren

Das Verfahren entspricht grundsätzlich dem Arrestprozess, § 936. 26

Abweichend geregelt ist die **Zuständigkeit.** In der Regel ist das Gericht der Hauptsache (§ 943) zuständig, § 937 I, nur in dringenden Fällen (wenn die Anrufung des Gerichts der Hauptsache zu einer gefährlichen Verzögerung führen würde – in Zeiten moderner Kommunikationsmittel sehr selten) sowie bei Vormerkung und Widerspruch auch ohne Dringlichkeit – § 942 II – das AG, in dessen Bezirk sich der Streitgegenstand oder das Grundstück befindet, § 942 (ist das AG selbst Gericht der Hauptsache, so scheidet § 942 aus). Das AG entscheidet im Rahmen von § 942 stets durch Beschluss, § 942 IV (§ 922 I gilt hier nicht). Das AG hat nach § 942 I von Amts wegen, nach § 942 II auf Antrag eine Frist zu bestimmen, innerhalb welcher der Gläubiger die Ladung des Gegners zur mündlichen Verhandlung über die Rechtmäßigkeit der einstweiligen Verfügung vor das Gericht der Hauptsache zu beantragen hat. Nach fruchtlosem Ablauf der Frist wird die einstweilige Verfügung auf Antrag aufgehoben, § 942 III, und der Schuldner hat einen Schadensersatzanspruch gegen den Gläubiger nach § 945.[33] 27

Das Gericht der Hauptsache entscheidet **in der Regel** nach **mündlicher Verhandlung** (durch Endurteil), ohne sie nur in dringenden Fällen oder wenn der Antrag zurückzuweisen ist (durch Beschluss), § 937 II; anders als beim Arrest (vgl. o. *§ 35 Rn 19f.*) liegt die Entscheidung über die Durchführung einer mündlichen Verhandlung also nicht im pflichtgemäßen Ermessen des Gerichts, sondern ist trotz allgemeiner Eilbedürftigkeit die mündliche Verhandlung vorgesehen. Nur in dringenden Fällen kann der Vorsitzende allein entscheiden, § 944. 28

Insbesondere in Wettbewerbssachen spielt in der Praxis die **Schutzschrift** eine wichtige Rolle. Sie ist ein vorsorgliches Verteidigungsmittel gegen einen noch nicht anhängigen, aber erwarteten Antrag auf einstweilige Verfügung. Mit ihr will der (mögliche) Antragsgegner erreichen, dass das Gericht einen „dringenden Fall" nicht bejaht und nicht nach § 937 II ohne mündliche Verhandlung entscheidet; darüber hinaus zielt die Schutzschrift regelmäßig darauf ab, dass überhaupt keine einstweilige Verfügung ergeht. Inhalt der Schutzschrift können daher Ausführungen zum Verfügungsanspruch, zum Verfügungsgrund und zur Glaubhaftmachung sein. Die Schutzschrift war eine Entwicklung der Praxis; sie konnte sich darauf stützen, dass das Gericht wegen Art. 103 I GG die Schutzschrift bei der Entscheidung über die Verfahrensart 29

[30] *OLG Celle* NJW 1990, 3280, 3281 m. N.; nach a. A. gibt es Unterhalt erst ab Verfügungserlass, vgl. *OLG Hamm* FamRZ 1988, 528; *OLG Celle* NJW-RR 1996, 257; OLGR 1994, 42.

[31] Umfassende Nachweise in *OLG Köln* FamRZ 1983, 410, 412ff.; *OLG Düsseldorf* NJW-RR 1991, 1028, 1029.

[32] Zur umstrittenen Frage, ob der laufende Bezug von Sozialhilfe einer Unterhaltsverfügung entgegensteht, vgl. *OLG Bamberg* NJW-RR 1995, 579f. m. N.; *KG* NJW-RR 1998, 1381, 1382.

[33] Zur Problematik *Teplitzky* NJW 1984, 850, 852.

und den Erlass der einstweiligen Verfügung berücksichtigen musste. Misslich war dabei, dass derjenige, der sich gegen eine erwartete einstweilige Verfügung schützen wollte, die Schutzschrift bei allen Gerichten einreichen musste, die zuständig sein konnten und bei denen zu befürchten war, dass der potenzielle Antragsgegner dort die einstweilige Verfügung beantragen würde. Der Gesetzgeber hat die Entwicklung der Praxis inzwischen anerkannt.[34] § 945a I 2 definiert Schutzschriften als „vorbeugende Verteidigungsschriftsätze gegen erwartete Anträge auf Arrest oder einstweilige Verfügung". Für sie gibt es seit 2016 ein elektronisches Schutzschriftenregister, auf das alle Gericht Zugriff haben. Deshalb reicht inzwischen die Einreichung einer einzigen Schutzschrift aus.

30 Eine Lösungssumme wie beim Arrest gibt es nicht; nur ausnahmsweise kann das Gericht die einstweilige Verfügung gegen **Sicherheitsleistung** aufheben, § 939.

31 Gegen einstweilige Verfügungen, die ohne mündliche Verhandlung ergangen sind, findet der **Widerspruch** statt; er kann auf die Kostenentscheidung beschränkt werden, sog. *Kostenwiderspruch*),[35] was einen teilweisen Rechtsbehelfsverzicht bedeutet.[36] Auch gibt es die Aufhebung wegen Versäumung der Klage in der Hauptsache (§ 926) und die Aufhebung wegen veränderter Umstände (§ 927), doch ist für alle diese Entscheidungen nur das Gericht der Hauptsache zuständig.[37]

E. Inhalt der Verfügung

32 **Welche Maßnahmen** *zulässig* sind, richtet sich zunächst nach dem allgemein möglichen Inhalt einer Entscheidung: Sie kann auf Leistung und Gestaltung gerichtet sein, mangels Vollstreckbarkeit und Gestaltungswirkung aber nicht auf Feststellung.[38] In diesem Rahmen sind generell nur solche Maßnahmen zulässig, die in den gesetzlich vorgesehenen Formen **vollziehbar** sind (vgl. §§ 936, 928). Welche dieser Maßnahmen das Gericht anordnet, richtet sich zum einen nach dem gestellten Antrag (§ 308 I gilt im Grundsatz auch hier),[39] zum anderen danach, welche es nach seinem Ermessen für erforderlich (§ 938 I) oder nötig (§ 940) hält, um den Verfügungszweck zu erreichen.[40]

33 1. Die **Sicherungsverfügung** (§ 935) kann Gebote oder Verbote an den Gegner aufstellen, auch die Verwahrung oder die Sequestration (d. h. Verwahrung *und* Verwaltung[41]) einer Sache anordnen (§ 938 II). Die angeordnete Maßnahme darf aber niemals so beschaffen sein, dass ihre Vollziehung den Antragsteller befriedigt (vgl. o. *Rn. 2* und *§ 34 Rn. 2f.*). Die Vollziehungsfrist des § 929 II gilt auch hier.[42]

34 2. Die **Regelungsverfügung** soll möglichst nur sichernde Maßnahmen treffen. Das ist jedoch nicht immer möglich (vgl. o. *Rn. 12*). Bei der **Leistungsverfügung** (vgl. o. *Rn. 19*) sind bloß sichernde Maßnahmen gänzlich ausgeschlossen. Bei der Regelungs-

---

34 Art. 1 Nr. 26, 27 Gesetz zur Förderung des elektronischen Rechtsverkehrs mit den Gerichten v. 10.10.2013, BGBl. 2013 I 3786, in Kraft seit 1.1.2016 bzw. 1.7.2014.

35 S. nur Zöller/*Vollkommer* § 924 Rn. 5 m. N.

36 *BGH* NJW 2013, 3104 Rn. 8.

37 Hierzu *Mädrich*, Das Verhältnis der Rechtsbehelfe des Antragsgegners im einstweiligen Verfügungsverfahren, 1980.

38 *Chr. Berger* ZZP 110 (1997), 287; a. A. Stein/Jonas/*Bruns* vor § 935 Rn. 56 m. N.; *Jauernig* ZZP 79 (1966), 321, 325 (zulässig, wenn Person des Schuldners, z. B. eine öffentlichrechtliche Körperschaft, Befolgung der Feststellung erwarten lasse).

39 Vgl. *OLG Stuttgart* NJW 1969, 1721.

40 Zur Problematik *Baur*, Studien, S. 71 f.

41 *KG* NJW-RR 1987, 574.

42 Stein/Jonas/*Bruns* § 938 Rn. 30; vgl. u. *Rn. 35*.

verfügung kann, bei der Leistungsverfügung muss die Vollziehung zur Befriedigung des Antragstellers führen. Ist z. B. provisorisch zur Unterhaltsleistung verurteilt worden (vgl. o. *Rn. 20*), so wird nach allgemeinen Vorschriften vollstreckt; es wird also nicht nur gepfändet (wie beim Arrest, § 930 I), sondern auch verwertet und der Erlös an den Gläubiger abgeführt.

F. Die Vollziehungsfrist

Auch bei der einstweiligen Verfügung ist die **Vollziehungsfrist** zu beachten, §§ 936, 35
929 II. Die fristwahrende Vollziehung der einstweiligen Verfügung hat durch *Zustellung im Parteibetrieb* zu erfolgen, weil nur dann der Gläubiger seinen Vollziehungswillen kundtut.[43] Sie ist an den Prozessbevollmächtigten zu richten (vgl. § 172). Unterlassungsverfügungen müssen bereits die Androhung nach § 890 II enthalten.[44] Erfordert die angeordnete Maßnahme **wiederholte Vollstreckungen** wie bei der Verurteilung zur Unterhaltszahlung im Wege der Leistungsverfügung, ist die Vollziehungsfrist für alle auch später fälligen Teilbeträge gewahrt, wenn die *erste Vollziehung* innerhalb der Frist des § 929 II erfolgt. Die Verfügung ist dann ein für allemal vollzogen. Nach der Gegenansicht muss der Gläubiger wegen jeder Teilleistung innerhalb der Vollziehungsfrist vollziehen, andernfalls ist die Vollziehung wegen aller später fälligen Teilleistungen ausgeschlossen.[45]

G. Einstweilige Anordnungen und Arrest nach FamFG

Besonders geregelt sind die einstweiligen Anordnungen in Familiensachen und Angelegenheiten der freiwil- 36
ligen Gerichtsbarkeit. Die allgemeine Regelung der einstweiligen Anordnungen in §§ 49–57 FamFG wird dabei ergänzt durch besondere Bestimmungen für einstweilige Anordnungen in Gewaltschutzsachen nach §§ 1, 2 GewSchG (§ 214 FamFG), auf Unterhaltsleistung vor Geburt des Kindes und bei anhängigem Verfahren auf Feststellung der Vaterschaft nach § 1600d BGB (§§ 246–248 FamFG), in Betreuungssachen (§§ 300–302 FamFG), Unterbringungssachen (§§ 331–333 FamFG; einschließlich der Unterbringung nach § 1846 BGB, § 334 FamFG) und bei Freiheitsentziehung (§ 427 FamFG). In Familienstreitsachen nach § 112 FamFG kann das FamG den Arrest entsprechend §§ 916–934, 943–945 anordnen, § 119 II FamFG. Im Übrigen gelten die §§ 49ff., 246ff. FamFG in ihrem Bereich *abschließend;* einstweilige Verfügungen nach §§ 935ff. ZPO scheiden aus.[46]

H. Schadensersatz nach § 945

Bei einstweiligen Verfügungen gibt es ebenfalls den Schadensersatzanspruch des 37
§ 945, der durch Klage im ordentlichen Verfahren zu verfolgen ist; auch Widerklage und Aufrechnung im Hauptprozess sind möglich.

Bei der Leistungsverfügung ist auch der Schaden zu ersetzen, der durch eine Leistung 38
zur Abwendung des Verfügungsvollzugs entstanden ist; bei der Unterlassungsverfügung ferner der Schaden, der durch Befolgung des Unterlassungsgebots erwachsen ist, vorausgesetzt, die Unterlassungsverfügung enthält die Androhung nach § 890 II.[47]

[43] BGHZ 120, 73, 82; Stein/Jonas/*Bruns* § 938 Rn. 30; grundsätzlich auch Zöller/*Vollkommer* § 929 Rn. 12.

[44] BGHZ 131, 141, 144f.

[45] Überblick bei *OLG Hamburg* FamRZ 1988, 523; Zöller/*Vollkommer* § 929 Rn. 20 m. N.

[46] BT-Drs. 16/6308, S. 226; *OLG Stuttgart,* FamRZ 2012, 1410; Prütting/*Helms,* FamFG, § 49 Rn. 1.

[47] BGHZ 131, 141, 114f. mit Anm. *Gleußner* MDR 1996, 453f.; vgl. o. *Rn. 35* zur notwendigen Zustellung.

Gesetzesverzeichnis

Die angegebenen Fundstellen beziehen sich auf die Paragrafen des Buches und deren Randnummern.

AnfG
1: 33 Rn. 10
2: 33 Rn. 4, 10
3: 33 Rn. 9, 10
4: 33 Rn. 9, 11
5: 33 Rn. 9, 12
6: 33 Rn. 9, 13
6a: 33 Rn. 9, 13
7: 19 Rn. 15; 33 Rn. 14
8: 33 Rn. 8
9: 33 Rn. 15
11: 33 Rn. 17
12: 33 Rn. 18
13: 33 Rn. 14, 17
14: 33 Rn. 4
15: 33 Rn. 6

AO
46: 19 Rn. 6
227: 8 Rn. 19
258: 8 Rn. 19
261: 8 Rn. 19
297: 8 Rn. 19
322: 1 Rn. 5
328: 8 Rn. 19

ArbGG
3: 19 Rn. 51; 32 Rn. 49, 54
5: 32 Rn. 49, 54
62: 1 Rn. 34; 2 Rn. 15; 3 Rn. 16
64: 2 Rn. 15; 3 Rn. 16
85: 3 Rn. 16

AVAG
30: 35 Rn. 27
31: 36 Rn. 3

BeurkG
8 ff.: 3 Rn. 7
47: 4 Rn. 1

BGB
12: 27 Rn. 26
54: 5 Rn. 6
91: 27 Rn. 2
93: 22 Rn. 5, 10
94: 22 Rn. 2, 5, 10
96: 22 Rn. 2
97: 22 Rn. 8
98: 22 Rn. 8
119 ff.: 24 Rn. 26
124: 12 Rn. 11
125: 16 Rn. 36
134: 3 Rn. 8, 32 Rn. 61
135: 13 Rn. 28; 16 Rn. 8; 17 Rn. 27; 19 Rn. 24, 43; 24 Rn. 5, 10
136: 13 Rn. 28; 16 Rn. 8; 17 Rn. 27; 19 Rn. 24, 43; 24 Rn. 5, 10
137: 31 Rn. 1
138: 31 Rn. 1
156: 18 Rn. 11, 15, 17
162: 20 Rn. 27
164: 27 Rn. 2
164 ff.: 3 Rn. 8
172 ff.: 3 Rn. 8
180: 3 Rn. 8
185: 19 Rn. 15
195: 2 Rn. 56
199: 2 Rn. 56
204: 34 Rn. 6
242: 1 Rn. 43; 13 Rn. 30; 31 Rn. 1
243: 26 Rn. 11
247: 1 Rn. 23
249 ff.: 2 Rn. 56; 19 Rn. 41; 36 Rn. 18
254: 36 Rn. 18
259: 30 Rn. 5
260: 30 Rn. 5
267: 20 Rn. 25, 27
278: 13 Rn. 8; 27 Rn. 31
280: 27 Rn. 39; 37 Rn. 3
281: 27 Rn. 39; 37 Rn. 3
283: 26 Rn. 23; 27 Rn. 39; 37 Rn. 3
288: 1 Rn. 23
305 ff.: 3 Rn. 8
328 ff.: 32 Rn. 51
355: 12 Rn. 10
362: 1 Rn. 18; 19 Rn. 39
367: 1 Rn. 54
368: 4 Rn. 32; 14 Rn. 17
371: 4 Rn. 33
372: 12 Rn. 9
378: 12 Rn. 9
387: 19 Rn. 43
392: 19 Rn. 42, 43
393: 19 Rn. 4
394: 32 Rn. 60
399: 19 Rn. 7; 32 Rn. 47

400: 19 Rn. 7; 32 Rn. 46, 60
404: 19 Rn. 42
407: 12 Rn. 9; 19 Rn. 38f., 42
409: 19 Rn. 40
412: 19 Rn. 42
413: 19 Rn. 7
433: 13 Rn. 27; 20 Rn. 6, 10
445: 18 Rn. 16
447: 18 Rn. 12
449: 13 Rn. 21; 20 Rn. 24, 27, 30; 22 Rn. 9; 32 Rn. 11
450: 18 Rn. 9
473: 20 Rn. 14
488: 19 Rn. 6
528: 20 Rn. 17
551: 25 Rn. 8
556a: 24 Rn. 40
564b: 24 Rn. 40
613: 19 Rn. 7
630: 27 Rn. 14
650e: 23 Rn. 6
705ff.: 5 Rn. 3
717: 2 Rn. 60; 19 Rn. 7
719: 20 Rn. 18
725: 20 Rn. 37
762ff.: 19 Rn. 15
775: 27 Rn. 5
781: 19 Rn. 41
812: 13 Rn. 8f; 18 Rn. 25; 19 Rn. 25
812 ff.: 12 Rn. 30
816: 13 Rn. 8
817: 18 Rn. 11, 17; 31 Rn. 1
818: 2 Rn. 60
823: 12 Rn. 30; 13 Rn. 8; 17 Rn. 18; 36 Rn. 18
826: 18 Rn. 21; 24 Rn. 44, 48; 31 Rn. 1; 36 Rn. 18
831: 13 Rn. 8
839: 8 Rn. 7, 25; 13 Rn. 8; 18 Rn. 9, 22; 19 Rn. 31
843: 2 Rn. 22; 37 Rn. 20
844: 37 Rn. 20
855: 17 Rn. 8
857: 4 Rn. 8; 17 Rn. 8
861 f.: 2 Rn. 22
862: 27 Rn. 26
864: 2 Rn. 9
868: 13 Rn. 25; 17 Rn. 8
878: 24 Rn. 10
885: 37 Rn. 6
890: 22 Rn. 2
892: 13 Rn. 14; 20 Rn. 36; 24 Rn. 10; 37 Rn. 6
899: 37 Rn. 6
906 ff.: 27 Rn. 26
925: 28 Rn. 1, 4, 10
929: 13 Rn. 16, 19; 18 Rn. 18; 26 Rn. 21; 28 Rn. 1, 12; 32 Rn. 14
930: 13 Rn. 16
932 ff.: 13 Rn. 14; 16 Rn. 24; 18 Rn. 28
932: 18 Rn. 20
935: 17 Rn. 27
936: 17 Rn. 27
985: 13 Rn. 37; 17 Rn. 18
1004: 13 Rn. 37; 27 Rn. 26
1018: 22 Rn. 2
1065: 20 Rn. 14
1086: 5 Rn. 10
1089: 5 Rn. 10
1093: 28 Rn. 2
1113: 3 Rn. 7; 23 Rn. 5
1120: 22 Rn. 2, 9, 10
1121: 22 Rn. 9
1122: 22 Rn. 9
1136: 31 Rn. 1
1138: 23 Rn. 1
1147: 2 Rn. 2; 22 Rn. 22
1148: 24 Rn. 2
1149: 32 Rn. 8
1153: 20 Rn. 1
1154: 20 Rn. 1
1155: 20 Rn. 36
1163: 23 Rn. 8
1177: 23 Rn. 8
1179a: 22 Rn. 12; 23 Rn. 8; 24 Rn. 37, 42; 36 Rn. 12
1179b: 36 Rn. 12
1184: 23 Rn. 1
1185: 23 Rn. 1
1192: 2 Rn. 2; 22 Rn. 22
1197: 20 Rn. 36
1207: 16 Rn. 15, 24f.
1209: 16 Rn. 44
1227: 17 Rn. 18
1228ff.: 18 Rn. 18
1229: 32 Rn. 8
1230: 1 Rn. 44
1239: 18 Rn. 9
1244: 16 Rn. 24; 18 Rn. 19f.
1256: 16 Rn. 32
1273: 16 Rn. 15, 44
1274: 32 Rn. 46
1275: 19 Rn. 38, 39, 42f.
1281: 19 Rn. 24
1287: 19 Rn. 24; 22 Rn. 18
1353: 32 Rn. 49
1362: 17 Rn. 10ff.
1378: 20 Rn. 17
1561: 2 Rn. 9
1600 d: 37 Rn. 36
1615 l: 32 Rn. 36f., 41
1615n: 32 Rn. 36f., 41
1615o: 37 Rn. 21
1619: 32 Rn. 49
1846: 37 Rn. 36
1903: 1 Rn. 36; 30 Rn. 8
1943: 6 Rn. 4, 5

1944: 6 Rn. 1
1958: 4 Rn. 8; 6 Rn. 4
1961: 6 Rn. 4
1975ff.: 6 Rn. 1
1984: 5 Rn. 12; 6 Rn. 7
1990: 6 Rn. 7, 16
2014 f.: 6 Rn. 6
2016: 6 Rn. 6
2028: 30 Rn. 5
2033: 20 Rn. 18
2057: 30 Rn. 5
2213: 5 Rn. 11
2317: 20 Rn. 17
2342: 2 Rn. 9

BRAO
49b: 19 Rn. 7

BVerfGG
79: 12 Rn. 6
95: 12 Rn. 6

DepotG
6: 17 Rn. 2; 20 Rn. 14

EGBGB
231 § 5: 22 Rn. 3
233 § 4: 22 Rn. 3
234 § 4: 5 Rn. 7

EGStGB
6: 27 Rn. 19, 34
9: 27 Rn. 34

EGZPO
15: 15 Rn. 3
15a: 3 Rn. 3

EStG
32a: 32 Rn. 34

EuGVVO
33: 3 Rn. 14
34: 2 Rn. 68
35: 2 Rn. 68
39: 2 Rn. 67
41: 2 Rn. 68
45: 2 Rn. 67, 68
46: 2 Rn. 67
52: 2 Rn. 67
53: 2 Rn. 67
58 f.: 2 Rn. 67
60: 2 Rn. 67

FamFG
49: 26 Rn. 9
49 ff.: 3 Rn. 15; 37 Rn. 24, 36
86: 3 Rn. 15
88 ff.: 26 Rn. 9
95: 3 Rn. 15
96: 27 Rn. 38
107: 2 Rn. 65
108: 2 Rn. 65
109: 2 Rn. 65
110: 2 Rn. 63, 65
112: 37 Rn. 36
119: 37 Rn. 36
120: 2 Rn. 2; 3 Rn. 15
214: 37 Rn. 36
238: 14 Rn. 5
239: 14 Rn. 5
240: 14 Rn. 5
242: 14 Rn. 5
246 ff.: 3 Rn. 15; 37 Rn. 24, 36
247: 37 Rn. 21
300ff.: 37 Rn. 36
331ff.: 37 Rn. 36
334: 37 Rn. 36
410: 30 Rn. 5
427: 37 Rn. 36

FGO
150: 1 Rn. 5

GBO
1: 23 Rn. 2
3: 22 Rn. 2
4: 22 Rn. 2
19: 28 Rn. 2
47: 5 Rn. 4
71: 9 Rn. 15; 23 Rn. 7

GewSchG
1: 27 Rn. 38; 37 Rn. 36
2: 37 Rn. 36

GG
1: 31 Rn. 2
2: 27 Rn. 19; 31 Rn. 11
3: 12 Rn. 6; 17 Rn. 12
6: 17 Rn. 12
13: 8 Rn. 13, 16ff.; 24 Rn. 40; 30 Rn. 17
14: 1 Rn. 57; 8 Rn. 18; 18 Rn. 21; 22 Rn. 21; 24 Rn. 11; 26 Rn. 17; 31 Rn. 1, 6, 11
19: 18 Rn. 21; 27 Rn. 19; 31 Rn. 1, 6, 11
25: 1 Rn. 35
34: 8 Rn. 7, 25; 13 Rn. 8; 18 Rn. 9, 22
92: 9 Rn. 8

103: 1 Rn. 57f.; 4 Rn. 17; 8 Rn. 18; 19 Rn. 14, 28; 37 Rn. 29

GmbHG
13: 13 Rn. 3

GVFV
1: 1 Rn. 10

GVG
18: 1 Rn. 34, 35
19: 1 Rn. 34, 35
20: 1 Rn. 34, 35
23: 2 Rn. 65
133: 11 Rn. 17
154: 8 Rn. 3, 26
155: 8 Rn. 4

GVGA
4: 1 Rn. 10
37: 3 Rn. 15
38: 3 Rn. 15
42: 4 Rn. 1
71: 17 Rn. 5
82: 17 Rn. 20
106: 17 Rn. 2
107: 17 Rn. 23

HGB
25: 4 Rn. 8
37: 27 Rn. 26
74 ff.: 27 Rn. 26
105: 20 Rn. 18
109: 37 Rn. 10
112: 27 Rn. 26
114: 37 Rn. 10
125: 37 Rn. 10
124: 5 Rn. 5
128: 14 Rn. 30
129: 5 Rn. 5
135: 20 Rn. 37
161: 5 Rn. 5; 20 Rn. 18, 37
392: 13 Rn. 26

InsO
38: 6 Rn. 7
47: 5 Rn. 12; 13 Rn. 13
49: 24 Rn. 5
88: 16 Rn. 11; 19 Rn. 55
89: 5 Rn. 12; 14 Rn. 19; 19 Rn. 55
90: 5 Rn. 12
91: 19 Rn. 55
129 ff.: 1 Rn. 60; 33 Rn. 3
130: 33 Rn. 3
131: 33 Rn. 3
132: 33 Rn. 3, 10
138: 29 Rn. 8
183: 2 Rn. 9
201: 3 Rn. 16
257: 3 Rn. 16
280: 33 Rn. 3
321: 6 Rn. 7
325: 6 Rn. 7

KSchG
9: 32 Rn. 40
10: 32 Rn. 40

LPartG
8: 17 Rn. 10ff.

Mahnverfahrens-VO
16: 3 Rn. 13, 14
18: 2 Rn. 19; 3 Rn. 13f.**20:** 3 Rn. 14
21: 3 Rn. 14
22f.: 3 Rn. 14
26: 3 Rn. 14

PartGG
7: 5 Rn. 5
8: 5 Rn. 5

RPflG
3: 9 Rn. 7; 22 Rn. 14; 24 Rn. 1; 30 Rn. 5
4: 8 Rn. 18; 30 Rn. 5, 15f.
11: 4 Rn. 20, 21; Anhang zu 9 Rn. 15; 10 Rn. 5; 11 Rn. 16; 18 Rn. 28; 23 Rn. 7; 24 Rn. 4
20: 2 Rn. 75; 4 Rn. 18, 31; 9 Rn. 7, 10; 11 Rn. 11; 12 Rn. 32; 14 Rn. 3; 18 Rn. 28; 19 Rn. 1; 20 Rn. 12; 21 Rn. 9; 30 Rn. 5; 31 Rn. 10; 32 Rn. 14; 35 Rn. 39; 36 Rn. 8, 17

RVG
11: 12 Rn. 17

SGB I
18: 32 Rn. 28
18ff.: 32 Rn. 31
54: 32 Rn. 28, 31, 55

SGB VIII
59: 3 Rn. 16
60: 3 Rn. 16

Small Claims-VO
2: 2 Rn. 74
15: 2 Rn. 74
20: 2 Rn. 74
21: 2 Rn. 75
22: 2 Rn. 74, 75
23: 2 Rn. 74, 75

StGB
136: 16 Rn. 8, 9
163: 29 Rn. 7

StVollzG
172: 30 Rn. 18
175: 30 Rn. 18

UrhG
2: 17 Rn. 3
69 a ff.: 17 Rn. 3
69 c: 17 Rn. 3
112 ff.: 17 Rn. 3; 20 Rn. 20

Vollstreckungstitel-VO
3: 2 Rn. 71
5: 2 Rn. 71, 73
10: 2 Rn. 72

VwGO
183: 12 Rn. 6

VwVG
9: 8 Rn. 19

ZPO
12: 24 Rn. 18
23: 2 Rn. 65; 19 Rn. 1
32: 36 Rn. 18
78: 35 Rn. 18
78 ff.: 3 Rn. 8; 35 Rn. 18
81: 1 Rn. 36
91: 1 Rn. 42; 11 Rn. 2
91 a: 13 Rn. 34; 35 Rn. 44
92: Anhang zu 9 Rn. 14
93: Anhang zu 9 Rn. 14; 13 Rn. 35
108: 2 Rn. 25
109: 2 Rn. 37
128: 1 Rn. 9, 35; 2 Rn. 35; 11 Rn. 11; 13 Rn. 6; 24 Rn. 26; 35 Rn. 19
138: 4 Rn. 14; 19 Rn. 16
160: 3 Rn. 1, 2
162: 3 Rn. 1
163: 3 Rn. 1
166: 7 Rn. 4; 35 Rn. 23
172: 7 Rn. 4; 37 Rn. 35
178: 7 Rn. 4; 19 Rn. 39
180: 19 Rn. 39
182: 26 Rn. 16
191 ff.: 19 Rn. 22
192: 19 Rn. 39
193: 19 Rn. 39
194: 19 Rn. 39
233: 2 Rn. 11
236: 2 Rn. 11
239: 6 Rn. 5
253: 26 Rn. 16; 27 Rn. 25
256: 2 Rn. 78; 12 Rn. 26; 35 Rn. 22
257 ff.: 2 Rn. 10
261: 2 Rn. 57, 60; 20 Rn. 17
263: 12 Rn. 20, 31
264: 12 Rn. 20, 31
265: 4 Rn. 8
269: 2 Rn. 59; 19 Rn. 41; 35 Rn. 44
280: 2 Rn. 58
288: 4 Rn. 14; 22 Rn. 3
294: 2 Rn. 35; 29 Rn. 2, 4; 35 Rn. 11, 18
296: 12 Rn. 14
302: 2 Rn. 1, 58; 14 Rn. 8; 30 Rn. 12
304: 2 Rn. 58
305: 6 Rn. 6
308: 37 Rn. 32
313: 35 Rn. 27
317: 7 Rn. 4; 35 Rn. 23
321: 2 Rn. 18, 38
321 a: 2 Rn. 47
322: 12 Rn. 18
323: 12 Rn. 16, 27; 14 Rn. 5
325: 4 Rn. 8, 11
328: 2 Rn. 65, 66
329: 35 Rn. 25
330: 35 Rn. 22
331: 35 Rn. 22
331 a: 2 Rn. 22
341: 2 Rn. 22
343: 14 Rn. 13
346: 2 Rn. 7
380: 3 Rn. 12
390: 3 Rn. 12
510 b: 27 Rn. 19
511: 2 Rn. 8, 36
515: 2 Rn. 7
533: 12 Rn. 14
537: 2 Rn. 29, 37
542: 35 Rn. 31, 32, 39
543: 2 Rn. 8
544: 2 Rn. 8
558: 2 Rn. 29
565: 2 Rn. 7
567: 4 Rn. 20; 11 Rn. 15; 35 Rn. 32
569: 11 Rn. 12; 35 Rn. 32
570: 11 Rn. 12
573: 4 Rn. 19
574: 4 Rn. 24; 11 Rn. 17; 35 Rn. 32
599: 2 Rn. 1
599 f.: 2 Rn. 22; 14 Rn. 8
600: 2 Rn. 58
704: 1 Rn. 30; 2 Rn. 1, 6, 10
705: 2 Rn. 7
706: 2 Rn. 9
707: 1 Rn. 38; 2 Rn. 10 f., 43, 45 ff.; 3 Rn. 14; 4 Rn. 23; 12 Rn. 4; 14 Rn. 4, 8 f., 13; 35 Rn. 37

708: 2 Rn. 22, 31, 34, 60; 14 Rn. 13; 36 Rn. 3
709: 2 Rn. 24f., 32, 34; 7 Rn. 7; 14 Rn. 13
710: 2 Rn. 26f., 32, 35
711: 2 Rn. 31f., 34f., 37; 14 Rn. 16; 19 Rn. 31
712: 2 Rn. 32f., 34f., 45; 14 Rn. 16; 19 Rn. 31
713: 2 Rn. 36
714: 2 Rn. 35, 45
715: 2 Rn. 9, 37, 51
716: 2 Rn. 18, 38
717: 2 Rn. 6, 15, 21, 23, 25, 47, 49, 52, 55, 57ff., 61; 4 Rn. 22; 13 Rn. 36; 14 Rn. 14; 19 Rn. 7; 36 Rn. 18
718: 2 Rn. 39
719: 1 Rn. 38; 2 Rn. 43, 45ff.; 4 Rn. 23; 12 Rn. 4; 14 Rn. 8f., 13
720: 2 Rn. 32, 41
720a: 2 Rn. 27f., 34, 41; 7 Rn. 5, 7; 9 Rn. 11; 14 Rn. 16; 22 Rn. 12; 23 Rn. 1; 30 Rn. 2; 35 Rn. 9
721: 2 Rn. 22; 4 Rn. 12; 31 Rn. 13f.
722: 2 Rn. 63, 64f.
722 f.: 2 Rn. 63, 78
723: 2 Rn. 65f.
724: 4 Rn. 1, 16, 18; 27 Rn. 19
725: 4 Rn. 1; 7 Rn. 6
726 ff.: 4 Rn. 20, 26f.
726: 4 Rn. 12ff.; 28 Rn. 9
727: 1 Rn. 8; 4 Rn. 7, 8, 11, 22; 6 Rn. 5, 14; 36 Rn. 3
728: 4 Rn. 8
729: 4 Rn. 8, 20, 26f.
730: 4 Rn. 17
731: 4 Rn. 27, 29; 6 Rn. 5
732: 1 Rn. 38; 4 Rn. 21, 23, 25, 28; 10 Rn. 8; 11 Rn. 11; 12 Rn. 21, 25; 14 Rn. 2, 4, 13, 15; 31 Rn. 10, 14;
733: 4 Rn. 31
735: 5 Rn. 4, 6
736: 5 Rn. 3, 4, 6
737: 5 Rn. 10
739: 17 Rn. 10ff.; 26 Rn. 14
740: 5 Rn. 7
742: 4 Rn. 8
743 f.: 5 Rn. 7
744: 5 Rn. 7
744a: 5 Rn. 7
745: 5 Rn. 7
747: 6 Rn. 8
748: 2 Rn. 2; 5 Rn. 11
749: 6 Rn. 4
750: 1 Rn. 19; 2 Rn. 28, 52, 73; 4 Rn. 7; 7 Rn. 2, 4ff.; 26 Rn. 14, 16; 36 Rn. 4
751: 2 Rn. 9, 26f.; 4 Rn. 12; 7 Rn. 7; 14 Rn. 12
752: 2 Rn. 25, 34
753: 1 Rn. 9f.; 8 Rn. 1, 6; 19 Rn. 12, 56
754: 8 Rn. 10, 12
755: 8 Rn. 6
756: 4 Rn. 13
757: 4 Rn. 32; 14 Rn. 17
758: 8 Rn. 16, 26 Rn. 12; 27 Rn. 38; 30 Rn. 2
758a: 8 Rn. 16ff., 19, 21, 23; 16 Rn. 35; 26 Rn. 6, 10, 12; 27 Rn. 38; 30 Rn. 17
758 ff.: 8 Rn. 16
762: 8 Rn. 23
764: 9 Rn. 5; 11 Rn. 9, 11; 13 Rn. 43; 18 Rn. 9; 36 Rn. 17
765: 4 Rn. 13; 7 Rn. 15
765a: 1 Rn. 43; 8 Rn. 18f.; 9 Rn. 4, 8; 31 Rn. 6–12, 13f.; 32 Rn. 21f.
766: 1 Rn. 11, 29, 35; 2 Rn. 78; 4 Rn. 3; 6 Rn. 4; 7 Rn. 10, 16; 8 Rn. 3, 6, 14, 22; 9 Rn. 2, 5, 7; Anhang zu 9 Rn. 15; 10 Rn. 4; 11 Rn. 1, 2f., 7, 9, 11, 15; 12 Rn. 21, 25; 13 Rn. 2, 10, 25, 37; 14 Rn. 2–4, 15; 16 Rn. 5; 17 Rn. 10, 17; 18 Rn. 16, 24, 28; 19 Rn. 2, 17, 46; 22 Rn. 10; 23 Rn. 7; 29 Rn. 11; 32 Rn. 5, 7, 21, 44, 47; 36 Rn. 6
767: 1 Rn. 17f., 28ff., 33, 38, 53; 2 Rn. 17, 59, 65, 73, 75; 3 Rn. 14; 4 Rn. 26, 28, 33; 6 Rn. 6, 7, 15, 16; 9 Rn. 10; 10 Rn. 6; 11 Rn. 6; 12 Rn. 1, 4, 6, 7ff., 11, 13ff., 18ff., 22, 27f., 30f.; 14 Rn. 15, 22; 27 Rn. 9, 22; 33 Rn. 5; 36 Rn. 6
768: 4 Rn. 26, 28; 10 Rn. 8; 12 Rn. 34; 14 Rn. 15
769: 1 Rn. 38; 11 Rn. 16; 12 Rn. 18, 32f.; 13 Rn. 36; 14 Rn. 2–5, 8, 10, 13
770: 12 Rn. 33
771: 1 Rn. 38; 2 Rn. 17, 59; 5 Rn. 3; 6 Rn. 4; 7 Rn. 10; 10 Rn. 7; 11 Rn. 16; 13 Rn. 2, 4, 10, 14ff.; 14 Rn. 2ff., 15, 22; 17 Rn. 3, 10; 20 Rn. 27, 31f.; 22 Rn. 6, 10; 24 Rn. 10; 33 Rn. 16; 36 Rn. 6
772: 13 Rn. 28
773: 13 Rn. 22
774: 5 Rn. 3
775: 1 Rn. 18, 30, 40; 2 Rn. 17; 4 Rn. 24, 26, 32; 11 Rn. 6; 12 Rn. 24; 13 Rn. 11, 22f.; 14 Rn. 6, 12, 14–18, 23; 27 Rn. 5; 36; 31 Rn. 10
776: 4 Rn. 26; 11 Rn. 6; 12 Rn. 24; 13 Rn. 11, 22, 33; 14 Rn. 23; 27 Rn. 36
777: 1 Rn. 45; 11 Rn. 6; 15 Rn. 2
778: 6 Rn. 4, 10
779: 6 Rn. 2
780: 6 Rn. 6, 12, 14, 16
781: 6 Rn. 13, 15; 19 Rn. 41
782: 6 Rn. 6
783: 6 Rn. 6
784: 6 Rn. 7, 16
785: 6 Rn. 6, 7, 13ff.; 11 Rn. 16
788: 1 Rn. 42; Anhang zu 9 Rn. 13ff.; 11 Rn. 2; 19 Rn. 20; 20 Rn. 35
793: 8 Rn. 22; 9 Rn. 10; Anhang zu 9 Rn. 15; 10 Rn. 5; 11 Rn. 4, 13, 15f.; 18 Rn. 24, 28; 19 Rn. 17; 23 Rn. 7; 24 Rn. 4; 27 Rn. 33; 30 Rn. 16; 32 Rn. 21

794: 2 Rn. 19, 58f., 67, 71, 75; 3 Rn. 1, 6, 10–13; 4 Rn. 16; Anhang zu 9 Rn. 15; 27 Rn. 19; 32 Rn. 11; 36 Rn. 3
794a: 31 Rn. 13f.
795: 2 Rn. 1, 19, 58, 71; 3 Rn. 13f.; 4 Rn. 1, 7, 16, 18; 12 Rn. 22; 27 Rn. 19
795b: 4 Rn. 16
796: 4 Rn. 5, 26f.; 12 Rn. 17
796a: 2 Rn. 19; 3 Rn. 5, 10
796b: 2 Rn. 19; 3 Rn. 10
796c: 2 Rn. 19; 3 Rn. 10
797: 4 Rn. 16, 18, 21, 26f., 31; 12 Rn. 17, 22
797a: 4 Rn. 27
798: 7 Rn. 5
799a: 2 Rn. 58, 59
800: 3 Rn. 7; 12 Rn. 22
802: 2 Rn. 65; 4 Rn. 27; 8 Rn. 11, 19; 9 Rn. 5, 10; 11 Rn. 9; 12 Rn. 22; 13 Rn. 31, 43; 19 Rn. 1; 21 Rn. 13; 27 Rn. 39; 35 Rn. 14; 36 Rn. 17
802a: 8 Rn. 11; 19 Rn. 16; 27 Rn. 36; 30 Rn. 1, 9
802b: 8 Rn. 11; 17 Rn. 26; 18 Rn. 2; 32 Rn. 24
802c: 8 Rn. 18, 24; 29 Rn. 5ff.; 30 Rn. 6; 32 Rn. 24
802d: 29 Rn. 12; 30 Rn. 2, 10, 19
802e: 30 Rn. 6f.
802f: 8 Rn. 18; 29 Rn. 12; 30 Rn. 1, 2, 11ff.
802g: 8 Rn. 18; 30 Rn. 15ff.; 36 Rn. 13
802h: 30 Rn. 18; 36 Rn. 13
802i: 30 Rn. 19
802j: 27 Rn. 19; 30 Rn. 19; 36 Rn. 13
802k: 29 Rn. 12
802l: 8 Rn. 15; 9 Rn. 14; 29 Rn. 5
803: 1 Rn. 44; 7 Rn. 15; 11 Rn. 6; 16 Rn. 1; 17 Rn. 30; 18 Rn. 12; 19 Rn. 20f.; 32 Rn. 1f., 4f.
803ff.: 15 Rn. 1; 27 Rn. 1; 36 Rn. 8
804: 2 Rn. 9; 13 Rn. 22; 16 Rn. 13, 15, 22, 30, 40, 44; 17 Rn. 18; 19 Rn. 25, 43; 20 Rn. 34; 21 Rn. 1; 22 Rn. 13; 32 Rn. 49; 36 Rn. 10
805: 1 Rn. 38; 13 Rn. 17f., 39, 41, 43f.; 14 Rn. 2, 3; 17 Rn. 14; 20 Rn. 31; 36 Rn. 6
806: 16 Rn. 16; 18 Rn. 16
806a: 17 Rn. 25; 19 Rn. 56
807: 1 Rn. 11; 8 Rn. 18, 24; 29 Rn. 5; 30 Rn. 2, 6, 9ff.
808: 4 Rn. 8; 8 Rn. 1, 9; 16 Rn. 2, 5, 9; 17 Rn. 7, 9, 17, 19, 22–24; 20 Rn. 2, 29f.; 22 Rn. 6
808ff.: 17 Rn. 11; 36 Rn. 8
809: 11 Rn. 8, 14; 13 Rn. 10, 37; 17 Rn. 9f., 13f., 17f.; 20 Rn. 10; 22 Rn. 6
810: 17 Rn. 1; 22 Rn. 5f.
811: 11 Rn. 6; 16 Rn. 32; 17 Rn. 1, 3; 19 Rn. 54; 29 Rn. 7; 32 Rn. 6f., 9, 10f., 13–15, 17–23, 27; 36 Rn. 9
811ff.: 26 Rn. 3
811a: 9 Rn. 3; 32 Rn. 13ff.
811b: 32 Rn. 13ff.
811c: 9 Rn. 3; 31 Rn. 12; 32 Rn. 12
811d: 32 Rn. 16, 21
812: 32 Rn. 3, 5, 18
813b: 18 Rn. 2; 32 Rn. 24
814: 18 Rn. 8, 9, 10, 14, 17
815: 8 Rn. 10; 18 Rn. 3ff., 22
816: 18 Rn. 9, 10, 28
817: 18 Rn. 11f., 14f., 17
817a: 18 Rn. 11, 27; 24 Rn. 23
818: 1 Rn. 44; 18 Rn. 12; 32 Rn. 4f.
819: 8 Rn. 10; 18 Rn. 22
821: 17 Rn. 2; 18 Rn. 4, 27; 20 Rn. 32
824: 22 Rn. 5
825: 9 Rn. 3; 18 Rn. 9, 28f.
826: 16 Rn. 1; 17 Rn. 28
827: 16 Rn. 1; 17 Rn. 30; 21 Rn. 3, 8
828: 9 Rn. 5; 16 Rn. 2; 19 Rn. 1f.; 36 Rn. 8
828ff.: 9 Rn. 3; 20 Rn. 14; 36 Rn. 8
829: 11 Rn. 3; 16 Rn. 5, 10; 17 Rn. 2; 19 Rn. 6, 18, 22, 25f., 28f., 38f., 43; 20 Rn. 2, 5f., 12, 22; 32 Rn. 51, 56, 58; 36 Rn. 15
830: 9 Rn. 11; 20 Rn. 1ff., 36
831: 7 Rn. 13; 17 Rn. 2, 23; 19 Rn. 8; 20 Rn. 32
832: 19 Rn. 20
833: 19 Rn. 9
833a: 32 Rn. 27, 56
834: 1 Rn. 38; 11 Rn. 3, 16; 19 Rn. 13f., 17, 28; 32 Rn. 39
835: 19 Rn. 27, 29f., 32, 39, 48; 20 Rn. 23; 32 Rn. 57
835ff.: 19 Rn. 8
836: 8 Rn. 24; 19 Rn. 40, 49, 50; 29 Rn. 5; 30 Rn. 3, 6, 9f., 17
837: 20 Rn. 3f.
839: 2 Rn. 32, 41; 19 Rn. 31
840: 19 Rn. 41, 45; 20 Rn. 27; 32 Rn. 61
841: 19 Rn. 34
842: 19 Rn. 34
843: 16 Rn. 12; 19 Rn. 41, 45, 53
844: 19 Rn. 6, 35; 20 Rn. 23
845: 17 Rn. 16, 25; 19 Rn. 55f.
846: 11 Rn. 3; 16 Rn. 2, 10; 17 Rn. 16; 20 Rn. 5f., 12; 26 Rn. 20
847: 20 Rn. 5f., 9, 28
848: 20 Rn. 5, 12f.; 22 Rn. 18
849: 20 Rn. 5, 8f., 24
850: 32 Rn. 27, 30f., 40
850ff.: 11 Rn. 6; 32 Rn. 55; 36 Rn. 9
850a: 32 Rn. 27f., 37
850b: 32 Rn. 27, 29
850c: 32 Rn. 26, 34–37, 39, 44, 58, 60
850d: 32 Rn. 27f., 37f.
850e: 32 Rn. 27, 32f.
850f: 32 Rn. 27, 39, 42, 44
850g: 32 Rn. 27, 43f.
850h: 32 Rn. 27, 49, 51
850i: 32 Rn. 27, 30, 40, 44

850k: 9 Rn. 4; 19 Rn. 41; 32 Rn. 27, 44, 56ff., 60f.
850l: 19 Rn. 41
851: 19 Rn. 7; 20 Rn. 14, 17; 32 Rn. 47
851b: 9 Rn. 4
852: 20 Rn. 17
853: 16 Rn. 1; 19 Rn. 25, 40; 21 Rn. 5, 8; 32 Rn. 49
853ff.: 19 Rn. 34; 21 Rn. 6
854: 20 Rn. 11; 21 Rn. 4ff., 8
855: 21 Rn. 5f.
856: 16 Rn. 1; 19 Rn. 34; 21 Rn. 6f.; 32 Rn. 49
857: 1 Rn. 10; 9 Rn. 3, 11; 16 Rn. 2, 10; 17 Rn. 2f., 8; 19 Rn. 7; 20 Rn. 14, 19, 20, 22f., 27, 36
859: 5 Rn. 3, 5; 6 Rn. 8; 20 Rn. 18, 37
860: 20 Rn. 16f.
864: 20 Rn. 5; 22 Rn. 2
864ff.: 2 Rn. 28
865: 2 Rn. 28; 11 Rn. 6, 8; 17 Rn. 1; 19 Rn. 55; 22 Rn. 2, 7f., 10
866: 2 Rn. 28; 22 Rn. 11; 23 Rn. 1, 4, 6; 25 Rn. 1; 36 Rn. 11
867: 2 Rn. 28; 9 Rn. 11; 22 Rn. 14f.; 23 Rn. 2, 5, 9
867f.: 23 Rn. 6
868: 2 Rn. 28; 23 Rn. 8
870: 2 Rn. 28
870a: 2 Rn. 28
872: 16 Rn. 1; 21 Rn. 8
872ff.: 9 Rn. 3; 21 Rn. 8
873: 16 Rn. 1; 21 Rn. 9
874: 16 Rn. 1; 21 Rn. 9
875: 16 Rn. 1; 21 Rn. 10
876: 16 Rn. 1; 21 Rn. 12
876ff.: 24 Rn. 45
877: 16 Rn. 1; 21 Rn. 12
878: 16 Rn. 1; 21 Rn. 13, 17
879: 16 Rn. 1; 21 Rn. 13
882: 16 Rn. 1; 21 Rn. 16
882a: 15 Rn. 3
882b: 29 Rn. 13, 16
882c: 1 Rn. 51; 29 Rn. 16
882e: 29 Rn. 17
882f: 29 Rn. 14
882g: 29 Rn. 15
882i: 27 Rn. 1
883: 8 Rn. 18, 24; 13 Rn. 40; 17 Rn. 11; 19 Rn. 49; 24 Rn. 40; 26 Rn. 3, 7, 9, 11, 21, 24; 28 Rn. 12; 29 Rn. 5; 30 Rn. 4, 6, 9f., 17; 31 Rn. 12
883ff.: 8 Rn. 1; 15 Rn. 1; 20 Rn. 2; 26 Rn. 21; 27 Rn. 1, 39; 31 Rn. 10
884: 8 Rn. 18; 17 Rn. 11; 26 Rn. 10, 21; 28 Rn. 12
885: 24 Rn. 40; 26 Rn. 12, 17, 19, 24; 31 Rn. 12
885a: 26 Rn. 19
886: 26 Rn. 20; 27 Rn. 1
887: 3 Rn. 2; 9 Rn. 10; Anhang zu 9 Rn. 14; 27 Rn. 6f., 17, 24f.; 28 Rn. 3
887ff.: 2 Rn. 40; 15 Rn. 1; 27 Rn. 1f.; 31 Rn. 12
888: 1 Rn. 56; 2 Rn. 2; 3 Rn. 4; 9 Rn. 10; Anhang zu 9 Rn. 14; 26 Rn. 24; 27 Rn. 4, 14, 17–19, 25, 36; 28 Rn. 1, 3, 5; 30 Rn. 5
888a: 27 Rn. 19
889: 27 Rn. 14; 30 Rn. 5
890: 7 Rn. 9; 9 Rn. 10; Anhang zu 9 Rn. 14; 27 Rn. 1, 19, 24f., 27–31, 34, 36ff.; 31 Rn. 12; 37 Rn. 35, 38
891: 1 Rn. 38; 9 Rn. 10; 27 Rn. 6, 9, 19, 22, 27, 29, 33
892: 27 Rn. 10, 39
893: 26 Rn. 7, 11, 23; 27 Rn. 39
894: 3 Rn. 4; 26 Rn. 21; 27 Rn. 1, 14, 24; 28 Rn. 1, 5, 9, 12
895: 2 Rn. 41; 28 Rn. 11
897: 8 Rn. 1; 26 Rn. 21; 28 Rn. 12
898: 28 Rn. 13
899: 32 Rn. 57f., 60
899ff.: 32 Rn. 27
899–915h: 29 Rn. 5
901: 32 Rn. 60
902: 32 Rn. 58
909: 32 Rn. 61
915: 29 Rn. 14
915a–h: 29 Rn. 5
916: 34 Rn. 2; 35 Rn. 2
916–934: 37 Rn. 36
917: 35 Rn. 7f., 36
918: 35 Rn. 10
919: 35 Rn. 14, 17
920: 35 Rn. 18, 32
921: 34 Rn. 5; 35 Rn. 18
922: 34 Rn. 5; 35 Rn. 19, 23–25, 27; 36 Rn. 21; 37 Rn. 27
923: 35 Rn. 27, 43; 36 Rn. 17
924: 14 Rn. 9; 35 Rn. 33, 35, 37, 42; 37 Rn. 12
925: 34 Rn. 5; 35 Rn. 38; 36 Rn. 20
926: 35 Rn. 2, 39; 36 Rn. 18, 21; 37 Rn. 12, 31
927: 35 Rn. 40, 42; 36 Rn. 6, 16; 37 Rn. 9, 12, 31
928: 3 Rn. 11; 34 Rn. 4; 36 Rn. 1; 37 Rn. 32
929: 4 Rn. 5; 7 Rn. 5, 13; 26 Rn. 16; 35 Rn. 25; 36 Rn. 3–5, 14; 37 Rn. 33, 35
930: 2 Rn. 28; 9 Rn. 5; 19 Rn. 1; 35 Rn. 9; 36 Rn. 8, 10, 17; 37 Rn. 34
932: 9 Rn. 11; 22 Rn. 12; 23 Rn. 1; 35 Rn. 9; 36 Rn. 11f., 16
933: 36 Rn. 13
934: 35 Rn. 29, 43; 36 Rn. 17; 37 Rn. 36
935: 34 Rn. 2; 35 Rn. 4; 37 Rn. 1, 3f., 33, 36
936: 3 Rn. 11; 4 Rn. 5; 7 Rn. 5, 13; 14 Rn. 9; 26 Rn. 16; 34 Rn. 4f.; 37 Rn. 21, 26, 32, 35
937: 37 Rn. 27ff.
938: 37 Rn. 32f.

940: 34 Rn. 3; 37 Rn. 7, 16, 18f., 32
940a: 37 Rn. 20
942: 37 Rn. 27
943: 35 Rn. 16, 31f.; 37 Rn. 27
944: 35 Rn. 15; 37 Rn. 21, 28, 36
945: 2 Rn. 58; 34 Rn. 5; 35 Rn. 20; 36 Rn. 18; 37 Rn. 27, 36f.
945a: 37 Rn. 29
1030: 3 Rn. 7
1060: 3 Rn. 12
1061: 3 Rn. 12
1064: 2 Rn. 19
1065: 2 Rn. 58
1079–1086: 2 Rn. 72; 3 Rn. 14
1079: 2 Rn. 72
1080: 2 Rn. 72
1081: 2 Rn. 72
1082–1086: 2 Rn. 73
1082: 2 Rn. 73; 4 Rn. 5
1086: 2 Rn. 72f., 75; 3 Rn. 14; 12 Rn. 22
1087–1096: 3 Rn. 13
1087: 3 Rn. 14
1093–1096: 3 Rn. 13
1093: 3 Rn. 14, 4 Rn. 5
1095: 3 Rn. 14
1096: 3 Rn. 13, 14
1097–1109: 2 Rn. 75

ZVFV
2: 1 Rn. 10; 19 Rn. 12

ZVG
1: 22 Rn. 14
1–14: 25 Rn. 2
3: 22 Rn. 15
9: 22 Rn. 16ff.; 25 Rn. 9
10: 22 Rn. 12, 18ff., 22; 24 Rn. 5, 18, 21
11: 22 Rn. 20
15f.: 22 Rn. 15
15: 1 Rn. 58; 24 Rn. 1
16: 24 Rn. 2
17: 5 Rn. 4; 22 Rn. 17; 24 Rn. 2
19: 24 Rn. 3
20: 24 Rn. 5
21: 22 Rn. 6f., 12; 24 Rn. 5; 25 Rn. 3
22: 24 Rn. 3
23: 22 Rn. 13; 24 Rn. 5ff., 10
24: 24 Rn. 7
26: 24 Rn. 6, 10
27: 22 Rn. 17; 24 Rn. 8
28: 24 Rn. 9, 10, 46f.
29: 24 Rn. 11
30: 24 Rn. 11
30a: 24 Rn. 11
30d: 24 Rn. 11
30e: 24 Rn. 11
30f: 24 Rn. 11
32: 24 Rn. 11
35: 24 Rn. 12
36: 24 Rn. 13
37: 24 Rn. 14, 35
39: 24 Rn. 13
40: 24 Rn. 13
41: 22 Rn. 16; 24 Rn. 13
44: 24 Rn. 15, 21
49: 24 Rn. 16ff.
52: 24 Rn. 16, 21
55: 24 Rn. 33
56: 24 Rn. 26, 41
57: 24 Rn. 40
57a: 24 Rn. 40
59: 22 Rn. 16
66: 24 Rn. 25f.
67ff.: 24 Rn. 26
71: 24 Rn. 26
72: 22 Rn. 16; 24 Rn. 26
73: 24 Rn. 26
74: 24 Rn. 27
74a: 24 Rn. 23, 25, 29
74b: 24 Rn. 23, 25, 29
81: 24 Rn. 26, 30
82: 24 Rn. 28
83: 24 Rn. 27, 29
84: 24 Rn. 27
85: 24 Rn. 29
85a: 24 Rn. 23ff., 29
87: 24 Rn. 27f., 31
88: 24 Rn. 31
89ff.: 24 Rn. 47
89: 24 Rn. 32
90: 18 Rn. 15; 24 Rn. 26, 33f., 47
91: 24 Rn. 37f., 47
92: 24 Rn. 39
93: 3 Rn. 16; 24 Rn. 40
95: 23 Rn. 4
95ff.: 24 Rn. 42
97: 22 Rn. 16; 24 Rn. 42
100: 24 Rn. 42
101: 24 Rn. 42
102: 24 Rn. 42
103: 22 Rn. 16
105ff.: 22 Rn. 13; 24 Rn. 39
105: 22 Rn. 16; 24 Rn. 45
106: 22 Rn. 16; 24 Rn. 45
107: 24 Rn. 45
113: 24 Rn. 45
114: 24 Rn. 45
114a: 24 Rn. 23
115: 24 Rn. 45
116: 24 Rn. 45
117: 24 Rn. 45
118: 24 Rn. 46
128: 24 Rn. 46f.

130: 24 Rn. 33, 37, 47
130a: 24 Rn. 37
132: 3 Rn. 16; 24 Rn. 46
145a: 24 Rn. 14, 25
146ff.: 20 Rn. 14
146: 22 Rn. 6, 12, 15; 25 Rn. 2
147: 22 Rn. 12, 17
147ff.: 22 Rn. 13
148: 22 Rn. 6; 25 Rn. 3
149: 25 Rn. 3
150: 25 Rn. 4, 6
150a: 22 Rn. 16
152: 25 Rn. 6ff.
152ff.: 22 Rn. 13; 25 Rn. 5
152a: 25 Rn. 5, 9
153: 25 Rn. 9
153b: 25 Rn. 12
154: 25. Rn. 9
155: 22 Rn. 13, 20; 25 Rn. 1, 10
156: 22 Rn. 13, 16; 25 Rn. 10
157: 25 Rn. 10
157ff.: 22 Rn. 13
159: 22 Rn. 16
161: 25 Rn. 11
162: 3 Rn. 16
162ff.: 22 Rn. 2
174: 22 Rn. 12
175: 22 Rn. 12
180: 3 Rn. 16

ZwVwV
1: 25 Rn. 4, 9
2: 25 Rn. 4
14: 25 Rn. 9
15: 25 Rn. 9
17–22: 25 Rn. 9

Sachverzeichnis

Die **fett** gesetzten Zahlen verweisen auf die Paragrafen, die mageren auf deren Randnummern. Hauptfundstellen sind *kursiv* gesetzt.

Abgabe von Willenserklärungen, Vollstreckung **1** Rn. 20; **2** Rn. 20, 41; **3** Rn. 4, 7; **4** Rn. 13; **5** Rn. 3; **26** Rn. 1; **27** Rn. 1, 5, 14; ***28*** *Rn. 1, 3ff.*

Ablieferung des Geldes durch den Gerichtsvollzieher ***18*** *Rn. 5ff., 23ff.*

Abwendung der Zwangsvollstreckung durch Sicherheitsleistung **2** Rn. 32, 40, 52; **14** Rn. 16; **36** Rn. 18

Amtspflichtverletzung des Gerichtsvollziehers **8** Rn. 7, 9; **13** Rn. 6; **17** Rn. 5; **18** Rn. 9, 22

Anerkennung ausländischer Urteile ***2*** *Rn. 65, 67ff.;* **20** Rn. 1; von Urteilen der ehemaligen DDR **2** Rn. 78

Anfechtung außerhalb des Insolvenzverfahrens **33** Rn. 1ff.

Angebliche Forderung **19** Rn. 16

Anmeldung von Rechten im Zwangsversteigerungsverfahren ***22*** *Rn. 18;* **24** Rn. 14, 25, 45

Anordnungen, einstweilige **2** Rn. 44; **3** Rn. 15; **4** Rn. 23; **11** Rn. 11; ***12*** *Rn. 18, 32f.;* **14** Rn. 28; **26** Rn. 9; **31** Rn. 10.

Anschlusspfändung **13** Rn. 42; ***17*** *Rn. 28ff.;* **18** Rn. 6, 24

Anwaltsvergleich **3** Rn. 5, 10; **7** Rn. 5

Anwartschaftsrecht, Pfändung des **20** Rn. 19, 24ff.

Anwesenheit des Gläubigers **8** Rn. 13

Arbeitseinkommen, Pfändbarkeit **32** Rn. 25, 27, 29ff.

Arbeitsgerichte, Urteile der, als Vollstreckungstitel **1** Rn. 34; **2** Rn. 15

ARGE Weißes Ross **5** Rn. 4

Arrest, dinglicher **35** Rn. 7–9; ***36*** *Rn. 7ff.;* persönlicher **35** Rn. 10; **36** Rn. 13; -befehl **2** Rn. 15; **3** Rn. 11; **4** Rn. 5; **7** Rn. 5, 13; **34** Rn. 4ff.; ***35*** *Rn. 23ff.;* **36** Rn. 1ff., 17; -grund ***35*** *Rn. 5ff.,* 18, 22, 36, 41, 44; **36** Rn. 18, 20f.; -hypothek **36** Rn. 11f.; -pfandrecht **19** Rn. 55; ***36*** *Rn. 10;* -vollzug **35** Rn. 9; **36** Rn. 1ff, 14.

Aufhebung von Arrest und einstweiliger Verfügung **35** Rn. 29, 43; **36** Rn. 17f.; **37** Rn. 31; vorläufig vollstreckbarer Urteile **2** Rn. 23, 42, 58, 59; von Vollstreckungsmaßregeln **14** Rn. 1ff., 10, 14; der Zwangsversteigerung **24** Rn. 10f., 14; der Zwangsverwaltung **25** Rn. 11

Auflassungsanspruch, Pfändung **20** Rn. 13, 17

Ausfertigung, vollstreckbare **2** Rn. 72; **3** Rn. 9; ***4*** *Rn. 1, 2, 15, 26;* **8** Rn. 12; **11** Rn. 6; **27** Rn. 19 weitere **4** Rn. 30ff.

Auskunftspflicht des Drittschuldners **19** Rn. 41

Ausländische Urteile, Vollstreckbarkeit **2** Rn. 62ff.

Austauschpfändung **32** Rn. 13f., 18, 19

Bankkonto, Unpfändbarkeit **32** Rn. 27

Bargebot s. Gebot

Beendigung der vorläufigen Vollstreckbarkeit **2** Rn. 42, 52ff.; der Vollstreckung **7** Rn. 10; **12** Rn. 3; **13** Rn. 8, 38

Befreiungsanspruch, Vollstreckung **27** Rn. 5

Befriedigung durch einstweilige Verfügung **37** Rn. 19, 33f.; durch Vollstreckung ***18*** *Rn. 1ff., 5, 7, 23;* **19** Rn. 32; **22** Rn. 12, 19

Beginn der Vollstreckung **7** Rn. 1ff., 9ff.

Beitritt bei Zwangsversteigerung und Zwangsverwaltung **24** Rn. 8; **25** Rn. 6

Benachteiligung der Gläubiger **33** Rn. 3ff, 9f.

Bereicherungsanspruch nach Vollstreckung **12** Rn. 30; **13** Rn. 6, 9; **18** Rn. 25; **21** Rn. 17; **31** Rn. 7; **32** Rn. 45; **37** Rn. 25

Berliner Modell **26** Rn. 19

Beschränkung der Haftung **6** Rn. 6f., 11ff., 15; der Vollstreckung s. Vollstreckungsbeschränkung

Beschwerde, sofortige **1** Rn. 37; **4** Rn. 19f., 24; **8** Rn. 22; **9** Rn. 10; **10** Rn. 5; ***11*** *Rn. 4, 13, 15f.;* **18** Rn. 24; **19** Rn. 16f.; **24** Rn. 4, 42; **27** Rn. 19, 33; **30** Rn. 16; **31** Rn. 10; **35** Rn. 32

Besitz bei Pfändung beweglicher Sachen **17** Rn. 7f.; und Widerspruchsklage ***13*** *Rn. 12ff.,* 20f., 34

Bestandteile des Grundstücks in der Immobiliarvollstreckung **22** Rn. 2

Beteiligte bei Zwangsversteigerung **22** Rn. 16–18

Betreibender Gläubiger **22** Rn. 17, 19f.; **24** Rn. 1ff., 5, 10, 15, 25

Beugemaßnahmen **27** Rn. 18, 19, 30

Blankettbeschluss bei der Lohnpfändung **19** Rn. 52; **32** Rn. 44, 47

Deckungsprinzip **24** Rn. 15, 16

Drittberechtigter **32** Rn. 51f.

Drittgewahrsam bei Sachpfändung **17** Rn. 14ff.; **20** Rn. 6ff.

Drittschuldner ***19*** *Rn. 3ff., 36ff.;* **20** Rn. 2f., 6, 8, 10, 13, 20ff., 27, 36; **21** Rn. 4ff.; **32** Rn. 44, 47, 49, 51f., 57, 61

Drittwiderspruchsklage **6** Rn. 3, 15; **7** Rn. 10; ***13*** *Rn. 1ff.;* **14** Rn. 1 ff.; **16** Rn. 24f., 34; **17** Rn. 4; **18** Rn. 5f.; **22** Rn. 10; **24** Rn. 9f.; (im Verteilungsverfahren) **18** Rn. 5f.; **21** Rn. 13ff.; „verlängerte" **13** Rn. 8; **16** Rn. 25
Duldung der Zwangsvollstreckung, Urteile auf **2** Rn. 2; **15** Rn. 5; **23** Rn. 9; **33** Rn. 14
Duldungsansprüche, Vollstreckung **1** Rn. 20, 26; **5** Rn. 10f.; **15** Rn. 5; ***27*** *Rn. 24ff.*
Durchsuchungsanordnung, richterliche ***8*** *Rn. 17 ff.*; **24** Rn. 40; **26** Rn. 6, 10, 12; **27** Rn. 38; **30** Rn. 17

„eBay"-Auktion **18** Rn. 17
Ehegatte, Gewahrsam **17** Rn. 10–12; Eigentumsverhältnis zwischen **17** Rn. 12; Zwangsvollstreckung gegen ***5*** *Rn. 7;* **17** Rn. 10; **20** Rn. 17; **26** Rn. 14
Eidesstattliche Versicherung s. Offenbarungsversicherung
Eigentümergrundschuld, Vollstreckung in **20** Rn. 36
Eigentumserwerb bei Versteigerung (Mobiliarvollstreckung) **18** Rn. 13f., 23ff.; (Immobiliarvollstreckung) **24** Rn. 33
Eigentumsvorbehalt bei der Widerspruchsklage **20** Rn. 19, 27, 31
Einstellung der Zwangsversteigerung **24** Rn. 11; der Zwangsvollstreckung **1** Rn. 30, 40; **2** Rn. 11, 44f.; **4** Rn. 23; **12** Rn. 24.; **13** Rn. 33; ***14*** *Rn. 1ff.;* **24** Rn. 11; **31** Rn. 5, 6, 10; der Zwangsverwaltung **25** Rn. 12
Einstweilige Verfügung **2** Rn. 15, 22; **3** Rn. 11; **14** Rn. 9; **34** Rn. 1ff.; **35** Rn. 4; ***37*** *1ff.*
Einwendungen gegen den Anspruch **1** Rn. 17f.; **4** Rn. 21f., 25ff.; ***12*** *Rn. 1ff.;* **14** Rn. 21; **36** Rn. 6; des Drittschuldners **19** Rn. 42ff.; **32** Rn. 47, 54; gegen Vollstreckungsklausel **4** Rn. 21ff., 25f.
Einziehungsklage **19** Rn. 36, 43, 51
Endurteil als Vollstreckungstitel **2** 1ff.
Entstrickung **14** Rn. 23; **16** Rn. 11
Erbbaurecht, Vollstreckung in **13** Rn. 23; **22** Rn. 2
Erbe, Titelübertragung ***4*** *Rn. 8;* **6** Rn. 5, 8; Vollstreckung gegen **5** Rn. 10; ***6*** *Rn. 1ff.*
Erbteil, Pfändbarkeit **6** Rn. 2ff., 8; **20** Rn. 18f.
Erfüllung, vorläufige und endgültige **2** Rn. 40
Ergänzungsurteil über vorläufige Vollstreckbarkeit **2** Rn. 14
Erinnerung **1** Rn. 11, 29f., 35, 58; **2** Rn. 78; **4** Rn. 3; **6** Rn. 4; **7** Rn. 10, 16; **8** Rn. 3, 14, 22; **9** Rn. 2, 5; **10** Rn. 4, 8; ***11*** *Rn. 1ff.;* **12** Rn. 21, 25; **13** Rn. 2, 10; **16** Rn. 5; **17** Rn. 17; **18** Rn. 16, 24; **19** Rn. 2, 17; **22** Rn. 10; **23** Rn. 7; **29** Rn. 11; **32** Rn. 5, 7, 47f.; **36** Rn. 6 befristete **11** Rn. 10
Erlös, Rechtsverhältnisse am **18** Rn. 22–25; **24** Rn. 39
Ersatzvornahme **27** Rn. 6, 8
Ersteher in der Versteigerung **18** Rn. 13ff., 19ff.; **24** Rn. 16f., 28ff., 33ff.
EuGVÜ 1972 **2** Rn. 68ff.
EuGVVO **2** Rn. 67ff.; 3 Rn. 14; 4 Rn. 5; 12 Rn. 22; 35 Rn. 8
Europäischer Zahlungsbefehl s. Zahlungsbefehl, Europäischer

Fehlerhafte Vollstreckungsakte **7** Rn. 11; **11** Rn. 1–3; **13** Rn. 2; **16** Rn. 4, 25; **17** Rn. 5, 17, 22; **19** Rn. 15, 32, 46; **22** Rn. 10; **32** Rn. 5, 44; **36** Rn. 4, 14
Fiskus, Vollstreckung gegen **6** Rn. 14; **15** Rn. 3
Forderungen, unpfändbare **32** Rn. 25ff.; unübertragbare **19** Rn. 7ff.; Vollstreckung in ***19; 20;*** **36** Rn. 8
Fortgesetzte Gütergemeinschaft, Vollstreckung bei **5** Rn. 7
Freigabe in der Vollstreckung ***13*** *Rn. 32, 34, 37;* **16** Rn. 12; **19** Rn. 45
Freihändiger Verkauf **18** Rn. 27f.
Früchte auf dem Halm, Pfändung **22** Rn. 5f.

Gebot, geringstes **24** Rn. 14ff.; Bar- **24** Rn. 18f., 36, 38, 45f.; Mehr- **24** Rn. 18f., 21, 37; Meist- **24** Rn. 23, 26, 29f., 39; Mindest- **18** Rn. 11; **24** Rn. 23, 29; Mindestbar- **24** Rn. 18f.; Über- **18** Rn. 11; **24** Rn. 26
Gefahrübergang (§§ 815, 819 ZPO) **8** Rn. 10; **18** Rn. 5, 13, 22
Geld als Vollstreckungsobjekt ***18*** *Rn. 3ff.;* **36** Rn. 8
Geldforderungen, Vollstreckung in ***19;*** **36** Rn. 8; Vollstreckung wegen **16–25**
Gemeinschaft zur gesamten Hand **5** Rn. 2ff.; **6** Rn. 8; **20** 18f., 22, 37
Gerichtsvollzieher **8**
Gesamtgut **5** Rn. 7; **17** Rn. 11; **20** Rn. 17
Gesamthypothek **23** Rn. 5
Gesellschaft des bürgerlichen Rechts **5** Rn. 2ff., 6; **17** Rn. 9; **20** Rn. 18, 37
Gesetzlicher Vertreter im Vollstreckungsverfahren **27** Rn. 20f., 31, 34f.; **30** Rn. 8
Gestaltungsklage, prozessuale **12** Rn. 21; **13** Rn. 11; **21** Rn. 15
Gestaltungsurteile, Vollstreckbarkeit **2** Rn. 2, 4, 16f., 66; **12** Rn. 2, 33; **13** Rn. 11
Gewahrsam **5** Rn. 6; **8** Rn. 21; **11** Rn. 8, 14; **13** Rn. 2, 6, 8; **16** Rn. 12; ***17*** *Rn. 7ff., 13ff., 20, 27;* **19** Rn. 4, 36; **20** Rn. 25
Gläubigeranfechtung (AnfG) **33** Rn. 1ff.
Gläubigerschutz **1** Rn. 41ff.; **2** Rn. 26; **17** Rn. 12; **31** Rn. 5; **32** Rn. 16;

Grundbuchamt *9 Rn. 11;* **20** Rn. 1, 4; **22** Rn. 8, 14; **23** Rn. 2, 7; **24** Rn. 3, 33, 37f., 47; **28** Rn. 11
Grundschuld **1** Rn. 58; **4** Rn. 18; **15** Rn. 5; ***20*** *Rn. 19, 36;* **22** Rn. 12; **23** Rn. 8; **24** Rn. 39
Grundstücksgleiche Rechte **22** Rn. 2; 36 Rn. 11
Gütergemeinschaft **4** Rn. 8; **5** Rn. 2, 7; **17** Rn. 11; **20** Rn. 17

Haft bei Offenbarungsversicherung **30** Rn. 15–19; in der Vollstreckung **27** Rn. 18f., 20f., 34ff.
Handlungen, Erzwingung von **27** Rn. 1ff.
Hauptsache beim Arrestverfahren **35** Rn. 14ff.
Hausbesetzer, Räumung **26** Rn. 17
Herausgabeanspruch, Vollstreckung wegen **26**
Hilfsvollstreckung **17** Rn. 2; **19** Rn. 49; **20** Rn. 2
Hinterlegung **2** Rn. 31; **12** Rn. 9; **13** Rn. 44; **14** Rn. 16; **18** Rn. 5; **19** Rn. 24, 31, 34; ***21*** *Rn. 3f., 8;* **32** Rn. 49; **35** Rn. 27f.
Hypothek, Vollstreckung in **20** Rn. 1ff.

Indossable Papiere **19** Rn. 8
Influencerin **27** Rn. 32
Inkongruente Deckung **33** Rn. 3
Insolvenzanfechtung **13** Rn. 27; **33** Rn. 3; -geld **32** Rn. 31; -gericht **29** Rn. 16; -masse **13** Rn. 13, 29; **25** Rn. 12
Insolvenzplan **3** Rn. 16
Insolvenztabelle **1** Rn. 40; **2** Rn. 9; **3** Rn. 16; **12** Rn. 2; **19** Rn. 21
Insolvenzverfahren, Überblick **5** Rn. 12; **6** Rn. 7, 16; **13** Rn. 13; **14** Rn. 19; **16** Rn. 13; **19** Rn. 55; **24** Rn. 5; **25** Rn. 12; **33** Rn. 3, 13
Insolvenzverwalter **1** Rn. 60; **5** Rn. 12; **13** Rn. 3; **17** Rn. 6; **25** Rn. 6, 12; **33** Rn. 3; vorläufiger 28 Rn. 4
Instagram **27** Rn. 32
Internetversteigerung **18** Rn. 8, *10,* 12, 17

Juristische Personen, Beuge- und Ordnungsmaßnahmen gegen **27** Rn. 21, 31, 34ff.; Offenbarungsversicherung **29** Rn. 5, 9; **30** Rn. 8; Vollstreckung gegen öffentlichrechtliche **15** Rn. 3

Kahlpfändung **31** Rn. 2; **32** Rn. 37
Kalendertag, Abhängigkeit der Vollstreckung von **4** Rn. 12; **7** Rn. 7
Kerntheorie **27** Rn. 27
Klageabweisende Urteile, vorläufige Vollstreckbarkeit **2** Rn. 16, 22; **13** Rn. 9
Klage auf Erteilung der Vollstreckungsklausel **4** Rn. 27f.; auf vorzugsweise Befriedigung **13** Rn. 17, 39; **20** Rn. 31
Klarstellungsklausel **7** Rn. 2
Klauselerinnerung **4** Rn. 15, 21, 25; **12** Rn. 21, 25
Kommanditgesellschaft (Vollstreckung) **5** Rn. 5; **20** Rn. 18, 37
Kongruente Deckung **33** Rn. 3, 11
Kontokorrentverhältnis (Pfändung) **19** Rn. 6
Kostbarkeiten (Pfändung) **17** Rn. 23
Kosten der Vollstreckung **1** Rn. 42; *Anhang zu* ***9*** *Rn. 13ff.;* **12** Rn. 31; **13** Rn. 8, 39; **18** Rn. 3; **20** Rn. 35; 31 Rn. 5
Kostenfestsetzungsbeschluss **3** Rn. 12; **7** Rn. 5; Anhang zu **9** Rn. 15; **12** Rn. 2, 17
Künftige Forderungen, Pfändbarkeit **19** Rn. 6; **29** Rn. 7; **35** Rn. 4; **37** Rn. 3
Künftige Leistungen **2** Rn. 10; **4** Rn. 12

Lasten, öffentliche **22** Rn. 20; **24** Rn. 18, 22
Leistung Zug um Zug **4** Rn. 13; **29** Rn. 14
LGVÜ s. Lugano-Übereinkommen
Lohnpfändung **19** Rn. 52; **32** Rn. 21, *25ff.*
Lohnschiebungsvertrag **32** Rn. 50ff.
Löschungsprinzip **24** Rn. 16
Lösungssumme ***35*** *Rn. 27, 29;* **36** Rn. 12, 17; **37** Rn. 30
Lugano-Übereinkommen **2** Rn. 69

Mahnverfahrens-VO **2** Rn. 19; **3** Rn. 13f.
Mauracher Entwurf **5** Rn. 4, 6
Mehrfache Pfändung **19** Rn. 25; **20** Rn. 11; ***21*** *Rn. 1, 4f.;* s. auch Anschlusspfändung
Mietverhältnisse in der Immobiliarvollstreckung **2** Rn. 22; **3** Rn. 7; **13** Rn. 4; ***22*** *Rn. 18;* ***24*** *Rn. 40*
Minimalforderungen und Haft **30** Rn. 19; Vollstreckung wegen **1** Rn. 42ff, 45.
Miterbe, Vollstreckung gegen **6** Rn. 8
MoPeG **5** Rn. 4, 6
Mündliche Verhandlung im Arrestprozess **35** Rn. 15, 19ff., 24, 33, 36, 39; bei einstweiliger Verfügung **37** Rn. 28, 29, 31; im Vollstreckungsverfahren **1** Rn. 38

Nacherbe **4** Rn. 8
Nachlass, Vollstreckung in **1** Rn. 26, 37; **5** Rn. 11f.; ***6*** *Rn. 2ff.;* **13** Rn. 29; **35** Rn. 5
Nachlassgläubiger ***6;*** **33** Rn. 12; -pfleger **6** Rn. 4, 14; -verwalter **5** Rn. 12; **6** Rn. 4, 14
Nahestehende Personen **29** Rn. 8; **33** Rn. 10
Nebenansprüche, Pfändbarkeit **20** Rn. 15
Nießbrauch **5** Rn. 10; **13** Rn. 23; **20** Rn. 14; **24** Rn. 39; **28** Rn. 2
Notfristzeugnis **2** Rn. 9

Offenbarungsversicherung **8** Rn. 18, 24; **26** Rn. 7, 8, 11; **27** Rn. 14; **29;** ***30;*** **35** Rn. 10; **36** Rn. 9
Offene Handelsgesellschaft (Vollstreckung) **5** Rn. 5; **20** Rn. 18, 37; **32** Rn. 19; **37** Rn. 8, 10

Öffentlichkeit in der Versteigerung **18** Rn. 8 ff.
Ordnungsmaßnahmen **3** Rn. 12; **7** Rn. 9; **27** Rn. 29 ff.

Pachtverhältnisse in der Immobiliarvollstreckung **22** Rn. 7, 12, 18; **24** Rn. 40;
Parteien der Vollstreckung **1** Rn. 8 ff.; kraft Amtes s. Amtstheorie
Pfandanzeige **17** Rn. 20; -siegel **16** Rn. 9; **17** Rn. 20, 29; -verstrickung s. Verstrickung; -verwertung s. Verwertung
Pfändung ***16*** *Rn. 1 f., 3ff., 7ff.;* ***17;*** **19** Rn. 10 f, 13 ff., 16 ff.; ***20;*** **32** Rn. 1 f., 7, 14, 27, 34 ff., **36** Rn. 8, 10, 15 f.; von Computerprogrammen **17** Rn. 3
Pfändungsbeschluss **2** Rn. 9; **11** Rn. 3; **14** Rn. 23; **16** Rn. 12; ***19*** *Rn. 8, 14, 16ff., 20ff., 38, 53;* ***20;*** **21** Rn. 4 f., 32, 43 f., 51, 56 f.; **36** Rn. 8, 15; -pfandrecht **4** Rn. 3; **7** Rn. 17; **8** Rn. 9; **12** Rn. 24; ***16*** *Rn. 3, 5, 13ff.;* **17** Rn. 18; **18** Rn. 19 f., 23, 25; **19** Rn. 43, 55; **20** Rn. 22, 28, 33; **21** Rn. 14; **22** Rn. 13; **32** Rn. 7, 44 f.; **36** Rn. 10
Pfändungsschutzkonto **19** Rn. 41; ***32*** Rn. 27, *56f., 60ff.*
P-Konto s. Pfändungsschutzkonto
Planverfahren s. Insolvenzplan
Prioritätsprinzip **1** Rn. 47, 59, 60; **16** Rn. 44
Prozessfähigkeit (in der Vollstreckung) **1** Rn. 36; **3** Rn. 8; **18** Rn. 20; **27** Rn. 20; **30** Rn. 8; **34** Rn. 4; -gericht **1** Rn. 3, 18, 46, 54, 56; **2** Rn. 38; **3** Rn. 2; **4** Rn. 27; **6** Rn. 13; **7** Rn. 9; **8** Rn. 9; **11** Rn. 4; **12** Rn. 22, 32 ff.; **21** Rn. 6; **31** Rn. 14; **32** Rn. 49, 54; (als Vollstreckungsorgan) ***9*** *Rn. 10;* **27** Rn. 6 f., 19, 29, 33, 39; -kostenhilfe **3** Rn. 3; -vergleich **2** Rn. 59, 64, 71; ***3*** *Rn. 1–4;* **4** Rn. 14, 16; **6** Rn. 12; **8** Rn. 18; **12** Rn. 2, 4, 17, 22, 31; **27** Rn. 15; **28** Rn. 3; -voraussetzungen (für Vollstreckung) ***1*** *Rn. 34;* **35** Rn. 18

Quittung **1** Rn. 18; ***4*** *Rn. 32;* **14** Rn. 17

Rang der Pfändungspfandrechte **11** Rn. 12; **13** Rn. 22, 42; ***16*** *Rn. 30, 34;* 19 Rn. 21, 25, 40; **20** Rn. 34; **21** Rn. 3; **36** Rn. 10
Rangordnung in der Immobiliarvollstreckung **22** Rn. 19 f.; **24** Rn. 5, 15, 20; **25** Rn. 1;
Räumung **2** Rn. 22; **3** Rn. 7; **4** Rn. 12; **8** Rn. 18; **24** Rn. 40; **26** Rn. 12, 14, 16 ff., 24; **31** Rn. 5 f., 10 f., 13 f.; **37** Rn. 20
Realberechtigte **22** Rn. 17
Rechnungslegung **20** Rn. 15; **25** Rn. 9; **27** Rn. 14; **30** Rn. 5
Rechtsbeschwerde **4** Rn. 24; 9 Rn. 10; **11** Rn. 17; **24** Rn. 42; **35** Rn. 32
Rechtshandlungen, anfechtbare **1** Rn. 60; ***33*** *Rn. 1, 7f.*
Rechtskraftzeugnis **2** Rn. 9
Rechtsmissbrauch in der Vollstreckung **1** Rn. 42; **13** Rn. 18; **21** Rn. 14; **32** Rn. 21
Rechtsnachfolge, Vollstreckungsklausel **1** Rn. 8; **4** Rn. 7 ff., 14, 22, 31; **13** Rn. 3; **33** Rn. 6, 14
Rechtspfleger **2** Rn. 75; **4** Rn. 18, 20 f., 28, 31; **7** Rn. 13; 8 Rn. 19; ***9*** *Rn. 6–8,* 10; **10** Rn. 5; **11** Rn. 11, 15; **12** Rn. 32; **14** Rn. 3; **18** Rn. 28; **19** Rn. 1, 17; **20** Rn. 12; **21** Rn. 9; **22** Rn. 14; **24** Rn. 1, 23, 43; **25** Rn. 9; **30** Rn. 5; **31** Rn. 10; **32** Rn. 14; **35** Rn. 39; **36** Rn. 8, 17
Rechtsquellen des Vollstreckungsrechts **1** Rn. 6 f.; der Zwangsvollstreckung in das unbewegliche Vermögen **22** Rn. 1
Rechtsschutzanspruch **1** Rn. 12
Rechtsschutzbedürfnis für Zwangsgeldantrag **1** Rn. 36, 37; für vollstreckbare Ausfertigungen **4** Rn. 31; für richterliche Durchsuchungsanordnung **8** Rn. 18 f.; für Vollstreckungsabwehrklage **3** Rn. 14; **12** Rn. 3, 4, 31
Rechtsweg **1** Rn. 34; **19** Rn. 51; **34** Rn. 4
Reform der Sachaufklärung in der Zwangsvollstreckung **1** Rn. 7; **8** Rn. 15; **29** Rn. 5; **30** Rn. 1; des Kontopfändungsschutzes **1** Rn. 7; **32** Rn. 27, 56
Renten, Pfändbarkeit **32** Rn. 29
Rentenschuld, Pfändung **19** Rn. 5; ***20*** *Rn. 19*
Restschuldbefreiung **31** Rn. 3
Rückschlagsperre **16** Rn. 11; **19** Rn. 55
Ruhen der Vollstreckung **14** Rn. 1 ff.

Sachwalter **33** Rn. 3
Sammeldepot, -verwahrung **17** Rn. 2; **20** Rn. 14
Schadensersatz bei vorläufiger Vollstreckbarkeit **2** Rn. 53 ff.; bei Arrest und einstweiliger Verfügung **36** Rn. 18 ff.; **37** Rn. 3, 5, 25, 27, 37 f.
Schenkungsanfechtung **33** Rn. 11, 12
Schiedssprüche **2** Rn. 58, 77; **3** Rn. 4, 12; **12** Rn. 17
Schiffe, eingetragene, Vollstreckung in **22** Rn. 2
Schuldner in der Vollstreckung (Begriff) **1** Rn. 8
Schuldnerschutz **1** Rn. 7, 27, 41 ff.; **15** Rn. 3; **22** Rn. 12, 21; **31;** ***32*** *Rn. 6ff., 25ff., 39 f.;* **36** Rn. 9
Schuldnerverzeichnis 29 Rn. 5, 13 ff.; **30** Rn. 12; als Datenbank **29** Rn. 12
Schuldübernahme, Vollstreckungsklausel **4** Rn. 8
Schutzschrift **37** Rn. 29
Schwarze Liste **29** Rn. 13
Sequester **20** Rn. 12 f.; **21** Rn. 5; **37** Rn. 33

Sicherheitsleistung **1** Rn. 52; ***2*** *Rn. 9ff., 20ff., 24ff., 30ff., 44ff., 74;* **4** Rn. 12, 23; **7** Rn. 7, 10; **14** Rn. 4, 12f., 16; **27** Rn. 37; **31** Rn. 10; **34** Rn. 5; **35** Rn. 38, 41; **36** Rn. 18; **37** Rn. 30
Sicherungshypothek **1** Rn. 35; **2** Rn. 27f.; **20** Rn. 13; **22** Rn. 12; **23** Rn. 1, 6; **24** Rn. 46f.; **36** Rn. 11f.
Sicherungsübereignung **13** Rn. 16ff.; **32** Rn. 10; **35** Rn. 8
Sicherungsvollstreckung **2** Rn. 27f., 30, 34, 41; **7** Rn. 5, 6; **22** Rn. 12; **23** Rn. 1; **30** Rn. 2; **35** Rn. 9
Small Claims-VO **2** Rn. 74f.
Sparbuch **17** Rn. 2, 25; **19** Rn. 49, 56
Steuern s. Lasten, öffentliche
Strafandrohung **7** Rn. 9; **27** Rn. 19, 29, 32
Stundung durch Gerichtsvollzieher **8** Rn. 11
Suizidgefahr **31** Rn. 11, 13

Taschengeldanspruch **32** Rn. 29
Teilungsplan **21** Rn. 9ff., 13, 16, 33; **24** Rn. 45–47; **25** Rn. 10
Testamentsvollstrecker **5** Rn. 1, 11; **6** Rn. 4, 14; **17** Rn. 6; **35** Rn. 5
Treuhänder **5** Rn. 14; **13** Rn. 20
Treuhand in der Zwangsvollstreckung **13** Rn. 17 (eigennützige); (uneigennützige) **13** Rn. 20

Übereignung der Pfandsache **18** Rn. 14ff.
Übernahmeprinzip **24** Rn. 16f.
Überpfändung **1** Rn. 44; **17** Rn. 1; **18** Rn. 12; ***19*** *Rn. 20f.;* ***32*** *Rn. 1*
Überschuldung **31** Rn. 5
Überweisungsbeschluss **1** Rn. 10, 54, 60; **7** Rn. 13; **11** Rn. 12; **12** Rn. 31; **16** Rn. 5; **19** Rn. 16, 27, 34, 39f., 49, 51; **20** Rn. 3
Überweisung zur Einziehung **7** Rn. 10; **16** Rn. 12; ***19*** *Rn. 7, 30, 33–35, 43, 51, 53;* **20** Rn. 8f., 24; an Zahlungs Statt ***19*** *Rn. 32, 51;* **20** Rn. 4, 5, 21
Umschreibung der Vollstreckungsklausel ***4*** *Rn. 8ff.;* **6** Rn. 2, 4, 8; **11** Rn. 6
Unbekannt, Titel gegen **26** Rn. 16f.
Unpfändbarkeit von Forderungen **19** Rn. 7, 16, 32, 41, 46f., 54; **32** Rn. 25ff.; **36** Rn. 9; von Rechten **19** Rn. 7; **20** Rn. 14–18, 37; **21** Rn. 37; **36** Rn. 9; von Sachen **11** Rn. 2, 6; **20** Rn. 7, 17; **32** Rn. 6ff., 12, 15, 17f., 20ff.; **36** Rn. 9
Unterhaltsansprüche, Vollstreckung in **32** Rn. 29Vollstreckung wegen **32** Rn. 37ff.
Unterhaltsurteile **2** Rn. 22
Unterlassungsanspruch **27** Rn. 24ff.
Unternehmen, Unpfändbarkeit **20** Rn. 18
Unterwerfung unter die sofortige Vollstreckung ***3*** *Rn. 7ff.;* **12** Rn. 21; s. auch Urkunden, vollstreckbare
Unveräußerliche Rechte **19** Rn. 7; **20** Rn. 14–18, 20f., 37
Unvertretbare Handlungen **1** Rn. 37; **27** Rn. 2, 4, 12ff., 23.
Urheberrechte **17** Rn. 3; **20** Rn. 20, 22; **27** Rn. 26
Urkunden, vollstreckbare **1** Rn. 3, 16, 30; **2** Rn. 22, 58f., 64, 67; ***3*** *Rn. 6ff.;* **4** Rn. 14f., 16, 18; **7** Rn. 5ff.; **12** Rn. 2, 17, 22; **32** Rn. 11
Urkundsbeamter **4** Rn. 16, 19, 21, 28; **7** Rn. 13

Veräußerungshinderndes Recht 10 Rn. 7; ***13*** *Rn. 14ff., 18, 21, 24f.;* **18** Rn. 5; **20** Rn. 32; **24** Rn. 9
Veräußerungsverbot und Widerspruchsklage **13** Rn. 24, 28; als Wirkung der Pfändung **16** Rn. 8, 10; **19** Rn. 24; bei Zwangsversteigerung **24** Rn. 5, 9
Vereinbarungen der Parteien s. Vollstreckungsvereinbarungen
Verfolgungsrecht des Gerichtsvollziehers **17** Rn. 18
Verhältnismäßigkeit, Grundsatz der **1** Rn. 42ff.; **8** Rn. 19; **15** Rn. 2; **24** Rn. 24; **26** Rn. 13; **31** Rn. 1, 7; **32** Rn. 4
Verjährung, Hemmung durch Arrest-, Verfügungsantrag **34** Rn. 6
Vermächtnis **33** Rn. 9, 12
Vermögensauskunft **1** Rn. 11, 32, 49, 50; **2** Rn. 28; **8** Rn. 15, 18; **19** Rn. 16; ***29*** *Rn. 2, 5ff., 16;* **30** Rn. 1f., 9, 11f., 14ff., 19; **32** Rn. 24
Vermögensverzeichnis **1** Rn. 50f.; **29** Rn. 4, 11ff., 16; als Datenbank **29** Rn. 12
Versäumnisurteil **2** Rn. 7f., 22, 45, 60; **5** Rn. 4; **12** Rn. 15f.; **13** Rn. 9; **14** Rn. 13; **21** Rn. 16; **35** Rn. 22, 31
Versteigerung beweglicher Sachen ***18*** *Rn. 8ff.;* **20** Rn. 9; **36** Rn. 8, 12; von Immobilien s. Zwangsversteigerung
Versteigerungsantrag **24** Rn. 1ff., 6, 10f.; -bedingungen **18** Rn. 10; **24** Rn. 25, 28, 37; -beschluss **24** Rn. 2ff.; -erlös **13** Rn. 38; **16** Rn. 17; 19ff., 25–29, 33; ***18*** *Rn. 22–25;* **20** Rn. 9, 11, 24; **21** Rn. 2–4, 14; **22** Rn. 12; **24** Rn. 14f., 39, 45; **32** Rn. 3; -termin **18** Rn. 12; **24** Rn. 13, 23, 25, 31, 35; -vermerk im Grundbuch **24** Rn. 3, 10, 47
Verstrickung **7** Rn. 17; **12** Rn. 24; ***16*** *Rn. 3, 5ff., 15ff., 20, 24, 28f., 32f., 35ff., 41, 43;* **17** Rn. 18; **18** Rn. 19, 23; **19** Rn. 11, 23, 28, 55; **32** Rn. 44; **36** Rn. 10
Verteilung des Erlöses **9** Rn. 3; **16** Rn. 26; **17** Rn. 28, 30; **20** Rn. 11; ***21*** *Rn. 1ff., 8ff., 13, 15ff.;* ***24*** *Rn. 14, 45–47;* **25** Rn. **1**

Verteilungsverfahren **9** Rn. 3; **20** Rn. 11; *21;* **24** Rn. 45–47
Vertretbare Handlungen **27** Rn. 3ff.
Verwahrung gepfändeter Sachen **17** Rn. 20
Verwaltungsvollstreckung **1** Rn. 5
Verwertung in der Vollstreckung **2** Rn. 4, 40; **13** Rn. 7, 9, 22; **14** Rn. 10; **16** Rn. 1, 11, 13, 15ff., 20, 24, 28, 32, 39, 41; **17** Rn. 3, 14; ***18; 19*** *Rn. 27ff.;* **20** Rn. 9, 21, 23f., 32f.; **21** Rn. 1, 3, 13; **22** Rn. 13; ***24*** *Rn. 12ff.;* **26** Rn. 20; **31** Rn. 2; **32** Rn. 24; **36** Rn. 8, 12
Verwertungsaufschub **8** Rn. 11; **18** Rn. 2; **32** Rn. 23f.
Verzicht auf Pfändung **19** Rn. 53; auf Pfändungsverbote **1** Rn. 27ff.; ***32*** *Rn. 8, 10, 46*
Vollstreckbare Ausfertigung s. Ausfertigung, vollstreckbare; Urkunden s. Urkunden, vollstreckbare
Vollstreckbarkeit im engeren Sinne ***1*** *Rn. 39f.;* **2** Rn. 2, 16; im weiteren Sinne **1** Rn. 39f; **12** Rn. 2; vorläufige **1** Rn. 40, 52; ***2*** *Rn. 6, 9, 12ff., 20, 22, 24, 26, 29ff., 40ff., 50ff., 60, 65;* **3** Rn. 12; **14** Rn. 8, 11, 14; **23** Rn. 8; **28** Rn. 8, 11f.; **35** Rn. 9; **36** Rn. 3
Vollstreckungsabwehrklage s. Vollstreckungsgegenklage
Vollstreckungsanspruch **1** Rn. 12; -auftrag **1** Rn. 11, 50f.; **8** Rn. 6; **11** Rn. 2; **26** Rn. 19; **30** Rn. 1-bescheid **2** Rn. 71; **3** Rn. 11; **4** Rn. 5; **12** Rn. 2, 17; -beschränkung **1** Rn. 25ff., **11** Rn. 6; -erinnerung s. Erinnerung; -gericht **1** Rn. 3, 7, 10, 13, 45, 54; **2** Rn. 4; **3** Rn. 3; **4** Rn. 13; **7** Rn. 9, 13, 15; **8** Rn. 6, 14, 19; ***9*** *Rn. 1ff., 5ff., 9, 14;* **10** Rn. 4f.; **11** Rn. 3, 9, 15; **12** Rn. 32; **14** Rn. 3, 6, 23; **16** Rn. 2, 5; **18** Rn. 9, 28; **19** Rn. 1, 4, 16, 27, 40; **21** Rn. 3ff., 8; **22** Rn. 14; **24** Rn. 1, 3, 9, 12, 36, 47; **25** Rn. 4, 9; **27** Rn. 6; **29** Rn. 12f.; **30** Rn. 5f., 8; **31** Rn. 6, 10ff., 14; **32** Rn. 12ff., 29, 36, 39, 42, 47, 61; **36** Rn. 8, 17; -klausel **1** Rn. 8, 16f., 29, 53; **2** Rn. 67, 72, 75; 3 Rn. 14; ***4*** *Rn. 1, 5f., 12, 14, 16, 19, 26ff.;* **6** Rn. 8, 14; **7** Rn. 2, 6, 13; **10** Rn. 8; **12** Rn. 21; **14** Rn. 2; **24** Rn. 40; **36** Rn. 3; -kosten s. Kosten der Vollstreckung; -titel **1** Rn. 8, 16ff., 23, 40, 43, 53; **2** Rn. 1f., 4, 19, 62, 71ff., 77; ***3*** *Rn. 1, 5f., 8, 10ff., 15f.;* **4** Rn. 5, 7, 9, 14; **5** Rn. 1; *7 Rn. 1 ff.;* **Anhang zu 9** Rn. 15; **11** Rn. 6; **12** Rn. 1ff., 6f., 17, 22, 29; **16** Rn. 27; **17** Rn. 18; **19** Rn. 49, 51, 55; **23** Rn. 9; **24** Rn. 2; **25** Rn. 6; **27** Rn. 24, 27; **33** Rn. 4; -urteil **2** Rn. 64ff.; -vereinbarungen **1** Rn. 28ff.; -voraussetzungen **1** Rn. 15ff., 30; 2 Rn. 7ff., 12ff.; *7 Rn. 1ff.;* **16** Rn. 15; **19** Rn. 15; **23** Rn. 2; **24** Rn. 3; **30** Rn. 10
Vollstreckungsgegenklage **1** Rn. 17, 54; **2** Rn. 59, 73, 75, 78; **3** Rn. 14; **4** Rn. 25f., 33; **6** Rn. 15; **10** Rn. 6; ***12*** *Rn. 1ff., 25ff., 32, 34;* **14** Rn. 1f. **27** Rn. 9; **36** Rn. 6; „verlängerte“ **12** Rn. 30
Vollstreckungstitel-VO **2** Rn. 71ff.; 4 Rn. 5; 12 Rn. 22
Vollziehung des Arrestes s. Arrestvollzug; der einstweiligen Verfügung **37** Rn. 32ff.
Vorbehaltsurteil **2** Rn. 1, 10, 22, 58; **14** Rn. 8
Vorkaufsrecht, Vollstreckung **20** Rn. 14
Vorläufige Vollstreckbarkeit s. Vollstreckbarkeit, vorläufige
Vorlegung von Sachen **26** Rn. 8
Vorleistungen des Gläubigers **4** Rn. 13f.; **28** Rn. 9
Vormerkung **13** Rn. 27; **22** Rn. 17; **24** Rn. 9; **28** Rn. 11; **37** Rn. 6, 27
Vorpfändung **17** Rn. 16, 25; ***19*** *Rn. 55f.*
Vorratspfändung **32** Rn. 38
Vorsatzanfechtung **33** Rn. 10

Wahlrecht des Schuldners **12** Rn. 21
Warenlager, Pfändung **17** Rn. 21
Wechsel **2** Rn. 22; **17** Rn. 2, 23; **19** Rn. 8; **28** Rn. 5
Wegnahme durch Gerichtsvollzieher **26** Rn. 3ff.
Wertpapiere **17** Rn. 2, 23; **18** Rn. 27; **19** Rn. 8; **20** Rn. 14, 32; **26** Rn. 10
Widerspruch gegen Arrest und einstweilige Verfügung **14** Rn. 9; **35** Rn. 20, 33ff., 37, 42; **36** Rn. 20; **37** Rn. 27, 31; im Grundbuch **28** Rn. 11; **22** Rn. 17; **37** Rn. 6, 27;; gegen Teilungsplan **21** Rn. 11ff.
Willenserklärung, Urteil auf Abgabe von **28** Rn. 1ff.
Wohnungseigentum **22** Rn. 2, 20; **31** Rn. 13

Zahlung, freiwillige, an Gerichtsvollzieher **8** Rn. 10
Zahlungsbefehl, Europäischer **2** Rn. 59, 75; ***3*** *Rn. 13f.;* **4** Rn. 5;
Zahlungsfristen **1** Rn. 49; **8** Rn. 11; **17** Rn. 26; **32** Rn. 23f.; -unfähigkeit **19** Rn. 32; **33** Rn. 10; drohende **33** Rn. 10
Zeit der Vollstreckungshandlungen **8** Rn. 23
Zubehör **11** Rn. 6, 8; **17** Rn. 1; **22** Rn. 7ff.; **24** Rn. 33
Zug um Zug-Verurteilung **4** Rn. 13
Zurückbehaltungsrecht **15** Rn. 2; **25** Rn. 8; **33** Rn. 18
Zuschlag **3** Rn. 16; ***18*** *Rn. 11, 14ff.;* ***24*** *Rn. 11, 23, 26f., 28ff., 40ff., 48*
Zuständigkeit, funktionelle **1** Rn. 36; **7** Rn. 13; **8** Rn. 3; **9** Rn. 9, 12; **16** Rn. 5; **19** Rn. 1; **31** Rn. 10
Zustellung des Arrestbefehls 7 Rn. 5; **34** Rn. 6; ***35*** *Rn. 33;* ***36*** *Rn. 4f., 14;* des Pfändungsbeschlusses 7 Rn. 9; ***19*** *Rn. 22, 29, 38f., 53;* **20** Rn. 2f., 6, 22, 36; **32** Rn. 51, 56f.; **36** Rn. 15; des Vollstreckungstitels *7 Rn. 1, 4ff.;* **16** Rn. 5; **19** Rn. 15, 53, 55f.

Zwangseinweisung nach Räumungsurteil **26** Rn. 18; **31** Rn. 14

Zwangshypothek **1** Rn. 35; **2** Rn. 27f.; **9** Rn. 11; **16** Rn. 13; **22** Rn. 1, 11ff.; ***23*** *Rn. 1, 3, 5, 8f., 11f.;* -maßnahmen **27** Rn. 18ff.; **30** Rn. 5; **31** Rn. 7; -versteigerung **1** Rn. 35, 45, 58; **3** Rn. 3, 16; **16** Rn. 1, 15f.; ***22*** *Rn. 5ff., 11ff., 14ff., 19, 21;* ***24*** *Rn. 1, 3, 8, 10, 12, 15, 21f., 24;* **25** Rn. 1ff., 11; **31** Rn. 11; **36** Rn. 12; -verwalter (Rechtsstellung) **22** Rn. 10; ***25*** *Rn. 4ff., 7ff., 12;* -verwalterverordnung **25** Rn. 5ff.; -verwaltung **13** Rn. 23; **16** Rn. 1; **20** Rn. 14; **22** Rn. 1, 5ff., 11ff., 14ff., 20; *25 Rn. 1ff., 4, 11f.;* **31** Rn. 11; **36** Rn. 12